高等职业教育优质校建设轨道交通通信信号技术专业群系列教材

列车运行自动控制系统
（第 2 版）

主　编　韦成杰　王秀玄
副主编　吴甜甜　朱军涛　黄应超
主　审　王刘欣

西南交通大学出版社
·成　都·

图书在版编目（CIP）数据

列车运行自动控制系统 / 韦成杰，王秀玄主编. 2版. -- 成都：西南交通大学出版社，2024.10.（高等职业教育优质校建设轨道交通通信信号技术专业群系列教材）. -- ISBN 978-7-5774-0049-5

Ⅰ．U284.48

中国国家版本馆 CIP 数据核字第 2024JX2630 号

高等职业教育优质校建设轨道交通通信信号技术专业群系列教材

Lieche Yunxing Zidong Kongzhi Xitong （Di-er Ban）

列车运行自动控制系统（第 2 版）

主　编／韦成杰　王秀玄	策划编辑／张　波　周　杨　李　伟
	责任编辑／李　伟
	封面设计／吴　兵

西南交通大学出版社出版发行
（四川省成都市金牛区二环路北一段 111 号西南交通大学创新大厦 21 楼　610031）
营销部电话：028-87600564　　028-87600533
网址　http://www.xnjdcbs.com
印刷　四川煤田地质制图印务有限责任公司

成品尺寸　　185 mm×260 mm
印张　　18　　字数　　446 千
版次　　2019 年 1 月第 1 版　　2024 年 10 月第 2 版
印次　　2024 年 10 月第 4 次

书号　　ISBN 978-7-5774-0049-5
定价　　49.00 元

课件咨询电话：028-81435775
图书如有印装质量问题　本社负责退换
版权所有　盗版必究　举报电话：028-87600562

第 2 版前言

列车运行控制系统是保证列车行车安全、提高列车运输效率的重要技术装备。列车运行控制系统的内容随着技术发展而不断进步,从最初的机车信号与自动停车装置,发展到列车速度监督系统与列车自动运行系统。我国铁路系统坚持自主创新,结合我国国情和路情,在研究国外典型铁路列车运行控制系统关键技术体系的基础上,大力开展中国铁路列车运行控制系统的研究。

本书针对企业岗位任务来设置具体内容,根据岗位能力需求设定学习目标,按工作任务确定教学单元,按现场工作任务进行教学设计。本书主要讲授列车运行自动控制系统的原理、设备组成和设备维护方法,分为列车运行自动控制系统概述、CTCS-0/1 级列车运行自动控制系统维护、CTCS-2 级列车运行自动控制系统维护、CTCS-3 级列车运行自动控制系统维护 4 个项目。

自 2002 年正式提出中国列车运行控制系统(CTCS,简称列控系统)以来,列控系统经过多年发展,不断完善、日臻成熟,关于列控系统的相关技术规范也不断更新完善。本书在第一版的基础上,紧跟行业技术标准不断更新与完善,及时删除书中陈旧废止的内容,增加最新的技术规范,丰富列车运行控制系统的内容。根据目前最新铁道行业标准,本书主要做了以下改动:

(1)更新完善了项目二中任务一机车信号设备维护、任务二站内轨道电路电码化设备维护。

(2)更新了项目三中任务一 CTCS-2 级列车运行自动控制系统认识;任务二 CTCS-2 级列车运行自动控制系统地面设备中列控中心功能与接口、应答器设置及报文信息等内容;任务三 CTCS-2 级列车运行自动控制系统车载设备的主要工作模式,并增加了运营场景内容。

(3)更新了项目四中任务一 CTCS-3 级列车运行自动控制系统认识,任务二 CTCS-3 级列车运行自动控制系统地面设备中无线闭塞中心技术原理和临时限速服务器及临时限速相关内容,任务三 CTCS-3 级列车运行自动控制系统车载设备,任务四 CTCS-3 级列车运行自动控制系统数据通信中信号安全数据网技术要求及设备组成。

本书突出教、学、做一体化,结合实验设备和多媒体教学资源,参照素质、知识与能力"三位一体"课程教学目标,统筹安排课程教学内容。整个教学过程以学生为主,教师负责原理和实验方法的讲授,对学生的学习和操作练习进行及时指导和考核,与学生共同讨论解决学习和实践过程中遇到的问题,并进行总结和分析,达到理论指导实践,实践验证和深化理论学习的目的。

本书配有相关教学课件和立体化教学资源，不仅可用于学校教学工作，也适用于企业职工的培训和自我提升；同时本书还同步配备相关的测试习题库，可用于理论知识的考核。

本书由郑州铁路职业技术学院韦成杰、王秀玄担任主编，郑州铁路职业技术学院吴甜甜、朱军涛和重庆公共运输职业学院黄应超担任副主编，郑州中建深铁轨道有限公司王刘欣担任主审。其中，韦成杰编写项目三的任务二，王秀玄编写项目四的任务二和任务三，吴甜甜编写项目二的任务一、任务二和项目三的任务一，黄应超编写项目四的任务一和任务四，朱军涛编写项目二的任务三和项目三的任务三，郑州中建深铁轨道有限公司郭龙军编写项目一的任务一，郑州中建深铁轨道有限公司刘永超编写项目一的任务二和任务三。

本书在编写过程中，参考了大量专家和学者的研究成果。中国铁路郑州局集团有限公司电务处李玉梅、电务段杜先华以及河南辉煌科技股份有限公司李福建等行业技术骨干提供了重要技术支持，为内容设置提供了现场岗位需求上的宝贵建议，在此向他们表示最诚挚的谢意。

由于编者水平有限，书中难免有疏漏和不足之处，请读者批评指正。

编　者

2024 年 9 月

第 1 版前言

本书针对企业岗位任务来设置具体内容，根据岗位能力需求设定学习目标，按工作任务确定教学单元，按现场工作任务进行教学设计。

本书主要讲授列车运行自动控制系统的原理、设备组成和设备维护方法，分为列车运行自动控制系统概述、CTCS-0/1 级列车运行自动控制系统维护、CTCS-2 级列车运行自动控制系统维护、CTCS-3 级列车运行自动控制系统维护 4 个项目。

本书突出教、学、做一体化，结合实验设备和多媒体教学资源，参照素质、知识与能力"三位一体"课程教学目标，统筹安排课程教学内容、组织实施和教学评价。整个教学过程以学生为主，教师负责原理和实验方法的讲授，对学生的学习和操作练习进行及时指导和考核，与学生共同讨论解决学习和实践过程中遇到的问题，并进行总结和分析，达到理论指导实践，实践验证和深化理论学习的目的。

本书配有相关教学课件和立体化教学资源，不仅可用于学校教学工作，也适用于企业职工的培训和自我提升。本书还同步配备相关的测试习题库，可用于理论知识的考核。

本书由郑州铁路职业技术学院韦成杰、李珊珊担任主编，穆中华担任副主编。郑州铁路职业技术学院卢伟编写项目一的任务一和任务二，李春莹编写项目一的任务三和项目二的任务一，梁宏伟编写项目二的任务二，魏君编写项目二的任务三，穆中华编写项目三的任务一、任务三和项目四的任务一，韦成杰编写项目三的任务二，王秀玄编写项目四的任务二，李珊珊编写项目四的任务三，李丽兰编写项目四的任务四。

本书由中铁郑州局集团公司洛阳电务段李春生主审。

本书在编写过程中，参考了大量专家和学者的研究成果。中国铁路郑州局集团有限公司电务处王民湘、电务段李涌霞和闫晓莉以及河南辉煌科技股份有限公司程建兵等行业技术骨干提供了重要技术支持，为内容设置提供了现场岗位需求上的宝贵建议。在此表示最诚挚的谢意。

由于编者水平有限，书中难免有疏漏和不足之处，请读者批评指正。

编 者

2018 年 9 月

数字资源列表

序号	项目	任务	资源名称	页码
1	项目一	任务一	列控系统的定义及发展	4
2	项目一	任务一	中国列控系统分类	5
3	项目一	任务三	中国列控系统分级及结构	16
4	项目二	任务一	机车信号概述	22
5	项目二	任务一	机车信号信息使用	24
6	项目二	任务一	JT1-CZ2000型机车信号设备构成及原理	27
7	项目二	任务一	JT1-CZ2000型机车信号系统连接及维护	34
8	项目二	任务一	机车信号设备故障分析	39
9	项目二	任务二	站内电码化的定义和范围	42
10	项目二	任务二	站内电码化方式	43
11	项目二	任务二	ZPW-2000站内电码化设备	47
12	项目二	任务二	预叠加方式轨道电路电码化设计原则	58
13	项目二	任务二	二线制开环预叠加电码化电路	59
14	项目二	任务二	闭环电码化电路	64
15	项目二	任务二	站内轨道电路电码化设备维护	66
16	项目二	任务三	LKJ2000设备系统构成	73
17	项目二	任务三	LKJ2000设备界面显示及操作	78
18	项目二	任务三	LKJ2000设备检修	82
19	项目二	任务三	LKJ2000设备常见故障处理	82
20	项目三	任务一	CTCS-2级列控系统总体结构	88
21	项目三	任务二	列控中心设备配置及通信接口	93
22	项目三	任务二	列控中心功能	97
23	项目三	任务二	列控中心设备结构	105
24	项目三	任务二	地面电子单元（LEU）	113

续表

序号	项目	任务	资源名称	页码
25	项目三	任务二	应答器功能、分类及工作原理	115
26	项目三	任务二	应答器编号及命名规则	119
27	项目三	任务二	应答器设置规则	121
28	项目三	任务二	应答器数据规则	127
29	项目三	任务三	车载设备功能及特点	145
30	项目三	任务三	CTCS-2 列控系统 200H 车载设备	146
31	项目三	任务三	CTCS-2 列控系统 200C 车载设备	156
32	项目三	任务三	DMI 界面的基本认识和操作	163
33	项目三	任务三	车载设备日常维护	166
34	项目三	任务三	CTCS-2 列控车载设备主要工作模式	169
35	项目四	任务一	CTCS-3 级列控系统总体结构	177
36	项目四	任务二	无线闭塞中心功能原理	184
37	项目四	任务二	无线闭塞中心设备组成	192
38	项目四	任务二	无线闭塞中心设备连接	196
39	项目四	任务二	临时限速服务器功能	205
40	项目四	任务二	临时限速服务器设备组成	206
41	项目四	任务二	临时限速服务器通信接口	208
42	项目四	任务二	CTCS-3 级其他地面设备	210
43	项目四	任务三	车载设备基本功能要求和设备要求	217
44	项目四	任务三	CTCS-300S 车载设备	220
45	项目四	任务三	CTCS-300T 车载设备	225
46	项目四	任务三	CTCS-300T 车载设备连接图	230
47	项目四	任务三	DMI 显示规范及简单操作	232
48	项目四	任务三	CTCS-3 列控车载设备主要工作模式	244
49	项目四	任务四	信号安全数据网	249
50	项目四	任务四	车-地通信网络 GSM-R	258

目　录

项目一　列车运行自动控制系统概述 ·· 1
　　任务一　列车运行自动控制系统基本知识 ··· 3
　　任务二　欧洲列车运行自动控制系统 ··· 11
　　任务三　中国列车运行自动控制系统 ··· 15

项目二　CTCS-0/1 级列车运行自动控制系统维护 ······························ 21
　　任务一　机车信号设备维护 ·· 22
　　任务二　站内轨道电路电码化设备维护 ··· 42
　　任务三　LKJ2000 型列车运行监控记录装置维护 ····························· 73

项目三　CTCS-2 级列车运行自动控制系统维护 ································ 87
　　任务一　CTCS-2 级列车运行自动控制系统认识 ······························ 88
　　任务二　CTCS-2 级列车运行自动控制系统地面设备 ······················· 91
　　任务三　CTCS-2 级列车运行自动控制系统车载设备 ····················· 142

项目四　CTCS-3 级列车运行自动控制系统维护 ······························ 176
　　任务一　CTCS-3 级列车运行自动控制系统认识 ···························· 177
　　任务二　CTCS-3 级列车运行自动控制系统地面设备 ····················· 182
　　任务三　CTCS-3 级列车运行自动控制系统车载设备 ····················· 217
　　任务四　CTCS-3 级列车运行自动控制系统数据通信 ····················· 248

附录　常用缩写词解释 ·· 275

参考文献 ·· 277

项目一　列车运行自动控制系统概述

项目概述

20 年前，秦沈客运专线通车前，中国还没有自己的高铁；今天，已经出现搭载中国北斗导航，实现速度 350 km/h 自动驾驶的京张高铁。20 年来，中国高铁实现了跨越式发展。在中国高铁发展过程中，中国列车运行控制系统随之发展起来，从引进消化吸收到自主创新，铁路信号从业人员全力攻坚高速铁路列车运行控制技术，将技术高度国产化，使中国高铁装备"中国大脑"和"神经中枢"实现了从"跟跑"到"领跑"的跨越。多年来，铁路信号技术人员发扬爱国爱路精神，务实奋进，刻苦钻研，科技报国，承担起时代赋予的历史使命，并学习国外先进的列控技术，进行技术革新，攻克列车运行控制系统关键技术难题，从根本上保障我国铁路运输安全，为"一带一路"建设和中国高铁"走出去"提供核心技术支撑。

列车运行自动控制系统（简称列控系统）是对列车运行全过程或部分作业实现自动控制的系统。其特征为列车通过获取的地面信息和命令，控制列车运行，并调整与前行列车必须保持的距离。通过本项目的学习，学生应该掌握列车运行自动控制系统的功能、结构及分类，了解国内外列控技术的发展和使用情况，对车-地信息传输技术、列车测速、定位、列控可靠性和安全性技术等基本知识有所认识，对中国列车运行自动控制系统（CTCS）有全面了解，并掌握欧洲列车运行自动控制系统的特点，为后续内容的学习打下基础。

项目任务书

（1）熟悉列车运行自动控制系统在铁路技术发展中的地位和作用。
（2）掌握列车运行自动控制系统的基本概念。
（3）理解列车运行自动控制系统的含义及功能。
（4）掌握常用的车-地信息传输方式的原理。
（5）了解列车运行自动控制系统的组成。
（6）掌握常用的测速方式及原理。
（7）通过上网或者查阅资料，了解更多关于列车运行自动控制系统的信息。
（8）通过对列车运行自动控制系统的学习，养成爱岗敬业的精神，增强职业自信心和自豪感。

项目学习引导

传统的铁路信号对列车的控制完全借助地面信号机的显示，应该说这种控制很不彻底。首先，大雾、雨雪、风沙等不利天气及地形、建筑物和线路旁植物的影响，给司机不间断地瞭望信号造成困难；其次，列车运行的安全毕竟要靠人的控制而不是靠设备保障，司机即便能看清信号，还必须严格遵守信号并正确驾驶，稍有疏忽，便会酿成大错。而人的疲劳、紧张、懈怠等精神因素不可避免会带来安全隐患。

为此，人们研制出了装在司机室内的机车信号（也称车载信号），改善了司机对信号的瞭望条件。机车信号系统包括地面设备和车载设备两部分，地面设备（如轨道电路）的信息通过电磁感应传送到机车上，车载设备经过解调和译码后，控制机车信号机和自动停车装置。由于我国铁路的自动闭塞曾出现多种制式，各种制式的机车信号互不兼容，为此又研制出可以走遍全路的通用机车信号。但很长一段时间，机车信号只是作为复示地面信号显示的"配角"，唯有地面信号才是行车凭证。随着列车运行速度大幅提高，地面信号机在司机眼前一闪而过，司机在列车制动距离内来不及看清信号显示并及时采取制动措施，为此又研制出主体化机车信号，把机车信号作为行车凭证。

机车信号与自动停车装置配套安装，可防止列车冒进信号。当地面信号显示停车信号或限速信号时，自动停车装置可产生报警。若司机不予理会（不按压警惕按钮），它便实施紧急制动，强迫列车停车。但如果司机只是按压警惕按钮而未实施人工制动，列车仍可能冒进信号。随着技术的进步，人们研制出了更加安全的列车超速防护系统。

列车超速防护系统由地面设备、车载设备和车地之间信息传输媒体三部分组成。列车运行中，地面设备不断地将速度控制信息、运行地段的实时参数等信息通过传输媒体传送给车载设备。车载设备根据接收到的信息，实时计算出列车运行的最大允许速度，用来监控列车运行。若列车运行速度超过最大允许速度，车载设备自动实施不同等级的制动，迫使列车减速或停车，保证行车安全。

列控系统就是以列车超速防护为主要功能的一种信号控制系统。它根据列车在铁路线路上运行的客观条件和实际情况，对列车运行方向、运行间隔、运行速度进行全方位监控和调整，并具有报警制动及运行记录的功能。

列控系统用速度信号取代了存在模糊含义的色灯信号（例如要求减速的黄灯信号对到底减速多少并不明确），显示了列车应有的安全速度值，它以车载信号作为行车凭证，并以车载信号设备直接控制列车。列控系统的出现，使铁路信号出现了一个重大转折，即由对地面设备的控制转向对移动列车的直接控制，具备了智能化的特点。

任务一 列车运行自动控制系统基本知识

一、列控系统的背景

高速铁路具有速度快、安全舒适、运输能力强、正点率高、节能环保、全天候运行等诸多优点。日本、法国、德国、西班牙、瑞典等世界发达国家都争相发展高速铁路。世界上首条高速铁路——日本东海道新干线于 1964 年正式投入运营。日本东海道新干线始于东京，途经名古屋、京都等地，终于大阪，运行速度为 270 km/h。

中国铁路六次大提速，为我国高速铁路的发展奠定了重要基础。第一次大提速冲击了铁路信号传统概念。列车最高运行速度提高到 120 km/h 及以上，推动了铁路信号向速差式发展，确立了四显示信号的地位。第二次到第五次大提速，列车最高运行速度达到 160 km/h，并实现了全路范围的机车信号低频信息统一，促进了机车信号主体化技术发展，装备了通用式机车电台，使得机车在运用上可以全路范围跨交路运行。2007 年 4 月 18 日起实施全国铁路第六次大面积提速，动车组在既有线的运行速度达到 200～250 km/h，确立了具有中国特色和自主知识产权的既有线 CTCS-2 级列控系统的技术地位。第六次大提速之后，我国进入高速铁路发展的黄金期。

截至 2023 年年底，我国铁路营业里程达到 15.9 万千米，其中高铁营业里程达到 4.5 万千米，建成了发达完善的高速铁路网络。中国已成为世界高速铁路运营速度最高、运营里程最长、在建规模最大的国家。现代高铁关键技术如图 1-1-1 所示。

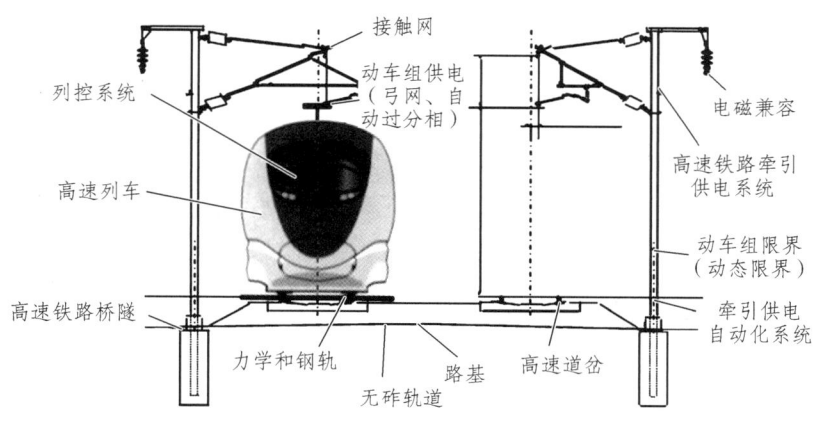

图 1-1-1 现代高铁关键技术

当列车提速到 200 km/h 时，紧急制动距离将达到 2 000 m（常用制动距离超过 3 000 m）。随着列车运行速度的提高，完全靠人工瞭望、人工驾驶列车不能保证行车安全。因此，当列车速度大于 160 km/h 时，必须装备列车运行自动控制系统，以实现对列车间隔和速度的自动控制，提高运输效率，保证行车安全。

工务工程、动车组和列控系统是客运专线系统的三大核心技术。列控系统是保证高速列车运行安全、有序、高效的关键。客运专线系统构成如图 1-1-2 所示。

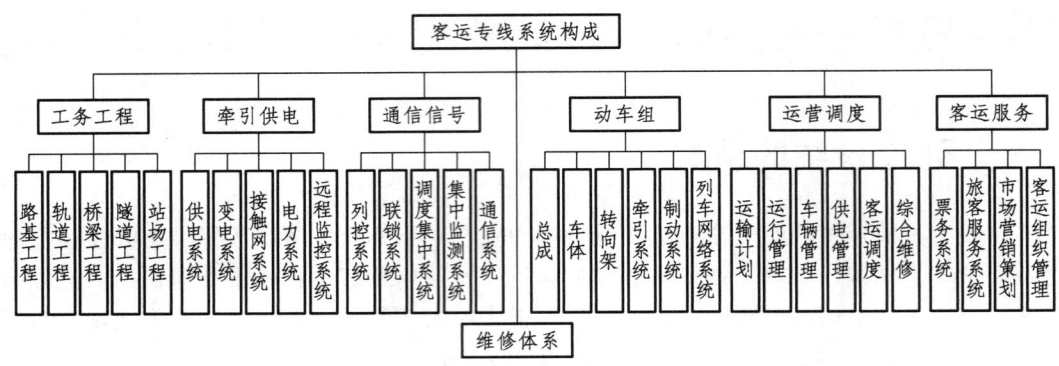

图 1-1-2　客运专线系统构成

二、列控系统的定义

列控系统就是对列车运行全过程或一部分作业实现运行速度、位置等状态的监督、控制和调整，确保行车安全，提高运输效率的信号系统。其基本工作原理为：利用地面提供的线路信息、前车（目标）距离和进路状态，列控车载设备自动生成列车允许速度控制模式曲线，并实时与列车运行速度进行比较，超速后及时进行控制。列车允许速度控制模式曲线如图 1-1-3 所示。

列控系统的定义及发展

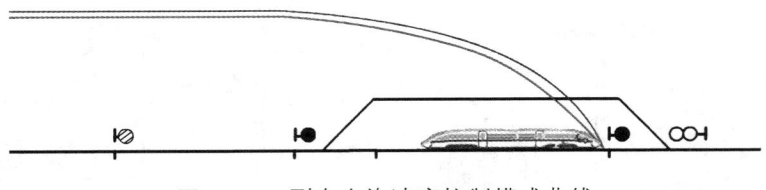

图 1-1-3　列车允许速度控制模式曲线

三、列控系统的基本组成

列车运行自动控制系统通常由地面列控中心或无线闭塞中心、轨道电路、地面点式信号设备、车-地传输设备和车载速度控制设备等构成。在列车运行自动控制系统中，列车通过车-地通信将本列车的信息传输给地面控制中心，获取地面信息和命令，控制列车的运行速度，并调整与前行列车之间的距离，以实现对列车运行的自动控制。列控系统包括地面设备、车载设备。地面设备提供线路信息、临时限速、目标距离和进路状态等基本控制信息。车载设备生成速度控制模式曲线并实现列车运行的监控。列控系统组成如图 1-1-4 所示。

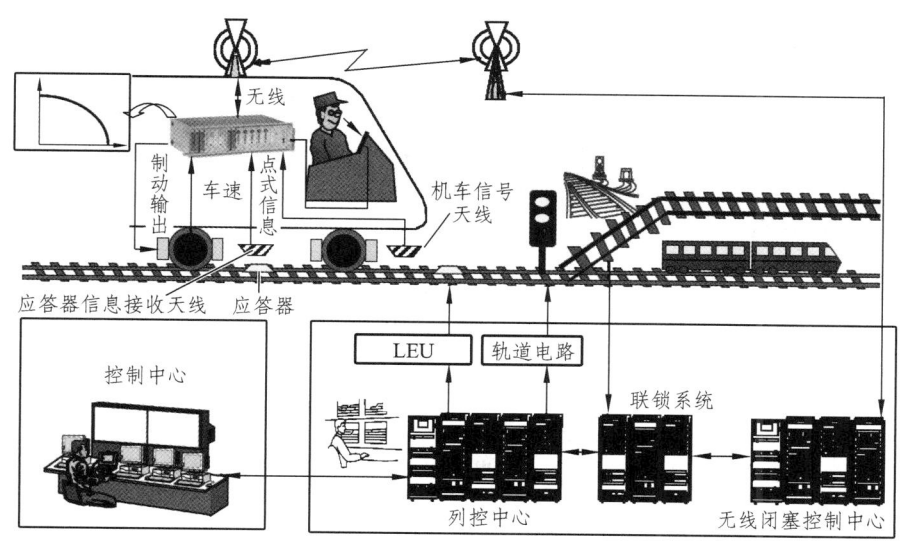

图 1-1-4 列控系统组成

四、列控系统的分类

列车控制系统通过车-地信息传输设备把地面信息传送到车载设备，从而完成对列车运行的自动控制。但是因为采用了不同的设备、不同的技术条件，所以列控系统各有各的特点和适用范围。根据不同技术特点和用途，列车运行自动控制系统可按以下方式进行分类。

（一）根据车-地信息传输通道分类

1. 点式列控系统

点式列控系统采用点式设备（如地面应答器），在固定地点向列车传递控车信息，实现列车的安全控制。

2. 连续式列控系统

连续式列控系统的地面控制中心可实时、连续地向车载设备传输控制信息。连续式列控系统地对车的信息传输手段包括轨道电路、轨道电缆（交叉环线）、波导管、漏泄电缆、无线通信等。

3. 点连式列控系统

点连式列控系统兼顾了点式和连续式列控系统的优点，是一种连续式和点式相结合的列控系统。车载设备从轨道电路提供实时的连续信息中得知前方轨道区段的空闲数量、进出站信号开放状态等信息，再根据应答器信息提供的轨道区段长度、坡度和速度等线路数据，控制列车运行。

（二）根据控制模式分类

1. 速度码阶梯控制方式

速度码阶梯控制方式，是在一个闭塞分区内只控制一个速度等级，即在一个闭塞分区中只按照一种速度判断列车是否超速。阶梯控制方式又可分为出口检查方式和入口检查方式。

（1）出口速度控制模式曲线如图 1-1-5 所示。

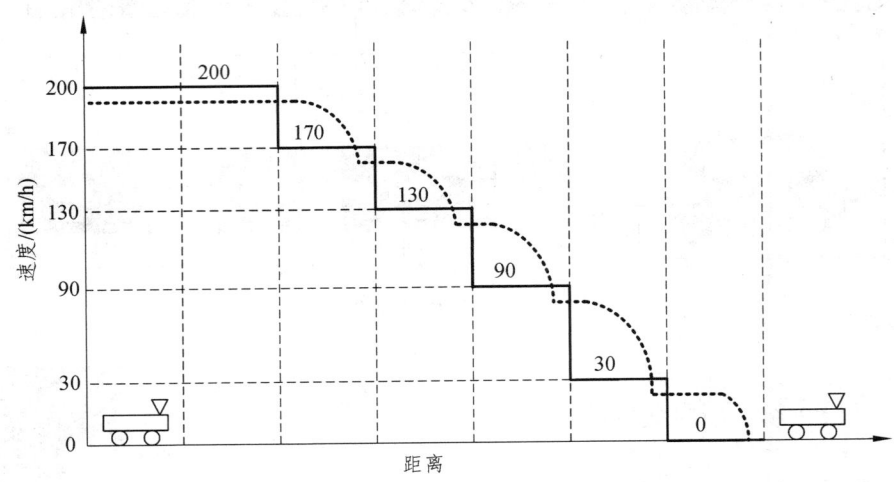

图 1-1-5　出口速度控制模式曲线

出口速度控制方式：给出列车的出口速度值，控制列车不超过出口速度阶梯式实线控制的速度值，粗虚线为列车实际减速运行线，从最高速至零速的列车实际减速运行线为分段曲线组成的一条不连贯曲线组合。

（2）入口速度控制模式曲线如图 1-1-6 所示。

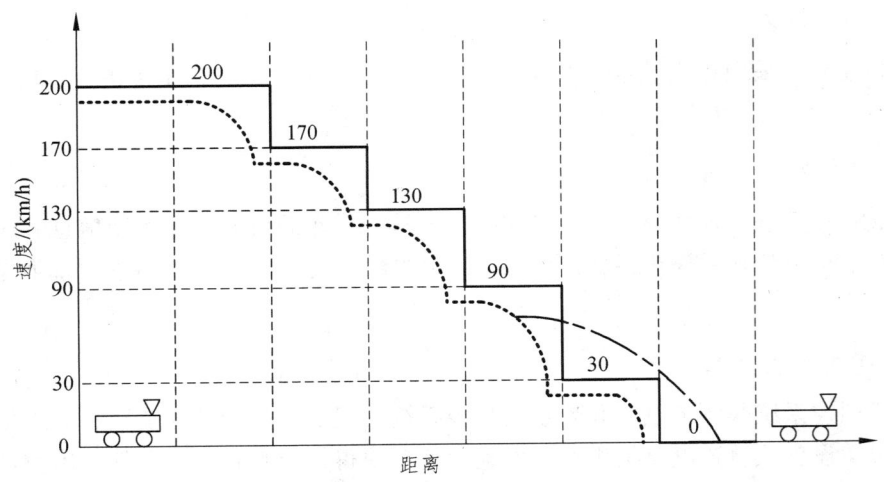

图 1-1-6　入口速度控制模式曲线

入口速度控制方式：给出列车的入口速度值，监控列车在本闭塞分区不超过给定的入口速度值，采取人控优先的方法，控制列车不超过下一闭塞分区的入口速度值。考虑万一列车失控，在本闭塞分区的出口即下一闭塞分区的入口处的速度超过了给定的入口速度值，碰撞了速度控制线，即所谓"撞墙"，此时触发设备自动引发紧急制动，此时列车必然会越过第一红灯进入下一闭塞分区，如此必须要增加一个闭塞分区作为安全防护区段，俗称双红灯防护。图 1-1-6 中粗虚线为列车实际减速运行线，从最高速至零速的列车实际减速运行线为分段曲线组成的一条不连贯的曲线组合；粗点画线为"撞墙"后的紧急制动曲线。

2．速度-距离模式曲线控制方式

速度-距离模式曲线是根据目标速度、线路参数、列车参数、制动性能等确定的反映列车允许速度与目标距离间关系的曲线。根据制动曲线的形状，速度-距离模式曲线可分为分段速度控制和连续速度控制。

（1）分段速度控制。

分段速度控制模式是将闭塞分区按照制动性能最差的列车安全制动距离的要求，以一定的速度等级将其划分。一旦这种划分完成，每一列列车无论其制动性能如何，其与前行列车的最小追踪距离只与其运行速度、区段划分有关。分段速度控制模式曲线如图 1-1-7 所示。

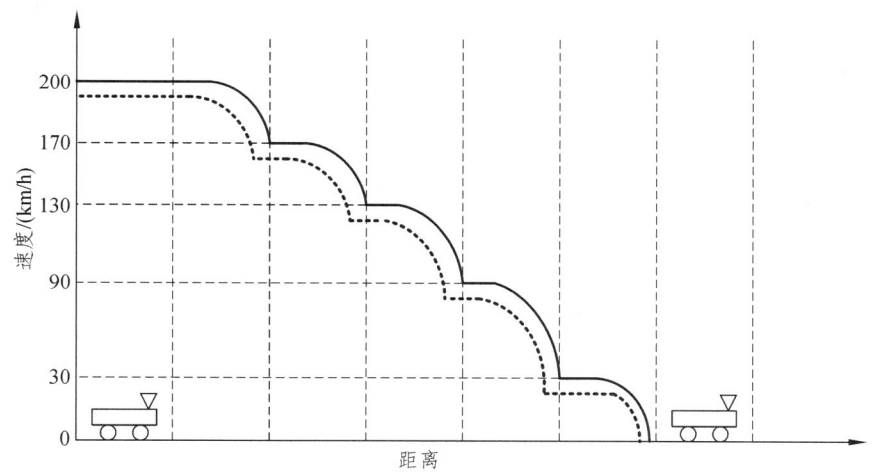

图 1-1-7　分段速度控制模式曲线

（2）连续速度控制。

连续速度控制模式根据目标距离、目标速度确定目标距离-连续速度控制模式曲线，该方式不设定每个闭塞分区速度等级，采用一次制动；并以前方列车占用的闭塞分区或限速区段入口为目标点，向列车传送目标距离、目标速度等信息。目标距离模式曲线如图 1-1-8 所示。

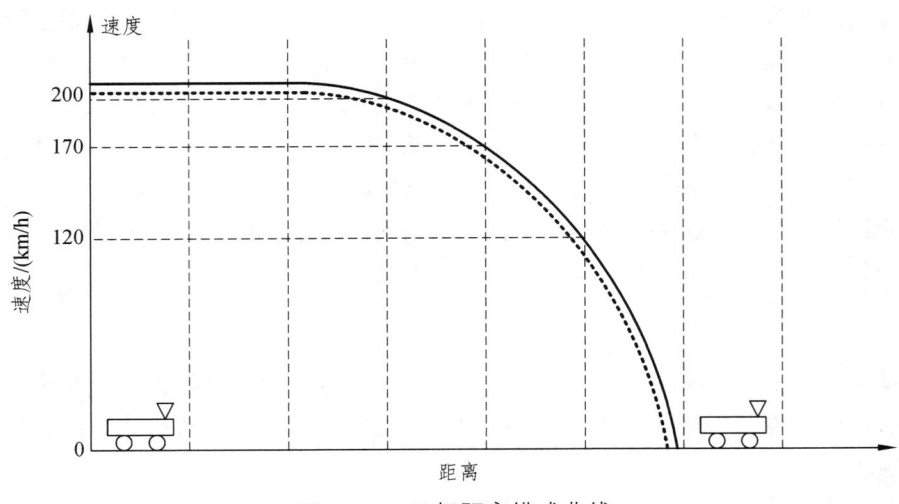

图 1-1-8 目标距离模式曲线

（三）根据人-机优先等级分类

1. 设备制动优先方式

在设备制动优先方式下，车载设备通过自动触发不同等级的常用制动实现降速过程的自动速度控制；当列车速度低于缓解速度时，车载设备自动停止输出相应等级的常用制动命令，不必司机人工介入。设备制动优先模式如图 1-1-9 所示。

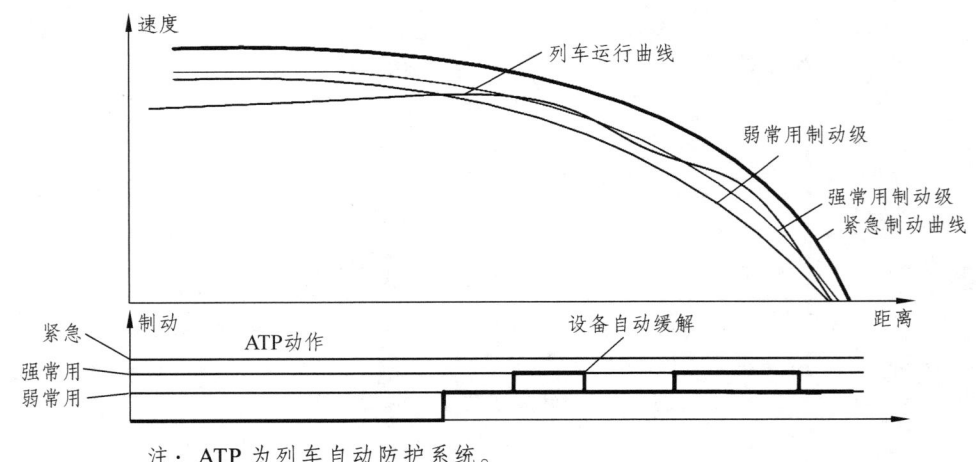

注：ATP 为列车自动防护系统。

图 1-1-9 设备制动模式

2. 司机制动优先方式

在司机制动优先方式下，司机负责操纵包括降速等环节在内的驾驶全过程；车载设备实施常用制动后，当列车速度低于缓解速度时，车载设备向司机提示允许缓解信息，司机按压缓解按键后，缓解常用制动。司机制动优先模式如图 1-1-10 所示。

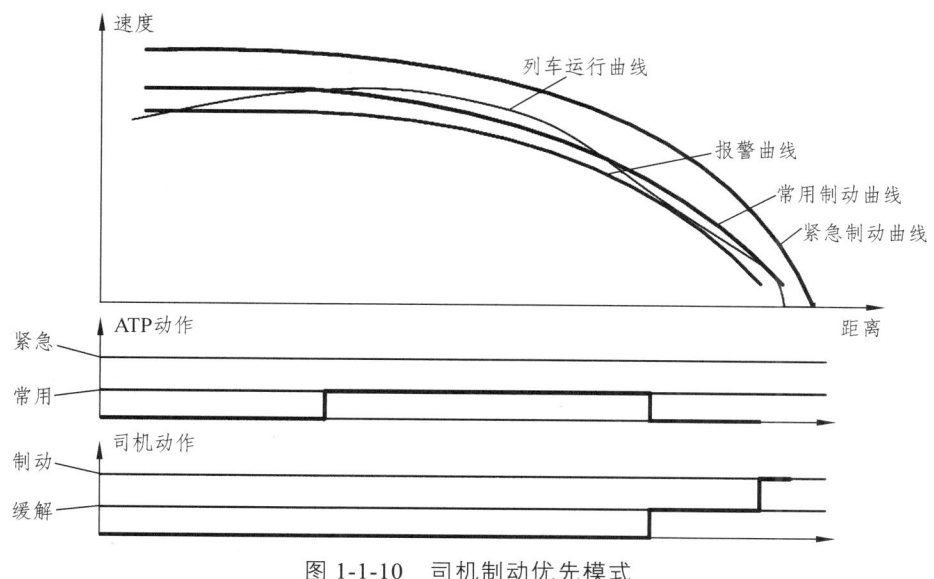

图 1-1-10 司机制动优先模式

五、国外列控系统的应用

西方发达国家在列控系统研究方面已有较长发展历史,比较成功的列控系统主要有:日本新干线 ATC 系统、法国的 TVM300 及 TVM430 系统、德国的 LZB 系统、瑞典的 EBICA900 系统等。

(一)法国列控系统

法国高速铁路(TGV)区段的列控系统,车载信号设备采用 TVM300 或 TVM430,地对车的信息传输以无绝缘轨道电路 UM71 或 UM2000 为基础,该列控系统简称 U/T 系统。

TVM300 系统于 1981 年在巴黎—里昂间首先投入使用,该系统结构简单,造价较低,采用无绝缘轨道 UM71,地对车的信息传输容量仅有 18 个,速度监控是阶梯式的,列车运行间隔一般为 4~5 min。

TVM430 系统于 1993 年在法国第三条北方线高速铁路上首先投入使用。列车运行间隔一般为 3 min,列车速度已达 320 km/h。在 TVM430 中,法国 CS 公司对模拟电路构成的 U/T 系统进行了数字化改造。相比模拟电路,数字电路技术使设备结构小型化、模块化。其中,采用无绝缘数字轨道电路 UM2000,数字通信技术使车-地间的信息传输数字编码化,其速度监控方式改为分级速度曲线控制模式。法国 TVM430 系统如图 1-1-11 所示。

法国 TVM430 系统的特点:
(1)使用无绝缘数字轨道电路向列车发送行车许可。
(2)列车制动采用司机控制优先方式。
(3)车载设备根据轨道电路信息生成分段连续速度控制曲线。

后来,法国 CS 公司又开发了计算机联锁(SEI)和列控(ATC)一体化系统,在地中海沿线和海峡—伦敦线中投入使用,我国秦沈客运专线也采用了该系统。

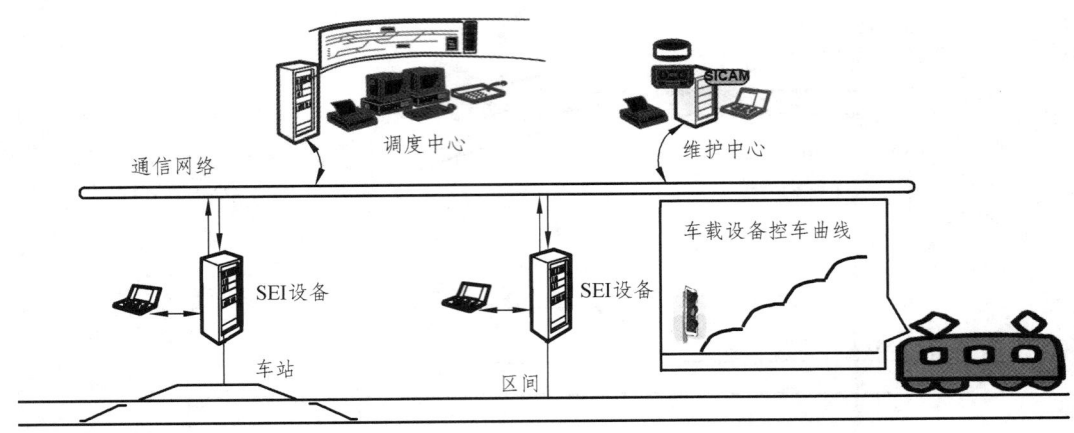

图 1-1-11　法国 TVM430 系统

（二）日本列控系统

日本于 1964 年开通了世界上第一条高速铁路——东海道新干线。日本新干线现有的 ATC 系统普遍采用阶梯式速度监控，它的制动方式为设备优先的模式，即列控车载设备根据轨道电路传送来的速度信息，对列车进行制动或缓解控制，使列车出口速度达到本区段的要求。

日本东海道新干线，普遍采用 ATC 超前阶梯式速度监控。1991 年，日本铁路开始试验数字式 ATC，亦称 D-ATC，并在东海道新干线上投入使用。日本 D-ATC 系统如图 1-1-12 所示。

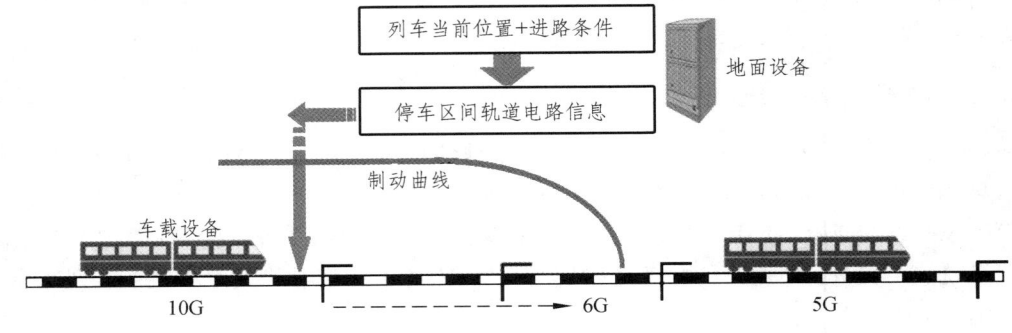

图 1-1-12　日本 D-ATC 系统

日本 D-ATC 系统的特点：

（1）使用绝缘数字轨道电路发送列车位置、目标速度、进路等信息。

（2）车载设备采用轨道电路信息和车载设备存储的线路数据生成一次连续速度控制曲线。

（3）列车制动采用设备控制优先方式。

数字式 ATC 采用目标距离一次制动模式曲线方式，车载设备根据地面轨道电路传送来的信息和各个开通区间的长度，求取与前方列车所占用区间的距离，综合线路数据、制动性能和允许速度等计算出列车运行速度，若列车接近前方减速点，即生成目标距离一次制动模式曲线。目标距离一次制动模式曲线缩短了制动距离，并可根据列车性能给出不同的模式曲线，提高了运输效率。

（三）德国列控系统

德国 LZB 系统是基于轨道电缆传输的列控系统，由轨旁设备 LZB L72 和车载设备 LZB 80 构成，所有的固定数据如线路地理参数、局部固定限速等都存储在 LZB 中心。联锁系统向控制中心传送信息显示、道岔设置及其他数据的同时，系统范围内的列车也向控制中心传送它们的特殊数据，如列车长度、列车位置、实际速度等。区间列车占用情况是通过区间轨道电路或计轴设备采集的。根据上述数据，控制中心确定每列列车的最大允许速度，指挥列车运行。该系统是世界上首次实现连续速度控制模式的列控系统，于 1965 年在慕尼黑—奥格斯堡间首次运用，并已装备了 2 000 km 铁路线。德国 LZB 系统如图 1-1-13 所示。

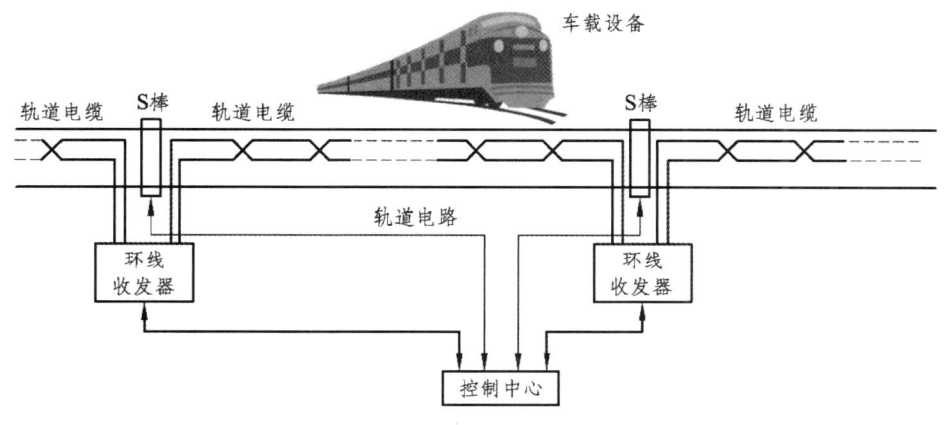

图 1-1-13　德国 LZB 系统

德国 LZB 系统的特点：

（1）采用轨道电缆（交叉环线）方式传输车-地信息，使用 S 棒无绝缘轨道电路实现列车占用和完整性检查。

（2）车载设备利用轨道电缆信息生成一次连续速度控制曲线。

（3）列车制动采用司机控制优先方式。

LZB 是 1965 年以前开发的系统。它利用轨道电缆作为车-地双向信息传输的通道，需要轨道电路来检查列车占用，轨旁设备较多，给维修带来不便。而且，LZB 以地面控制中心为主计算制动曲线，车载信号设备智能化不够，与其他列控系统兼容也比较困难。

FZB 系统是德国最新开发的基于 GSM-R 无线传输的列控系统，符合 ETCS 标准，其目的是在欧洲逐步实现联运控制。

任务二　欧洲列车运行自动控制系统

在欧洲铁路网上，各个国家的铁路部门使用各自不同的信号制式管理列车的运营，列车运行自动控制系统（ATP/ATC）多达十余种，如前面提到的 LZB、TVM 等，这些信号和控制系统互不兼容，因此跨国运行的列车跨过边境到达另一个国家后停下来要么更换机车，要么根据运行线路的不同装设不同的控制系统（最多的有6种），当列车穿过边境到达另一个国家后切换相应的列车控制系统。这不仅影响了欧洲铁路跨国运输的效率，而且使列车运营和维护费用上升。为了解决欧洲各国铁路互联互通问题，提高列车运行的安全性和高效性，降低运营成本，增强竞争优势，1989年开始，在欧盟委员会和国际铁路联盟的推动下，欧洲铁路公司和信号公司在对各自的既有信号系统进行升级改造的同时，为信号系统的互联和兼容问题制定了相关的技术标准，并研制和开发了相关产品。

这种通用信号系统能满足：

（1）跨国运营的列车不受限制地穿越边境，提高了列车的运行效率。

（2）信号和列车运行自动控制系统界面标准化，尽可能减少不同国家的特殊要求。

（3）通过鼓励对设备进行市场开发来产生商业吸引力，从而降低设备的成本。

在欧盟（EU）和国际铁路联盟（UIC）的支持下，欧洲铁路制定了统一的列车运行管理系统 ERTMS（欧洲铁路运输管理系统），包括欧洲列车运行自动控制系统（ETCS）、列车与地面的双向无线通信系统（GSM-R）和欧洲运输管理系统（ETMS）。其中，ETCS涉及列车控制和信号。

欧洲列控系统的分级：根据功能需要和运用条件配置基本结构，从应用角度分为四级（0~3级）。

一、ETCS-0级

ETCS-0级采用车载设备+传统列控系统。它主要是为了保证装配ETCS车载设备的列车，能在没有ETCS地面设备的线路或尚不具备ETCS运营条件的线路上运行，既有地面信号系统完成列车检测和完整性监督。ETCS车载设备只显示列车速度，并只监督列车最大设计速度和线路最大允许速度。车载设备不提供机车信号显示功能，司机凭地面信号行车。为实现制式的转换或级间的转换，必须输入有效的列车数据，确保在转换过程中不停车；且地面在特定点（如制式分界点）必须增加应答器，车载设备接收应答器转换信息并完成转换功能，如图1-2-1所示。

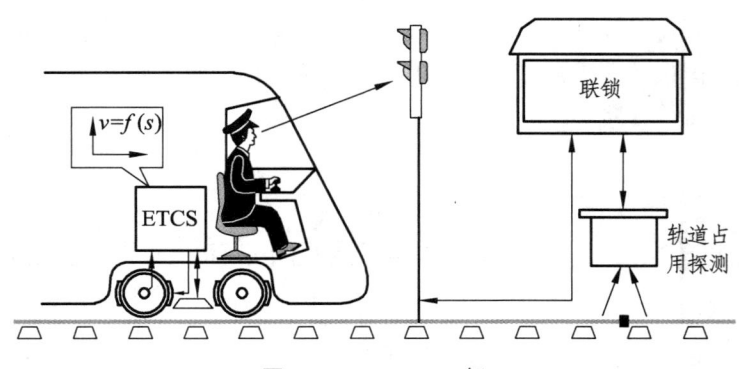

图 1-2-1　ETCS-0 级

ETCS-0 级主要是为了保证装配 ETCS 车载设备的列车，在既有线运行时能够提供通用机车信号功能。在该级中，既有地面信号系统完成列车占用检测和列车完整性监督，并由既有地面信号系统功能决定是否需要地面信号机。

二、ETCS-1 级

ETCS-1 级采用地面信号+查询应答器+轨道电路。它采用固定追踪间隔形式；司机依靠地面信号行车，地面信号机前设备产生速度监控；依靠轨道电路或计轴器设备检查列车的占用和完整性；利用查询应答器覆盖各国现有信号系统，并用于列车定位和传送控制命令。该系统是典型的点式 ATP，如图 1-2-2 所示。

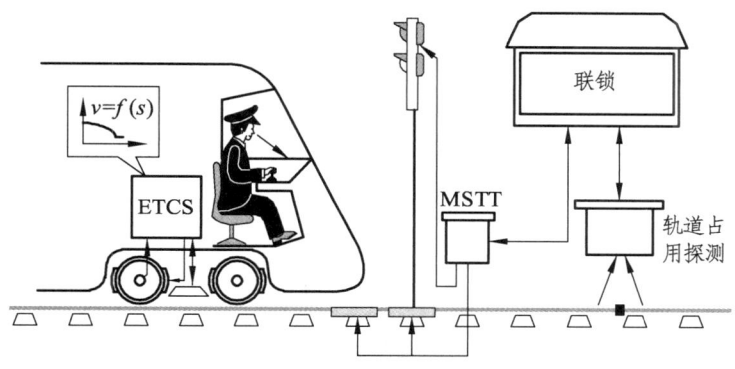

图 1-2-2　ETCS-1 级

ETCS-1 级虽然提供完全的列车自动防护功能，但因应答器的通信是间断的，列车停车后，恢复运行还要依靠地面信号机，如图 1-2-3 所示。

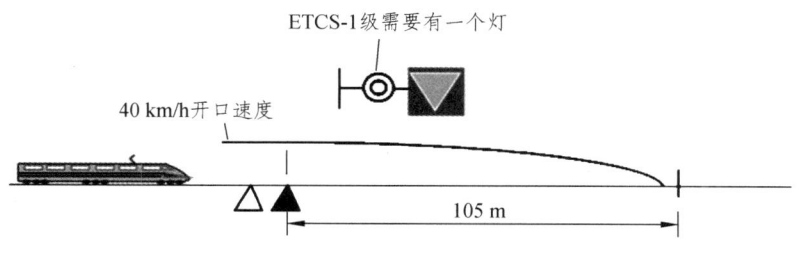

图 1-2-3　ETCS-1 级地面信号机

三、ETCS-2 级

ETCS-2 级采用轨道电路+查询应答器+GSM-R。铁路综合移动通信系统（GSM-R）、无线闭塞中心（RBC）根据地面信号对列车移动授权，列车占用检测和列车完整性检查由地面信号系统等完成。ETCS 车载设备，凭车载信号行车获准移动闭塞，如图 1-2-4 所示。

图 1-2-4　ETCS-2 级

ETCS-2 级只需要有一个停车标，如图 1-2-5 所示。

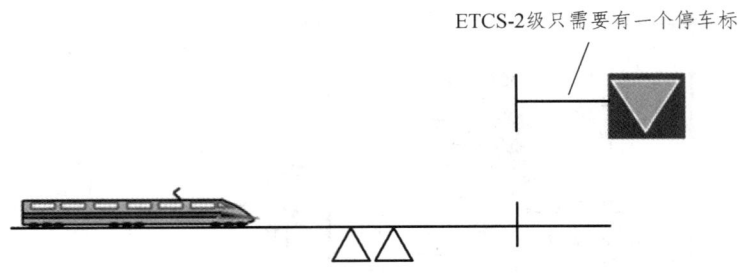

图 1-2-5　ETCS-2 级需要一个停车标

四、ETCS-3 级

ETCS-3 级采用查询应答器+GSM-R。与 ETCS-2 级相比，ETCS-3 级靠车载设备来检查列车的完整性，不需要轨道电路；点式设备、GSM-R 是系统的主要设备；取消了区间的轨道电路，采用移动闭塞铁路综合移动通信系统（GSM-R），无线闭塞中心（RBC）根据车载信息计算列车的移动授权凭证、列车定位和列车完整性；检查由地面无线闭塞中心（RBC）和列车完整性验证系统共同完成。ETCS 车载设备凭车载信号行车，如图 1-2-6 所示。

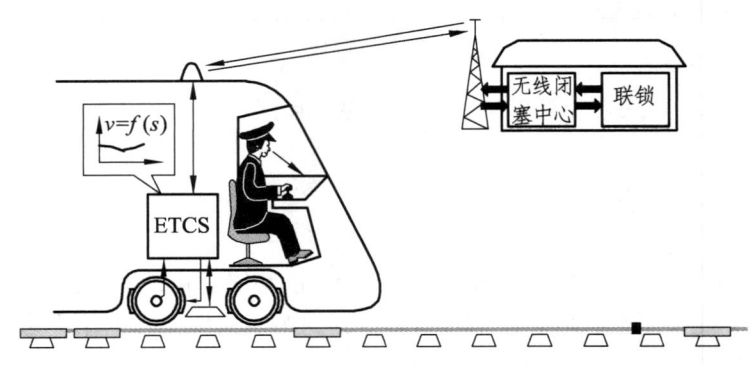

图 1-2-6　ETCS-3 级

任务三 中国列车运行自动控制系统

一、中国列车运行自动控制系统的产生背景

既有线提速、客运专线和高速的建设,对我国信号技术的发展提出了新的挑战,同时也提供了难得的发展机遇。列车运行速度超过 160 km/h 时,按照地面信号机显示驾驶列车运行的控车方式已不能满足要求。铁道部(现更名为中国国家铁路集团有限公司,简称国铁集团)针对提速以后的安全形势,提出了机车信号要尽快实现主体化的明确要求。

20 世纪 80 年代末,我国相继在京广线郑武段、京哈线京秦段引进了法国的 UM71 轨道电路和 TVM300 列控系统,在京哈线秦沈段引进了法国的 UM2000 轨道电路和 TVM430 列控系统。"机车信号+列车运行监控记录装置"的结合使用,在我国运行速度 160 km/h 以下客货列车上得到了推广和普及,在指导司机驾驶、列车运行基本安全防护等方面发挥了重要作用。

2004 年年初,铁道部组织国内外专家,通过对 ETCS 技术规范、世界各国列控标准及实际运营情况进行分析,结合我国铁路实际运行需求、设备状况和技术政策,经过长时间的论证和研究,提出了《CTCS 技术规范准则》,确定了 CTCS 五个等级的总体技术框架,并制定了《CTCS-2 级列控系统暂行技术条件》,确定采用由点式应答器+连续式轨道电路向列车传输运行许可信息,采用目标距离模式曲线监控列车安全运行的方式。2004 年年底,铁道部组织研究并决策,在我国铁路既有线第六次提速 200~250 km/h 时采用 CTCS-2 级列控系统,在动车组列车上装备 CTCS-2 级列控车载设备,在提速至 200~250 km/h 线路区段上进行 CTCS-2 级列控地面设备改造。2005 年年底及 2006 年年初,在环形道上利用 SS_9 型机车,进行了 CTCS-2 级列控系统第一次全面试验。2006 年 5 月,在环形道上完成了 CTCS-2 级列控系统基本列控功能试验。2006 年 9 月 18 日,完成胶济全线列控设备安装任务;9 月 20 日,进行胶济全线动车组列控拉通试验。2007 年 3 月,在北京铁路局管内组织实施了动车组 5 min 追踪运行试验。2007 年 4 月初,在胶济线蔡家庄至娄山五站四区间 76 km 区段进行了 CTCS-2 级补充试验。至此,CTCS-2 级列控系统的基本功能全部得到验证。

二、中国列车运行自动控制系统的体系结构

中国列车运行自动控制系统(Chinese Train Control System,CTCS)是为了保证列车安全运行,并以分级形式满足不同线路运输需求的列车运行自动控制系统。CTCS 的体系结构按铁路运输管理层、通信网络层、地面设备层和车载设备层配置,如图 1-3-1 所示。

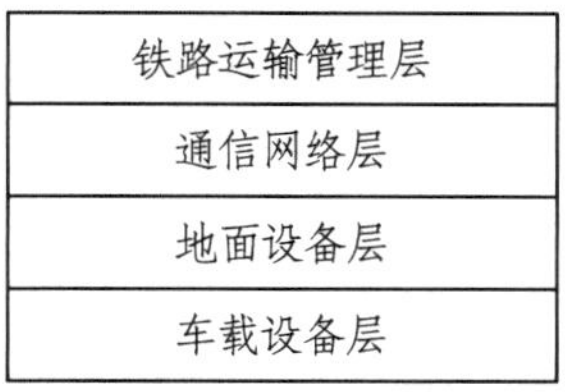

铁路运输管理层
通信网络层
地面设备层
车载设备层

图 1-3-1 CTCS 体系结构

（一）铁路运输管理层

铁路运输管理系统是行车指挥中心以 CTCS 为行车安全保障基础，通过通信网络实现列车运行自动控制和管理。

（二）通信网络层

CTCS 网络分布在系统的各个层面，通过有线和无线通信方式实现数据传输。

（三）地面设备层

地面设备层主要包括列控中心（无线闭塞中心）、轨道电路及点式设备、接口单元、无线通信模块等。列控中心（无线闭塞中心）是地面设备的核心，根据行车命令、列车进路、列车运行状态和设备状态，通过安全逻辑运算，产生控车命令，实现对运行列车的控制。

（四）车载设备层

车载设备层是对列车进行操纵和控制的主体，具有多种控制模式，并能够适应轨道电路、点式传输和无线传输方式。车载设备层主要包括车载安全计算机、连续信息接收模块、点式信息接收模块、无线通信模块、测速模块、人机界面和记录单元。

三、中国列车运行自动控制系统的分级

借鉴欧洲列控系统（ETCS）建设经验，并结合我国铁路运输特点和既有信号设备制式，考虑未来发展，遵循全路统一规划的原则，制定了我国列控系统 CTCS 技术标准，分为 CTCS-0、1、2、3、4 级。

中国列控系统分级及结构

（一）CTCS-0 级

CTCS-0 级为既有线的现状，由通用机车信号和列车运行监控记录装置构成。定义 0 是为了规范的一致性，将目前干线铁路应用的地面信号设备和车载设备规定为 0 级。在既有地面信号设备的基础上，采取大存储的方式把线路数据全部存储在车载设备中，靠逻辑推断地址调取所需的线路数据，结合列车性能计算给出目标距离式制动曲线。日本的数字列车运行自动控制系统 D-ATC 就是采取车载信号设备存储电子地图，通过每一轨道区段的地址编码来调取所需的线路数据，这种方式可以使地-车信息传输的信息需求量减少。欧洲列车控制系统（ETCS）规范也不排斥车载信号设备存储线路数据的方式，尚未成为安全系统时，只适用于列车最高运行速度为 60 km/h 的情况，一般自动闭塞设计仍按固定闭塞方式进行，采用四显示自动闭塞，进行分级速度控制，其目标距离式制动曲线可作为参考。

（二）CTCS-1 级

CTCS-1 级由主体化机车信号+安全型列车运行监控记录装置组成，面向 160 km/h 以下的区段,在既有设备基础上强化改造,达到机车信号主体化要求,并增加点式设备,实现列车运行安全监控功能。

1. 地面子系统组成

(1)轨道电路:完成列车占用检测及列车完整性检查,连续向列车传送控制信息。

(2)点式信息设备:设置在车站附近,主要用于向车载设备传输定位信息。

2. 车载子系统组成

(1)主体机车信号:完成轨道电路信息的接收与处理。

(2)点式信息接收模块:完成点式信息的接收与处理。

(3)安全型运行监控记录装置:实时检测列车的运行速度,对列车运行自动控制信息进行综合处理,控制列车按命令运行。

CTCS-1级的控制模式为目标距离式,采用大存储的方式把线路数据全部存储在车载设备中,靠逻辑推断地址调取所需的线路数据,结合列车性能计算给出目标距离式制动曲线;在车站附近增加点式信息设备,传输定位信息,以减少逻辑推断地址产生错误的可能性。该模式可称为线路数据全部存储在车载设备上的列车运行自动控制系统。CTCS-1级列控系统结构如图1-3-2所示。

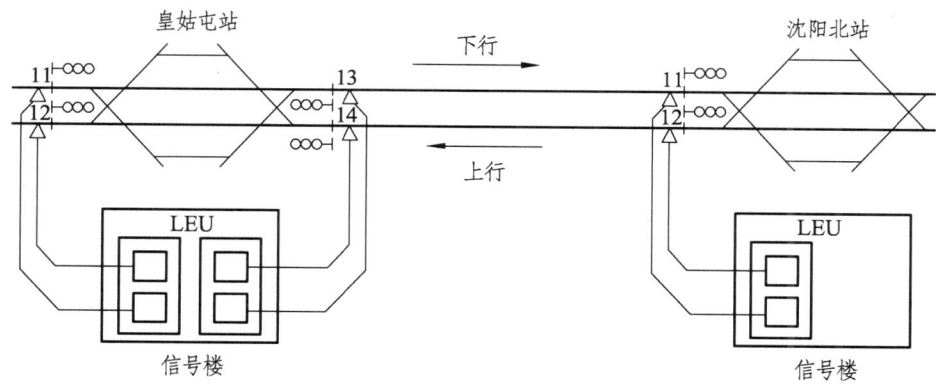

图1-3-2 CTCS-1级列控系统结构图

(三)CTCS-2级

CTCS-2级是基于轨道电路传输信息的列车运行自动控制系统。CTCS-2级面向提速干线和高速新线,采用车-地一体化设计;CTCS-2级适用于各种限速区段,地面可不设通过信号机,机车乘务员按车载信号行车。CTCS-2级列控系统设备结构如图1-3-3所示。

1. 地面子系统组成

(1)列控中心:根据列车占用情况及进路状态计算行车许可并传送给列车。

(2)轨道电路:完成列车占用检测及列车完整性检查,连续向列车传送控制信息。车站与区间采用同制式的轨道电路。

(3)应答器(含LEU):向车载设备传输定位信息、线路参数、临时限速等信息。

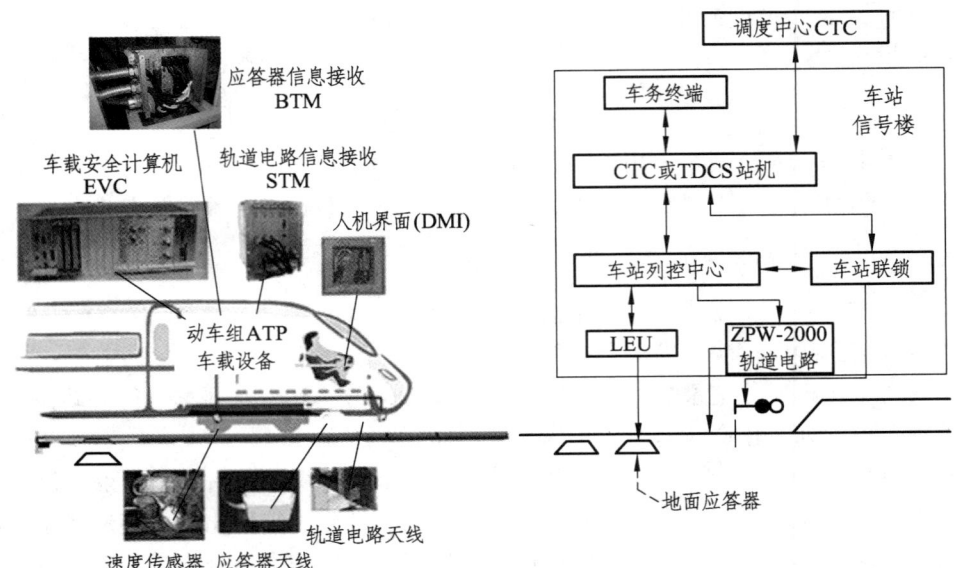

图 1-3-3 CTCS-2 级列控系统结构

2. 车载子系统组成

（1）连续信息接收模块及天线：完成轨道电路信息的接收与处理。

（2）点式信息接收模块及天线：完成点式信息的接收与处理。

（3）测速模块：实时检测列车运行速度并计算列车走行距离。

（4）设备维护记录单元：对接收信息、系统状态和控制动作进行记录。

（5）车载安全计算机：对列车运行自动控制信息进行综合处理，生成控制速度与目标距离模式曲线，控制列车按命令运行。

（6）人机界面：车载设备与机车乘务员交互的设备。

（7）运行管理记录单元：规范机车乘务员驾驶，记录与运行管理相关的数据。

（8）预留无线通信接口。

CTCS-2 级采用目标距离控制模式，闭塞方式为准移动闭塞。

（四）CTCS-3 级

CTCS-3 级是基于无线传输信息并采用轨道电路等方式检查列车占用的列车运行自动控制系统；CTCS-3 级面向提速干线、高速新线或特殊线路，采用基于无线通信的固定闭塞或虚拟闭塞；CTCS-3 级适用于各种限速区段，地面可不设通过信号机，机车乘务员凭车载信号行车。CTCS-3 级列控系统设备结构如图 1-3-4 所示。

CTCS-3 级采取目标距离控制模式和准移动方式。由于其实现了地-车间连续、双向的信息传输，所以功能更丰富，实时性更强。

项目一　列车运行自动控制系统概述

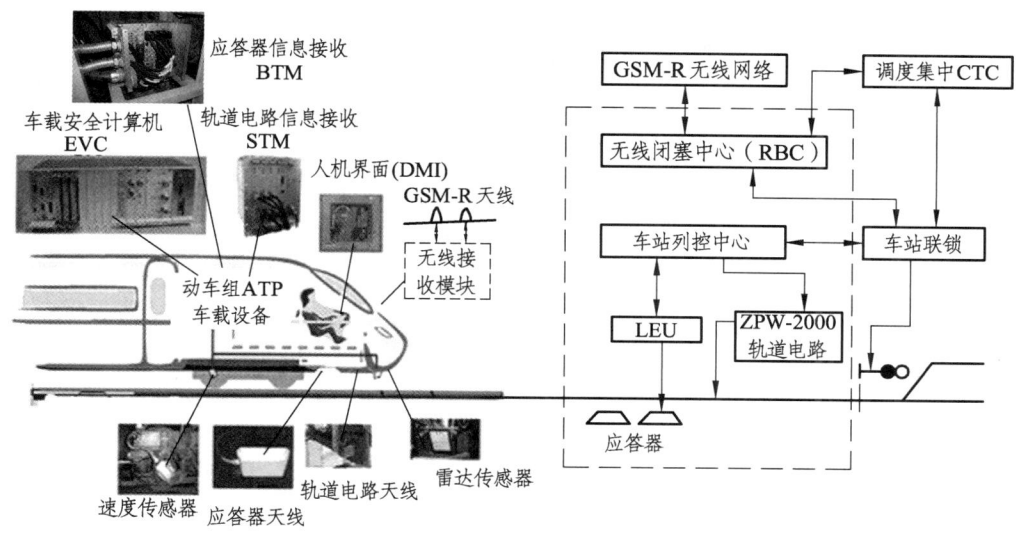

图 1-3-4　CTCS-3 级列控系统设备结构

1．地面子系统组成

（1）无线闭塞中心（RBC）：使用无线通信手段的地面列车间隔控制系统。它根据列车占用情况及进路状态向所管辖列车发出行车许可和列车控制信息。所使用的安全数据通道不能用于话音通信。

（2）无线通信（GSM-R）地面设备：作为系统信息传输平台完成地-车间大容量的信息交换。

2．车载子系统组成

（1）无线通信（GSM-R）车载设备：作为系统信息传输平台完成车-地间大容量的信息交换。

（2）测速模块：需要时，实时检测列车运行速度并计算列车走行距离。

（3）设备维护记录单元：对接收信息、系统状态和控制动作进行记录。

（4）车载安全计算机：对列车运行自动控制信息进行综合处理，生成目标距离模式曲线，控制列车按命令运行。

（5）人机接口：车载设备与机车乘务员交互的接口。

（6）运行管理记录单元：规范机车乘务员驾驶，记录与运行管理相关的数据。

（五）CTCS-4 级

CTCS-4 级是基于无线传输信息的列车运行自动控制系统。CTCS-4 级面向高速新线或特殊线路，基于无线通信传输平台，可实现虚拟闭塞或移动闭塞；CTCS-4 级由 RBC 和车载验证系统共同完成列车定位和列车完整性检查；CTCS-4 级地面不设通过信号机，机车乘务员凭车载信号行车。

CTCS-4 级采取目标距离控制模式，列车按移动闭塞或虚拟闭塞方式运行。虚拟闭塞是准移动闭塞的一种特殊方式，它不设轨道占用检查设备，采取无线定位方式来实现列车定位和占用轨道的检查功能，同时增加列车完整性检查设备，闭塞分区是以计算机技术虚拟设定的。

移动闭塞的追踪目标点是前行列车的尾部，并留有一定的安全距离，后行列车从最高速开始制动的计算点是根据目标距离、目标速度及列车本身的性能计算决定的。目标点是前行列车的尾部，与前行列车的走行速度有关，是随时变化的，而制动的起始点是随线路参数和列车本身性能不同而变化的，空间间隔的长度是不固定的。

为便于对照，表 1-3-1 归纳出 CTCS 各级的特点。

表 1-3-1 列控系统等级对比

技术内容		CTCS-0	CTCS-1	CTCS-2	CTCS-3	CTCS-4
完整性检查		轨道电路				列车自身
信息传播方式	自动闭塞	车载感应接收				—
	列车定位	测速测距	应答器			
	进路	存储数据	存储数据+应答器	应答器	应答器+RBC	RBC
	线路、限速、过分相	—	应答器		应答器+RBC	RBC
	移动授权	自动闭塞	自动闭塞	轨道电路	轨道电路+RBC	RBC
	通信方向	地-车	地-车	地-车	地-车 车-地	地-车 车-地
传输通道		轨道电路	轨道电路+应答器	轨道电路+应答器	轨道电路+应答器+RBC	应答器+RBC
速度模式		分级式	分级式	连续式目标速度-距离	连续式目标速度-距离	移动闭塞

项目二　CTCS-0/1 级列车运行自动控制系统维护

项目概述

在中国列控系统发展过程中，CTCS-0/1 级列控系统在中国铁路史上历史最为悠久。由于司机在行车中，会遇到地面信号认识困难的问题，催生了研制机车信号的需求；由于站内轨道电路无法发送移频信号，要求必须进行站内轨道电路电码化；由于司机行车中需要速度控制装置，衍生了列车运行监控记录装置。一方面，要求司机爱岗敬业，具备极强的责任心与使命感；另一方面也要求信号专业人员具备刻苦研发、追求卓越、精益求精的职业使命感和工匠精神。

CTCS-0 级列车运行自动控制系统由通用机车信号和列车运行监控记录装置组成。CTCS-1 级列车运行自动控制系统由主体化机车信号和安全型列车运行监控记录装置组成，面向 160 km/h 以下的区段，在既有设备基础上强化改造，达到机车信号主体化要求，并增加点式设备，实现列车运行安全监控功能。

通过本项目的学习，学生应能掌握 CTCS-0/1 级列控系统的结构组成、工作原理及功能，并可以完成 CTCS-0/1 级列控系统的设备维护工作。

项目任务书

（1）掌握 JT1-CZ2000 型机车信号设备的结构、原理。
（2）能够进行机车信号的日常维护检修与故障处理。
（3）掌握站内电码化设备的结构、功能原理。
（4）可进行电码化设备的日常维护与故障处理。
（5）掌握 LKJ2000 设备的结构、功能与运行方式。
（6）可完成 LKJ2000 系统设备的日常维护、故障处理。
（7）养成标准化作业习惯，以及遵章守纪、严谨求实的工作作风。

项目学习引导

机车信号是指在司机室内指示列车前方运行条件的信号。在地面信号机为主体信号的前提下，机车信号为辅助信号，它能自动反映列车运行前方地面信号机的显示状态和运行条件，指示列车运行，并与列车自动停车装置结合，确保列车安全运行。

车站电码化是指当列车进入站内轨道区段时，列车进路的各个轨道电路区段连续地向列车传送机车信号信息的方法。在自动闭塞区段，当列车通过站内接、发车进路时，站内正线各轨道区段及侧线股道区段的交流轨道电路，依次发送与区间相同制式的机车信号信息，使列车在车站内行驶时能连续不间断地接收机车信号信息，确保行车安全。

列车运行监控记录装置简称监控装置，缩写为LKJ，是我国铁路研制的以保证列车运行安全为主要目的的列车速度监控装置。该装置在实现列车速度安全控制的同时，采集记录与列车安全运行有关的各种机车运行状态信息，促进了机车运行管理的自动化。

任务一　机车信号设备维护

机车信号概述

一、机车信号概述

（一）机车信号的意义

信号机由于装在地面上，受曲线、隧道等地形限制，给司机瞭望带来一定的困难。特别是在雨雪、风沙、大雾等恶劣气候条件下，地面信号更是看不清。另外，随着列车速度的不断提高，特别是高速列车的出现，显示距离约 1 km 的信号机已很难使司机从容采取措施。比如司机发现红色停车信号时正以 200 km/h 的速度行驶，即使立即使用紧急制动，列车在巨大惯性的推动下，也要越过信号机 1 km。因此，高速列车依赖地面信号机显然是极其危险的。为了解决这个问题，研究人员研制出了机车信号机。

在列车自动控制系统中，机车信号演变为主体信号，其信号的含义也发生根本变化，根据与先行列车的间隔距离和进路条件，不断地从地面接收以"目标速度"或"目标距离"数据为主的机车信号信息，列车自动控制系统的车载设备根据接收的机车信号信息，自动完成速度控制、超速防护和在车站的程序定位停车。

（二）机车信号信息定义

机车信号分为连续式和接近连续式两种。自动闭塞区段应装设连续式机车信号，半自动闭塞和自动站间闭塞区段应装设接近连续式机车信号，其使用频率及含义如表 2-1-1 和表 2-1-2 所示。

表 2-1-1　半自动闭塞区段低频信号注释

低频码	频率/Hz	含　义
L	11.4	准许列车按规定速度运行，机车信号显示一个绿灯
LU	13.6	准许列车按规定速度注意运行，机车信号显示一个半绿半黄灯光（仅适用于进站越场接车）
U	16.9	要求列车注意运行，机车信号显示一个黄灯

续表

低频码	频率/Hz	含 义
U2S	20.2	要求列车注意运行，机车信号机显示一个带"2"字的黄色闪光。预告列车接近的地面信号机所防护区段开通发送"UUS 码"的进路
U2	14.7	要求列车注意运行，机车信号机显示一个带"2"字的黄色灯光。预告列车接近的地面信号机所防护区段开通发送"UU 码"的进路
UUS	19.1	要求列车限速运行，机车信号机显示一个双半黄色闪光。表示列车接近的地面信号机开放经 18 号及以上道岔侧向位置进路，且次一架信号机开通直向进路或开放经 18 号及以上道岔侧向位置进路；或表示列车接近的地面信号机开放经 18 号及以上道岔侧向位置进路，并开往站间无显示联系的区间
UU	18	要求列车限速运行，机车信号显示一个双半黄色灯光。表示列车接近的地面信号机开放经道岔侧向位置的进路
HB	24.6	准许列车以不高于 20 km/h 的速度越过接近的地面信号机，机车信号机显示一个半黄半红色闪光。表示列车接近的地面信号机显示引导信号或容许信号
HU	26.8	要求及时采取停车措施，机车信号显示一个半黄半红色灯光。表示列车接近的地面信号机显示禁止信号
H	29	要求立即采取紧急停车措施，机车信号机显示一个红色灯光

表 2-1-2 自动闭塞区段低频信号注释

低频码	频率/Hz	含 义
L	11.4	准许列车按规定速度运行，机车信号显示一个绿灯
LU	13.6	准许列车按规定速度注意运行，机车信号显示一个半绿半黄灯光
U	16.9	要求列车减速到规定的速度等级越过接近的地面信号机，机车信号显示一个黄灯；三显示区段，要求列车注意运行
U2S	20.2	要求列车减速到规定的速度越过接近的信号机，机车信号机显示一个带"2"字的黄色闪光；预告列车接近的地面信号机所防护区段开通发送"UUS 码"的进路。 三显示区段，要求列车注意运行，机车信号机显示一个带"2"字的黄色闪光；预告列车接近的地面信号机所防护区段开通发送"UUS 码"的进路
U2	14.7	要求列车减速到规定的速度越过接近的信号机，机车信号机显示一个带"2"字的黄色灯光；预告列车接近的地面信号机所防护区段开通发送"UU 码"的进路。 三显示区段，要求列车注意运行，机车信号机显示一个带"2"字的黄色灯光；预告列车接近的地面信号机所防护区段开通发送"UU 码"的进路

续表

低频码	频率/Hz	含义
UUS	19.1	要求列车限速运行，表示列车接近的地面信号机开放经 18 号及以上道岔侧向位置进路，且次一架信号机开通直向进路或开放经 18 号及以上道岔侧向位置进路；或表示列车接近的地面信号机开放经 18 号及以上道岔侧向位置进路，并开往站间无显示联系的区间
UU	18	要求列车限速运行，机车信号机显示一个双半黄色灯光。表示列车接近的地面信号机开放经道岔侧向位置的进路
HB	24.6	准许列车以不高于 20 km/h 的速度越过接近的地面信号机，机车信号机显示一个半黄半红色闪光。表示列车接近的地面信号机显示引导信号或容许信号
HU	26.8	要求及时采取停车措施，机车信号显示一个半黄半红色灯光。表示列车接近的地面信号机显示禁止信号
H	29	要求立即采取紧急停车措施，机车信号机显示一个红色灯光

（三）机车信号信息使用

以采用 ZPW-2000A 无绝缘移频轨道电路的四显示自动闭塞分区为例，介绍机车信号信息使用及轨面信息与机车信号显示对应关系。

机车信号信息使用

1. 通过信号机显示允许信号

如图 2-1-1 所示，地面通过信号机显示绿灯，其前一区段发送 L 码，机车信号设备收到 L 码后，机车信号机显示绿灯；当列车越过该架信号机后，其前方地面通过信号机显示绿黄灯，机车信号设备收到 LU 码后，机车信号机显示半绿半黄灯；列车运行至下一区段，接近的地面信号机显示黄灯，机车信号设备收到 U 码，机车信号机显示黄灯。

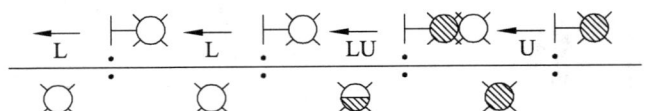

图 2-1-1 通过信号机显示允许灯光机车信号信息使用示意图

2. 通过信号机显示容许信号

通过信号显示容许信号机车信号信息使用如图 2-1-2 所示。

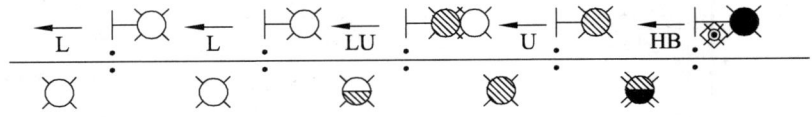

图 2-1-2 通过信号机显示容许信号机车信号信息使用示意图

通过信号机显示容许信号，即一个红灯和一个蓝灯同时点亮，指示列车可不停车，以不超过 20 km/h 的速度越过容许信号并按次一架信号机的显示行车。

通过信号机显示容许信号，其前一区段、前二区段、前三区段分别发送 HB 码、U 码、LU 码。

机车接收 LU 码后，机车信号显示半绿半黄灯。机车接收 U 码后，机车信号显示黄灯。机车进入 HB 码区段后，机车信号显示一个半黄半红闪光灯。

3. 进站信号机显示红灯

如图 2-1-3 所示，进站信号显示红灯，三接近区段发送 HU 码（26.8 Hz），防护三接近的通过信号机显示黄灯；二接近区段发送 U 码（16.9 Hz），防护二接近区段的通过信号机显示绿黄灯；一接近区段发送 LU 码（13.6 Hz），防护一接近区段的通过信号机显示绿灯；一接近外方区段发送 L 码（11.4 Hz），防护该区段的通过信号机显示绿灯。

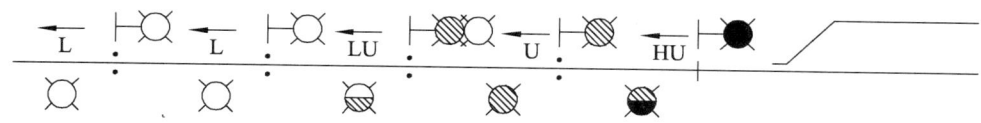

图 2-1-3　进站信号显示红灯机车信号信息使用示意图

机车运行时接收到 L 码后，机车信号显示绿灯。机车进入一接近区段后，接收 LU 码，机车信号显示一个半绿半黄灯。机车进入二接近区段后，接收 U 码，机车信号显示黄灯。进入三接近区段后，机车接收 HU 码，机车信号显示一个半黄半红灯。

4. 进站信号机显示黄灯

进站信号机显示黄灯，机车信号信息使用如图 2-1-4 所示。

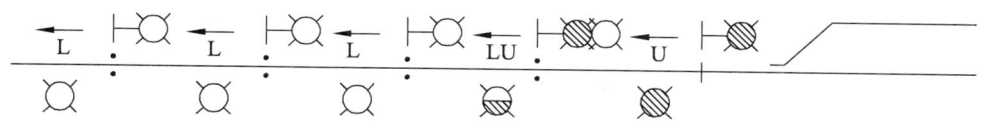

图 2-1-4　进站信号机显示黄灯机车信号信息使用示意图

进站信号显示黄灯表示经道岔直向位置进站并准备停车。

进站信号显示黄灯，三接近区段发送 U 码，防护三接近的通过信号机显示绿黄灯；二接近区段发送 LU 码，防护二接近区段的通过信号机显示绿灯；一接近区段发送 L 码，防护一接近区段的通过信号机显示绿灯；一接近外方区段发送 L 码，防护该区段的通过信号机显示绿灯。

机车运行时收到 L 码后，机车信号显示绿灯。进入二接近区段收到 LU 码后机车信号显示一个半绿半黄灯。机车进入三接近区段后，收到 U 码，机车信号显示黄灯。

5. 进站信号机显示双黄灯

如图 2-1-5 所示，进站信号显示双黄灯表示经道岔侧向位置进站并准备停车。

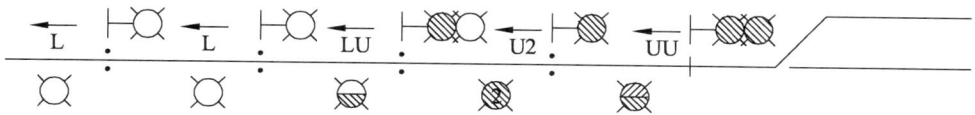

图 2-1-5　进站信号显示双黄灯机车信号信息使用示意图

进站信号显示双黄灯，三接近区段发送 UU 码（18 Hz），防护三接近区段的通过信号机显示黄灯；二接近区段发送 U2 码（14.7 Hz），防护二接近区段的通过信号机显示绿黄灯；一接近区段发送 LU 码，防护一接近区段的通过信号机显示绿灯；一接近外方区段发送 L 码，防护该区段的通过信号机显示绿灯。

机车接收轨面 L 码后，机车信号显示绿灯。机车接收轨面 LU 码后，机车信号显示一个半绿半黄灯。机车进入二接近区段后接收轨面 U2 码，机车信号显示黄 2 灯。机车进入三接近区段后，收到轨面 UU 码，机车信号显示一个双半黄灯。

6. 进站信号机显示黄闪黄

如图 2-1-6 所示，进站信号显示黄闪黄表示开通了经 18 号及以上道岔侧向位置，且次一架信号机开放经道岔的直向或 18 号及以上道岔侧向位置的进路。

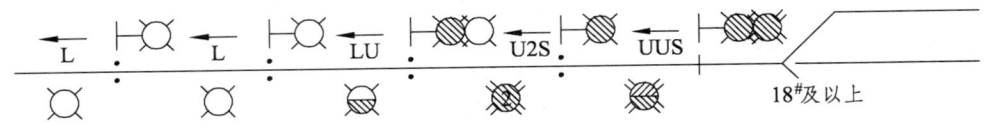

图 2-1-6　进站信号机显示黄闪黄机车信号信息使用示意图

进站信号显示黄闪黄灯，三接近区段发送 UUS 码（19.1 Hz），防护三接近的通过信号机显示黄灯；二接近区段发送 U2S 码（20.2 Hz），防护二接近的通过信号机显示绿黄灯；一接近区段发送 LU 码，防护一接近区段的通过信号机显示绿灯；一接近外方区段发送 L 码，防护该区段的通过信号机显示绿灯。

机车接收 L 码后机车信号显示绿灯。机车接收 LU 码后，机车信号显示一个半绿半黄灯。机车进入二接近区段接收 U2S 码后，机车信号显示黄 2 闪灯。机车进入三接近区段后，接收 UUS 码，机车信号显示一个双半黄闪灯。

7. 进站信号机显示引导信号

如图 2-1-7 所示，进站信号显示引导信号（一个红灯和一个引导白灯同时点亮）指示列车可不停车，以不超过 20 km/h 的速度进站并随时准备停车。

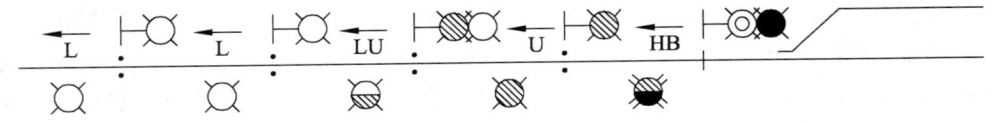

图 2-1-7　进站信号机显示引导信号机车信号信息使用示意图

进站信号开放引导信号，三接近区段发送 HB 码（24.6 Hz），防护三接近的通过信号机显示黄灯；二接近区段发送 U 码，防护二接近区段的通过信号机显示绿黄灯；一接近区段发送 LU 码，防护一接近区段的通过信号机显示绿灯；一接近外方区段发送 L 码，防护该区段的通过信号机显示绿灯。

机车接收 LU 码后，机车信号显示一个半绿半黄灯。机车进入二接近区段后接收 U 码，机车信号显示黄灯。机车进入三接近区段后，接收 HB 码，机车信号显示一个半红半黄闪灯。

8. 机车信号显示白灯

机车信号显示白灯有两种情况，分别如图 2-1-8（a）和（b）所示。

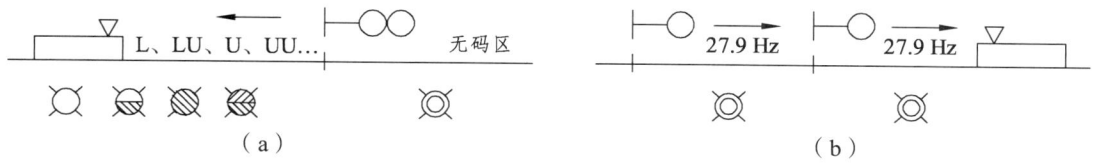

图 2-1-8 机车信号显示白灯

从图 2-1-8（a）中可以看出，当机车由接收允许码信息（L 码、LU 码、U 码、UU 码……）进入无码区段后，机车信号显示白灯。

从图 2-1-8（b）中可以看出，自动闭塞区段列车反方向运行按自动站间闭塞行车时轨道电路送受端改变位置，反方向发送 27.9 Hz 信息。机车接收到 27.9 Hz 信息后，机车信号显示白灯。

9. 机车信号显示红灯

当列车由接收 HU 码区段进入无码区段后，机车信号显示红灯，如图 2-1-9 所示。

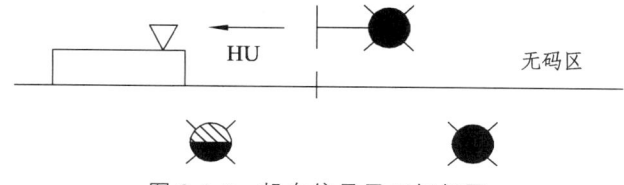

图 2-1-9　机车信号显示红灯图

二、JT1-CZ2000 型机车信号

在较长时期内，我国自动闭塞制式或站内电码化信息制式不统一，导致长交路运行时机车信号制式不统一。各种制式的机车信号面临的主要问题是安全性、可靠性较差。机车信号与自动停车装置结合使用时，受功能所限，仍然依靠司机确认和干预，人机关系处理不好，冒进信号、超速行驶等各种事故时有发生，因此，机车信号一直作为辅助信号。为解决这一难题，20 世纪 90 年代初研制出通用式机车信号。

随着机车信号可靠性和列车运行速度的不断提高，机车信号应从辅助信号转为主体信号。在双线双方向自动闭塞区段，反方向不设通过信号机，仅在分界点处设停车标志，以机车信号作为主体信号指挥列车安全运行。列车速度在 160 km/h 以下，是司机能确认地面信号机显示的临界速度，虽然其正方向仍设地面信号机，但在正常情况下以机车信号为主。当列车运行速度超过 160 km/h 时，司机确认地面信号已不可能，地面信号将失去其存在的意义而被取消，只能凭机车信号行车，此时机车信号就作为主体信号。在总结通用机车信号运用经验的基础上，对机车信号车载设备进行了改进和提高，研制出新一代机车信号车载系统，即 JT1-CZ2000 型机车信号。

（一）JT1-CZ2000 型机车信号设备构成

JT1-CZ2000 型机车信号系统由地面设备和车载设备两部分组成。地面设备主要包括区间轨道电路和站内轨道电路电码化。JT1-CZ2000 型机车信号系统地面设备应采用 ZPW-2000 轨道电

JT1-CZ2000 型机车信号设备构成及原理

路。当地面设备能保证连续可靠地向列车提供机车信号信息时，JT1-CZ2000 型机车信号可作为行车凭证，即实现机车信号的主体化功能。

JT1-CZ2000 型主体化机车信号车载系统（一体化）由主体化机车信号主机（含机车信号记录器）、机车信号双路接收线圈、机车信号显示器构成，机车信号显示器可选用 LED 机车信号显示器或点阵式机车信号显示器。其设备构成如图 2-1-10 所示。

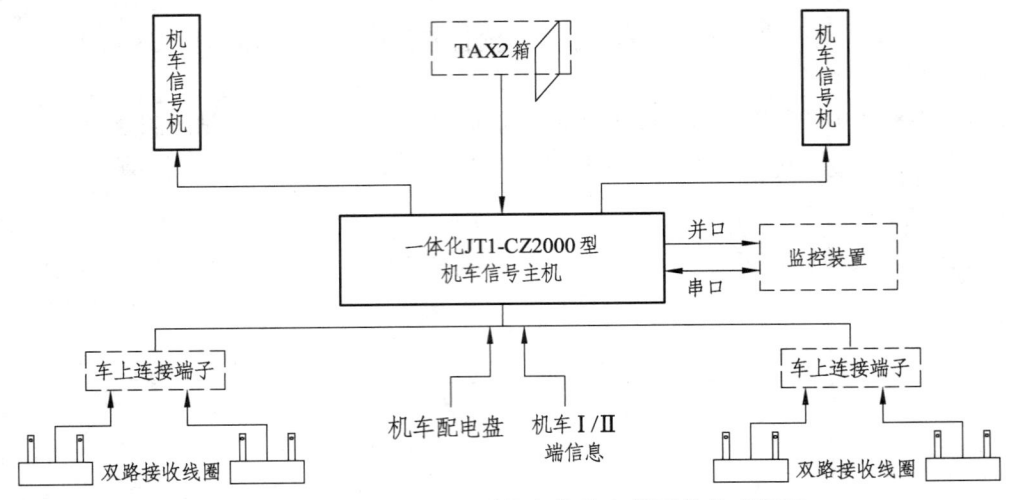

图 2-1-10　JT1-CZ2000 型机车信号车载系统构成框图

1. 机车信号主机

JT1-CZ2000 型机车信号主机采用冗余结构。从接收线圈接收钢轨信号，对接收的信号进行处理、解调、译码得到机车信号信息，并将机车信号信息输出到机车信号机显示给司机，同时也将机车信号信息输出到监控装置或列车超速防护设备作为控车的基本条件。

机车信号记录器对机车信号的运行状态和地面信息等动态数据进行采集和存储。同时，主机也接收运行监控记录器的 TAX2 箱输出的列车等信息。

JT1-CZ2000 型机车信号主机现采用合体式六槽机箱结构，从左向右分别是记录板、主机 A 板、主机 B 板、连接板、电源 1 板和电源 2 板。主机箱前面板示意图如图 2-1-11 所示。

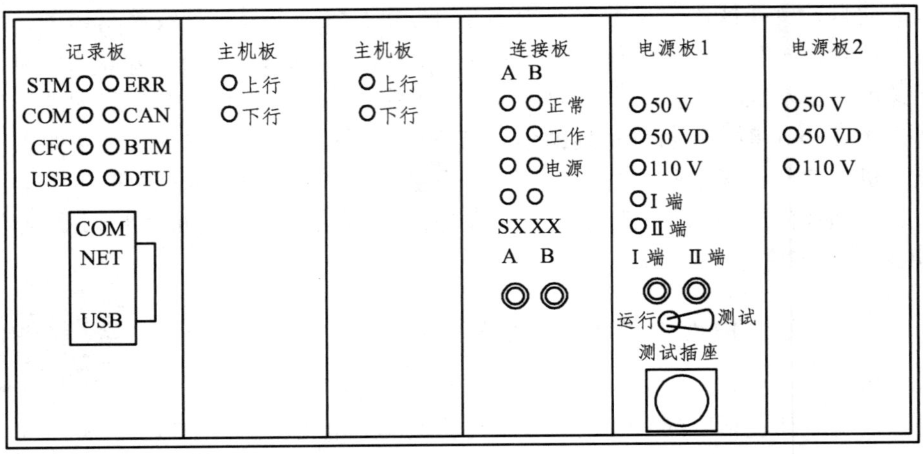

图 2-1-11　JT1-CZ2000 型机车信号主机箱前面板

(1) 机车信号主机箱构成。

① 主机板。

主机 A 板和主机 B 板构成双套电路，两块主机板结构完全相同。正常工作时，两个主机板一块处于工作状态，另一块处于热备状态。板面上设有上行和下行指示灯。机车在上行方向运行时，接收上行载频频对，上行表示灯亮灯。机车在下行方向运行时，接收下行载频频对，下行表示灯亮灯。测试时，也可扳动设于机车信号机下部的上下行开关，根据其位置接通主机板上的上行表示灯或下行表示灯。

② 电源板。

电源板有电源板 1 和电源板 2 两块板，两块电源板电路基本相同，构成双套电源供电。其中，电源板 2 内部还设有一个 12 V 电源模块，专用于采用无线通信的机车信号远程检测与诊断系统（DTU）的终端盒供电。

电源板的输入电压为直流 110 V，输出双路直流 50 V。一路 50 V 供给机车信号主机，另一路 50 V 作为动态控制安全点灯电源。

电源板 1 和电源板 2 均设有 50 V、50 VD 和 110 V 指示灯。主机工作电源正常供电时，50 V 灯亮。动态控制点灯电源正常供电时，50 VD 灯亮。110 V 机车电源正常时，110 V 灯亮。在电源板 1 板面上还设有 I 端和 II 端按钮及 I 端、II 端表示灯。通过 I 端或 II 端按钮按压操作，可完成机车 I 端和 II 端接收线圈的切换。同时，为方便使用与维护，在电源板 1 上还设有供测试用的航空插座和测试开关。

③ 连接板。

连接板主要实现电源的分配、主机 A 和主机 B 的自动或人工切换及对主机、电源和上下行工作状态的监督等。

连接板前面板设有 8 个指示灯，分别是监督主机 A 和主机 B 的正常表示灯、工作表示灯、电源表示灯、上下行输入表示灯。双套主机板均无故障时，主机 A 和主机 B 两个正常表示灯均亮灯；两个工作表示灯，平时只有一个点亮，表示某主机处于输出工作状态。主机 A 处于工作状态，主机 B 处于热备状态时，主机 A 工作表示灯亮，主机 B 工作表示灯灭。反之，主机 B 工作，主机 A 热备时，B 工作灯亮，A 工作灯灭。两个电源指示灯，分别表示两套主机输入 50 V 电源是否正常。主机 A 和主机 B 供电均正常时，两个电源表示灯均点亮。

连接板前面板还设有两个 A 机 B 机切换按钮。正常工作接通电源后，主机 A 和主机 B 哪个处于工作状态，哪个处于热备状态是随机的，通过 A 机、B 机切换按钮可人工切换 A 机、B 机的在线状态。

④ 记录板。

记录板上插有能实时记录机车运行过程中各种动态信息的大容量 CF 卡和用于完成信息转录的 USB 插口。通过大容量 CF 卡作为记录介质的记录器能真实地采集和记录机车信号动态运行中的各种状态信息。

记录板上还设有：STM、COM、CFC、USB、ERR、DTU、CAN 和 BTM 8 个红色表示灯。其中：

• STM——主机板状态指示灯。主机板工作正常时，显示 2 s 一个周期的闪光信号（慢闪）。主机板故障，显示 1 s 一个周期的闪光信号（快闪）。

- COM——主机、TAX2 串口状态指示灯。平时每 0.5 s 一个闪光周期，表示主机和 TAX2 箱信息都正常。1 s 一个闪光周期（亮 0.125 s，灭 0.875 s）表示主机串口正常，无 TAX2 信息。另一种 1 s 一个闪光周期（亮 0.875 s，灭 0.125 s）表示 TAX2 信息正常，无主机串口信息。

TAX2 箱向机车信号记录器传送由列车运行监控记录装置输出的线路里程标、速度、时刻、信号机类型和编号、机车号、车站号、司机号等信息。

- CFC——CF 卡状态指示灯。每 0.05 s 一个周期快速闪烁，表示正在操作，读/写 CF 卡。每 2 s 亮 25 ms，表示没有操作。常亮表示 CF 卡有故障或无卡。
- USB——U 盘状态指示灯。每 0.05 s 一个周期快速闪烁，表示正在向 U 盘转储数据。每 2 s 亮 25 ms，表示没有操作。常亮表示转储失败。
- ERR——异常指示灯。设备正常灭灯；指示灯闪光，表示操作故障或系统时钟源故障。
- DTU——远程监测指示灯。用于采用远程监测的区段，工作时闪光。
- BTM——应答器接收灯暂未用，平时灭灯。
- CAN——总线（预留）表示灯暂未用，平时灭灯。

⑤ 主机箱背板。

主机箱后面设有 8 个电缆连接航空插座和 1 个测试插座。主机箱后面插座示意图如图 2-1-12 所示。

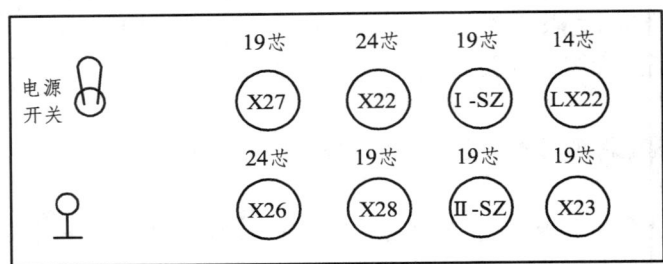

图 2-1-12　JT1-CZ2000 型机车信号主机箱后面插座

主机箱共使用 8 个航空插座与外部相连。其中，X27、X28 为 19 芯，分别与机车信号机点灯电路相连。X22 为 24 芯，与监控装置相连。Ⅰ-SZ 和 Ⅱ-SZ 为 19 芯，分别与机车信号机模式开关、上下行开关等相连。X26 为 24 芯，与接收线圈、110 V 电源等相连。X23 为 19 芯，与主机串口等相连。

（2）主机工作原理。

JT1-CZ2000 型机车信号主机的主要功能是处理、解调和译制轨面上传送的机车信号信息，根据译码结果控制机车信号点灯。同时，将译码结果输出给列车运行监控记录装置或列车超速防护设备作为控车的基本条件。JT1-CZ2000 型机车信号主机还可通过具有 USB 输出的记录器对机车信号的运行状态、地面信息及监控装置 TAX2 箱输出的列车定位等信息进行实时记录。另外，主机还配有远程监测功能接口，可通过无线通信向地面处理系统实时传送车载机车信号信息及部分列车运行信息，实现对机车信号的动态监测和故障诊断。

主机结构原理图如图 2-1-13 所示。

机车信号主机电路主要由主机电路板、连接电路板、母线电路板、记录器电路板、记录器接口电路板、电源电路板及八显控制电路板、模式开关电路板、上下行开关电路板等构成。

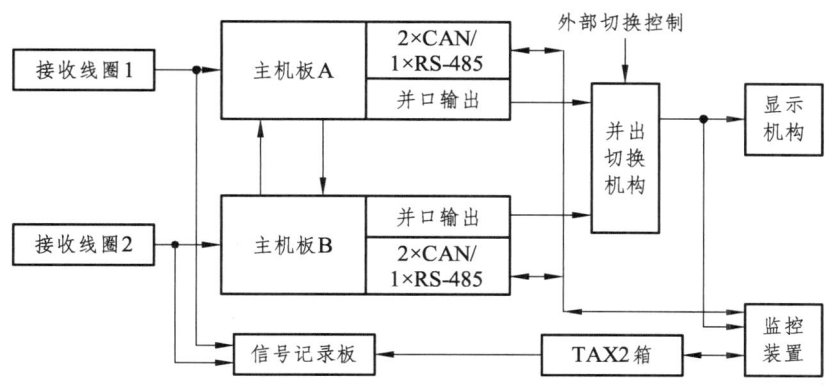

图 2-1-13　主机结构原理图

轨道电路信息通过机车接收线圈 1 和机车接收线圈 2 双路感应接收。双路接收线圈中的每路信号分别对应一个主机板，由主机板中的两路接收电路同时接收。主机输出除原来的并口输出外，还预留了 CAN 总线输出或 RS-485 输出，可支持双向信息传输，以便与监控装置或超速防护设备进行大容量的双向信息传输。

JT1-CZ2000 型机车信号采用"二取二"原理和双套热备冗余。

"二取二"指系统中有两台计算机同时工作，两台计算机的输出结果必须完全一致，系统才能输出。否则认为出现故障，必须导向安全侧。

主机的每块主机板采用"二取二"容错安全结构，其含义是主机 A 和主机 B 每块主机板中均有两路独立接收译码通道。两路译码通道的译码输出要进行比较，比较一致才能有效输出。

双套热备原理是指 JT1-CZ2000 型机车信号的主要部件机车信号译码主机、电源和接收线圈均设置为双套，共同构成了车载主要设备的双套热备系统，并由主机完成双套热备输出的切换。

主机上电后随机由双套主机板中的一套占据输出位置，即处于工作状态，另外一套处于备用状态。当占据输出位置的主机故障时，将自动关断点灯电源并失去输出位置状态，而由备机获得输出位置状态，从而实现双机的自动切换。

2. 接收线圈

接收线圈内部为双路冗余线圈，保证当一路线圈断线或中间连线故障而使主机无法接收轨面信息时，另一路接收线圈仍保证机车信号主机正常译码输出。接收线圈安装于机车第一轮对前方，通过与钢轨的电磁耦合接收钢轨上的信号，然后传送给机车信号主机。

JT1-CZ2000 型机车信号采用 JT1·JS-Ⅱ型双路接收线圈。当一路线圈、线圈电缆、插接件等故障时，另一路接收线圈仍可维持系统正常工作，从而提高了系统的可靠性。

双路接收线圈内部设计为双路，即每个接收线圈盒内设有两个独立的接收线圈。每路接收线圈与另一线圈盒内对应串联后，对应连接主机中的一块电路板。接收线圈中一路存在故障时，主机通过自动切换控制电路，把对应正常接收线圈的主机转为工作机。

双路接收线圈可实现车载系统的闭环自动测试。测试时，一路作为测试线圈发送信号，另一路可接收信号，并控制与接收线圈相连的主机译码接收，从而实现对车载系统的闭环测试。

双路接收线圈设于一个白色的塑封盒内。接收线圈盒的尺寸长 420 mm，宽 96 mm，高 96 mm。

双路接收线圈构成如图 2-1-14 所示。

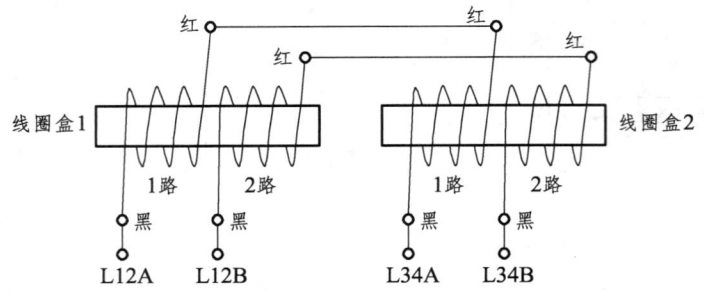

图 2-1-14　JT1-CZ2000 型机车信号双路接收线圈

每个接收线圈盒内设有两个接收线圈：1 路线圈和 2 路线圈。每个接收线圈盒共引出 4 条线：2 条黑色线和 2 条红色线。

使用中，不同接收线圈盒相同路的红线相连。黑线 L12A 接线圈盒 1 的 1 路，黑线 L12B 接线圈盒 1 的 2 路，黑线 L34A 接线圈盒 2 的 1 路，黑线 L34B 接线圈盒 2 的 2 路。不同线圈盒的不同路的黑线通过电缆与主机相连。其中，L12A 和 L34A 对应主机中的一块电路板，L12B 和 L34B 对应主机中的另一块电路板。

双路接收线圈安装在机车排障器后与第一轮对之间，距第一轮对轴心水平距离不大于 1.5 m 处的两吊架上，安装图如图 2-1-15 所示。

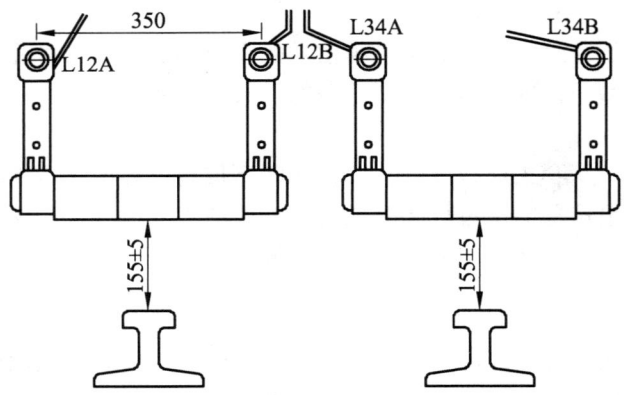

图 2-1-15　JT1-CZ2000 型机车信号双路接收线圈安装图

3. 机车信号机

传统的机车信号显示器是基于色灯显示信息的，每个显示器中对应 8 个灯泡，通过灯泡前面的有色玻璃片区分灯光。在振动情况下长时间使用、点灯显示的不断变换和闪光信号带来的电源通断，都容易造成灯泡断丝，影响机车信号的正常工作。现场使用的灯泡功率从 5 W 到 8 W 不等，种类很多，功耗较大，质量也参差不齐，在整个机车信号系统故障中占有一定的比例。传统的机车信号最大只可以显示 8 种不同的信息，显示能力有限。因此，传统的用灯泡产生光源的机车信号机无法满足作为行车凭证的机车信号机的基本要求，为了提高显示器的可靠性，JT1-CZ2000 系统现在使用双面 8 色灯，采用 LED 机车信号显示器或双面点阵式显示器。

JT1-CZ2000 型机车信号机可选用两种类型。一种为 J·XS-8 型双面八显示机车信号机，另一种为双面点阵式机车信号机。现多采用 J·XS-8 型双面八显示机车信号机。

（1）双面八显示 LED 机车信号机。

J·XS-8 型双面八显示机车信号机如图 2-1-16 所示，选用了专为机车信号显示设计的 LED 信号灯，其光谱纯，发光柔和，抗振性强，耗电量小，使用寿命长，可靠性高。

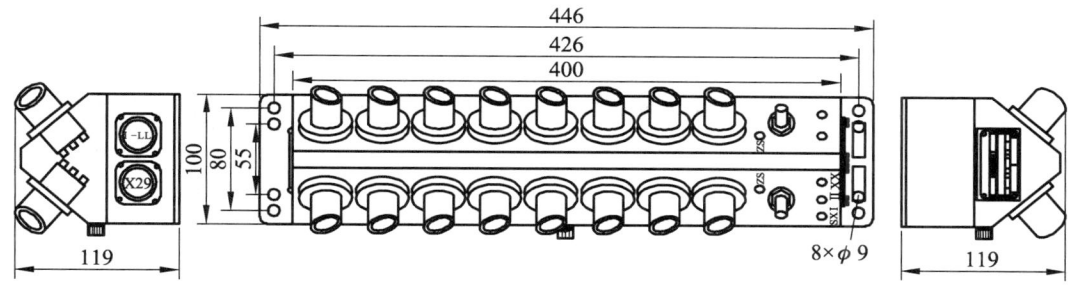

图 2-1-16　JT1-CZ2000 型机车信号显示器外形

J·XS-8 型双面八显示机车信号机与载频切换（上下行）开关和 UM71 模式选择开关一体化设计。信号机除 8 灯（可构成 11 种）显示外，机构下部还设有操作端显示、上下行显示、UM71 模式显示和 UM71 或 ZPW-2000 制式显示。

J·XS-8 型双面八显示机车信号机供电电压为直流 48 V，功耗为 6 W。机车信号机的颜色显示由上向下分别为：绿色、半绿半黄色、黄色、黄 2 色（黄色带有 2 字）、半黄半红色、双半黄色、红色和白色 8 种。

J·XS-8 型双面八显示机车信号机安装在司机室前挡风玻璃中间，便于司机观察。机车信号机安装后，外形尺寸为：宽 100 mm，厚 119 mm，高 466 mm，双面间折角为 60°。

J·XS-8 型双面八显示机车信号机机构内设有 3 块电路板：八显控制板（BXKZ）、上下行开关板（SXXKG）和模式开关板（MSKG）。

八显控制板（BXKZ）连接可构成双面显示的 16 个 LED。

上下行开关板（SXXKG）上设有上下行开关（SXKG）、操作端灯（CZD）、上行表示灯（SXBS）、下行表示灯（XXBS）和制式表示灯（ZS）。各表示灯均采用 LED。

模式开关板（MSKG）上设有模式开关（MSKG）、广深模式灯（GS）、新标模式灯（XB）和制式灯（ZS）。各表示灯也均为 LED。

J·XS-8 型机车信号机机构最下面带有两个航空插座。每个插座为 19 芯。其中 1 个为灯线插座 X29。X29 通过电缆与主机箱后面插座 X27 相连，构成机车信号控制板与机车信号主机的连接。另 1 个插座为模式开关、上下行开关及备用线插座 Ⅰ-LL（或 Ⅱ-LL）。Ⅰ-LL 通过电缆与主机箱后面插座 Ⅰ-SZ 相连，实现机车信号与机车信号主机的连接。

（2）双面点阵式机车信号机。

双面点阵式机车信号机显示器可以实现数字方式显示，也可以实现模拟现有色灯的图像方式显示，其使用方法与现有色灯显示器兼容，可直接互换。

双面点阵式机车信号机显示器的故障-安全措施：一是显示器从灯位输出取得供电电源，

在机车信号主机无输出时，显示器一定无显示输出；二是在电路中利用双 CPU 来共同进行信号输入，扫描显示，对点阵输出进行反馈检查。

双面点阵式信号机以点阵式数码管代替八灯位显示机构，在一块显示模块上可以显示不同意义的信息，减少了显示设备的体积。它既可以显示图形，又可以显示数字符号，显示意义可以扩展，克服了原有双面显示机构显示信息少的缺点。点阵中个别数码管故障，不会影响显示信息的整体内容，且个别数码管故障可以立即被发现，从而得到及时维修，克服了灯位式显示器由于可靠性低给铁路行车造成的影响。

（二）JT1-CZ2000 型机车信号设备电气连接

JT1-CZ2000 型主体化机车信号车载系统包括双路接收线圈、机车信号主机、双面八显机车信号机等。系统间通过专用电缆进行连接。

JT1-CZ2000 型机车信号系统连接及维护

1. 系统连接

主体化机车信号系统双端安装时，系统连接如图 2-1-17 所示。

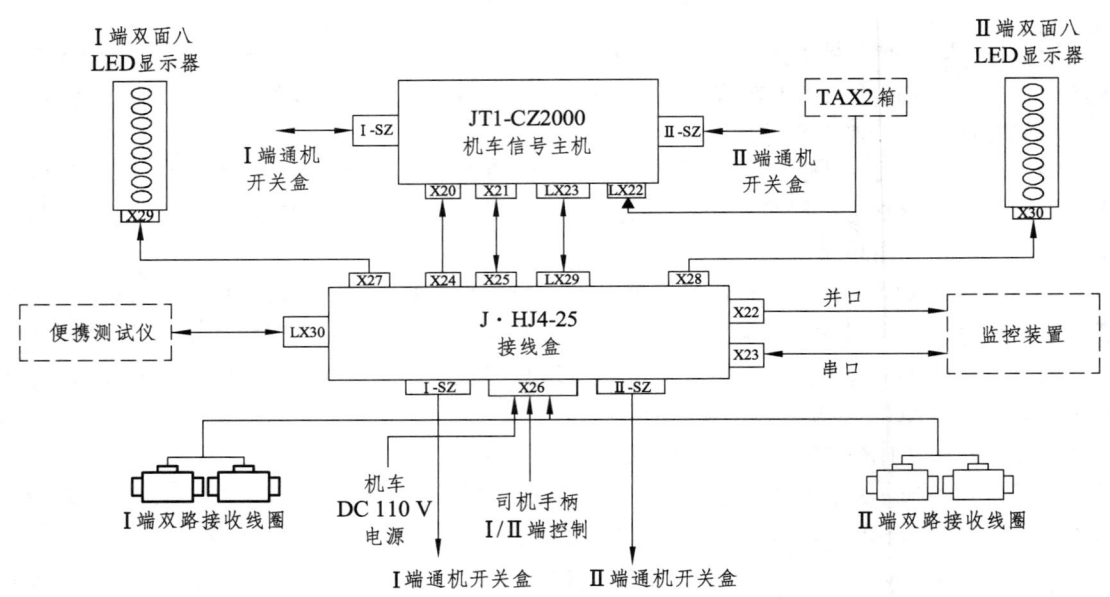

图 2-1-17　一体化 JT1-CZ2000 型机车信号车载系统构成（双端安装）

系统单端安装时，机车信号机Ⅱ、车上连接端子Ⅱ、接收线圈Ⅱ及与其直接连接的电缆可不安装。

机车信号主机箱上的航空插座包括与Ⅰ端八显信号机相连的插座 X27、Ⅰ-SZ，与Ⅱ端八显示信号机相连的插座 X28、Ⅱ-SZ，通过连接端子与双路接收线圈及电源相连的插座 X26，与列车运行监控记录装置相连的插座 X22，与 TAX2 箱相连的插座 LX22 和与列车运行监控记录装置串口相连的插座 X23。J·XS-8 型双面八显机车信号机Ⅰ端插座为 X29 和Ⅰ-LL，Ⅱ端插座为 X30 和Ⅱ-LL。主机箱上插座 LX30 于测试时使用。

2. 插座的信号定义

主机的电缆连接插座共 8 个：X26、X27、X28、X22、X23、Ⅰ-SZ、Ⅱ-SZ、LX22；测试插座 1 个：X30。设备插座列表如表 2-1-3 所示，系统连接各航空插座的信号定义如表 2-1-4 所示。

表 2-1-3 设备插座列表

设 备	编 号	功 能	芯 数	型 号	电缆形式
机车信号主机	X26	机车配电盘、接收线圈	24	XG27F24Z1D1	2 芯×6
	X27/X28	机车信号机	19	XC27F19Z1D1	15 芯×1
	X22	监控装置	24	XC27F24Z1D1	19 芯×1
	X23	主机串口	19	XC27F19Z1D1	
	Ⅰ-SZ	模式开关、上下行、备用 1	19	XC27F19Z1D1	17 芯×1
	Ⅱ-SZ	模式开关、上下行、备用 1	19	XC27F19Z1D1	11 芯×1
	LX22	TAX2、测试串口	14	XC27F14Z1D1	2 芯×1
	LX30	测试插座	32	Y2MZJ32	
机车信号机	X29/X30	灯线	19	XC27F19Z1D1	同 X27/X28
	Ⅰ-LL	模式开关、上下行、备用 1	19	XC27F19Z1D1	同 Ⅰ-SZ
	Ⅱ-LL	模式开关、上下行、备用 1	19	XC27F19Z1D1	同 Ⅱ-SZ
监控装置	X32	监控装置	20	LYP50TK1UQ	同 X22

表 2-1-4 插座信号定义

信号代码	说 明	对主机关系	机车信号主机								机车信号机		
			X26	X27/X28	X22	X23	Ⅰ-SZ	Ⅱ-SZ	LX22	LX30	X29/X30	Ⅰ-LL	Ⅱ-LL
L	绿灯	出	1	1						1	1		
LU	绿黄	出	2	2						2	2		
U	黄灯	出	3	3						3	3		
U2	黄 2	出	4	4						4	4		
HU	红黄	出	5	5						5	5		
UU	双黄	出	6	6						6	6		
H	红灯	出	7	7						7	7		
B	白灯	出	8	8						8	8		
−50 V	50 V 地线	出	9	13			9	9		9	9	9	9
SD₁	速度等级 1	出	10	9						10	10		
ZS	UM71 制式	出	11							13	11		
JY	绝缘节	出	13	12						14	13		
SD₂	速度等级 2	出	16	10						11	16		
SD₃	速度等级 3	出	17	11						12	17		

续表

信号代码	说明	对主机关系	机车信号主机							机车信号机		
			X26	X27/X28	X22	X23	Ⅰ-SZ	Ⅱ-SZ	LX22	LX30	X29/X30	Ⅰ-LL	Ⅱ-LL
JE	信号机故障	入		18							18		
屏蔽	机壳		12、18、24	19	24	10、16、19	19	19	5、10、14	32	19	19	19
SX	上行输入	入			14		2	2		25		2	2
XX	下行输入	入			15		1	1		26		1	1
+50 V	50 V 输出	出					7	7		31		7	7
Ⅰ50 V	Ⅰ端开关盒电源	出					3					3	
Ⅱ50 V	Ⅱ端开关盒电源	出						3					3
SXBS	上行表示	出					6	6				6	6
XXBS	下行表示	出					5	5				5	5
CSAGA	强制 A 机工作	入								23			
CSBGA	强制 B 机工作	入								24			
J	制式选择京郑（原）	入					13	13				13	13
Z	制式选择郑武（原）	入					14	14				14	14
G	制式选择广深（原）	入					15	15				15	15
F	制式选择新标	入					16	16				16	16
	备用线						10		11			10	
	备用线						8		12			8	
+110 V	机车电源	入	7							29			
-110 V	机车电源	入	9							30			
ⅠD110 V	司控开关Ⅰ端	入	10										
ⅡD110 V	司控开关Ⅱ端	入	11										
CSⅠD	测试Ⅰ端	入								27			
CSⅡD	测试Ⅱ端	入								28			
IN₃₁	线圈Ⅰ端1组	入	14										
IN₃₂	线圈Ⅰ端1组	入	15										
IN₃₃	线圈Ⅱ端1组	入	16										
IN₂₂	线圈Ⅱ端1组	入	17										

3. 电　缆

机车信号主机到Ⅰ端八显信号机连接只使用两条电缆。

第一条电缆起于机车信号主机箱插座 X27，终到Ⅰ端八显示信号机插座 X29。电缆为 19

芯，共使用连接线 16 条。线 1 至线 8 分别接信号机绿灯、绿黄灯、黄灯、黄 2 灯、红黄灯、双黄灯、红灯和白灯。线 9 接 -50 V 地线。线 10、16、17 为速度等级线，分别接 SD1、SD2 和 SD3。线 13 为过绝缘节线 JY。线 18 为信号机故障线 JE。线 19 为屏蔽线，接机壳。线 12、14、15 未用。

第二条电缆起于信号主机箱插座Ⅰ-SZ，终到Ⅰ端八显示信号机插座Ⅰ-LL。电缆为 19 芯，共使用连接线 18 条。其中，两个插座的线 1 和线 2 分别连接下行输入线 XX 和上行输入线 SX。线 3 连接Ⅰ端开关盒电源。线 5 和线 6 分别连接下行表示线 XXBS 和上行表示线 SXBS。线 8 和线 10 分别连接 DTU 电源 -12 V 和 +12 V。线 7 和线 9 分别连接 +50 V 和 -50 V 电源。线 11 和线 12 为 DTU 串口线。线 13、14、15、16 分别构成制式选择 J、Z、G、F。线 17 和线 18 为串口备用。线 19 接机壳，构成屏蔽。线 4 未用。

通过电缆将主机箱上的 X28 插座与机车信号机 X30 插座相连，将主机箱上的Ⅱ-SZ 插座与机车信号机Ⅱ-LL 插座相连，即可实现主机箱与Ⅱ端八显示信号机的连接。

安装的电缆（单端安装时，减少Ⅱ端相应电缆）的使用情况如表 2-1-5 所示。

表 2-1-5 设备电缆

编号	电缆走向	电缆号	A 端	A 端插头型号及最大外径/mm	B 端	B 端插头型号及最大外径/mm	电缆规格型号面积/mm²	电缆最大外径/mm	安装最小弯曲半径/mm	绝缘耐压/V
1	主机到Ⅰ端信号机电缆	L24	X27	XC24T19K1P134	X29	XC24T19K1P134	ZR-RVVP 15×0.5	12	48	300
2	主机到Ⅰ端信号机电缆	LX1	Ⅰ-SZ	XC24T19K1P134	Ⅰ-LL	XC24T19K1P134	ZR-RVVP 5×0.5+3×2×0.5	18	72	300
3	主机到Ⅱ端信号机电缆	L25	X28	XC24T19K1P134	X30	XC24T19K1P134	ZR-RVVP 15×0.5	12	48	300
4	主机到Ⅱ端信号机电缆	LX2	Ⅱ-SZ	XC24T19K1P134	Ⅱ-LL	XC24T19K1P134	ZR-RVVP 5×0.5+3×2×0.5	18	72	300
5	主机到监控电缆	L20	X22	XC24T19K1P137	X32	XC24T19K1P137	ZR-RVVP 19×0.5	13	52	300
6	主机到机车配电盘和接收线圈电缆（单端安装时 L28A、L28B、L30）	L30	X26	XC24T19K1P137	司控开关Ⅰ/Ⅱ端控接点	压接线环	ZR-RVVP 2×0.5	5.5	22	300
6		L31	X26	XC24T19K1P137	机车配电盘	压接线环	ZR-RVVP 2×0.75	6	24	300
6		L31A L31B	X26	XC24T19K1P137	Ⅰ端连接端子	接收线圈线环	ZR-RVVP 2×0.5+（3×2×0.5）BP	5.5×2	22	300
6		L28A L28B	X26	XC24T19K1P137	Ⅱ端连接端子	接收线圈线环	ZR-RVVP 2×0.5+（3×2×0.5）BP	5.5×2	22	300
7	主机到 TAX2 箱电缆	LT	LX22	XC24T19K1P132	TAX2 箱	YP28TK24Uq34	ZR-RVVP 2×0.5	5.5	22	300
8	主机到 LKJ 电缆	—	X23	XC24T19K1P134	LKJ	—	—	—	—	—

注：电缆长度由用户提出。

（三）JT1-CZ2000 设备维护

机车信号是关系到行车安全的关键设备之一，是重要的机、电接合部。各级电务部门要高度重视，把机车信号设备作为保障铁路行车安全的主要装备来维护，精心组织、严格管理，配备相应的技术力量，加强联劳协作，按照机车信号检修的技术规范、技术标准和作业程序加强维修，提高运用质量和故障处理能力，确保机车信号设备良好地投入运用。

1. 机车信号检修管理

1）年检修计划

① 检修车间每年 11 月份提交下一年度的检修计划，经技术科审查，段长批准后执行。

② 编制年检修计划的依据是上年度设备的运用情况和段下达的重点任务，检修计划应能保证年度生产任务的完成；年检修计划按月编制，每月应做到工作量平衡。

2）月检修计划

① 检修车间每月根据年度工作计划和段下达的临时任务编制月工作计划表。

② 月检修计划应保证年检修计划任务的完成。

③ 月检修计划应保证成品库内的库存器材不超过规定的存放周期。

3）器材轮修周期

① 各类机车车载设备实行故障修或进行厂修、轮修。

② 库存器材：一年。

③ 备品：一年。

2. 机车信号车载设备维护

1）运行时的维护

出入库时机车信号检查项目：

① 机车信号译码输出检查；

② 机车信号接收灵敏度检查；

③ 机车信号主机 A、B 套功能检查；

④ 自上下行开关功能检查；

⑤ Ⅰ、Ⅱ端转换功能检查；

⑥ 记录器是否正常。

运行时通过连接板面板 8 个表示灯的状态，判断主机是否正常：

① 两个正常表示灯，双套主机板均无故障时点亮。

② 两个工作表示灯，平时只有一个亮，表示某主机处于输出工作状态。

③ 两个电源指示灯，分别表示两套主机输入 50 V 电源正常。

④ 两个上下行表示灯，表示上下行开关操作正常。

2）主机板维修

① 主机板或记录器电源电路维修。

主机板或记录器内电源电路故障后，将导致机车信号不点灯或开机烧熔断器的现象。按照电源部分电路组成，用万用表测量电压是否正常、是否有短路的方法来查找故障。

② 主机板输入电路的维修。

按照主机板输入电路，检查输入电路是否故障。用发码器发送信号，将主机板输入端 AD 芯片的信号幅度与正常主机板进行对比，查找故障点。

③ CPU 模块更换。

通过更换 CPU 模块判断 CPU 模块是否故障。

④ 记录器记录信号分析。

通过对记录器记录的地面信号波形进行分析，如分析信号的幅度、频率参数，判断地面信号是否正常。

⑤ 接线盒维修。

根据接线盒电路原理图，测试接线盒的接线是否良好；检查接线盒内电源电路，更换故障元件。

⑥ 接收线圈维修。

用万用表测量线圈电阻，用兆欧表测量线圈绝缘状态，检查接收线圈是否良好。

⑦ 显示器的维修。

根据显示器电路原理图，检查显示器内部是否故障，更换或修复内部器件电路。

三、机车信号设备故障处理

机车信号设备故障分析

（一）机车信号故障

（1）机车信号机灭灯或在机车运行方向设置不正确情况下进入地面发码区段。

（2）机车信号主、副机构显示不一致，或显示不明。

（3）区间通过信号机显示稳定灯光，机车信号机连续跳闪超过一个区间或一个交路多次发生信号跳闪。

（二）地面设备故障

（1）机车信号机在一个交路中瞬间显示红黄灯或白灯。

（2）区间通过信号机灭灯或显示不明时机车信号机显示允许灯光。

（3）站内上下行正线及区间反向运行，机车运行开关设置正确，地面信号机灭灯而机车信号机显示允许信号。

（三）机车信号车载设备故障分类

车载机车信号设备故障主要表现在元件老化、材质不良、安装方式不当等方面。在日常维护中发现主要故障可归结为九大类：

1. 主机内电源模块或元器件故障

其存在的主要问题为：

（1）每块主板只有一路通道，主机工作的可靠性不高。

（2）两块主板共用一路感应信号，如在感应信号输入口处出现断路，就无法正常译码。

（3）感应信号通过连接板内变压器残余信号起隔离作用，如果变压器引线断线，必会引起通用式机车信号显示白灯，并且磁性材料电气特性离散性较差。

2. 接线盒内电源模块或元器件故障

（1）Ⅰ、Ⅱ端感应信号切换由一个继电器实现，如果该继电器故障，就会导致点亮灯，另外Ⅰ、Ⅱ室转换开关接触不良也是造成两室不能转换或出现某一室不能正常工作的原因之一。

（2）接线盒内部电路无滤波器，只有一路总熔断器，当发生工作电源波动或短路等情况时，会烧掉熔断器，造成系统无法正常工作。

（3）接线盒 C_3 为大容量的电解电容器，天气过热或电源影响等因素易造成电容器爆裂故障。

3. 接收线圈断线或电气特性变化

JT1-A/B 型机车信号采用单路接收线圈，不具备自检测功能，如果接收线圈故障，就会导致点白灯。接收线圈安装在机车下部接近钢轨的位置，工作在裸露的恶劣环境下，温差范围极大，风吹雨打，沾污、灰尘和制动产生的金属铁屑，直接影响机车信号的接收性能，特别是老式的接收线圈生产工艺和技术落后，铁心防潮处理不好，接头易松动、松脱等，都给机车信号设备正常工作带来不利影响。近年来正在逐步更换的新型接收线圈，生产质量、工艺和技术都有明显提高，封装防护处理较为完善，接头的连接更加合理可靠。另外，接收线圈安装位置偏差也会造成机车信号错误，接收线圈要求的标准位置为距轨面高度 155 mm±5 mm，线圈位置过高，容易掉码显示白灯；线圈位置过低，则容易接收干扰信号，特别是在 ZPW-2000A 区段，发送功率大，邻线干扰信号强，易使机车信号出现窜码的错误显示。机车接收线圈与线路中心的相对位置必须考虑机车走行交路的情况合理配置，特殊地段如曲线地段，机车走行时接收线圈是倾斜的，接收线圈与钢轨的感应面积变小，在安装时就要考虑将线圈中心向线路外侧稍微偏移一些，保证在曲线上可靠接收。

4. 机车信号机灯泡故障

机车信号机的灯泡采用单丝灯泡，当工作电源波动或使用频次较高的灯位时，故障相对较多，宜采用具有冗余的发光二极管，以提高可靠性。另外，车载机车信号设备的中修周期与机车辅修同步，而灯泡的使用寿命与其他设备的寿命不同步，在检修周期上要考虑车载信号灯泡的轮修周期，进行定期更换。

5. 电缆插头松动或内部断线

车载设备安装在机车设备间或操作室内，工作环境比较差，噪声、振动、潮湿易造成电缆插接件松动或机内设备断线。电缆使用中仅感应信号部分采用屏蔽电缆，系统的抗干扰能力较弱，需考虑机车信号的安装环境，从而提高设备的安装稳定性。

6. 机车监控设备影响或机车供电电源故障

机车监控记录器与机车信号的接合部必须采用隔离措施，防止监控记录器发生故障时，影响机车信号的正常工作。在信息传递上也要在分析监控记录器数据时，注意向值乘机车乘务员了解实际使用中的情况，避免由机务监控记录器故障造成的错误判断和处理。

原逆变电源是供给机务自停设备的，现在该电源仅用来点亮仪表指示灯。该电源经常被仪表开关和指示灯接地，或电源质量不好，谐波成分复杂，纹波电压大，会使机车信号设备无法正常工作。现场使用时需对该逆变器电源进行改造或彻底取消，而直接使用机车上的 110 V 电源，可以降低电源故障对机车信号运用带来的干扰。

7. 熔丝座损坏或自然断丝

电力机车上的机车信号设备安装在驾驶室下方，由于机车乘务员烧饮用水和倒水缘故，加上车载机车信号设备设计时防潮性能考虑不完善，设备引线口或外部引线插密封不良造成受潮和绝缘性能下降，影响设备正常工作和引发故障，严重时可能造成断丝。可对各引入口增加防水措施，机车信号引入电源熔丝可考虑采用双熔丝安装或断路器方式。

8. 机务操作不当或换向器接触不良

机务操作不当主要是指机车运行开关的设置与地面发码设置的载频频率不一致，造成机车信号不能正常接收。对于运行方向复杂的枢纽地区，在地面发码设置中考虑邻线干扰，要求将载频交叉错开，当出现多线路时，载频配置比较困难，在一些特殊地段，会出现上行载频频率与运行方向不一致的情况。对于正线区段机车反向运行时，也需要按相应的线路性质来设置运行开关，此时对通用式机车必须进行人工切换频率。若切换时机、切换点不合适，都将造成机车信号错误显示。

前后行换向器手柄触点连接机车信号的上下行开关，若换向器手柄接触不良，容易造成机车信号显示不良。实际运用中发现接触不良造成的故障都为"软故障"，在环线上检测时不易发现，上道使用后又出现掉码。因此，在处理过程中应尽量采用机电联合检查作业的方式，检修中必须由机务部门配合对前后行、Ⅰ室、Ⅱ室分别进行操作，观察机车信号的工作情况。

9. 随机性掉码

这类故障随机发生，其原因复杂、不确定、难查找。它既有技术层面、工艺层面、原材料和元器件质量层面的原因，还有各项技术指标的制定是否满足各种运用情况等原因。

为了更好地保证运输安全、提高运输效率、发挥信号设备最大功效、提升设备安全可靠性，必须加快技术改造的投入。

（四）机车信号故障主要检测方法

机车信号系统由地面信号、接收线圈、接线盒、电缆、接收主机、显示器、开关盒等设备构成，系统中任何部分故障都可能导致机车信号显示输出异常。当设备出现异常情况时，维修人员依据个别机车还是多台机车、固定地点发生还是随机发生等现象，针对故障现象进行分析。

1. 故障点定位

（1）通过机车信号记录器记录数据进行一般分析，确定故障类型。
（2）采用便携式机车信号系统测试仪对车载设备进行测试来判断故障位置。
（3）通过人工测试替换设备的办法确定是哪个部件故障。

2. 设备故障后测试及检查

（1）主机的自动测试：利用机车信号测试台对设备的基本功能进行自动测试，以检查接收主机是否良好。

（2）接线盒测试及维修：根据接线盒电路原理图，测试接线盒的接线是否良好；检查接线盒内电源电路，更换故障元件。

（3）接收线圈的测试：用万用表测量线圈电阻，用兆欧表测量线圈绝缘并初步检查接收线圈是否良好。

（4）显示器的测试：根据显示器电路原理图，检查显示器内部是否故障，更换或修复内部器件电路。

任务二　站内轨道电路电码化设备维护

为了保证列车运行安全、提高运输效率，要求机车信号和列控车载设备在站内能连续不断地接收地面行车信息而不间断机车信号显示，这样就必须在原站内轨道电路的基础上，进行转发或叠加车载信息，这种技术叫作电码化。

站内轨道电路电码化是机车信号系统及既有线列控系统不可或缺的地面发送设备，是行车指挥系统的基础设备之一。

一、站内轨道电路电码化概述

（一）站内轨道电路电码化的定义

站内电码化的定义和范围

所谓站内轨道电路电码化，是指在站内非电码化轨道电路通过转发或叠加发送机车信号，能根据运行前方信号机的显示发送各种电码。

列车在自动闭塞区段或半自动闭塞接近区段运行时，区间采用移频轨道电路，机车信号设备能够连续接收地面信号，不间断地接收地面行车信息而不间断机车信号显示，保证列车安全行驶。

但是，因为我国铁路站内轨道电路通常采用 25 Hz 相敏轨道电路或交流连续式轨道电路（俗称 480 轨道电路），它们只有列车占用检查的功能，即只能检查本区段是否有车占用或空闲，不能向机车信号或车载设备传递任何信息，列车在站内运行时，机车信号或车载设备因信息中断而无法工作，也就无法保证行车安全。

因此，为保持机车信号或车载设备能够正常工作，对这类轨道电路必须采取一定的技术措施，使站内轨道电路根据相应的条件，在适当的时机转发或叠加发送车载信息，这就是电码化。

（二）站内轨道电路电码化的范围

站内轨道电路电码化范围是列车进路，但由于技术方面的原因，多数电码化方式还不能覆盖全部的列车进路。仅在实施车站接发车进路电码化方式的车站，电码化范围为车站内列车进路的所有区段。

1. 半自动闭塞区段

对于半自动闭塞区段，站内轨道电路电码化的范围，只包括经道岔直向的接车进路和侧线股道，以及进站信号机外方的接近区段。在提速半自动闭塞区段，电码化范围则为进站信号机外方的第一接近区段和第二接近区段。如果接近区段采用的是移频轨道电路，则不需要电码化。

2. 自动站间闭塞区段

自动站间闭塞区段包括经道岔直向的接车进路和侧线股道，以及进站信号机外方的接近区段。

3. 自动闭塞区段

（1）正线。

正线正方向，列车进路"直进直出"时，轨道电路电码化的范围包括：接车进路和发车进路的所有区段；列车进路"直进弯出"时，为接车进路的所有区段。实施闭环电码化时，经道岔侧向的发车进路，为该进路的最末一个区段。

正线反方向，一般均采用自动站间闭塞，轨道电路电码化的范围，只包括接车进路。

（2）侧线。

由于正线轨道电路电码化要求咽喉区道岔绝缘设在弯股，侧线轨道电路电码化通路被切断，因此，侧线轨道电路电码化范围仅仅是股道。

（三）站内轨道电路电码化发送的信息

对于接车进路和侧线股道，站内轨道电路电码化发送的是与出站信号机显示相联系的信息。

对于发车进路，站内轨道电路电码化发送的是与防护二离去区段的通过信号机显示相联系的信息。

对于半自动闭塞区段进站信号机外方的接近区段，站内轨道电路电码化发送的是与进站信号机显示相联系的信息。

站内电码化方式

（四）站内轨道电路电码化方式

站内轨道电路电码化有切换方式和叠加方式两种。切换方式又分为固定切换方式和脉动切换方式；叠加方式又分为占用叠加电码化和预先叠加电码化。

1. 切换方式

切换方式电码化是在被占用时转为移频轨道电路，列车占用下一相邻轨道电路区段后，恢复原轨道电路，也就是原轨道电路和移频轨道电路切换使用。

（1）固定切换方式。

固定切换方式是指在站内每个轨道电路区段都分别设置轨道发码继电器（FMJ），平时FMJ处于落下状态，当列车驶入本区段后，由于本区段轨道继电器（GJ）落下，而使本区段相应的轨道发码继电器（FMJ）吸起，从而切断了原轨道电路，并同时接入相应的信号电码化发送设备（FS）实现对该区段的电码化。其相应的发送时机开始于列车占用本区段，终止于列车驶入相邻的下一区段。

固定切换方式的电码化要进行"两点"检查，即只有当上一个区段已经实现电码化，且本区段有车占用的条件下，本区段才能实现电码化。然而，实现"两点"检查虽然可以避免人工短路轨道电路所造成的不良影响，可是在某种情况下，比如列车进入正线后全部转入其他线路时，因为没有"下一区段"占用的逻辑条件，使得轨道电路设备电码化后不能自动复原，必须要有人为干预进行人工复原，这样就降低了车站的作业效率，影响了车站信号的正常使用。

（2）脉动切换方式。

脉动切换方式是指在发码过程中信号发码设备（FS）不是固定接入轨道电路，而是采用脉动方式接入，即通过相应的继电器进行控制，时而接入发码设备，时而接入轨道电路设备。这样就克服了"固定切换"方式电码化后在某种情况下不能自动恢复的缺点，而且"脉动切换"方式要求的联锁条件最少，特别是在旧站现有设备的条件下实现电码化，使其电码化电路实现基本统一，便于设计、施工和维修。

脉动方式的发码原则同样是采用迎着列车方向的接近发码，其发码周期：发送时间为 4.2 s，间隔时间为 0.6 s。其发码时机：对于正线，开始于列车驶入本区段，终止于列车驶入相邻的下一区段；对于侧线，开始于列车驶入本股道，终止于列车出清本股道。当列车出清本区段时，由于本区段 GJ 的吸起而使相应的轨道区段传输继电器 CJ 落下，自动恢复原轨道电路的状态。

2. 叠加方式

切换方式存在较多问题，尤其是在列车提速的情况下，当列车高速通过较短的轨道电路时，由于继电器的落下时间会造成"掉码"，使机车信号不能连续工作，不利于行车安全，已无法满足提速列车的要求，这就提出了叠加方式电码化。叠加方式是将移频信息叠加在原轨道电路上。叠加方式分为占用叠加方式和预叠加方式。

（1）占用叠加方式。

占用叠加方式，在被占用时，原轨道电路和移频轨道电路同时起作用。列车占用下一相邻轨道电路区段后，恢复原轨道电路，即原轨道电路和移频信息叠加使用，两种类型的轨道电路由隔离器隔离而互不影响。

（2）预叠加方式。

随着我国铁路事业的不断发展和铁路自动化水平的不断提高，确保铁路运输安全的列车速度控制（如列车超速防护）技术在铁路中的应用，对机车信号和超速防护有了更高的需求。必须在叠加发码方式的基础上进行改进，采用预叠加发码方式，才能保证列车接收地面信息在时间和空间上的连续。

预叠加方式采用逐段预发码技术，将"占用发码"改为"预先发码"，提前在列车占用前一相邻轨道电路区段时，移频轨道电路就叠加使用，提前一个区段发码。即列车占用前一区段时，本区段就发码。这样能保证机车信号及时、连续地接收移频信息，没有任何间断，不会造成"掉码"。

轨道电路电码化曾经使用过切换方式，现在已经不再采用。目前多采用叠加方式，即电码化电路叠加在原轨道电路上。预叠加轨道电路电码化方式用于正线，叠加轨道电路电码化方式用于侧线。

在电码化技术发展过程中，还出现过车站接发车进路电码化。接发车进路电码化，就是列车在进路内运行时，机车能连续不断地接收到地面发送的机车信号信息的电码化。它是车站股道电码化的延伸技术，为进一步保证站内行车安全，提高运输效率，减轻司机的劳动强度，实现铁路运输自动化奠定了基础。但是由于当时条件所限，进路电码化设计复杂、实施困难，并未在全路推广使用。

2004年以前实施的站内电码化由于是两个技术叠加的合成，存在"两层皮"问题，系统发出的机车信号信息仅仅是叠加在轨道电路上，而其信息是否确实发送到了轨道上，并未得到有效检测。随着列车运行速度进一步提高，靠地面信号机的显示已不足以保证行车安全，既有的叠加预发码只能做到逐段闭环检查，不满足全部进路检查的需求。解决这一问题的办法，就是对站内电码化发码电路实现闭环检查（报警），有条件时可纳入联锁。这就提出了闭环电码化。

（五）电码化的基本要求

（1）电码化系统应满足故障-安全的原则。
（2）电码化不应降低原有轨道电路的基本技术性能。
（3）列车冒进信号时，至少其内方第一区段发禁止码或不发码。
（4）股道占用时，不终止发码。
（5）有效电码中断的最长时间，不应大于机车信号允许中断的最短时间。
（6）电码化设备是机车信号系统的地面设备，钢轨内应提供正确的机车信号信息。
（7）已发码的区段，当区段空闲后，电码化轨道电路应能自动恢复到调整状态。
（8）电码化发码设备及传输通道应加装检测装置。
（9）电码化应采取机车信号邻线干扰防护措施。
（10）与电码化轨道电路相邻的非电码化区段，应采取绝缘破损防护措施，当绝缘破损时使其不导向危险侧。
（11）非交流计数电码化制式的车站正线应采用预叠加电码化，到发线的股道采用叠加电码化。
（12）专用铁路与国铁车站接轨，进站防护信号机为调车信号机时，该信号机外方应设置不小于400 m的电码化区段。
（13）4、8、12、18信息移频系列电码化，在最不利条件下，入口电流值应满足表2-2-1的规定。

表2-2-1 4、8、12、18信息移频入口电流

载频频率/Hz		550	650	750	850
入口电流/mA	非电气化区段	≥50	≥40	≥33	≥27
	电气化区段	≥150	≥120	≥92	≥66

（14）ZPW-2000（UM）系列电码化在最不利条件下，机车信号钢轨最小短路电流及入口电流值应满足表2-2-2的规定。

表 2-2-2　ZPW-2000（UM）系列机车信号钢轨最小短路电流及入口电流

载频频率/Hz	1 700	2 000	2 300	2 600
机车信号钢轨最小短路电流值/mA	≥500	≥500	≥500	≥450
入口电流/mA	≤1 200	≤1 200	≤1 200	≤1 100

（15）交流计数电码化，在最不利条件下，入口电流值应满足表 2-2-3 的规定。

表 2-2-3　交流计数入口电流

交流计数电码化	50 Hz 轨道电路交流计数电码化	25 Hz 轨道电路交流计数电码化
入口电流/mA	≥1 200	≥1 400

（16）在最不利条件下，出口电流不应损坏电码化轨道电路设备。

（17）4、8、12、18 信息移频系列电码化，在最不利条件下，非电气化区段出口电流值不应大于 3 A、电气化区段出口电流值不应大于 6 A。

（18）ZPW-2000（UM）系列电码化，在最不利条件下，出口电流值不应大于 6 A。

（19）预叠加电码化、闭环电码化轨道电路机械绝缘节处应保证机车信号接收空间连续。

（六）25 Hz 轨道电路电码化

站内轨道电路电码化分为二线制电码化和四线制电码化电路。

二线制电码化电路是指移频轨道电路利用 25 Hz 相敏轨道电路的送电或受电的两根电缆芯线送往轨道，如图 2-2-1（a）所示。二线制电码化电路在机车信号要求入口电流较小、轨道电路长度较短的情况下使用。

四线制电码化电路是指移频轨道电路另外增加两根电缆芯线送往轨道，加上原轨道电路的送电或受电端的两根电缆芯线，每端共有四根电缆芯线，如图 2-2-1（b）所示。

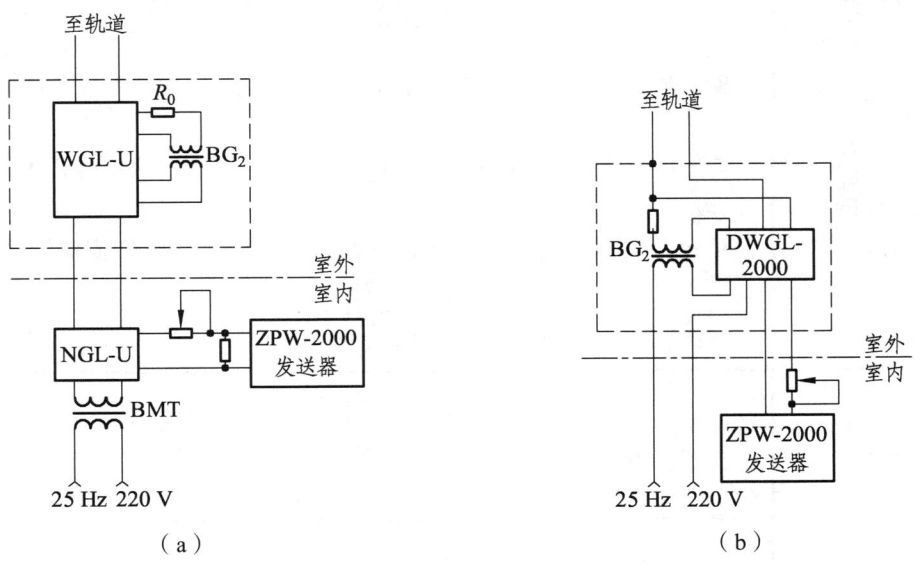

图 2-2-1　二线制电码化电路和四线制电码化电路

四线制电码化电路在相应的发送处增设了一条发码所需的通道（即另设一对电缆芯线），如果双方向均实施电码化，则每个轨道电路区段需要增加四芯电缆。四线制电码化单独发送电码化信息，平时不能检查发送电码化的电缆断线。四线制电码化电路在机车信号要求入口电流较大、轨道电路长度较长的情况下使用。

二、站内轨道电路电码化设备

各种移频自动闭塞设备，都有其相应的电码化设备，现以 ZPW-2000A 型站内电码化设备为例进行介绍。电码化器材主要指电码化发码设备、隔离设备、防雷设备、补偿电容、检测设备（闭环电码化使用）。电码化设备组成框图如图 2-2-2 所示。除室外隔离设备和补偿电容外，其他设备分别安装在设于信号机械室内的站内发送柜、综合柜和组合柜中，闭环电码化还需增加检测柜（ZPW·GJMB）。

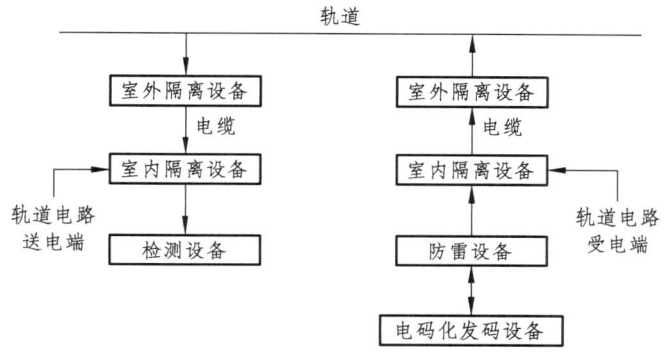

图 2-2-2　电码化设备组成框图

（一）电码化机柜

电码化设备放置在电码化机柜中。电码化机柜分为站内发送柜、综合柜和继电器组合柜三种，安装在信号机械室内。

ZPW-2000 站内电码化设备

1．站内发送柜

ZPW·GFM1-2000A 型站内电码化发送柜即站内移频柜，供站内轨道电路电码化用，安装在信号机械室内。一个站内发送柜含 10 套 ZPW-2000A 型站内电码化设备，每套设备包括一个发送器以及相应的零层端子板和断路器。两个发送器合用一个发送检测盘，分别检测上下两个发送器。

机柜内按组合方式配备，每架 5 个组合，从左向右安放（机柜正面）。每个组合的第一、三层放发送器，第二层放发送检测盘，组合的零层在机柜的顶层。ZPW·GFM1-2000A 型站内电码化发送柜内设备布置图如图 2-2-3 所示。

配线从顶端出线，使用时将发送器、发送检测盘按照施工图装入对应位置，挂在 U 形槽上，用钥匙锁紧。发送检测盘插入对应的外框内，用手捻螺钉锁紧。机柜在出厂时已按照施工图将发送器的频率选择用跨线封好。

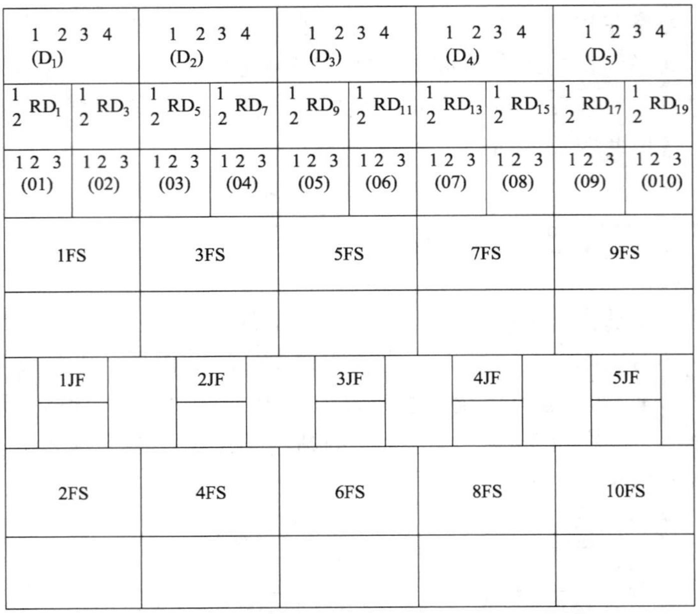

1 2 3 4 (D_1)	1 2 3 4 (D_2)	1 2 3 4 (D_3)	1 2 3 4 (D_4)	1 2 3 4 (D_5)
1/2 RD_1 1/2 RD_3	1/2 RD_5 1/2 RD_7	1/2 RD_9 1/2 RD_{11}	1/2 RD_{13} 1/2 RD_{15}	1/2 RD_{17} 1/2 RD_{19}
1 2 3 (01) 1 2 3 (02)	1 2 3 (03) 1 2 3 (04)	1 2 3 (05) 1 2 3 (06)	1 2 3 (07) 1 2 3 (08)	1 2 3 (09) 1 2 3 (010)
1FS	3FS	5FS	7FS	9FS
1JF	2JF	3JF	4JF	5JF
2FS	4FS	6FS	8FS	10FS

图 2-2-3 站内电码化发送柜内设备布置图

2. 站内综合柜

站内电码化综合柜，用于放置发送器调整组合、电码化送电或受电隔离器组合及防雷组合等设备。柜子两侧均设置塑料线槽，电码化送电隔离器组合侧面端子设于组合左侧，电码化受电隔离器组合侧面端子设于组合右侧（从走线侧看），电码化送电或受电隔离器组合层次排列可交错。

站内综合柜共分 10 层组合及 1 个组合零层，包括 1 个室内轨道电路防雷组合、1 个道岔发送器组合、1 个股道发送调整组合、7 个送受电端室内隔离组合。

站内所需综合柜数量、站内综合柜内设备布置根据各站实际情况决定。站内综合柜示意图如图 2-2-4 所示。

3. 站内电码化组合柜

站内电码化组合柜用来安装站内轨道电路电码化所需要的各继电器组合，其结构同一般组合柜，共分为 10 层组合及 1 个组合零层，但每层最多可以安装 11 台继电器。

所需站内电码化组合柜数量、电码化组合柜内组合布置根据各站实际情况决定。

（二）电码化发码设备

ZPW-2000A 型电码化发码设备包括 ZPW·F 型电码化发送器、ZPW·JFM 型电码化发送检测盘等设备。

1. ZPW·F 型发送器

ZPW·F 型发送器，适用于非电化、电化区段 25 Hz 相敏轨道电路或交流连续式轨道电路电码化，正线、侧线电码化通用。发送器采用载频通用型，$n+1$ 冗余方式，全站备用一个发送器。当主发送器故障时，$n+1$ 发送器工作，同时系统报警。

位置	类型	零层D_1~D_{13}					
		1	2	3	4	5	6
10	MFT$_1$-U						
		ZPW·FT1-U	ZPW·FT1-U	ZPW·FT1-U	ZPW·FT1-U	ZPW·FT1-U	ZPW·FT1-U
9	TFDZ	1		2		3	4
		ZPW·TFD		ZPW·TFD		ZPW·TFD	ZPW·TFD
8	TFGZ	1	2	3	4	5	6
		ZPW·TFG	ZPW·TFG	ZPW·TFG	ZPW·TFG	ZPW·TFG	ZPW·TFG
7	MGL-R	1	2	3	4	5	6
		NGL-T	NGL-T	NGL-T	NGL-T	NGL-T	
6	MGL-R	1	2	3	4	5	6
							RT-R
		NGL-T	NGL-T	NGL-T	NGL-T	NGL-T	
5	MGL-F	RT-F		1		2	3
				NGL-T BMT-25		NGL-T BMT-25	NGL-T BMT-25
4	MGL-F	RT-F		1		2	3
				NGL-T BMT-25		NGL-T BMT-25	NGL-T BMT-25
3	MGL-F	RT-F		1		2	3
				NGL-T BMT-25		NGL-T BMT-25	NGL-T BMT-25
2	MGL-F	RT-F		1		2	3
				NGL-T BMT-25		NGL-T BMT-25	NGL-T BMT-25
1							

图 2-2-4 站内综合柜布置示意图

ZPW·F 型站内发送器原理与区间发送器相同，只是用于电码化时，发送器的功率调整在"1"电平（161~170V）。

正线接车进路设一个发送器，股道上、下行各设置一个发送器，发车进路和反方向接车进路合用一个发送器。侧线股道上、下行各设一个发送器。

2. 发送检测盘

ZPW·JFM 型电码化发送检测盘设在站内移频柜上，为站内发送器给出测试条件和故障报警指示。一个发送检测盘和两个站内发送器配套使用。检测盘面板如图 2-2-5 所示。

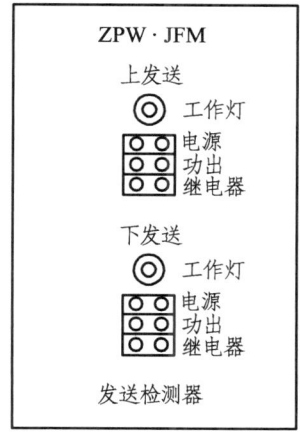

图 2-2-5 ZPW·JFM 电码化发送检测盘

（1）发送检测盘的作用。
① 给出有关发送电源电压、发送功出电压的测试条件。
② 给出发送故障报警指示灯等。
③ 提供监测条件。
（2）发送检测盘表示灯及报警电路原理。
发送检测盘电路如图 2-2-6 所示。

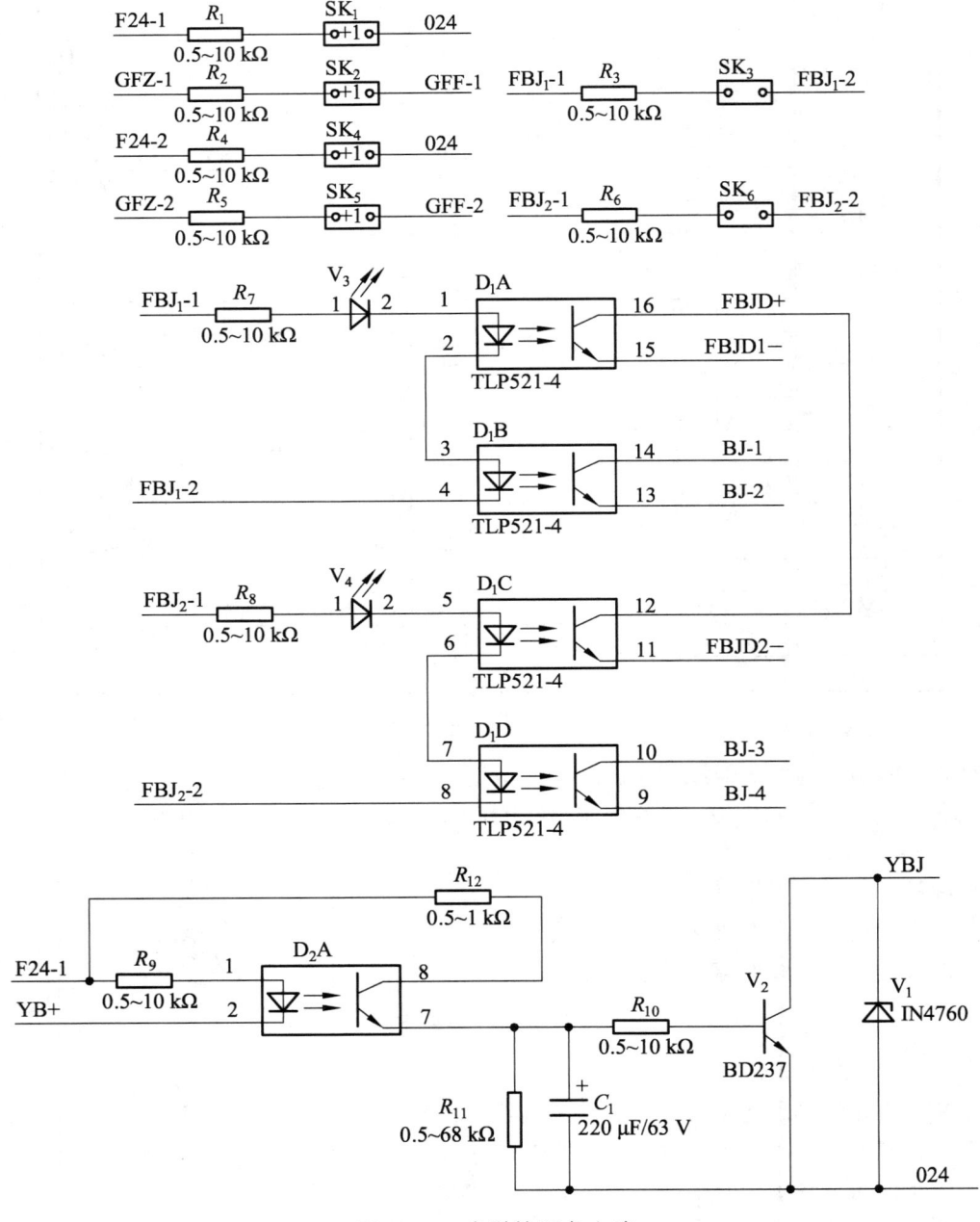

图 2-2-6　发送检测盘电路

① 表示灯电路。

"上发送"工作灯 V_3 通过上层发送器 FBJ 条件构成，并通过光耦 D_1-A、D_1-B 接通发送报警条件（BJ-1、BJ-2）。

"下发送"工作灯 V_4 通过下层发送器 FBJ 条件构成，并通过光耦 D_1-C、D_1-D 接通发送报警条件（BJ-3、BJ-4）。

② 移频总报警继电器条件。

F24-1 电源通过对移频故障条件 YB+的检查，使光耦 D_2-A 导通，三极管 V_2 随之导通，于是输出 YBJ 条件。

③ 测试孔。

SK1：上层发送电源，接 FS+24 V、024 V。

SK2：上层发送功出，接发送器功出。

SK3：接发送报警继电器。

SK4：下层发送电源，接 FS+24 V、024 V。

SK5：下层发送功出，接发送器功出。

SK6：接发送报警继电器。

3. 发送调整器和发送调整组合

为了防护移频发送器，实现阻抗匹配以及各区段之间的互相隔离保护，发送器要经过道岔发送调整器后才连向咽喉区的各轨道区段，要经过股道发送调整器后才连向股道，适应于非电气化、电气化区段 25 Hz 相敏轨道电路或交流连续式轨道电路电码化。

1）ZPW·TFD 型道岔发送调整器

一台 ZPW·TFD 型道岔发送调整器，含限流电阻 RX20T-50 W-100×（1±5%）Ω，可以同时为咽喉区最多 7 个区段发码，每路输出通过万可端子进行输出电压调整，电压调整范围为 40 V、50 V、60 V；对于长区段，可将两路串联使用，但必须限制输入端总电流不超过 500 mA。ZPW·TFD 道岔发送调整器连接如图 2-2-7 所示。

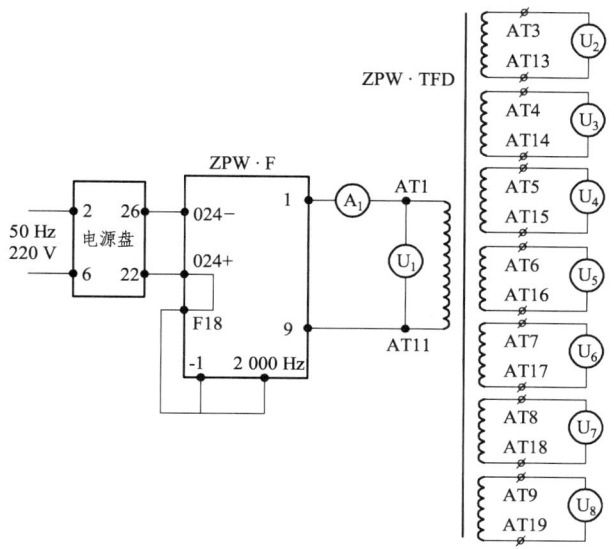

图 2-2-7 ZPW·TFD 道岔发送调整器端子

道岔发送调整器放置在 ZPW·TFDZ 道岔发送调整组合中。一个 ZPW·TFDZ 型道岔发送调整组合可安装 4 台 ZPW·TFD 型道岔发送调整器。道岔发送调整组合安装在站内综合柜中。

2）ZPW·TFG 型股道发送调整器

一台 ZPW·TFG 型股道发送调整器，含限流电阻 RX20T-50 W-100×（1±5%）Ω，可以输入 170 V，输出两路 20~140 V 电压。

股道发送调整器放置在 ZPW·TFGZ 型股道发送调整组合中。一个 ZPW·TFGZ 型股道发送调整组合可安装 6 台 ZPW·TFG 型股道发送调整器。股道发送调整组合安装在站内综合柜中。

（三）隔离设备

移频化信息是叠加在 25 Hz 相敏轨道电路或交流连续式轨道电路上的，在轨道电路的送、受电端，移频化信息和轨道电路信息的传送通道是并接的，为了互不影响正常工作，必须经过隔离设备才能将两者并联。

隔离设备用于叠加方式的电码化中，有室内隔离设备和室外隔离设备两种，送电端和受电端通用。正线上各轨道区段的送电端、受电端，无论是否发码，均应设隔离设备。一送多受轨道电路的分受须设室外隔离设备。

1. 室内隔离设备

室内隔离设备包括室内隔离盒以及电码化隔离调整变压器、电阻调整盒，放置在室内隔离组合中。室内隔离盒组合分为送电端室内隔离组合（MGL-UF 型）和受电端室内隔离组合（MGL-UR 型）两种。

MGL-UF 型送电端室内隔离组合，外形尺寸 880 mm×390 mm×170 mm，可放置 NGL-U 型室内隔离盒和 BMT-25 型电码化隔离调整变压器各 3 台，以及 RTH-F 型送电端电阻调整盒。

MGL-UR 型受电端室内隔离组合，外形尺寸 880 mm×390 mm×170 mm，可放置 NGL-U 型室内隔离盒 5 台，以及 RTH-R 型受电端电阻调整盒。

（1）室内隔离盒。

室内隔离盒由电容、电感组成，如图 2-2-8 所示，用于隔离 25 Hz、50 Hz 轨道电路和移频发送电路。因两者频率不同，电容、电感呈现的阻抗也不相同，25 Hz、50 Hz 电源只送至轨道，不向移频发送器传送。反之，移频信息也不送至 25 Hz、50 Hz 电源，而只送至轨道。两者互不影响。

室内隔离盒有较多类型，它们的电路结构相同，主要是参数不同。室内隔离盒有用于二线制电化区段 25 Hz 相敏轨道电路预叠加 ZPW-2000 移频轨道电路的 NGL-U 型，用于二线制非电化区段 25 Hz 相敏轨道电路预叠加 ZPW-2000 移频轨道电路的 NGL_1-U 型，

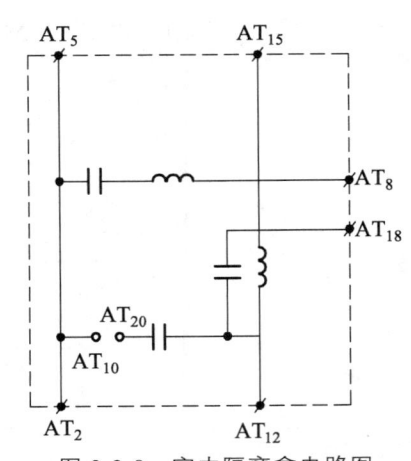

图 2-2-8 室内隔离盒电路图

用于二线制电化区段和非电化区段 25 Hz 相敏轨道电路预叠加 ZPW-2000 移频轨道电路的 NGL-T 型，用于二线制非电化区段 480 轨道电路预叠加 ZPW-2000 移频轨道电路的 FNGL-U 型和 FNGL-T 型。

四线制电码化电路不用室内隔离盒。

室内隔离盒可用于四种载频，不同频率通过在外插头上焊接跨线得到。AT_{13}-AT_{17} 为 1 700 Hz，AT_{13}-AT_{16} 为 2 000 Hz，AT_{13}-AT_7 为 2 300 Hz，AT_{13}-AT_6 为 2 600 Hz。

电码化信号由 AT_8、AT_{18} 两端输入，从 AT_5、AT_{15} 两端输出。由于隔离，而不会进入 AT_2、AT_{12} 端，从而防止电码化信号进入 25 Hz、50 Hz 电源或轨道继电器，避免轨道继电器损坏。

在 AT_5、AT_{15} 端测试，电码化信号电压大于 190 V。在送电端，25 Hz 信号由 AT_2、AT_{12} 端输入，从 AT_5、AT_{15} 端输出，电压差小于 2 V。在受电端，25 Hz 信号从 AT_5、AT_{15} 端输入，从 AT_2、AT_{12} 端输出，电压差小于 0.3 V。

（2）电码化隔离调整变压器。

BMT-25 型电码化隔离调整变压器用于电化区段 25 Hz 相敏轨道电路预叠加 ZPW-2000 系列（或 UM71 系列）电码化接口设备中，为 25 Hz 轨道电路提供电源，并可在室内调整轨道电路。

① 额定功率：80 W，使用频率 25 Hz。

② 空载电压：

输入：$Ⅰ_1$-$Ⅰ_2$ 输入 220 V。

输出：$Ⅱ_1$-$Ⅱ_2$ 输出 5～180（±9）V。

③ 空载电流：I_1-I_4≤16 mA。

④ 绝缘电阻：≥1 000 MΩ。

⑤ 效率：η≥90%。

BMT-25 型变压器直接放置在组合架的托盘上。3 台电码化隔离调整变压器与 3 台 NGL-U 室内隔离盒放置在 MGL-UF 托盘上，可作为送电端室内隔离设备。

BMT-25 型电码化隔离调整变压器输出电压调整，从 5～180 V 每 5 V 一挡可调，如表 2-2-4 所示。

表 2-2-4 BMT-25 电码化隔离变压器电压调整表

输入电压：I_1-I_4 220 V 50 Hz；输出端子固定使用 $Ⅱ_1$-$Ⅱ_2$					
输出/V	连接端子	输出/V	连接端子	输出/V	连接端子
5	1-5、6-9	65	1-2、7-9、3-6	125	1-3、8-9、4-6
10	1-7、8-9	70	1-2、7-9、3-5	130	1-3、8-9、4-5
15	1-6、7-9	75	1-2、8-9、3-6	135	1-2、6-9、4-7
20	1-5、7-9	80	1-2、8-9、3-5	140	1-2、7-9、4-8
25	1-6、8-9	85	1-3、6-9、7-4	145	1-2、5-9、4-6
30	1-5、8-9	90	1-3、7-9、4-8	150	1-2、4-9
35	1-2、6-9、3-7	95	1-3、5-9、4-6	155	1-2、6-9、4-5
40	1-2、7-9、3-8	100	1-3、4-9	160	1-2、8-9、4-7
45	1-2、5-9、3-6	105	1-3、6-9、4-5	165	1-2、7-9、4-6
50	1-2、3-9	110	1-3、8-9、4-7	170	1-2、7-9、4-5
55	1-2、6-9、3-5	115	1-3、7-9、4-6	175	1-2、8-9、4-6
60	1-2、8-9、3-7	120	1-3、7-9、4-5	180	1-2、8-9、4-5

（3）电阻调整盒。

电阻调整盒有送电端电阻调整盒（RTH-F）和受电端电阻调整盒（RTH-R）两种类型。

RTH-F 电阻调整盒用来调整站内轨道电路送电端机车信号入口电流，放置在送电端室内隔离组合中。RTH-F 型送电调整电阻盒内可放置 3 组可调电阻，可调电阻为 3 个固定抽头分段调整电阻 RX20T-100 W-300×（1±10%）Ω，电阻调整表如表 2-2-5 所示，输出端采用针型插座（721-236/001-000）接上托盘上的孔型连接器（721-206/037-000）即可使用，克服了滑线电阻容易断的缺点。

表 2-2-5　RTH-F 型电阻盒电阻调整表

电阻/Ω	连接端子
0	1-5
50	1-2、3-5
100	2-5
150	3-5
200	2-4
250	3-4
300	不接线

注：测试方法可在孔型连接器上进行测试，1-2、3-4、5-6 分别为 3 个电阻，按调整表进行调试。

RTH-R 电阻调整盒用来调整站内轨道电路受电端发码区段机车信号入口电流，放置在受电端室内隔离组合中。RTH-R 型受电调整电阻盒可放置 5 组可调电阻，可调电阻为 5 个固定抽头分段调整电阻 RX20T-100 W-300×（1±10%）Ω，电阻调整表如表 2-2-6 所示，输出端子采用针型插座（721-240/001-000）接上托盘上孔型连接器（721-210/037-000）即可使用，克服了滑线电阻容易断的缺点。

送、受电端电阻调整盒为二线制电化区段 25 Hz 相敏轨道电路、二线制非电化区段 25 Hz 相敏轨道电路、二线制非电化区段 480 轨道电路预叠加 ZPW-2000 电码化通用。

表 2-2-6　RTH-R 型电阻盒电阻调整表

电阻/Ω	连接端子
0	1-5
50	1-2、3-5
100	2-5
150	3-5
200	2-4
250	3-4
300	不接线

注：测试方法可在孔型连接器上进行测试，1-2、3-4、5-6、7-8、9-10 分别为 5 个电阻，按调整表进行调试。

2. 室外隔离设备

室外隔离设备主要是室外隔离盒。

室外隔离盒由电容、电感、变压器组成，如图 2-2-9 所示，用于隔离 25 Hz、50 Hz 轨道电路和移频发送电路。因两者频率不同，对于电容、电感、变压器的阻抗也不同，两者互不影响。

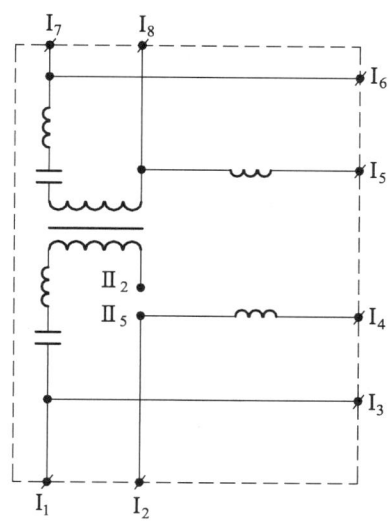

图 2-2-9　二线制电码化电路室外隔离盒电路

室外隔离盒有较多类型，有用于二线制电化区段 25 Hz 相敏轨道电路预叠加 ZPW-2000 移频轨道电路的 WGL-U 型，用于二线制非电化区段 25 Hz 相敏轨道电路预叠加 ZPW-2000 移频轨道电路的 WGL_1-U 型，用于二线制电化区段和非电化区段 25 Hz 相敏轨道电路预叠加 ZPW-2000 移频轨道电路的 WGL-T 型，用于二线制非电化区段 480 轨道电路预叠加 ZPW-2000 移频轨道电路的 FWGL-U 型和 FWGL-T 型。各种二线制电码化电路用室外隔离盒的电路结构相同，主要是参数不同。

四线制电码化电路用室外隔离盒类型有：用于四线制电化区段 25 Hz 相敏轨道电路预叠加 ZPW-2000 移频轨道电路的 DWG-2000 型；用于四线制非电化区段 25 Hz 相敏轨道电路预叠加 ZPW-2000 移频轨道电路的 $DWGL_1$-2000 型；用于四线制非电化区段 480 轨道电路预叠加 ZPW-2000 移频轨道电路的 FWGL-2000 型。此外，还有用于不发码端的 DWG-F（电气化区段用）和 FWG-F（非电气化区段用）型室外隔离器。

四线制电码化电路用室外隔离盒不同于二线制电码化电路用室外隔离盒。室外隔离盒为送、受电端通用型，共有 8 个端子。一般情况下，25 Hz 信号由 I_1、I_2 两端输入，经 I_3、I_4 两端输入到 BG_2-130/25 型 25 Hz 轨道变压器的 I_1、I_4，经该变压器的 III_1、III_3 输出到隔离盒的 I_5、I_6 端子，由隔离盒的 I_7、I_8 两端输出至轨道。

非电化区段 480 轨道电路的送电端轨道变压器箱内，在 FWGL-T 型隔离盒旁放置 BG_1-80A 型轨道变压器，用来进行 480 轨道电路送电端电压调整。在受电端轨道变压器箱内的 FWGL-T 型隔离盒旁连接 BZ_4-U 型中继变压器，作为轨道电路中继升压用。

（四）防雷设备

（1）FT_1-U 型匹配防雷单元和 MFT_1-U 型电码化防雷调整组合。

FT_1-U 型匹配防雷单元由一台 $BMFT_1$ 匹配防雷调整变压器及两个 RX20-50 W-100×（1±5%）Ω 调整电阻组成。双功出匹配防雷变压器分两路输出，输入 170 V，输出两路 40~140 V，起到双功出作用，可满足一个发送器输入，经过匹配防雷变压器输出两路相同的移频信号供预叠加电码化使用，同时起到移频发送设备的防雷和阻抗匹配作用。其外形如图 2-2-10 所示。

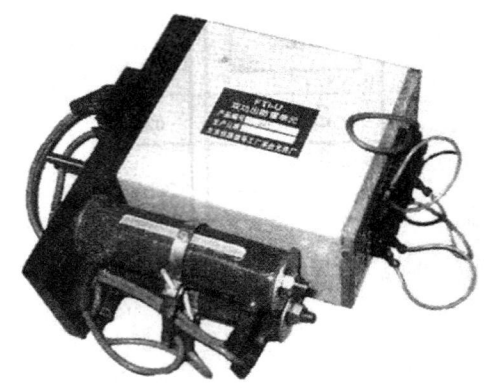

图 2-2-10　FT_1-U 双功出匹配防雷单元

FT_1-U 型防雷单元正面有调整端子，可调整输出电压。输入 170 V 移频信号时，可调整输出移频信号电压在 20~140 V 范围内。防雷单元的使用如表 2-2-7 所示。

表 2-2-7　FT_1-U 防雷单元使用

电压/V	20	40	60	80	100	120	140
端子连接	1-2 7-3	1-3 7-4	1-4 7-5	1-4 7-6	1-3 7-5	1-3 7-6	1-2 7-6

FT_1-U 型匹配防雷单元主要用于电化和非电化区段 25 Hz 相敏轨道电路或 480 轨道电路叠加、预叠加 ZPW-2000 系列电码化系统。

FT_1-U 型匹配防雷单元采用插入方式安装于 MFT_1-U 型电码化防雷调整组合中。

MFT_1-U 型匹配防雷调整组合用来安装 FT_1-U 型匹配防雷单元，每个 MFT_1-U 型电码化防雷调整组合可根据需要安装 1~6 组 FT_1-U 型防雷单元。变压器采用屏蔽外壳，防止互相干扰。

MFT_1-U 型电码化防雷调整组合采用插入式结构，正面有调整端子，可调整输出电压。可根据要求数量进行安装，空位补空板，侧面用 3×18 端子引出，用于配线。

MFT_1-U 型防雷组合分两种，一种安装于组合架，外形尺寸为 880 mm × 170 mm × 250 mm，安装尺寸为 850 mm × 114 mm；另一种安装于防雷柜，外形尺寸为 840 mm × 170 mm × 250 mm，安装尺寸为 804 mm × 114 mm。

（2）防雷模块和室内电码化轨道防雷组合。

防雷模块设于室内隔离盒输出侧（二线制电码化电路）或发送电缆室内输出端（四线制

电码化电路），跨接在发送电码电路引向室外的两根导线上，用来保护室内电码化设备。

防雷模块安装在室内电码化轨道防雷组合中。

MGFL$_1$-U型室内电码化轨道防雷组合由20组NFL型防雷模块组成，MGFL$_1$-U（JQ）型室内电码化轨道防雷组合由20组NFL（JQ）型防雷模块组成，组装在一块绝缘板上。外部配线拧接在18柱端子正面，组合内部配线背面焊接。电气化区段与非电气化区段的防雷设备通用。

（五）补偿电容

为了提高传输性能，必须根据通道参数并兼顾低道砟电阻道床传输，选择补偿电容器容量，使ZPW-2000电码化传输通道趋于阻性，同时尽可能降低对原有轨道电路的影响。

当电码化轨道区段长度超过300 m时，必须在钢轨间设置补偿电容。载频为1 700 Hz、2 000 Hz时，电容器选用80 μF；载频为2 300 Hz、2 600 Hz时，电容器选用60 μF。补偿电容器在钢轨间按等间距设置，轨道区段两端绝缘节与第一个电容距离为等间距的一半。

等间距：

$$\varDelta = L/\varSigma$$

式中　L——轨道区段长度，m；

　　　$\varSigma$——电容个数，$\varSigma=N+A$。其中，N为百米数；个位、十位数为0时A为0，个位、十位数不为0时A为1。

如ⅠG长度为1 090 m，N=10，A=1，等间距$\varDelta$ = 1 090/（10+1）=99.09，安装允许误差±0.5 m。补偿电容设置参考表如表2-2-8所示。补偿电容技术指标如表2-2-9所示。

表2-2-8　补偿电容设置参考表

轨道电路长度 L/m	补偿电容个数 $\varSigma=N+A$	设置间隔 $\varDelta$/m	轨道电路长度 L/m	补偿电容个数 $\varSigma=N+A$	设置间隔 $\varDelta$/m
300	3	100	950	10	95
350	4	87.5	1 000	10	100
400	4	100	1 050	11	95.45
450	5	90	1 100	11	100
500	5	100	1 150	12	95.83
550	6	91.67	1 200	12	100
600	6	100	1 250	13	96.15
650	7	92.86	1 300	13	100
700	7	100	1 350	14	96.43
750	8	93.75	1 400	14	100
800	8	100	1 450	15	96.67
850	9	94.44	1 500	15	100
900	9	100			

表 2-2-9　补偿电容技术指标

序号	项目	指标及范围	备注
1	电容容量	标称值±5%	测试频率 1 000 Hz
2	损耗角正切值	≤90×10^{-4}	测试频率 1 000 Hz
3	绝缘电阻	≥500 MΩ	两极间直流 110 V

电缆线焊接在电容器内部，轴向分两头引出，然后用环氧树脂灌封。电缆引线的连接方式有两种：一种是两端用锡焊接塞钉，塞钉镀锡；另一种是压接线鼻子，然后用专用销钉与钢轨连接。

三、叠加方式轨道电路电码化

叠加方式站内电码化是将移频信息叠加在原轨道电路上。电码化电路同原轨道电路用隔离设备隔离开，使二者互不影响。

正线接车发车进路采用逐段预发码技术，把"占用发码"改为"预先发码"，这样就能提前一个区段发码。也就是列车占用前一区段时，本区段就发码，以保证机车信号接收移频信息的连续性。而对于到发线股道的叠加方式，仍然采用"占用发码"。

预叠加方式轨道电路电码化设计原则

（一）叠加方式轨道电路电码化设计原则

（1）正线区段（包括无岔和道岔区段）为"逐段预先发码"，保证列车在正线区段行驶的全过程，地面电码化能不间断地发送机车信号信息。侧线区段为占用叠加发码。

（2）正线接发车进路的发码设备应采用"$n+1$"冗余系统，侧线股道采用单套设备的占用叠加电码化。

（3）半自动闭塞区段的接近区段可采用与电码化相应的轨道电路。

（4）电码化发送设备载频设置：ZPW-2000 发送设备的载频，一般下行方向为 1 700 Hz，上行方向为 2 000 Hz。

（5）为满足主体化机车信号和列车超速防护的需要，在非电气化区段，入口电流也按照统一标准，即 1 700 Hz、2 000 Hz、2 300 Hz 时为 500 mA，2 600 Hz 时为 450 mA。

（6）在 25 Hz 相敏轨道电路既有设备不变的条件下，考虑了受电端 ZPW-2000 系列，信号最大窜入量后电码化轨道电路在道床电阻为 1.0 Ω·km，并安装补偿电容时，极限长度可达 1.2 km，入口电流能够满足机车信号接收灵敏度要求。

（7）改进 480 轨道电路送、受电端变压器，电码化轨道电路在道床电阻为 1.0 Ω·km，并安装补偿电容时，极限长度可达 1.2 km，入口电流能够满足机车信号接收灵敏度的要求。

（8）当同时发送 25 Hz（或 50 Hz）轨道电路信息、ZPW-2000 系列信息时，电缆内的合成电压不超过电缆允许的最高耐压 500 V。

（9）逐段预叠和发码时，任何一瞬间每一路发送只接向一段电码化轨道电路，从而确保入口电流值及发送不超负荷。各轨道电路虽采用并联接入的叠加发码方式，仍能确保彼此互不影响。

（10）25 Hz 电码化轨道电路室外送受电端 BG$_2$-130/25（或 BG$_3$-130/25）型轨道变压器端子固定，只需送电端室内调整，不能采用 R 型铁心的轨道变压器。

（11）50 Hz 交流连续式轨道电路电码化，室外送电端 BG$_1$-80 轨道电源变压器和受电端 BZ$_4$-U 型轨道中继变压器端子固定，只需送电端室内调整，不能采用 R 型铁心的轨道变压器。

（12）为实现叠加发码而采用的隔离设备，当出现铁路信号技术中规定的任何故障时，能确保 ZPW-2000 系列机车信号信息窜入轨道继电器（包括 JRJC$_1$-70/240 型二元继电器和 JZXC-480 型整流继电器）两端的电压，不使继电器错误励磁，因此隔离设备具有"故障导向安全"的性能。

（13）轨道电路电码化不降低原轨道电路的基本性能及自动化技术水平。

（二）叠加方式站内轨道电路电码化简述

ZPW-2000 系列站内轨道电路电码化预发码技术主要包括：非电气化区段交流连续式轨道电路（480 轨道电路）和 25 Hz 相敏轨道电路叠加 ZPW-2000 系列电码化电路，电气化区段 25 Hz 相敏轨道电路叠加 ZPW-2000 系列电码化预发码技术。ZPW-2000 系列预叠加电码化各有二线制和四线制电码化电路。ZPW-2000 系列叠加电码化主要包括以下六种类型：

（1）电气化区段 25 Hz 相敏轨道电路预叠加 ZPW-2000（UM）系列二线电码化。

（2）非电气化区段 25 Hz 相敏轨道电路预叠加 ZPW-2000（UM）系列二线电码化。

（3）非电气化区段 480 轨道电路预叠加 ZPW-2000（UM）系列二线电码化。

（4）电气化区段 25 Hz 相敏轨道电路预叠加 ZPW-2000（UM）系列四线电码化。

（5）非电气化区段 25 Hz 相敏轨道电路预叠加 ZPW-2000（UM）系列四线电码化。

（6）非电气化区段 480 轨道电路预叠加 ZPW-2000（UM）系列四线电码化。

二线制非电气化区段 480 轨道电路预叠加 ZPW-2000 电码化与二线制非电气化区段 25 Hz 相敏轨道电路预叠加 ZPW-2000 电码化相比，仅仅在于隔离器和变压器型号不同，它们的电码化电路原理均相同。

（三）二线制叠加方式开环站内轨道电路电码化电路

以站场为例来介绍叠加方式站内电码化的电路原理，双线双向运行的自动闭塞区段，反方向按自动站间闭塞运行。叠加方式站内电码化电路，分为正线接车、正线发车、反方向正线接车、正线股道、侧线股道等类型。

二线制开环预叠加电码化电路

1. 站内电码化载频频率的排列

（1）上行正线，咽喉区正向接车、发车进路的载频为 2 000-2 Hz。为防止进、出站处钢轨绝缘破损，载频可与区间 ZPW-2000 轨道电路-1、-2 交错。正线股道的载频为 2 000-2 Hz。

（2）下行正线，咽喉区正向接车、发车进路的载频为 1 700-2 Hz。为了防止进、出站处钢轨绝缘破损，载频可与区间 ZPW-2000 轨道电路-1、-2 交错。正线股道的载频为 1 700-2 Hz。

正线时，接车、发车进路和股道可以根据需要选择-2 载频，如举例站场的 X$_D$ 接车进路的载频为 2 300-2 Hz。

（3）侧线股道：
① 下行正方向，各股道按下行方向载频 2 300-1 Hz、1 700-1 Hz 交错排列。
② 上行正方向，各股道按上行方向载频 2 600-1 Hz、2 000-1 Hz 交错排列。
③ 相邻侧线股道，应以 1 700-1 Hz/2 000-1 Hz、2 300-1 Hz/2 600-1 Hz 交错配置。

2. 叠加方式站内轨道电路电码化组合及其运用

为了构成叠加方式站内轨道电路，需要运用电码化组合。电码化组合有 7 种：

（1）正线接车进路电码化组合 ZJM。

ZJM 组合用于正线正方向接车进路电码化。每个正方向接车口采用一个 ZJM 组合。

（2）正线发车进路电码化组合 ZFM。

ZFM 组合用于正线正方向发车进路电码化和反方向接车进路电码化。每个正方向发车口采用一个 ZFM 组合。

（3）正线轨道传输组合 ZGC。

ZGC 组合用于正线电码化，接车进路和发车进路共用，每个组合最多容纳 5 个轨道电路区段，进路多于 5 个轨道电路区段时，再增加 ZGC 组合。

（4）正线股道双向电码化组合 ZGS。

ZGS 组合用于正线股道，每条股道采用一个 ZGS 组合。ZGS_2 组合则用于列车进路"直进""弯出"的股道。

（5）侧线股道双向电码化组合 CGS。

CGS 组合用于侧线股道，每条股道采用一个 CGS 股道。

（6）接近区段电码化组合 JG。

JG 组合用于半自动闭塞的接近区段。

（7）区间离去继电器复示组合 QLF。

QLF 组合用于复示离去继电器，每个正方向发车口采用一个 QLF 组合。

3. 正线预叠加电码化

正线采用的是预叠加电码化方式，为了实现预叠加发码，设有接车进路发码继电器 JMJ、发车进路发码继电器 FMJ 和轨道区段传输继电器 CJ 电路。

在正线接、发车进路的站内电码化电路中，列车占用前一区段时，轨道继电器落下，使本区段的传输继电器励磁，列车占用本区段时该传输继电器仍励磁。列车占用下一区段时，该传输继电器失磁。在传输继电器吸起，以及办理接车进路或发车进路发码继电器吸起时，向本区段发送移频信息。

1）正线正方向接车进路预叠加电码化电路

正方向接车，以下行 I 道接车进路为例。

（1）接车进路发码继电器 JMJ 电路。

对每个接车方向设一个接车进路发码继电器。在 JMJ 电路中，由正线开通继电器 ZTJ、列车信号复示继电器 $LXJF_1$ 和股道轨道复示继电器 $IGJF_1$ 前接点构成 JMJ 励磁电路，JMJ 电路如图 2-2-11 所示。JMJ 吸起说明建立的是正线接车进路，可对接车进路发码。因为 JMJ 接点使用较多，故设 JMJ_1 和 JMJ_2。

当建立下行 I 道接车进路信号开放后，$XLXJF_1$ 和 S_1ZTJ 吸起，IG 空闲，$IGJF_1$ 吸起时，

XJMJ$_1$、XJMJ$_2$吸起。列车占用 IAG 时，XLXJF$_1$ 落下，XJMJ$_1$、XJMJ$_2$ 构成自闭电路。列车依次占用 5DG、3DG、9-15DG、17-23DG，XJMJ 分别经各区段的轨道复示继电器 DGJF$_1$ 后接点构成自闭而一直保持吸起，直到列车进入股道，IGJF$_1$ 落下，XJMJ$_1$、XJMJ$_2$ 才落下，停止接车进路的发码。就是说，XJMJ$_1$、XJMJ$_2$ 从信号开放到列车占用股道前一直保持吸起，接通发码电路。

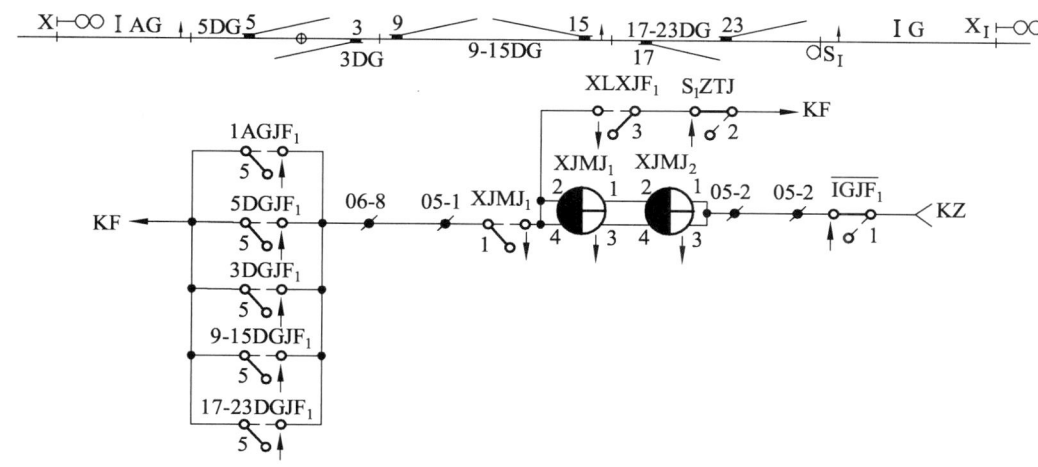

图 2-2-11　JMJ 电路图

（2）正线开通继电器 ZTJ 电路。

正线开通继电器 ZTJ 用来反映正线接通的情况。ZTJ 电路如图 2-2-12 所示，它由该方向的正线继电器控制，当进路开通正线时，正线继电器 ZXJ 吸起，其复示继电器 ZXJF 吸起，使 ZTJ 吸起。

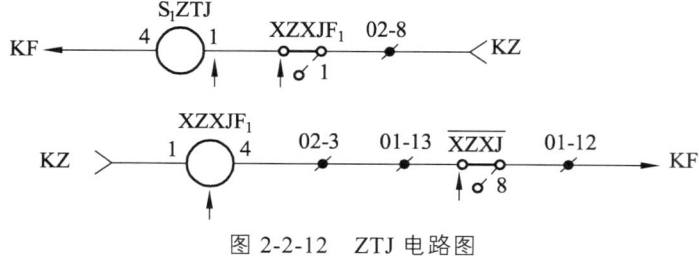

图 2-2-12　ZTJ 电路图

（3）轨道区段传输继电器 CJ 电路。

CJ 电路如图 2-2-13 所示。

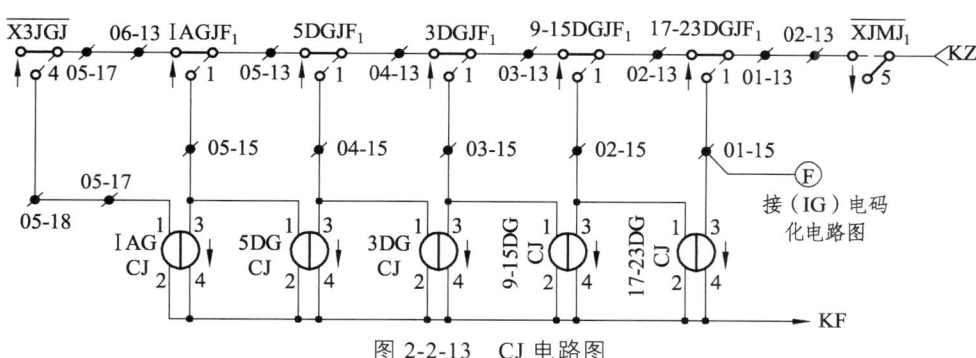

图 2-2-13　CJ 电路图

对应于每个轨道电路区段设一个 CJ，当 JMJ 吸起后，其由前一区段的 GJF_1 后接点构通 CJ 1-2 线圈励磁电路，再由本区段的 GJF_1 后接点构通 CJ 3-4 线圈励磁电路，即列车占用前一区段和本区段时 CJ 均吸起，向本区段发送移频信号。当列车占用下一区段时，下一区段的 GJF_1 落下，断开本区段的 CJ 励磁电路，使 CJ 落下，停止本区段的发码。

在 $XJMJ_1$ 吸起、IG 空闲的情况下接通各传输继电器电路。列车占用第三接近区段时，X3JGJ 落下，IAGCJ 的 1-2 线圈电路接通，IAGCJ 吸起。列车占用 IAG 区段，IAGJF 落下，断开 IAGCJ 的 1-2 线圈电路，但是接通了其 3-4 线圈电路，IAGCJ 仍励磁。列车占用 5DG，$5DGJF_1$ 落下，才使 IAGCJ 落下。其他各轨道电路区段，如 5DG、3DG、9-15DG、17-23DG 的传输继电器动作情况同上，都是在列车占用前区段和本区段时吸起，占用下一区段时落下。

（4）编码电路。

当轨道电路区段传输继电器吸起时，发送器就通过 XJMJ 前接点以及本区段传输继电器 CJ 的前接点，通过隔离器向轨道电路发送由 X_1 信号机状态及前方闭塞分区状态编码的移频信息。正前方接车进路是从轨道电路受电端发送的。

接车进路的编码电路如图 2-2-14 所示。在 JMJ 吸起时，由出站信号机的 X_1LXJF_1、X_1ZTJ 及 X_2LQJ、X_3LQJ 接点构成编码电路，发送与出站信号机 X_1 显示相联系的移频信号，正线正方向接车进路编码如表 2-2-10 所示。

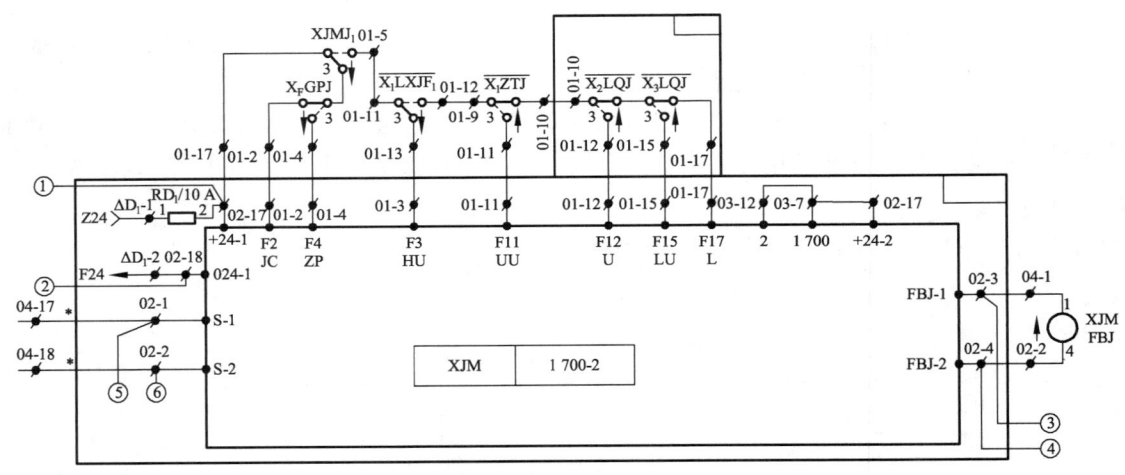

图 2-2-14　接车进路的编码电路图

表 2-2-10　正线正方向接车进路编码

出站信号机显示	$LXJF_1$	ZTJ	2LQJ	3LQJ	发送信息码
红	↓				HU
绿（侧向发车）	↑	↓			UU
黄	↑	↑	↓		U
绿黄	↑	↑	↑	↓	LU
绿	↑	↑	↑	↑	L

其中，IAG、3DG、17-23DG 由一路电路发送，5DG、9-15DG、IG 由另一路电路发送。

之所以采用两路发送，是为了保证相邻轨道电路同时发送，而不被其内方轨道区段的传输继电器接点断开。

S正线正方向接车进路电码化电路，其原理同上述X正线正方向接车进路电码化电路。

X_D正线接车进路电码化电路，其原理基本上同上述X_D正线正方向接车进路电码化电路，因为是"直进""弯出"进路，只发HU、UU码，不发U码、LU码和L码。

2）正线股道电码化电路

正线股道电码化包括正方向接车进路电码化和反方向接车进路电码化。因此，股道设上行的CJ和下行的CJ电路，如图2-2-15所示。上行的股道JMJ和下行的股道JMJ电路如图2-2-16所示。

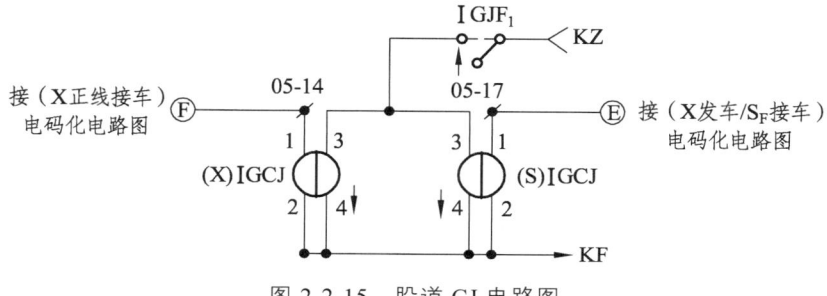

图2-2-15 股道CJ电路图

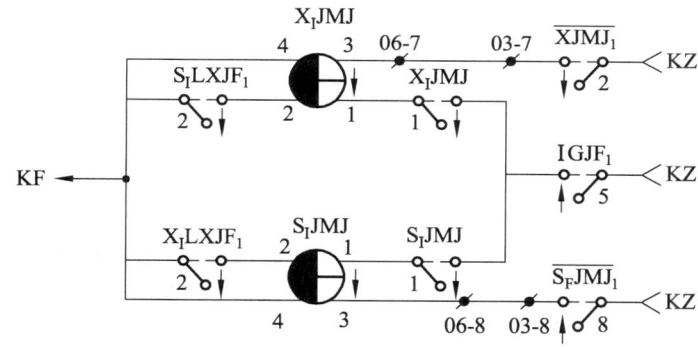

图2-2-16 股道JMJ电路图

上行股道编码同上行接车进路，从送电端发送。下行编码同下行接车进路，从受电端发送。

上下行发送器分别通过送、受电端隔离器接向钢轨，究竟由哪个发送盘发送移频信息，由运行方向决定。

接车进路的JMJ吸起时，同方向的股道JMJ吸起，并且在列车占用股道时自闭，在列车出清股道或者建立发车进路、出站信号机开放时落下，发码停止。

当列车占用前一区段时，CJ的1-2线圈电路接通。随后列车占用股道时，GJF落下，CJ的3-4线圈电路直接由GJF后接点接通。列车出清股道时，CJ落下。

正线股道编码电路同相应方向的接车进路的编码电路。

IIIG电码化电路，其下行方向为正线股道，电码化电路同IG电码化电路；上行方向为侧线股道，电码化电路同4G电码化电路。

（四）闭环电码化电路

闭环电码化就是具有闭环检测功能的站内电码化。闭环电码化系统由闭环电码化和载频自动切换锁定设备构成，对站内电码化发码电路实现闭环检测，并给出报警条件。报警条件可纳入联锁，为机车信号提供可靠的地面信息，满足主体化机车信号对轨道电路的高安全、高可靠要求，为列车的高速运行创造了条件。闭环电码化不降低原有轨道电路的基本技术条件，其电路设计满足铁道信号故障-安全原则。在最不利的条件下，入口电流满足车载设备的工作要求。电码化发码设备与区间自动闭塞制式一致，对电码化发码设备进行闭环检测。

闭环电码化电路

闭环电码化系统在一般车站每条正线设 3 个发送盒，在工程设计中可按正方向分别称为接车进路发送 JFS、发车进路发送 FFS 和正线股道发送 IGFS 或 II IGFS，如图 2-2-17 所示。

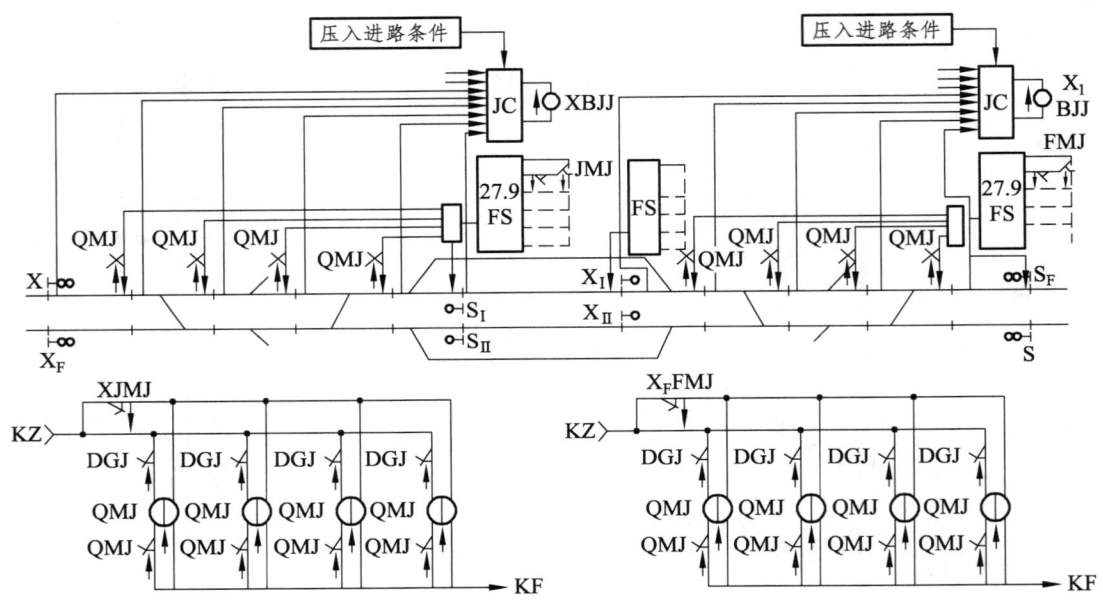

图 2-2-17　闭环电码化示意图

1. 发　码

列车进路未建立时，各发送盒对所属各区段同时发送 27.9 Hz 的低频检测信息。当办理正线接车进路或发车进路后，防护该进路的信号机开放，由各发送盒向所属各区段同时发送与前方信号机显示相符的低频信息码。

办理正线接车进路且列车压入正线股道后，由咽喉区进路的发送盒恢复向所属各区段发送 27.9 Hz 的低频检测信息。办理正线发车进路且列车压入站外第一轨道区段后，由咽喉区进路的发送盒恢复向所属各区段发送 27.9 Hz 的低频检测信息。办理正线接车进路时，根据接车进路方向切换股道发码端方向，发送与前方信号机显示相符的低频信息码。列车出清股道后，股道发送盒向轨道恢复发送 27.9 Hz 的低频检测信息。办理经道岔侧向至另一正线股道的接车进路，列车压入股道后发送 2 s 线路载频为-2（如下行正线 IG 股道的 1 700-2）的 25.7 Hz 转频码，之后发送与前方信号机显示相符的低频信息码。办理由正线股道的直向发车进路，当运行方向的区间按自动闭塞方式运行时，发车进路上的各区段发送与前方信号机显示相符的低频信息码；当运行方向的区间按自动站间闭塞运行时，发车进路上的各区段仅发送 27.9 Hz 的低频检测信息。办理由正线股道的弯出发车进路，列车压入发车进路最末一个区段时，该区段发送载频为-2 的 25.7 Hz 转频码，列车出清该区段后，恢复发送 27.9 Hz 的低频检测信息。

2. 发码切断

正线咽喉区对应每个发码区段设一个切码继电器 QMJ，平时为吸起状态，列车压入下一区段，本区段的 QMJ 落下，切断该区段的发送信息。办理接发车进路，当列车出清该进路后，发送盒恢复向所属各区段发送 27.9 Hz 的低频检测信息。在正线咽喉区每个区段的切码继电器 QMJ 电路中，接入下一区段 QMJ 前接点，实现信号开放后轨道区段故障时向进路始端切断发码信息。

3. 发码端切换

正线股道的发码端，以正方向通过的发码端作为系统的定位方向。在正线股道两端，分别设置上、下行接车电码化继电器 SJMJ 和 X_1JMJ，用正线反方向的 JMJ 前后接点区分正向接车或反向接车。每个正线股道设置倒码继电器 DMJ，用以实现反向弯进接车、列车折返作业发码端的倒换。对应一条正向的正线直向接车进路，用发车电码化继电器 FMJ 区分接车进路或发车进路，JMJ 吸起、FMJ 落下设为接车方向，JMJ 落下、FMJ 吸起为发车方向；对应正向的正线直向发车进路，用接车电码化继电器 JMJ 区分发车进路或接车进路，FMJ 吸起、JMJ 落下设为发车方向，FMJ 落下、JMJ 吸起为接车方向。

4. 闭环检测

正线闭环电码化检测系统，由正线检测盘、单频检测调整器和闭环检测继电器 BJJ 组成，每台单频检测调整器可同时输入 4 个轨道区段检测信号，检测盘故障诊断由闭环检测继电器 BJJ 完成，检测盘正常时 BJJ 吸起，任一检测盘故障，BJJ 落下，系统报警。正线正向接车进路（含正线股道）和发车进路，分别由两套 ZPW-2000A 检测设备组成，每套检测盘采用双机并机工作。每一发码区分别设闭环检测继电器 BJJ，系统正常时 BJJ 处于吸起状态。当正线发码区的各轨道电路区段未分路，闭环检测设备未收到有效的检测信息时，闭环检测继电器 BJJ 落下，系统报警，可判断为电码化传输通道或设备故障，通过 BJJ 接点可关闭防护该进路的列车信号机。发码区的轨道电路分路时，通过检测盘接入的轨道继电器后接点电源条件，检测设备停止检测，BJJ 仍处于吸起状态。办理正线接车或发车进路，防护该进路的信号机开放后，通过闭环检测继电器 BJJ 线圈中串接的 LXJ、JMJ、FMJ 等接点检查相应的 JMJ 或 FMJ 励磁，若相应的 JMJ 或 FMJ 因故未吸起，BJJ 落下，系统报警。

（五）四线制叠加方式站内轨道电路电码化电路

四线制电码化电路与二线制电码化电路的主要区别在于不需要站内综合柜设备，其他包括载频频谱的排列、站内移频柜设备布置、电码化组合柜设备布置、电路图均相同。

区别的原因是四线制电码化电路的隔离设备和防雷匹配设备不同于二线制电码化电路。

四线制电码化电路因为在室外相叠加，不需要室内隔离设备，室外通过感容盒、匹配盒相隔离。防雷匹配组合的作用是使发送器和电缆匹配，使分线柜上电压有固定输出。防雷匹配组合有多种类型，其中，ZBPU-1B、ZBPU-2B（降低机车信号电流组合）型为预叠加 ZPW-2000A 使用，ZBPR-1B、ZBPR-2B（降低机车信号电流组合）型为预叠加 ZPW-2000R 使用。

ZBPU-1B、ZBPU-2B（降低机车信号电流组合）型防雷匹配组合可供 8 路输出。ZBPU-1B 组合中有 8 个 BPFU 变压器、8 个 BVB（浪涌保护器）、8 个电阻。ZBPU-1B 组合中的 BPFU-D_1 单元、ZBPU-2B 中的 BPFU-D_2 单元分别如图 2-2-18（a）和（b）所示。

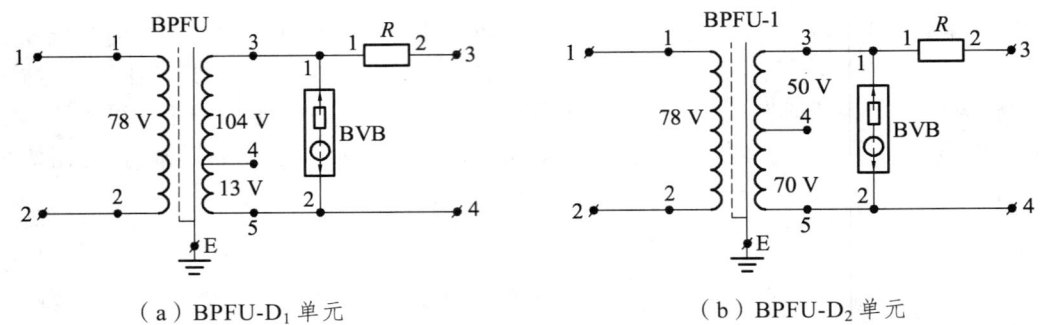

（a）BPFU-D_1 单元　　　　　　　（b）BPFU-D_2 单元

图 2-2-18　防雷匹配组合单元

正线电码化因为采用预叠加方式，每个发送器使用两个 BPFU-D_2 防雷匹配单元。侧线电码化采用叠加方式，发送器使用一个 BPFU-D_2 防雷匹配单元。

在双线站内上行正线接、发车进路，下行正线接、发车进路实现电码化时，使用一个 ZBPU-2B 组合。站内侧线每四股股道再使用一个 ZBPU-2B 型组合。

ZBPU-2B 型组合安装在组合柜内，每个组合占一层组合的位置。

正线电码化接车发送器的发送范围为接车区段及正线股道。一个发送器供几个轨道电路区段发码使用。为了降低机车信号的入口电流，在轨道电路较短时，增加串联电阻，串联电阻采用 RT20-T-100-1K 型。ZDTR-1 型电阻组合中有 15 个电阻，双方向运行时，每个轨道电路区段使用两个电阻。ZDTR-1 型电阻组合安装在组合柜内，每个组合各占一层组合的位置。

四、站内轨道电路发码设备维护

站内轨道电路电码化设备的维护包括日常维护和集中检修两种方式。站内电码化设备按设备工作处所分为室内发码设备及室外设备两部分。

站内轨道电路发码设备维护

（一）室内设备维护

1. 日常维护

每日一次，维护内容如下：

（1）检查发送器室内隔离器、匹配变压器有无过热现象，滑线电阻接触是否良好。

（2）检查发送器上各工作指示灯工作状况，闭环电码化设备检查移频检测盒主、副机工作指示灯的一致性，控制台无移频报警和闭环检测报警。

（3）值班点每日一次（非值班点每月不少于两次）测试发送器的功出电压、载频频率、低频频率、检测接收电平。

2. 集中检修

集中检修每年一次，检修内容如下：

（1）按日常维护的内容进行检修。

（2）贯通地线，对地线电阻大于 1 Ω 的地线进行整治。

（3）电缆绝缘测试，数字电缆和普通电缆的全程绝缘均要求大于 1 MΩ。

（4）轨道电路室内 I 级测试。

（5）检查各类器材的标记是否完好，器材是否超周期使用。

（6）检查分线盘电缆端子紧固是否良好，分线盘端子标签是否齐全。

（7）对数字电缆成端进行检查，对不良的电缆成端进行整治，检查电缆钢带与贯通地线连接是否良好。

（8）每半年进行一次电码化的 I 级测试，测试的项目如下：

① 在发送器的"功出"测孔测试发送器的功出电压、载频频率、低频频率。

② 在发送器的电源测孔测试发送器的工作电压，标准为 DC 24.5 V±0.5 V。

③ 测试发送器所有低频信息、载频信息及+1 发送器的切换情况。

（二）室外传输设备维护

1. 日常维护

日常维护按每月不少于两次的周期进行日常维护，检查内容如下：

（1）检查钢轨绝缘是否完好，轨缝是否符合标准，更换不良绝缘。

（2）检查补偿电容、电容盒外观及卡具是否完好。

（3）检查信号变压器箱外观有无破损、漏水，加锁装置是否良好。

（4）更换检查送、受电端引线，钢轨接续线，道岔跳线是否完好，防混措施是否良好。

（5）检查箱盒外部螺栓是否良好，轨道电路有无受外界干扰现象。

（6）检查断股的导接线、钢丝绳，对缺油的钢丝绳补油。

（7）检查轨距杆、道岔连接杆、连接板及安装装置绝缘外观。

（8）基础面及设备外部清扫、注油，基础稳固。

（9）访问车站值班员，了解设备的运用情况。

2. 集中检修

集中检修周期为每半年一次，检修内容如下：

（1）检查、测试轨道绝缘，更换不良绝缘、导线及部件。

（2）检查、测试轨距杆绝缘，不良的更换。

（3）检查送、受电端箱盒通风、防尘状况，不良的整修。

（4）检查、补齐、整修箱盒引接线、接续线、道岔跳线、扼流变压器中心连接板（线）的安装及固定状态，对不良情况进行整治。

（5）当电码化区段超过 300 m 时，应设置补偿电容，对补偿电容电流特性进行测试，特性变化不得超过标称值±5%。

（6）检查道岔跳线和钢轨引接线，在非电气化区段采用截面面积不小于 15 mm^2 时

（ϕ1.0 mm×19 mm）的镀锌钢绞线，在电气化区段采用截面面积不小于 42 mm^2（ϕ1.2 mm× 37 mm）的镀锌钢绞线，并进行双套化连接。轨道电路过轨一般采用过轨电缆连接，绝缘节两端的不同区段为防止移频信号的感应干扰，过轨电缆应分别采用不同的电缆连接（电气化区段采用等阻线）。

道岔跳线和引接线的长度适当（引接线的长度应分别采用 1 600 mm 和 1 800 mm），焊接牢固，应平直固定在枕木或其他专用的设备上，不得埋于土或石砟中，并须涂油防蚀，断根不超过 1/5。

道岔跳线和引接线不得与防爬器和轨距杆等相接触。穿越钢轨处，距轨底不应小于 30 mm，不得与可能造成短路的金属件接触。

（7）钢轨引接线塞钉孔距钢轨连接线夹板边缘应为 100 mm 左右。引接线与变压器箱、电缆盒连接时，应将螺母拧紧，不得有松动现象。绝缘片、绝缘管应完整无破损，保证绝缘良好。引接线的裸线部分不得与箱盒金属体接触。

（8）钉式接续线须采用 ϕ5 mm 镀锌铁线两根进行双套化接续，铁线应无影响强度的伤痕，焊接牢固，塞钉式接续线的塞钉打入深度最少与轨腰相平，露出不超过 5 mm，塞钉要全面紧密接触，并涂漆封闭，保持线条密贴钢轨连接夹板，做到平、紧、直。

焊接线接续线采用截面面积不小于 25 mm^2（非电气化区段）的多股镀锌钢绞线，焊接在钢轨的两端，两焊点的中心距离应在 70～150 mm，焊接接头的上端端头应低于钢轨轨腰 10 mm，与钢轨的连接夹板固定螺母竖向中心线的间距不得小于 10 mm；焊接接头外观应光滑饱满，焊接牢固，焊位正确，导线无损伤、无漏焊、无假焊；焊接后须涂防锈涂料，焊接线应油润无锈，断根不得多于 1/5。

（9）接近连续式发码区段的外侧无轨道电路区段时，应有钢轨短路线，短路安装连接可靠，固定良好。

（10）当电码化区段超过 300 m 时，应设置补偿电容，补偿电容的安装和固定应符合下列标准：

补偿电容应装在靠轨枕边，其两端牢固固定于钢轨上的支架内。电容引线的塞钉应从钢轨外侧打入，与塞钉孔紧密接触，塞钉头露出轨腰 1～4 mm，并用油漆封堵。两塞钉头引接线应朝下与水平成 45°～60°夹角，且方向一致。塞钉头引线的卡具应安装牢固，在离塞钉头 15 cm 左右将引线压于钢轨底的上斜面。

（11）检查电容引线断股不超过 1/5。

（12）对补偿电容电流特性进行测试，特性变化不得超过标称值±5%。

（13）对电码化区段的轨道电路送受电端电特性进行Ⅰ级测试，测试项目如下：

① 电源电压送电、受电变压器Ⅰ、Ⅱ次电压。

② 限流器电压降。

③ 送电、受电端钢轨电压。

④ 分路残压测量。

⑤ 入口电流测量。

（14）ZPW-2000A 电码化入口电流的测试应顺着列车运行方向，在列车最先进入该区段的一端，用标准分路线短路钢轨，分路线卡在 CD96-3 型表的电流钳内，所显示电流值即为入口电流。入口电流：1 700 Hz、2 000 Hz、2 300 Hz 时不小于 500 mA；2 600 Hz 时不小于 450 mA。

（15）MFT_1-U 匹配防雷调整组合的两个调整电阻出厂时一般调整在中间位置，现场一般不需调整，当发现电码化发送器输出电流超出规定值时，可适当调整，使其满足供出电流不大于 600 mA 要求。

（16）其他维修调整项目。

① FT_1-U 出厂时设置在 100 V 端子上，当入口电流过大或过小时，调整它的输出电压端子，使入口电流满足要求。

② MGL-UF、MGL-UR 室内隔离组合调整电阻出厂时一般调整在 150 Ω，现场根据出、入口电流的大小进行调整，直到满足要求为止。

③ 出口电流不大于 7 A。

④ 极性交叉测量和绝缘破损试验（每年一次）。

⑤ 电码化电码校验（每年一次）。

⑥ 标调（每年一次）。

⑦ 防雷单元特性测试，含劣化指示的防雷元件指示窗正常为绿色，变红说明失效，需更换。

⑧ 配合进行器材轮修、更换。

⑨ 每年进行一次防护盒防水整治，设备基础油漆、扶正、硬面化修补。

⑩ 每两年进行一次防护盒标记化整治。对变压器箱及电容防护罩上字迹不清的名称和编号重新用白色调和漆进行标记，名称、编号采用直体字。

⑪ 各箱盒地线每年进行一次测试，地线电阻大于 1 Ω 时进行整治。

⑫ 电气化区段扼流变压器开盖检查。

⑬ 每年进行一次线路道床检查。全程钢轨扣件的绝缘完整，发现损坏及缺少时应做好记录，并向工务部门反映；全程钢轨轨底不与石砟相碰；隧道内轨枕及宽轨枕不得有浮土覆盖，更不得有泥土板结；工务大修清筛后，严格防止石砟在钢轨边堆积，不得与钢轨相碰；护轮轨不得经扣件与基本轨相通，护轮轨绝缘良好，配合工务更换绝缘及不良轨距杆。

⑭ 检查更换熔断器，并核对容量。

（三）室外电缆及电线路维护

1. 日常维护

日常维护每月进行两次，维护内容如下：

（1）电缆径路及电缆盒外观检查（重点是检查电缆径路电缆标、地下接头标、警示牌、过桥电缆防护、过涵电缆防护、施工及其他外界干扰）。

（2）检查电缆箱盒有无破损，基础有无破损、裂纹。

（3）外部安装螺栓检查紧固。

（4）基础面、箱盒外部清扫。

（5）室内电缆沟（槽）封堵检查。

2. 集中检修

集中检修每年进行一次，检修内容如下：

（1）箱盒、基础清扫整修。

（2）检查、核对箱盒、室内分线盘各种电缆走向标牌、配线端子图表齐全。

（3）各种箱盒开盖检查，整修箱盒内部配线，防尘、防潮良好，数字电缆余量不能盘成"O"形闭合环状。

（4）每两年进行一次电缆盒油饰及书写代号。

（5）电缆绝缘不良时查找原因并处理。

（6）补齐电缆埋设标桩。

五、站内轨道电路发码设备故障处理

电码化区段故障分为发码区段故障和非发码区段故障两种。

（一）发码区段（含正线接发车区段、股道及中岔区段）故障

应先分清该发码区段故障时是否正在发码，如果信号开放后，正线接发车的直进直出进路上某一区段突然红光带，或是股道（含中岔区段）突然红光带，此时故障区段均发码，在进行故障处理时，均应考虑电路发码的影响。

以 25 Hz 相敏轨道电路叠加 ZPW-2000A（或 UM71）为例介绍二线制和四线制两种制式的处理方法：

（1）二线制叠加发码，室内室外均设有隔离器。发码后从室内隔离器开始，轨道电路的通道上既有 25 Hz 信息，又有 ZPW-2000A（或 UM71）发码信息。

（2）四线制叠加发码，只在室外加设匹配盒、谐振盒，发码后从变压器Ⅱ次侧开始，ZPW-2000A（或 UM71）发码信息和 25 Hz 信息才开始叠加。

对于第一种情况，区段故障后如用普通万用表进行测试处理，在此之前必须断开发码电路，以排除区段发码对测试处理造成的误导，参考方法如下：

① 站内股道（含中岔区段）发生故障后，故障处理人员应先断开室内股道发送器的保险，每个股道的上、下行各设一个发送器，其保险均应断开。因 ZPW-2000A 电码化设有+1 发送，此发送器的保险也应断开。

② 在正线电码化区段，如果在信号开放后进路上的轨道电路区段故障，故障区段也发码，其中进站至股道区段分别使用 X（S）J 发送器，出发区段使用对应的出发进路的发送器，均应断开相应发送器保险。ZPW-2000A 区段还应断开电码化+1 发送器的保险。

对于第二种情况，在轨面和扼流变的通道上有 25 Hz 信息和 ZPW-2000A（或 UM71）发码信息的叠加，在处理故障时也可视具体情况参照上面方法进行处理。

在发码区段轨道电路故障后，也可采用具有选频功能的 CD-96-3 系列表进行测试，测量时将仪表的功能选到 25 Hz 挡，这样可不必断开送受端发码设备，直接进行故障处理。

（二）非发码区段故障

非发码区段故障处理可采用如下方法：

1. 分线盘测量判断故障点是在室内还是在室外

（1）用万用表测量故障区段分线盘端子有无交流电压，如电压正常，可判定为相位不对

或二元二位继电器局部线圈侧故障，一般相位不对的故障均发生于施工后（如更换配线），如在正常使用过程中出现故障，可排除相位不对的可能。如电压高于正常值时，可判定为室内故障，故障性质为分线盘受端端子到最近设备的配线断路。

（2）如在分线盘测量故障区段的电压为零或低于正常值时，应甩开故障区段软线，测量室内电缆电压：

① 如果有 40 V 左右电压值时，是室内设备即软线、硒堆、防护盒和轨道继电器故障。

② 如电缆回送电压偏低，挂上软线后不足以使轨道继电器吸起，说明室外部分有虚短或虚断故障，室外有可能存在大的漏泄点，此时可基本确认为室外故障，具体故障处理方法见下面的详细介绍。

③ 电缆回送电压为零时，先测量室内送端端子的电压是否送出，对于四线制发码制式和不发码区段送端电压，应为 220 V，而对于二线制发码制式送端电压，应为 100 V 左右，如送端电压正常送出，可判断为室外设备故障。如未送出，可进一步甩线测量区分室内外故障。

2. 室内设备故障处理

（1）断路故障。

判断为室内断路故障后，如轨道继电器不吸起，用万用表测量二元二位继电器的 3-4 线圈电压。如低于正常值几伏电压，一般为轨道继电器 3-4 线圈断线；如线圈电压低于正常值将近一半，一般为防护盒开路故障；如线圈电压近似于正常值的 1/3，一般为硒堆半击穿故障（该故障一般发生于雷雨天气或牵引电流回流不畅时）。如电压正常，测量 1-2 线圈有 110 V 电压，说明轨道继电器局部线圈开路故障或二元位本身有机械卡阻故障。如 3-4 线圈无电压，可判断为分线盘至继电器线圈软线断线或室内短路故障。

（2）短路故障。

甩开分线盘端子软线后，电缆上测量有 40 V 电压，挂上软线端子上测量电压很低，不足以使二元二位继电器吸起，排除断路故障后可判定为室内短路。可采用断线法处理故障：逐步断开硒堆或防护盒上的配线，再用表测量轨道继电器 3-4 线圈电压，甩开哪个器件线圈电压值升高，即哪个器件故障。这样一来就能分清是硒堆、防护盒故障，还是继电器线圈或配线短路。

（3）局部电源断相故障。

测量二元二位轨道圈 3-4 电压正常，局部圈 1-2 上无 110 V 电压，检查零层至本组合侧面至继电器 1-2 线圈的配线。

3. 室外设备故障处理

（1）测量故障区段轨面电压和钢轨电流值来判断故障位置。

① 轨面电压值明显升高，说明送端设备正常，故障为断路故障。故障范围在钢轨和受电端位置。

② 如测量轨面电压低于正常值，可用钢轨卡流表测量钢轨电流，电流值较大时，说明轨道或受电端短路。

③ 如测量轨面电压低于正常值，钢轨电流较小或为零时，说明轨道电路送电端短路或断路。

（2）测量受电端轨面电压、钢轨电流。

测量数值及判定方法同上。

（3）测量送端限流电阻压降区分短路、断路故障。

当限流电阻压降比正常值大很多时，为短路故障；当限流电阻压降比正常值小很多时，为断路故障。

上述数据的测量，应注意牵引电流的干扰，防止判断失误。

4. 室外故障具体处理查找方法

（1）断路故障的查找。

① 送电端断路故障的查找：判断为送电端断路故障后，应先检查钢轨引接线塞钉，连接钢板是否虚接，然后开箱测量。先测量送电电缆端子，无交流 220 V（或 100 V，视具体发码制式而定），为送端电缆断线。有交流 220 V，测量 BG-25 型变压器 Ⅰ 次侧，无电为保险或配线断线，有电测 BG1-25 变压器 Ⅱ 次侧，无输出，可判定为变压器故障、线头松动或连接端子封连线断线。若 Ⅱ 次侧输出正常，则检查 Ⅱ 次侧保险、电阻及软线。测量扼流变压器信号圈，无电压则 XB 箱至扼流变压器电缆断线，有电压则测量扼流变压器的牵引圈，无输出则扼流变压器故障，依次顺序查找。

② 钢轨断路故障的查找：从送电端沿钢轨逐段测量轨面电压，电压值突变点即是断路点。当测到某段电压突然下降时，可判定该段断路。应查找钢轨、接续线、跳线是否断裂，塞钉有无虚接、脱落现象。

③ 受电端断路故障查找：用万用表测得受端轨面电压正常时，先检查受端钢丝绳、塞钉有无松动、折断现象。再测量扼流变压器的牵引圈、信号圈电压。如牵引圈与轨面电压相同，信号圈无电压输出时，扼流变压器断线故障。若信号圈正常，则检查 XB 箱内受端电缆、保险，测量 BG-25 型变压器的 Ⅱ 次侧，无电压则为保险或软线断线。有电压则测量轨道变压器 Ⅰ 次侧，无电则检查变压器各部端子及 Ⅰ、Ⅱ 次封线，如无问题则为轨道变压器故障，有电则测量受端回送电缆端子有无电压，顺序查找。

（2）短路故障的查找。

① 送端短路故障的查找：首先检查钢轨引接线是否与轨底和中性连接板封连，用卡流表测量钢丝绳有无电流。无电流时，拆下扼流变压器信号圈的端子配线，测量电缆有无电压，有电压为扼流变压器线圈短路，无电则再从 XB 箱内甩开至扼流变压器的一个电缆端子，分别测量电缆有无混线现象。

② 轨道短路故障的查找：用卡流表沿轨条测量钢轨电流，从送电端至受电端依次查找，当某处电流突然下降时，短路点就在此附近。用卡流表逐一检查轨距杆、道岔安装装置绝缘、道岔转极绝缘，各种跳线是否有封连现象。

③ 受电端短路故障查找：检查钢轨引接线是否与轨底和中性连接板封连。用卡流表测量引接线有无电流，有电流时则拆下扼流变压器信号圈端子配线，测量端子有无电压，无电压为扼流变压器故障，有电压则将信号圈端子配线恢复，测量轨道变压器 Ⅱ 次侧电压，无电压说明扼流变压器至 XB 箱电缆混线，有电压则恢复轨道变压器 Ⅱ 次配线，测量变压器 Ⅰ 次侧电压，无电压则为轨道变压器故障。

任务三 LKJ2000型列车运行监控记录装置维护

列车运行监控记录装置（简称LKJ）是中国技术人员自主研发的以保障列车运行安全为主要目的的列车速度控制装置。该装置在实现安全速度控制的同时，采集记录与列车安全运行有关的各种机车运行状态信息，促进了机车运行管理的自动化。LKJ2000型列车运行监控记录装置是国内新一代列车超速防护设备，能准确地记录列车的运行状况、信号设备状况及乘务员操作状况，并采用双机热备冗余工作方式，工作性能更加可靠；装置的屏幕显示器以图形、曲线、文字等方式来显示前方线路状况、运行情况等信息，并在列车超速、冒进红灯等危险情况时自动采取紧急制动，保障铁路运输安全。

随着铁路列车运行速度的不断提高及运行密度的进一步加大，客、货运输对行车安全装备在功能、可靠性及安全性等方面的要求越来越高，现有的安全监控设备在一定程度上已不能满足铁路运输的需要。我国列车速度控制技术开发是从20世纪90年代初开始的，其中经历了JK-2H型和LKJ-93型监控装置两次发展过渡，目前在全路机车上安装使用的监控装置（LKJ2000）为第三代产品，该装置是在JK-2H、LKJ-93型列车运行监控记录装置的成功应用基础上，借鉴国外先进ATP及ATC技术，采用先进的32位微处理器技术、数字信号处理技术，集中全路速度监控装置的主要技术力量研制而成的。该装置的推广使用对全路安全生产的有序可控产生了巨大的推动作用。

LKJ2000型监控装置适合各型电力机车及内燃机车，适应自动及半自动闭塞方式，并能适应各种信号制式，包括移频（含18信息移频）、交流计数、UM-71、极频等。

该装置既适合运行于不同速度等级线路的各型旅客列车（包括动车组）及货物列车，也适合于调车机车。其软件具有通用性，不同的用户可通过面向用户的软件参数调整来满足不同功能的要求，适应不同的运行情况。

一、LKJ2000设备系统构成

（一）LKJ2000设备

LKJ2000设备系统构成

该装置采用的是车载控制模式，在列车运行时根据列车所处位置按顺序调用车载的线路数据，并按前方信号机的显示、距离、列车速度实时计算和显示模式控制曲线。当列车速度超过模式控制曲线时，将对列车采取措施，如将机车动力卸载、实施常用制动、紧急制动等，使列车减速或停车，防止越过前方关闭的信号机。

由于该装置也具有与地面进行信息传输的接口及传输信息处理的功能，因此，假如建立了地面信息传输的功能，也可以采用车载数据与地面传输信息相结合的控制方式，即ATP的控制方式，将进路信息、站内开通的股道信息、临时限速的调度命令信息等通过附加的附属设备如无线传输、机车双向标签、GPS、机车综合信息检测平台（TAX2）等，用无线通信或地面应答器、轨道电路信息叠加等方式传给监控装置，以达到实时控制的目的。

（二）系统构成说明

LKJ2000 型列车运行监控记录装置由车载设备、数据转储器（或大容量 IC 卡）、CJK-2000 综合诊断仪和地面微机系统组成，车载设备包括一个主机箱（双机冗余）、两个屏幕显示器、事故状态记录器（可选）、数据转储器、双针速度表、速度传感器、压力传感器等。系统结构框图如图 2-3-1 所示。

LKJ2000 型列车运行监控记录装置基本组成单元是一个主机箱和两个显示器。

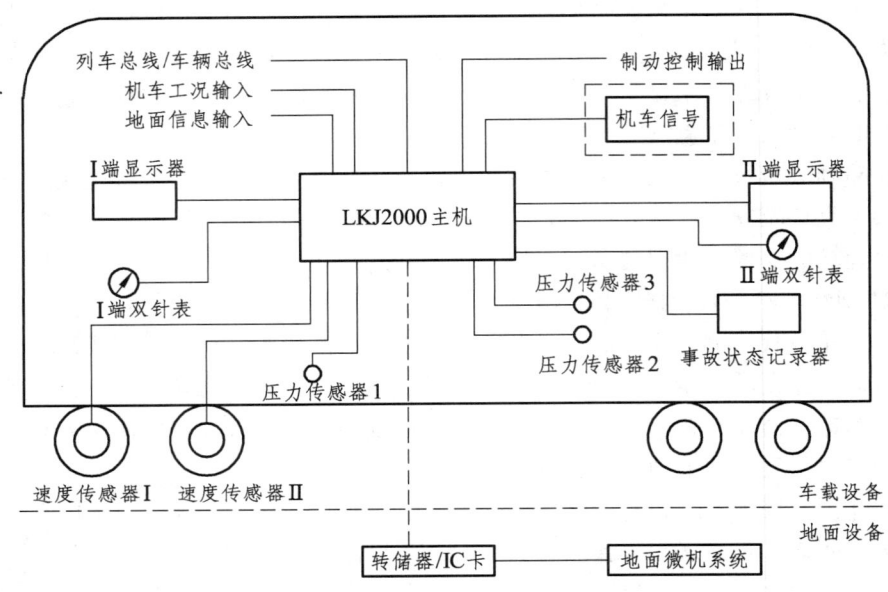

图 2-3-1　LKJ2000 系统结构图

速度信息来自 TQG9、TQG15 或 DF8、DF16 的光电式速度传感器，速度信号的基本配置为二通道（可扩充至三通道），如果二通道速度信号相位相差 90°，则可以满足装置相位防溜功能的需要。在无相位防溜功能的情况下，二通道速度信号可分别取自两个速度传感器。

机车信号信息可来自 SJ93、SJ94 通用式机车信号装置，也可通过 RS-485/RS-422 串行通信方式获取。

压力检测除了检测列车管压力外，还检测机车制动缸的压力及均衡风缸压力，压力传感器可采用 TQG14 型机车压力变送器。

指针式速度指示可采用 ZL 型或 EGZ3/8 型双针速度表。双针速度表的里程计指示可由监控装置驱动，也可由数模转换盒驱动。双针速度表照明电源可取自机车照明电源。

1. 主　机

主机箱采用 6U（高度）×160（深度）标准机箱结构，其宽度尺寸为 $84R$（$R=5.08$ mm），外形如图 2-3-2 所示。主机箱为系统控制中心，其内部由 A、B 两组完全相同的控制单元组成（左边为 A 组，右边为 B 组），每组有 8 个插件位置（包括一个预留位置），各插件位置以机箱中心线为基准对称排列，从中心线开始往左、右各插件排列顺序依次为：监控记录、地面信息、通信、模拟量输入/输出、预留、数字量输入、数字量输入/输出、电源，前面板排列示意图如图 2-3-3 所示。各插件之间采用 CAN 串行通信总线和 VME 标准总线母板连接。机箱采用背板对外出线方式，所有输入/输出信号均通过机箱背板连接器引出，在背板内侧装有过压抑制板。

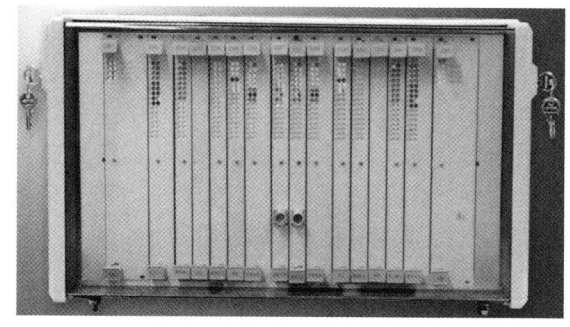

图 2-3-2 LKJ2000 主机箱外形

图 2-3-3 主机箱内插件布置示意图

主机箱内各插件的主要功能：

（1）监控记录插件。它作为 LKJ2000 型监控装置的主机模块，是系统的核心部件，主要完成地面线路数据的存储与调用、运行状态数据的记录与同步、控制模式曲线的计算、实时时钟的产生，并通过双路 CAN 串行总线或 VME 并行总线对系统其他模块进行控制与管理。

（2）地面信息处理插件。插件产生的过绝缘节信号供监控记录插件校正距离测量误差，绝缘节信息通过电平方式输出至监控记录插件，也可通过 CAN 通信网络传输。插件与其他插件通过内部 CAN 网络交换数据。

（3）通信插件。其提供装置的各种对外串行通信接口，通信接口包括两路 RS-485 接口及 1 路 RS-422/RS-485 接口。其中，1 路 RS-485 通信接口用于与 TAX2 综合信息监测装置通信；1 路 RS-485 通信接口用于与列车总线/车辆总线连接，实现监控装置与列车/机车控制系统的信息交换；1 路 RS-422/RS-485 接口用于与机车信号装置或点式信息设备通信，从而提高传输信息量以及传输信息的可靠性。插件与其他插件通过内部 CAN 网络交换数据。

（4）模拟量输入/输出插件。它用来完成模拟量输入信号和频率输入信号的调整、隔离、模/数转换及模拟输出信号的数/模转换、隔离及调整输出。模拟量输入/输出插件经 VME 并行总线与监控主机连接。

（5）数字量输入插件。它用来完成对机车信号点灯条件输入（50 V）的光电隔离与转换，经 VME 并行总线与监控记录插件连接，供监控记录插件读取。

（6）数字量输入/输出插件。其一方面完成机车工况输入信号（110 V）的隔离与转换，另一方面完成制动指令的执行输出（继电器触点输出）。输出信号可直接驱动内燃机车常用制动装置控制阀或电力机车制动控制回路，但控制信号不能直接驱动电力机车主断路器。插件经 VME 并行总线与监控记录插件连接。

（7）电源插件。采用模块电源方式将 110 V 输入电源转换成系统所需的各种电源。所有输出电源与输入电源隔离。输出电压包括供主机箱各插件工作的 5 V、+12 V、−12 V 及 24 V；供显示器的 15 V（屏幕显示器还要单独引入 110 V 电源）；供速度传感器的 15 V 以及供压力传感器的 15 V。除 5 V、+12 V 及 −12 V 共地外，其他各路输出电压相互隔离。

注：主机的输入/输出接口具有一定的扩展空间，可允许 4 个压力传感器信号（如列车管

压力、机车制动缸压力等)、3个速度信号、两个模拟量、1个柴油机转速信号、1路预留频率量信号、16个机车信号(50 V)开关量、8个110 V机车工况开关量的输入及7路控制器指令的输出。

2. 屏幕显示器

屏幕显示器具备10英寸TFT高亮度彩色液晶显示屏,如图2-3-4所示。它可以使装置与司机之间更好地交换信息,以屏幕滚动方式显示实际运行速度轨迹曲线及模式限制速度(或线路允许速度)曲线,以图形、符号、汉字来显示地面信号机的位置、种类以及运行线路的曲线、坡道、桥梁、隧道和道口等信息,同时可显示指导性优化操纵运行速度曲线和手柄级位曲线,以便提示或引导乘务员操作,便于司机认真执行规章制度,改善司机的操纵水平,保证列车安全、正点。

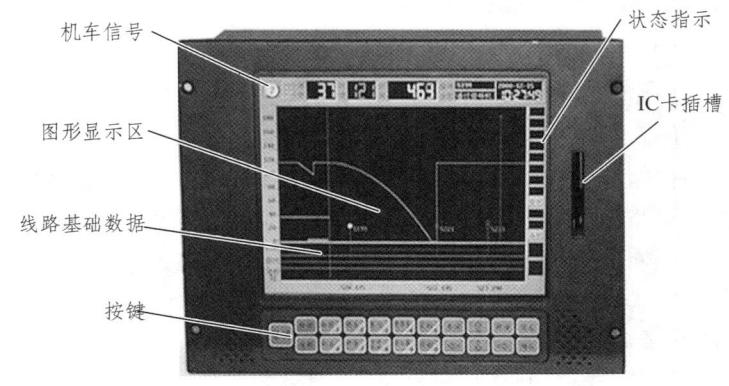

图 2-3-4 屏幕显示器的外形示意图

3. 事故状态记录器

LKJ2000型列车运行监控记录装置可装备列车事故状态记录器(黑匣子),将记录30 min以内列车运行状态数据,而记录密度将大大高于监控主机数据记录密度,列车走行距离超过5 m时,将产生一次相关参数记录。如果机车上安装了语音记录装置等设备,事故状态记录器还可以实现对"车机联控"等通话内容的记录。事故状态记录器可记录30 min以内的最新车机联控的通话记录,并具有抗冲击、防水及耐高温等性能。其外形如图2-3-5所示。

图 2-3-5 事故状态记录器

4. LKJ2000 数据转储器

LKJ2000 数据转储器用于将车载记录数据转录到地面微机系统供分析处理。其内部数据存储器采用大容量非易失性数据存储器（可不带电池长期保存数据）。存储容量为 8 MB。转储器与车载主机的数据传输以及与地面微机的数据转录均采用 RS-232 标准通信方式，通信具备数据校验功能。LKJ2000 型数据转储器既可转储 LKJ2000 型监控装置数据，也可转储 LKJ93 型监控装置数据，并能自动识别不同设备类型及记录数据格式，其外形如图 2-3-6 所示。

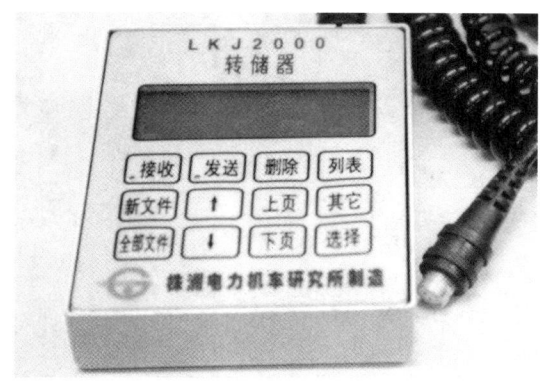

图 2-3-6　LKJ2000 数据转储器

5. 双针速度表

国内双针速度表有 EGZ3/8 型和 ZL 型。两种表都是广角速度表，由上、下机芯，里程计及外壳组成，能与监控装置配套使用，具有结构牢固、防振性好、寿命长等特点，适用于国内外各种类型的机车。两种表在技术参数和外形尺寸、电气接口上完全一致，可互换使用。其外形如图 2-3-7 所示。

图 2-3-7　双针速度表

6. 速度传感器、压力传感器

系统除上述主要部件外，还有两个必备的配件，即速度传感器和压力传感器，如图 2-3-8 和图 2-3-9 所示。

速度传感器能提供列车运行速度信息,安装于机车轮轴上。装置适配于光电式速度传感器或其他脉冲式速度传感器。

压力传感器能给装置提供列车管压力、均衡风缸压力及机车制动缸压力信号,可以记录和检查机车小闸下闸的情况。

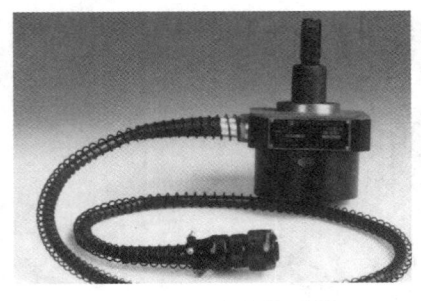

图 2-3-8　速度传感器

图 2-3-9　压力传感器

二、LKJ2000 设备的技术特点

(1)LKJ2000 型列车运行监控记录装置采用 MOTOROLA 生产的 32 位处理器 MC68322,运算速度快,寻址能力强(16 M 寻址空间)。

(2)为了提高工作可靠性,系统采用双机主从热备冗余方式,系统主机由 A、B 两组完全独立的控制单元组成。

(3)系统控制器局域网(CAN)作为系统内部通信网络,通过双 CAN 总线进行数据交换。

(4)采用车载计算机预先存储地面线路数据的控制方式(即车载控制模式),设备投入成本非常低。

三、LKJ2000 界面操作及维护

TYX-I 型监控屏幕显示屏是一种通用型显示屏,一方面可以连接 LKJ2000 型监控装置实施监控显示屏功能,另一方面可以用作机车牵引设备状态显示屏,可以同时安装在机车司机室操纵台上。它用作监控装置运行状态显示屏时,除了具有常规数码显示屏的输入、查询等功能外,由于使用了大屏幕彩色液晶屏,在显示机车速度、运行限速、距前方信号机距离等内容的同时,还可以实时显示色灯、线路纵断面、道桥隧、日历时钟、信号机和车站等情况,极为直观、全面地提供了机车的运行情况。它用作机车牵引设备状态显示屏时,能够显示机车牵引设备正常运行信息,如牵引电机电流、电压、水温、油温等参数。显示屏的显示主界面如图 2-3-10 所示。

LKJ2000 设备界面显示及操作

(一)显示内容说明

(1)屏幕最上方的数据窗口依次为:

信号灯状态显示窗口:显示机车当前的信号状态,有绿灯、绿/黄灯、黄灯、红灯、半黄半红灯、双黄灯、黄 2 灯、白灯八种显示。

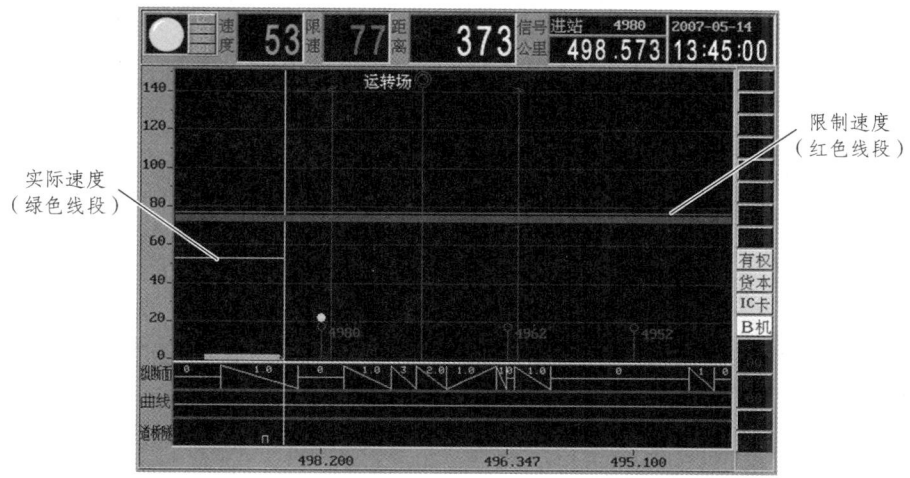

图 2-3-10 屏幕显示器主界面

速度等级显示窗口：从上至下有 LC、SD3、SD2、SD1 四种速度等级，亮的部分表示当前所处的速度等级状态。其中，LC 亮表示绿灯信号状态下的最高速度等级。SD1、SD2、SD3 分别表示速度等级 1、速度等级 2、速度等级 3。

速度窗口：显示机车当前的实际运行速度（绿色数字）。

限速窗口：显示列车当前运行位置的模式限制速度（红色数字）。

距离窗口：显示列车当前运行位置距前方信号机的距离（黄色数字）。

编号窗口：显示前方信号机的编号和类型。运行中收到过绝缘节信号且监控产生校正时，显示背景为绿色，收到过绝缘节信号没有满足校正条件监控不产生校正时，显示背景为红色。

里程标窗口：显示当前机车行驶位置的里程标。

日期和时间窗口：显示当前的系统日期及时间。

（2）屏幕右边的状态窗口指示系统状态，自上到下依次为：

故障：当 CAN 总线故障时，指示灯点亮。显示"CANA"时表示 CAN 总线 A 路有故障；显示"CANB"时表示 CAN 总线 B 路有故障。显示"故障"时表示 CANA 和 CANB 均故障。当显示"故障"时，显示器不能与监控主机进行正常通信。

降级：装置处于 ZTL 工作状态时，点亮此指示灯。

紧急：施行紧急制动时，点亮此指示灯，退出则灯灭。

常用：装置施行常用制动时，点亮此指示灯，退出则灯灭。

卸载：装置施行卸载动作时，点亮此指示灯，退出则灯灭。

解锁：解锁成功后，此灯点亮，4 s 后自动熄灭。

开车：参数有效设定完毕灯亮，按压"开车"键响应后灯灭。

调车：处于"调车"状态时灯亮，退出"调车"状态时灯灭。

控制权：指示本端显示屏是否有操作权，显示"有权"表示有操作权，显示"无权"表示无操作权。

巡检：按压"巡检"键有效后，指示灯点亮，4 s 后指示灯自动熄灭。

IC 卡：正确插入 IC 卡时，该灯点亮，无卡时灯灭。

A/B 机：指示当前工作主机是 A 机还是 B 机，显示 A 表示 A 机是工作机，显示 B 表示 B 机是工作机。

　　支线：列车运行中，当允许支线输入操作时，指示灯点亮，支线输入有效后，显示所输入的支线号。

　　侧线：列车运行中，当允许侧线输入操作时，指示灯点亮，侧线输入有效后，显示所输入的侧线号。

　　入库：进入入库状态显示"入库"，进入出库状态显示"出库"，退出出入库状态时指示灯熄灭。

　　诊断：当机车故障诊断显示器故障时，在监控屏的状态指示栏位置诊断灯被点亮。

　　（3）速度、限速窗口。

　　屏幕中间的窗口为主窗口，显示范围为 5 km。靠左侧 1/5 处的竖直线将窗口分为两部分，左侧显示列车越过 1 km 范围内的运行信息，右侧显示列车运行前方 4 km 范围内的监控模式允许速度、信号机信息、道岔、电分相及线路纵断面状态等信息，如图 2-3-10 所示。

　　具体说明如下：

　　限制速度：以（红色）曲线方式显示当前区段的限制速度和前方 4 000 m 以内的限制速度情况。

　　实际速度：以（绿色）曲线方式显示列车当前运行速度和刚走行的速度曲线情况。

　　信号机位置、编号及前一架信号机的状态：以坐标的方式显示前方 4 000 m 以内的信号机位置、信号机的编号、前方一架信号机的信号状态。

　　站中心及站名：以坐标（垂直线）的方式显示前方 4 000 m 以内所有站的站中心位置，并用汉字标注对应车站的名称。

　　机车位置：在整个曲线显示的约 1/5 处有一条垂直分隔线（黄色线），表示此处为当前列车位置，下部显示一个列车图标，图标的长度与输入的列车计长成正比。

　　道岔：以坐标（垂直线加进、出标记）形式显示进、出站的道岔位置。

　　线路纵断面、线路曲线、道桥隧：在整个屏幕的下方三个窗口显示运行前方线路纵断面、线路曲线、桥梁、隧道的情况，指导乘务员操纵。监控数据中在本分区或者下分区有支线时，在曲线窗口左下角以文字方式提示显示各支线号及走行方向。

　　里程标：在屏幕的最下方显示里程标的变化及走行情况。

　　优化操纵曲线的显示：预留有优化曲线显示的功能，指导乘务员操作。

（二）功能键说明

　　（1）面板操作按键。

　　面板操作按键示意图如图 2-3-11 所示。

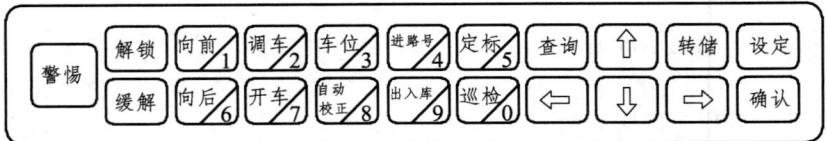

图 2-3-11　屏幕显示屏操作按键示意图

操作按键为带背光薄膜按键,在光线变暗时,按键上的字可自动透光。按键共 21 个,0~9 共 10 个键为复合键,其他为单功能键。

(2)复合键。

复合键为键上带有数字的键,在监控状态作功能键用,在参数修改状态作数字键用。用于功能键时的定义为:

【巡检】键:在运行中,按压该键,执行副司机机械间巡视记录操作。

【向前】键:运行过程中,先按压【车位】键,3 s 内再按压【向前】键,调整滞后误差。

【向后】键:运行过程中,先按压【车位】键,3 s 内再按压【向后】键,调整超前误差。

【自动校正】键:运行过程中,当距离误差较小时,可在地面实际信号机位置按压【自动校正】键,监控自动判断滞后或超前误差,并进行距离调整。

【调车】键:在速度为零时,按压【调车】键,进入或退出"调车"工作状态。

【车位】键:该键为组合键,调整距离误差时先按压【车位】键,3 s 内再按压【向前】或【向后】键进行车位调整。

【进路号】键:运行中,当支线号或侧线号选择允许灯点亮而支线或侧线输入窗口消失时,按压【进路号】键可再进入支线号或侧线号输入操作状态。

【开车】键:按压【开车】键,执行对标开车操作。特定引导时和【解锁】键作为组合键使用进行解锁操作。

【出入库】键:按压该键,进入或退出出入库状态。

【定标】键:线路坐标打点记录或者进站确认解除报警。

(3)单功能键。

【设定】键:进入或退出参数设定操作。

【转储】键:按压该键,进入文件转储操作状态。运行中此键与【1】~【5】数字键组合使用,可解除前发调度命令。

【警惕】键:降级 ZTL 报警时起暂停报警作用;防溜报警及防溜动作后的报警解除,终止当前语音报警。

【缓解】键:按压该键,进行常用制动后的"缓解"操作。

【解锁】键:进站(进路)信号机普通引导或特殊站靠标开口操作;与其他键组合进行某些特定的解锁操作。

【查询】键:按压该键,进入信息的查询操作状态。

【确认】键:按压该键,参数设定或修改有效,保存退出;与其他键组合使用进行某些特定操作。

【←】【↑】【→】【↓】键:在参数设定或查询状态,按压这些键,可以改变光标的位置。在输入数字时,【←】键为退格键。需要弹出"非正常行车窗口"时,按压【↑】键 2 s 以上可弹出非正常行车窗口。在非参数编辑状态按压【←】键或【→】键可以调整语音大小,按压【↑】键或【↓】键可以调整显示器亮度。

(4)参数设定操作。

由于装置采用地面参数内存储,运用时顺序调用的工作方式,因此,运行前应将本次乘务的车次、车站等参数输入装置。

设定操作在机车运行或停车时均可操作。设定操作分为手动输入和 IC 卡输入两种:

① 手动输入。

按压【设定】键，进入参数的设定状态。界面显示如图 2-3-12 所示。

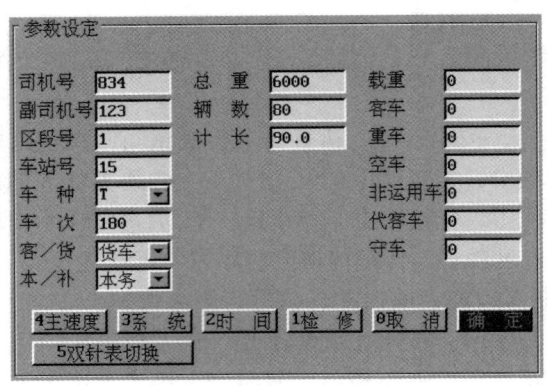

图 2-3-12　参数设定窗口

操作方法：

a. 按压【设定】键，进入参数设定状态。

b. 在参数设定窗口，可以通过【←】【↑】【→】【↓】键，移动光标的位置。通过【0】~【9】键，改变对具体项的设置。修改完任一项设置，要按压一次【确认】键，使光标到下一项。

c. 客/货、本/补项可以在窗口内直接选择需要填写的内容。

d. 所有参数修改完毕，使光标移到"确定"按钮，按压【确认】键或直接按压【设定】键，确认修改有效并退出参数设置状态。否则，将光标移到"取消"按钮，按压【确认】键修改无效并退出参数设置状态。

② IC 卡输入。

a. 将写有参数的 IC 卡正确插入屏幕显示屏 IC 卡座内，"IC 卡"指示灯点亮。

b. 按压【设定】键，装置就会将卡内的揭示信息和设定参数读出，自动弹出参数设定对话框，如图 2-3-12 所示，其中的参数为 IC 卡中预先写入的参数。此时，可按照上面的手动"参数设定"更改不正确项。

c. 设定完毕，装置发送参数的同时将揭示信息传送给监控装置，然后弹出信息窗口说明发送揭示是否成功。按压【确认】键后返回。

d. 如果卡中没有揭示信息，就直接返回。

LKJ2000 设备检修　　　　　　　　　LKJ2000 设备常见故障处理

（三）常见故障处理方法

1. 监控主机开机后插件面板指示灯不能正常显示

（1）分析：

此种现象多为插件不能正常自检。有 CPU 的插件，应重点检查 CPU 及周围电路或写入程序；没有 CPU 的插件，要重点检查错误指示的相应通道电路。
（2）应急处理方法：
① 检查各插件指示灯指示情况。
② 更换相应插件。
③ 更换主机箱。

2. 显示器不能正常显示，或自检不正常
（1）分析：
显示器本身是一个独立的 CPU 系统（包括数码和屏显），如果自检不正常，多为显示器本身问题，如果不能正常显示，可以检查另一端显示器显示是否正常，如果显示也不正常，应怀疑监控记录插件，否则可能是通信电缆或显示器故障。
（2）应急处理方法：
① 检查主机与显示器连线。
② 更换显示器。
③ 更换监控记录插件。

3. 无压力显示或压力显示不正确
（1）分析：
LKJ2000 型可以同时引入四路压力信号，压力信号是通过压力传感器将 0～1 000 kPa 的压力信号转换成 0～5 V 的电压信号，送入模拟量输入/输出插件，处理后送到监控记录插件的。出现这种现象多为压力传感器故障、压力传感器工作电压不正常、模拟量输入/输出插件故障所致。
（2）应急处理方法：
① 检查压力传感器连线。
② 检查压力传感器工作电压。
③ 更换压力传感器。
④ 更换模拟量输入/输出插件。

4. 无速度信号显示或速度显示不正确
（1）分析：
速度信号是通过光电传感器送给模拟量输入/输出插件，经过整形、滤波处理后送给监控记录插件。如果无速度信号显示，多为速度传输通道故障，使传感器发出的脉冲信号不能传入；如果速度显示不正确，可以检查机车轮径输入与实际是否相符，或传感器有故障，使得实际发出的脉冲数/周与理论值不符；如果速度显示不稳定，多为机车上各种信号干扰所致，应先检查机车的速度传感器及模拟量输入/输出插件的速度通道中的抗干扰部分。
（2）应急处理方法：
① 检查速度传感器通道连线。
② 更换速度传感器。
③ 更换模拟量输入/输出插件。
④ 检查机车轮径是否正确。

5. 无机车信号显示或与机车信号显示不一致

（1）分析：

如果机车信号显示正常，而监控装置无任何信号显示，多为机车信号条件地线断线或接触不良所致。如果某一个信号灯不显示或与机车信号显示不一致，多为连线故障或数字量输入插件上的某一通道故障。

（2）应急处理方法：

① 检查机车信号连线。

② 更换数字量输入插件。

③ 检查机车信号上/下行开关位置、前/后位置。

④ 感应器安装、接线。

6. 机车工况显示不正确

（1）分析：

机车工况条件的各路 110 V 信号，都是通过过滤板处理后送入数字量输入/输出插件，进行滤波、隔离、整形后送入总线的。出现这种现象多为连线出现问题或数字量输入/输出插件故障导致。

（2）应急处理方法：

① 检查机车工况连线。

② 更换数字量输入/输出插件。

7. 紧急制动不能动作

（1）分析：

监控装置对列车实施紧急制动时，是向电控阀或停车继电器送出 110 V 的正电源条件，由电控阀执行对列车实施紧急制动的控制。出现这种故障首先要判断是监控装置故障，还是机车制动执行机构故障。检查 110 V 条件是否送入电控阀是判断发生了哪种故障的关键。

（2）应急处理方法：

① 紧急制动时，测量电控阀是否得电，得电则更换电控阀，否则执行下面两步。

② 检查紧急制动接线。

③ 更换数字量输入/输出插件。

8. 常用制动不能动作或减压量不正确

（1）分析：

监控装置对列车实施常用制动时，是向常用制动阀（由于制动机不同，在现场常用制动装置也有所区别）送出 110 V 的正电源条件，由常用制动阀执行对列车实施常用制动的控制。如果常用制动不能动作，首先要判断是监控装置故障还是常用制动装置故障，检查 110 V 条件是否送入常用制动装置是判断发生哪种故障的关键。如果减压量不正确，多为排风速率调整不对。

（2）应急处理方法：

① 检查常用制动输出连线。

② 检查常用制动装置是否正常。

③ 更换数字量输入/输出插件。
④ 调整常用制动排风速率。

9. 过机校正功能故障

（1）分析：

LKJ2000 型提供有上灯、电平、码形频率、码形幅值、地面埋点、数据上设置校正点等多种校正方法。当出现此故障时，应首先判断是哪种校正方式，才能分辨出故障所在点。如果上灯、电平校正方式失效，与数字量输入插件、机车信号有关；如果码形频率、码形幅值、地面埋点校正失效，与地面信息处理插件、地面点式设备有关；如果数据上设置校正点，校正失效只与软件有关。

（2）应急处理方法：

根据机车所采用的校正方式，选择下列处理方法：
① 检查有关连线。
② 检查机车感应器的安装及连线。
③ 更换数字量输入插件。
④ 更换地面信息处理插件。

10. 不能进入监控状态或监控功能不正常

（1）分析：

如果不能进入监控状态，多为输入的交路号、车站代码非法或地面数据有问题。如果监控功能不正常，在保证软件设置正常的情况下，一般为监控记录插件故障。

（2）应急处理方法：
① 检查所输入的交路、车站代码。
② 检查是否有地面数据。
③ 更换监控主机插件。

11. 双针速度表无指示或指示不正确

（1）分析：

双针速度表在监控装置正常时由监控装置驱动，由监控记录插件送出实速、限速信号，在模拟量输入/输出插件上经过电压-电流转换等处理，送出驱动双针表。如果双针表无指示，多为双针表连线出现问题或模拟量输入/输出插件双针表驱动通道故障；如果指示不正确，但成比例变化，则为双针表量程输入错误，否则为双针表本身故障。

（2）另外，LKJ2000 监控装置对双针表的驱动可以由 A 机控制，也可由 B 机控制，在双针表显示不正常的情况下，可以先执行"双针表切换"操作，切换双针表的驱动源。应急处理方法如下：
① 执行"双针表切换"操作。
② 检查双针速度表连线。
③ 检查所输入的双针表满量程。
④ 更换模拟量输入/输出插件。
⑤ 更换双针速度表。

⑥ 更换监控记录插件。

12. 监控主机关机后,无备用速度指示或备用速度指示不正常

(1)分析:

在监控装置故障关机的情况下,备用速度指示(一般是双针速度表)由车上安装的数模转换盒驱动,如果不能正常转换或显示不正常,多为数模转换盒或连线有问题。

(2)应急处理方法:

① 检查备用速度通道连线。

② 更换 D/A(数字/模拟)转换盒。

项目三 CTCS-2 级列车运行自动控制系统维护

项目概述

作为中国最早的高速铁路信号控制系统，CTCS-2 级列控系统在中国高速铁路发展史上具有划时代的意义。CTCS-2 级列控系统既有国外引进设备的消化创新，又有国产设备的自主研发，其研发的艰苦历程离不开信号工作人员的顽强拼搏、踏实钻研与刻苦奉献，这既需要强烈的职业认同感和专业使命感，又需要勤勉不懈、决不言弃的责任感与报国心。

CTCS-2 级列车运行自动控制系统是中国列车运行自动控制系统中的一个重要应用级别，主要应用于既有线提速区段和部分客运专线，其运行速度为 200~250 km/h，满足最高运营速度 300 km/h 的需求。CTCS-2 级列车运行自动控制系统设备包括地面设备和车载设备。通过本项目的学习，学生应能熟知 CTCS-2 级系统设备的基本组成、结构及工作原理，并且能够进行 CTCS-2 级列车运行自动控制系统各设备的日常养护、定期维修和故障处理工作。

项目任务书

（1）理解 CTCS-2 级列车运行自动控制系统的含义及功能。
（2）掌握 CTCS-2 级列车运行自动控制系统的组成及原理。
（3）掌握临时限速服务器（TSRS）的组成及工作原理。
（4）掌握列控中心（TCC）的组成及功能。
（5）掌握应答器和地面电子单元的组成及功能。
（6）掌握常用的 CTCS-2 系统设备的养护维修与故障处理方法。
（7）养成安全作业意识，培养探求新知、创新思索的精神。

项目学习引导

当列车运行速度超过 160 km/h 时，列车司机按照地面信号机显示驾驶列车运行，这种传统的控车方式，无论是移动设备还是地面固定设备都存在一系列问题，因此必须装备列车运行自动控制系统，由高可靠、高安全的智能设备来保证列车安全运行。国内外专家对此进行了科学、充分论证，国际上已有很多应用实例和成功经验，如欧洲的 LZB、TVM300，以及日本的数字 ATC 等。

2005 年，原铁道部运输局组织制定了 CTCS-2 级列控系统的具体实施方案，确定了既有线 200～250 km/h 动车组列控系统车载设备、地面设备配置、运用技术原则；采用关键设备和技术引进、主要设备的自主研发、既有设备结合改造的模式，主要依靠国内技术力量、借助国外先进经验进行系统集成，全面启动并主持实施了 CTCS-2 级列控系统的系统集成、技术标准制定、设备引进和研发、列控试验、工程建设等各项准备工作。

列控车载设备和应答器设备，按统一技术标准实施了设备引进、技术转让和国产化，并最终实现设备由我国国内生产与服务。列控车载设备的实施主体分别为和利时公司/日立公司联合体、铁科院/株洲所/CSEE 公司联合体；应答器设备的实施主体分别为通号设计院/阿尔斯通联合体、和利时公司/CSEE 联合体、西安西门子公司。通过关键设备和技术的引进消化吸收，全面提升我国企业的研发能力和制造水平，降低设备价格，实现本地化设备维护和技术支持，有利于与我国设备的结合和系统集成。

既有线车站列控中心是 CTCS-2 级列控区段与应答器配套使用的主要设备。结合既有信号技术、装备现状和运输需求，原铁道部组织制定了统一的技术标准，铁科院、通号设计院、和利时公司、北京交大微联公司、卡斯柯公司五家单位严格按照统一的技术标准完成了设备研发工作，通过了产品检验、列控试验，于 2006 年 7 月 10 日通过原铁道部技术审查。

完全掌握应答器报文编码技术，独立实施列控数据工程化，满足并适应用户需求，是第六次大提速成功的关键。应答器用户基础数据准备：按照原铁道部统一制定的应答器用户基础数据格式和要求，各铁路局电务处负责完成了应答器用户基础数据准备工作，这是列车运行控制最基本的用户数据。应答器报文编制：按照原铁道部统一制定的应答器报文定义、用户信息包组成和示例，参照欧洲应答器报文编制流程、安全性和准确性卡控措施，列控中心、应答器供应商掌握了应答器报文编制技术，并研发了报文编制 CAD 软件，个别单位还研制出应答器报文解析工具，在列控试验和列控数据工程化中起到了极其重要的作用。

同时，我国还建立了列控系统监测和数据管理体系。原铁道部综合检测车安装电务检测设备，各铁路局配属电务检测车，部分动车组配备动态检测设备，实现了对列控车载设备、列控地面设备的工作状态进行动态检测；在铁路局检测所、动车运用所配备列控数据统计分析系统，对各类检测数据所辖列控车载设备下载数据和出入库检测数据进行统计分析和管理；列控设备状况和数据纳入信号集中监测系统，实现信息共享。

随着列控系统设备研发、功能试验、工程实践和系统调试、试运营、系统完善、系统使用和维护管理培训等工作的不断深入，CTCS-2 级列控系统的技术规范、技术条件、系统接口技术标准、工程举例设计、设备安装、工艺维护、管理办法等技术体系、技术文件和规章制度得到不断健全和完善，整个 CTCS-2 级列控系统的技术标准体系已经形成。

任务一　CTCS-2 级列车运行自动控制系统认识

一、CTCS-2 级列控系统总体结构

CTCS-2 级列控系统是基于轨道电路和点式应答器传输列车运行许可信息，并采用目标-距离模式监控列车安全运行的列

CTCS-2 级列控系统总体结构

车运行自动控制系统。

CTCS-2 级列控系统由地面和车载设备构成。列控地面设备由临时限速服务器（TSRS）、列控中心（TCC）、ZPW-2000（UM）系列轨道电路、应答器设备等组成。车载设备由车载安全计算机（VC）、轨道电路信息接收单元（TCR）、应答器信息接收模块（BTM）、记录单元（DRU）、人机界面（DMI）、测速测距单元、应答器天线、轨道电路天线等组成。

轨道电路实现列车占用检查，并连续向列车传送空闲闭塞分区数量等信息；应答器向车载设备传输定位信息、线路参数、临时限速等信息；列控中心具有轨道电路编码、应答器报文存储和调用、区间信号机点灯控制、站间安全信息（区间轨道电路状态、中继站临时限速信息、区间闭塞和方向条件等信息）传输等功能。根据轨道电路状态、进路状态及临时限速等信息产生行车许可，通过轨道电路及有源应答器将行车许可传送给列车；临时限速服务器完成临时限速命令的存储、校验、撤销、拆分、设置和取消及临时限速设置时机的辅助提示。

车载安全计算机采用高可靠的安全计算机平台，根据地面设备提供的信号动态信息、线路参数、临时限速等信息和动车组参数，生成目标-距离模式控制速度曲线，监控列车安全运行。轨道电路信息接收模块（STM）用于接收轨道电路信息，并将信息同时提供给车载安全计算机和列车运行监控装置（LKJ）。应答器信息接收模块（BTM）用于接收处理应答器信息，并将解码得到的应答器报文提供给车载安全计算机。人机界面（DMI）显示列车的运行速度、允许速度、目标速度和目标距离，并可接收司机输入。CTCS-2 级列控系统结构示意图如图 3-1-1 所示。

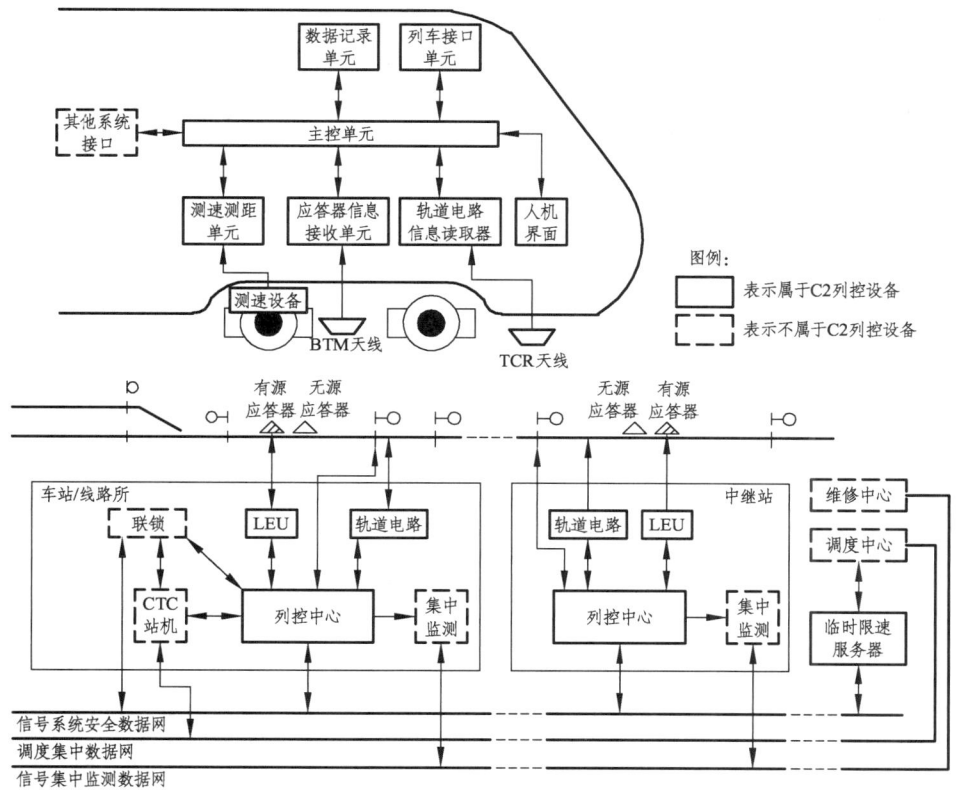

图 3-1-1　CTCS-2 级列控系统结构示意图

二、CTCS-2 列控系统的关键技术

1. 测速测距

测速和测距是通过速度传感器来实现的。速度传感器安装在动车组两端车头的第二轮轴和第三轮轴上，将各轴的转速转换成电信号后输出给车载安全计算机。由于该信号的频率与列车的速度相关，车载安全计算机通过对该频率的计数来实现测速和测距。

在实现测速和测距时，根据动车组类型的不同来选用不同类型的速度传感器。

2. 目标距离-速度控制

目标距离-速度控制模式根据目标距离、目标速度及列车本身的性能，确定列车制动曲线，采取连续式一次制动模式控制列车运行。如图 3-1-2 所示，实线为目标距离速度监控曲线，从最高速至零的列车速度监控曲线为一条连贯光滑的曲线；虚线为列车实际驾驶速度曲线，列车实际运行速度只要在监控曲线之下即可，如果超速碰撞了速度监控曲线，列控车载设备将自动触发常用制动或紧急制动，防止列车超速运行。列控车载设备给出的一次连续速度的制动速度控制曲线是根据 200 km/h 速度监控曲线目标距离、线路参数和列车本身的实际驾驶曲线性能计算而定的。为计算得到速度监控曲线，由轨道电路发送行车许可和前方空闲闭塞分区数量信息，由应答器发送闭塞分区长度、线路速度、线路坡度等固定信息，列控车载设备接收上述信息，通过"前方空闲闭塞分区数量"和"闭塞分区长度"信息，获得目标距离长度，并结合线路速度、线路坡度和对应列车的制动性能等固定参数，实时计算得到速度监控曲线，同时监控实际驾驶曲线处于速度监控曲线下方，保证列车安全运行。

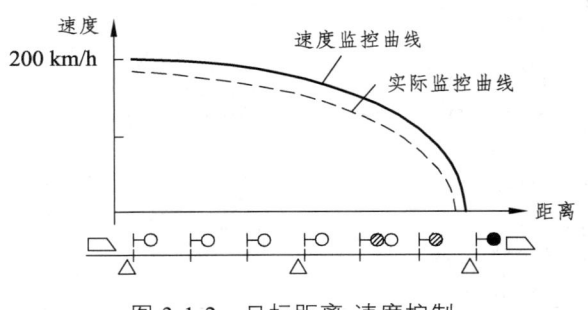

图 3-1-2 目标距离-速度控制

3. CTCS-2 级与 CTCS-0/1 级的切换

动车组同时装备 CTCS-2 级列控车载设备和列车运行监控记录装置 LKJ。列车在线路上运行时，需要自动地完成 CTCS-0/1 级至 CTCS-2 级或相反过程的控车等级的切换，中途不需要列车停车。

为此，在 CTCS-2 级和 CTCS-0/1 级区段边界增设特殊用途的 CTCS 级间切换应答器。级间切换点一般选择在车站离去区段区间信号机（点）处，级间切换点设三组固定信息应答器，分别是正向预告点应答器、切换执行点应答器和反向预告点应答器，预告点与执行点通常距离 240 m，级间切换应答器的布置如图 3-1-3 所示。

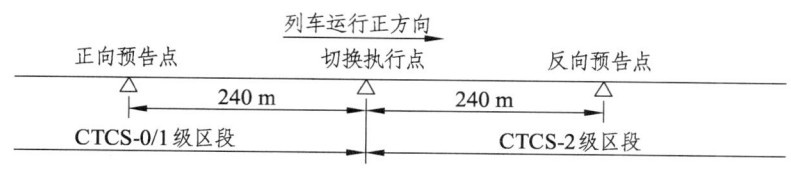

图 3-1-3 级间切换应答器的布置图

级间切换应答器根据功能分别存储切换预告信息和执行信息，当列车通过预告点应答器时，列控车载设备接收级间切换预告信息，提示列车司机准备开始切换，当列车越过切换执行点应答器后，开始执行切换动作。预告点和执行点应答器信息互为冗余，只要一组应答器工作正常，就可以向列控车载设备提供完整的级间切换信息。

为保证控车权可靠平稳交接，控车权的交接以列控车载设备为主。级间切换时，若列车已触发制动，则保持制动作用完成，直至停车或列车发出缓解指令后，再自动切换。如果自动切换失败，或其他特殊情况下，司机可以根据列控车载设备指示，手动进行级间切换。

三、相关信号设备配套改造

1. CTC/TDCS 设备

CTC/TDCS 设备主要进行以下改造：增加 CTCS-2 级区段临时限速设置流程和操作显示界面功能；增加与列控中心通信接口，向列控中心发送临时限速调度命令，并接收列控中心临时限速设置状态。

2. 联锁设备

计算机联锁设备主要进行以下改造：增加列车进路编号发送和进站信号机降级显示功能；增加与列控中心通信接口，向列控中心发送列车进路编号，并接收列控中心发送进站信号机降级显示命令。对于继电联锁车站，增加了与列控中心的继电采集和驱动接口，用于实现列控中心进路识别和进站信号机降级显示控制功能。

3. 信号集中监测

信号集中监测系统主要增加了与列控中心的通信接口，接收来自列控中心的监测信息，监测列控中心、地面电子单元（LEU）及应答器的工作状态。

任务二　CTCS-2 级列车运行自动控制系统地面设备

CTCS-2 级列控地面设备由临时限速服务器、列控中心、ZPW-2000（UM）系列轨道电路、应答器、地面电子单元等设备组成。其中，列控中心为核心设备。

一、列控中心（TCC）

列控中心（Train Control Center，TCC）是列控核心安全设备，设于各个车站，采用冗余的硬件结构。列控中心的主要作用是向车载设备提供控车有关的信息。它与车站联锁、CTC/TDCS 设备接口，根据调度命令、轨道区段占用信息、进路状态、线路参数等产生进路及临时限速等相关控车信息，通过设置在车站进、出站处的有源应答器向列车发送可变信息报文，具有发送接车进路信息、临时限速信息及进站信号机降级显示等主要功能，保证其管辖内的所有列车安全运行。

新建高速铁路列控中心，还实现了列控区间一体化，能对轨道电路进行数字编码，控制区间运行方向、区间信号点灯。

（一）认识列控中心

列车进路信息和临时限速信息需要根据列车运营情况确定，处于实时变化之中，必须采用可变信息的有源应答器传送。有源应答器已经在欧洲铁路得到广泛运用，但是其可变信息量少，并且地面电子单元（LEU）安设在线路旁，与信号点灯电路连接，根据信号显示选择相应报文，所需报文数量很小。LEU 能存储 500 多条报文，而应用中最多只用了几十条。直接引用欧洲应答器系统不能完全满足我国铁路的实际需求，不能最大限度地发挥应答器的作用和效果，而解决这些问题的优选方案就是采用列控中心。

在 CTCS-2 条件下，列控中心是实现应答器报文选择和发送的重要设备，应答器报文信息根据不同的临时限速和进路条件预先编码生成并存储于列控中心中，它依据调度指挥系统实时下达的临时限速命令和联锁系统当前的进路状态实时计算，选择相应的应答器报文数据，通过 LEU、有源应答器向列车动态传送，从而实现对列车运行的动态控制。

既有线采用 LKD1 系列列控中心，暂按独立列控方式设置。列控中心根据调度命令、进路状态、线路参数等产生进路及临时限速等相关控车信息，通过有源应答器传送给列车。列控中心必须具备接发车进路报文发送、临时限速报文发送、进站信号机降级显示、进路识别（仅适用于 6502 电气集中车站）四个主要功能。

新建 200～250 km/h 高速铁路采用 LKD2 系列列控中心，与既有线相比，列控中心除了完成应答器报文存储、调用、选择、发送和临时限速传送外，还扩展了轨道电路低频编码、轨道电路发码方向控制、区间轨道区段状态判断、区间运行方向控制、区间信号机点灯控制、站间安全信息（区间轨道电路状态、中继站临时限速信息、区间闭塞和方向条件等信息）传输等功能，实现了列控、区间一体化。随后它也增加了很多接口，且与联锁等的接口协议和接口方式等也有了变化，将来可进一步考虑联锁、列控、区间一体化设置。

车站列控中心由五家研发单位分别开发，虽然总体结构基本一致，但不同厂家在具体实现上也存在一定的差异，在后续讲解列控中心结构时会具体介绍。LKD-T 型车站列控中心由中国通信信号集团公司研究设计院开发，LKD-H 型车站列控中心由北京和利时系统工程有限公司研制，LKD-Y 型车站列控中心由中国铁道科学研究院通信信号研究所研制，LKD-K 型车站列控中心由卡斯柯信号有限公司研制，LKD-J 型车站列控中心由北京交大微联科技有限公司研制。

（二）列控中心设备配置

TCC 主要单元构成：
（1）安全主机单元；
（2）通信接口单元；
（3）驱动采集单元；
（4）辅助维护单元；
（5）冗余电源单元。

列控中心设备配置
及通信接口

TCC 的设备接口组成如图 3-2-1 所示。

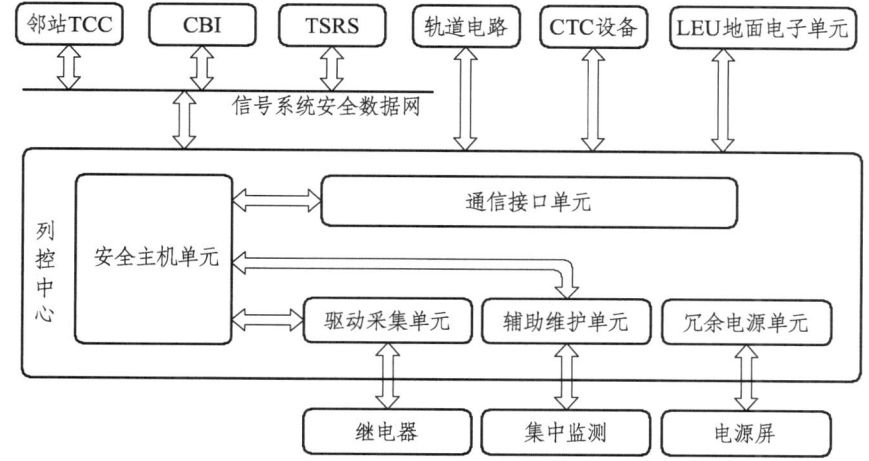

图 3-2-1　列控中心设备构成

TCC 主机采用符合故障-安全原则的二乘二取二安全计算机平台或其他安全冗余结构的平台作为主逻辑运算单元。

TCC 主机单元采用冗余的通信通道与通信接口单元、驱动采集单元进行通信。

TCC 通信接口单元采用冗余的通信通道与轨道电路、LEU、CBI、TSRS、CTC 外部设备通信。

TCC 驱动采集单元采用安全冗余的驱动采集硬件结构，实现外部继电器的驱动和状态采集。

TCC 配置冗余的电源单元为 TCC 中各个单元设备可靠供电，单个电源模块故障不应影响设备的正常工作。

TCC 辅助维护单元配置显示器及键盘、鼠标，统一安装于 TCC 机柜中。

TCC 中的各单元设备应集中安装于标准尺寸系列的机柜中，机柜的最大尺寸应不超过 2 350 mm × 900 mm × 800 mm（高 × 宽 × 深）。机柜和机箱的结构设计应便于测试和设备更换。

（三）列控中心通信接口

TCC 应具备与 TCC、CBI、ZPW-2000 系列轨道电路、LEU、CTC/TDCS、CSM、TSRS 等设备的通信功能。TCC 与相关信号设备间通信，应根据相关信号设备安全级别和设备结构选择连接方式，接口配置如图 3-2-2 所示。

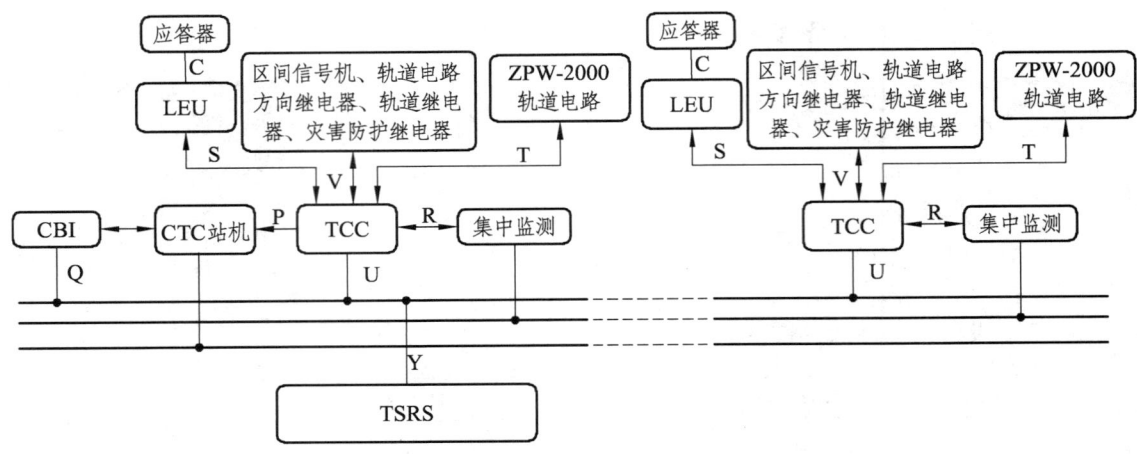

图 3-2-2　列控中心接口

列控中心机柜内部采用接口板或接口模块将这些通信接口集中配置，以便于施工和维护。所有通道均采用点对点连接方式，通信电缆采用屏蔽双绞线电缆，全双工通信模式，不共享通信总线。

为保证通信的可靠性，列控中心与计算机联锁系统、CTC/TDCS 的通信通道属于安全通道，除了必须保证数据通信的可靠性外，还必须保证数据通信过程的安全；物理连接通道采用双通道交叉冗余配置，满足任意两台设备之间的直接通信，任何一个通道故障，不影响系统间的通信。列控中心与 CTC/TDCS、车站联锁、信号集中监测的通信接口均可采用 RS-422 统一的标准协议，连接如图 3-2-2 所示，也可采用以太网通信。

在正常情况下，计算机联锁、CTC/TDCS、列控中心系统内部的双机切换均不会影响其他系统。另外，通信软件协议中采用了 CRC 校验算法、周期发送机制、接收应答和超时重发机制、通信中断检测及双机切换机制等手段保证通信的可靠性和安全性。

列控中心接口均进行通道冗余设计。当一个通道故障时，通过列控中心或外部设备的双系切换，实现双系和通道间接口主动权的移交，避免通道故障给列车运行带来危险。要实现双系间的无缝切换，不至于引起设备的危险动作，必须对列控中心接口进行定量定性时序逻辑处理。

1. 与 CTCS/TDCS 站机接口（P 口）

通信接口：TCC 与 CTC/TDCS 间应采用 RS-422 实现交叉连接；TCC 与 CTC/TDCS 间应采用固定周期方式交互信息。

应用信息：

（1）TCC 应向 CTC/TDCS 发送以下主要信息：区间运行方向表示信息；设备状态信息；区间信号机显示状态；闭塞分区状态；闭塞分区低频编码；区间闭塞分区状态人工确认回执（闭塞分区确认无车占用、区间逻辑状态总解锁、区间逻辑检查开启/关闭的验证和执行命令）；接口版本校验信息。

（2）CTC 应向 TCC 发送以下主要信息：区间闭塞分区状态人工确认命令（闭塞分区确认无车占用、区间逻辑状态总解锁、区间逻辑检查开启/关闭的验证和执行命令）；接口版本校验信息。

2. 与计算机联锁接口（Q口）

通信接口：TCC与CBI间应采用信号安全数据网实现冗余交叉连接；TCC与CBI间应采用固定周期方式交互信息。

应用信息：

（1）TCC应向CBI发送以下主要信息：区间方向信息；区间闭塞分区状态信息；信号降级信息；区间信号机红灯断丝信息；异物侵限和灾害信息；无配线站区间方向信息；无配线站轨道状态信息；无配线站区间信号机红灯断丝信息；接口版本校验信息。

（2）CBI应向TCC发送以下主要信息：区间方向控制命令；列车进路信息；站内列车信号机异常关闭信息；进站信号机红灯断丝信息；信号机调车状态；接口版本校验信息。

列控中心进行逻辑运算所需要的进路信息来源于计算机联锁系统，不同的列车进路具有不同的线路特征信息，根据进路开通情况，列控中心选择当前列车运行所需要的线路数据传送给列车。计算机联锁办理并建立了接发车进路后，向列控中心发送相应的接发车进路信息。

列控中心向计算机联锁发送降级信息。在车站办理正线通过、离去区段有临时限速时，根据牵引计算及动车组制动需要，列控中心通过该接口，向计算机联锁系统输出进站信号机降级显示黄灯、接近区段轨道电路发黄码的控制条件，由计算机联锁完成控制。

3. 与临时限速服务器接口（Y口）

通信接口：TCC与TSRS间应采用信号安全数据网实现冗余交叉连接；TCC与TSRS间应采用固定周期方式交互信息。

应用信息：

（1）TCC应向TSRS发送以下主要信息：TSR状态；TSR错误回执；转换站请求验证边界TSR命令；转换站请求执行边界TSR命令；TCC应答器方向信息；TCC闭塞分区状态信息；TSR闭塞分区限速状态；TSR闭塞分区限速错误回执；接口版本校验信息。

（2）TSRS应向TCC发送以下主要信息：TSR刷新请求；TSR验证命令；TSR执行命令；线路限速状态初始确认命令；转换站边界TSR错误回执；TSRS时钟信息；闭塞分区失去分路状态信息；TSR闭塞分区限速验证命令；TSR闭塞分区限速执行命令；接口版本校验信息。

4. 与轨道电路接口（T口）

通信接口：TCC与ZPW-2000系列轨道电路设备可采用如下方式连接。

（1）采用CAN总线实现冗余总线连接；
（2）采用以太网实现交叉连接；
（3）采用串行总线实现冗余总线连接。

TCC与ZPW-2000系列轨道电路间应采用固定周期方式交互信息。

应用信息：

（1）TCC应向ZPW-2000系列轨道电路发送以下主要信息：载频编码；低频编码。
（2）ZPW-2000系列轨道电路应向TCC发送的主要信息为轨道区段状态信息。

5. 与继电器接口（V口）

列控中心根据区间的运行方向，轨道区段占用出清状态，站内接、发车进路的办理等情况，通过驱动LJ、UJ、HJ继电器，直接控制区间信号的点灯，同时实现红灯转移功能。

接口要求：TCC 应通过采集继电器接点的方式获取继电器状态。涉及安全信息且非 TCC 驱动的继电器，应采集继电器的前后接点。

应用信息：

（1）TCC 应具备以下主要的继电器驱动功能：区间信号机点灯继电器；轨道电路方向切换继电器；区间改方继电器；LEU 冗余切换继电器。

（2）TCC 应具备以下主要的继电器状态采集功能：轨道继电器；区间信号机点灯状态继电器；轨道电路方向切换继电器；区间方向继电器；LEU 冗余切换继电器；异物侵限和灾害继电器。

6. 与 LEU 接口（S 口）

通信接口：TCC 与 LEU 间应采用 RS-422 或以太网实现冗余连接。TCC 应采用固定周期方式向 LEU 发送信息。LEU 应采用应答方式向 TCC 发送信息。

应用信息：

（1）TCC 应向 LEU 发送应答器报文信息。

（2）LEU 应向 TCC 发送以下主要信息：LEU 设备状态；LEU 与应答器连接状态。

LEU 按照列控中心产生的应答器报文地址，实时选择对应的报文向有源应答器传送。LEU 将每个应答器的连接状态反馈给列控中心。LEU 应具有自检测、监测与有源应答器间通信状态等功能，应将检测数据实时传送给车站列控中心。未办理进路或 LEU 与应答器通信中断时，应答器应有保证行车安全的缺省报文。有源应答器的报文按应答器编码规则编制，各报文均固化在 LEU 中，内容包括编号、链接关系、临时限速（至限速始点距离、限速区长度、限速速度）、进路长度、电码化及线路载频、线路固定信息等。

LEU 与列控中心通信中断以后，不会改变列控中心的运行状态，但由于 LEU 接收不到正确的应答器报文，LEU 会向应答器改发存储在 LEU 内部的默认报文。列控中心同时会将与 LEU 通信中断的故障向电务维护机、CTC/TDCS 系统、微机监测系统报告，车站电务人员应尽快通过倒换电缆等手段隔离和排除故障。

7. 与监测系统接口（R 口）

通信接口：TCC 维护终端与 CSM 间应采用以太网接口连接。TCC 维护终端与 CSM 间可采用无冗余连接。TCC 维护终端与 CSM 间应采用固定周期方式交互信息。

应用信息：

（1）TCC 应向 CSM 发送 TCC 设备和功能状态信息、业务数据流信息和维护报警信息，包括：联锁进路信息；TCC 与联锁改方命令、回执信息；TCC 站间改方命令、回执信息；信号集中区边界闭塞分区状态和低频信息；区间方向信息；临时限速状态；轨道电路编码信息；应答器报文编码信息；TCC 设备状态和报警信息；状态信息（包括轨道电路区段状态、方向、区段灾害状态、区间信号机显示状态、继电器输入输出状态等）；接口版本校验信息。

（2）CSM 应向 TCC 维护终端发送心跳信息。

8. 列控中心间接口

通信接口：TCC 间应采用信号安全数据网实现冗余交叉连接。TCC 间应采用固定周期方式交互信息。

应用信息:

TCC 间应交互以下主要信息:信号集中区边界闭塞分区状态和低频信息;区间状态和改方信息;区间信号机显示状态;闭塞分区状态和低频;异物侵限和灾害信息;系统状态及外设连接状态;区间闭塞分区状态人工确认信息(闭塞分区确认无车占用、区间逻辑状态总解锁、区间逻辑检查开启/关闭的验证和执行命令);接口版本校验信息。

(四)列控中心的功能及原理

列控中心功能

1. 轨道电路状态判断

TCC 设备应采集轨道继电器状态,并应同时通过通信总线接收轨道电路状态,当二者均为空闲时,按照空闲处理,否则按占用处理;当两者状态不一致时,应输出报警信息。TCC 设备可采用区间占用逻辑功能对区间闭塞分区状态进行逻辑检查,该功能应采用独立的软件模块实现;采用区间占用逻辑检查功能时,逻辑检查以闭塞分区为单位,TCC 应根据逻辑检查结果实现对区间发码、点灯、方向电路控制等功能。

2. 轨道电路编码

TCC 应根据列车进路和轨道区段状态等信息,实现站内和区间轨道电路的载频、低频信息编码功能。列车进路信号没有开放时,TCC 应向股道发送 HU 码或检测码,道岔区段发送检测码。TCC 通过站间安全信息传输获得邻站边界区段的状态以及编码所需的信息,实现闭塞分区编码逻辑的连续性。区间正反向运行时,轨道电路均应按照追踪码序发码。

对于区间轨道区段,TCC 应根据前方轨道区段占用状态以及前方车站接车信号开放情况,按照轨道电路追踪码序发码,如图 3-2-3 所示。

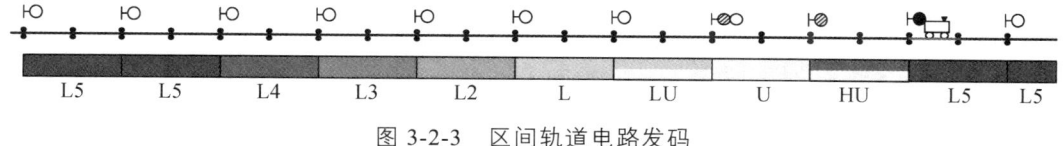

图 3-2-3 区间轨道电路发码

闭塞分区空闲时,同一闭塞分区内的所有轨道电路区段低频发码应保持一致。由多个轨道区段组成的闭塞分区,列车所在区段及运行前方所有区段发送正常码,后方各区段均发检测码。

当邻站 TCC 传输的边界轨道电路低频码为检测码时,本站边界应发 HU 码,如图 3-2-4 所示。

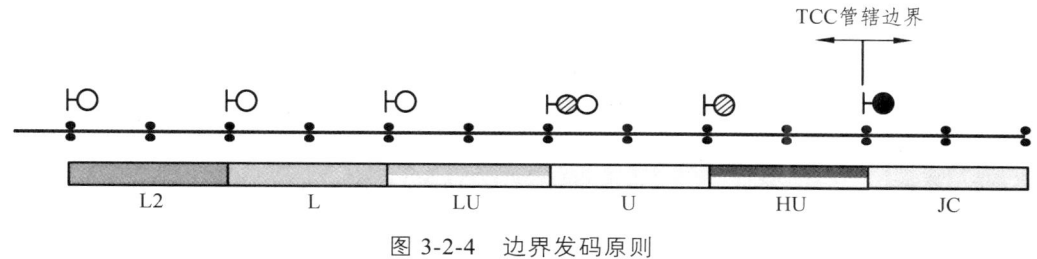

图 3-2-4 边界发码原则

TCC 在区间改变方向期间应控制轨道电路设备发送检测码，在确认区间改变方向成功后，按新的运行方向发码。

3．轨道电路发码方向控制

1）站内 ZPW-2000 轨道电路发码方向控制

站内每个轨道电路区段应设置独立的发码方向切换继电器（以下简称 FQJ），实现发码方向切换，继电器吸起表示反向发码，落下表示正向发码。TCC 根据列车进路，分别驱动相应的 FQJ，控制轨道电路发码方向和进路方向一致。TCC 采集站内 FQJ 状态，当驱采不一致时，应发送 HU 码或检测码，并发送报警信息。站内轨道区段默认方向为线路运行正方向，TCC 设备启动后，站内区段发码方向应先置为默认方向，各区段 FQJ 落下，如图 3-2-5 所示。

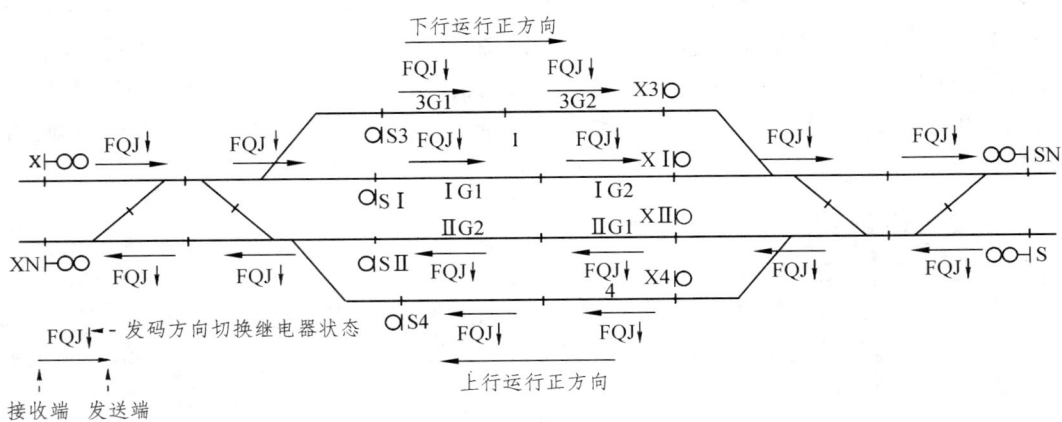

图 3-2-5　站内轨道电路默认方向

2）区间轨道电路方向控制

区间每段轨道电路设置 FQJ 用于改变轨道电路的发码方向，FQJ 吸起表示反向发码，落下表示正向发码。车站的每个发车口（含反向）设置一个区间方向继电器（以下简称 FJ），由 FJ 来驱动区间 FQJ 的动作，TCC 通过控制改方继电器 GFJ 来实现区间轨道电路方向的切换。

TCC 应同时采集区间 FQJ 和 FJ 的状态，两者比较不一致时，应控制相应的区间轨道电路发送检测码，并输出报警信息。TCC 在检测到区间 FJ 的采集状态与驱动状态不一致时，应控制相应的区间轨道电路发送检测码，并输出报警信息。TCC 在检测到轨道电路 FQJ 的采集状态与驱动状态不一致时，应控制相应的区间轨道电路发送检测码，并输出报警信息。

4．区间改变运行方向

区间改变运行方向设计应符合故障-安全的原则，保证相邻车站不处于敌对运行方向。TCC 应在确认整个区间空闲、对方站未建立发车进路以及区间的无配线站没有排列接发车进路时，才能通过正常方式改变运行方向。TCC 改变运行方向应由原处于非发车状态的车站办理，随发车进路的办理而自动改变区间运行方向。在区间轨道电路故障而不能正常改变运行方向时，可使用辅助方式办理改变运行方向作业。

车站 TCC 在改变运行方向的过程中，必须检测区间方向继电器（FJ）的状态，如从驱动 FJ 动作之后的 13 s 内 FJ 未动作到位，则应认为改变运行方向失败，本站维持原来的闭塞方向，同时 TCC 向 CBI 设备发送改变运行方向不成功的报警信息。

5. 区间通过信号机点灯控制

TCC 应具有区间通过信号机的点灯控制功能。列控中心根据区间的运行方向、列车占用/出清状态、区间轨道电路的故障情况、站内接/发车进路的办理情况等条件，通过驱动并回采 LJ、UJ、LUJ、HJ 继电器，直接控制区间信号机的点灯，同时实现红灯转移功能。

相邻 TCC 应传递分界处相邻闭塞分区的占用信息和低频码信息，以及信号机的红灯断丝状态，作为本站区间点灯控制条件。

TCC 应控制与当前运行方向相反的区间通过信号机灭灯，当 TCC 中的区间方向未知时，控制区间通过信号机灭灯。

TCC 应采集区间通过信号机灯丝状态或从 CBI 获取进站信号机红灯灯丝状态，当发生信号机灯丝断丝时，按表 3-2-1 进行逻辑处理，并输出报警信息。

表 3-2-1 信号机灯丝断丝处理表

信号机显示	故障情况	逻辑处理原则	信号机外方轨道区段发码
H	H 灯故障	红灯转移	检测码
U	U 灯故障	灭灯	U 码
LU	L 灯故障	降级显示 U 灯	LU 码
	U 灯故障	灭灯	
L	L 灯故障	灭灯	L 码

6. 临时限速及信号降级处理

线路临时限速的设置和取消是随着列车运营情况而改变的，如线路施工、天气原因等需设置临时限速，线路恢复正常后需取消临时限速。列控中心接收临时限速服务器的临时限速命令，实时向车站有源应答器发送，当列车从车站发车或通过时，通过进、出站口有源应答器接收前方区间和车站范围内的临时限速信息，控制列车按要求速度通过限速区域。

1）临时限速管辖范围

每个应答器可以向正向或反向运行的列车发送临时限速信息，其管辖范围为本应答器至运行方向前方车站正线股道发车信号机处，如图 3-2-6 所示。

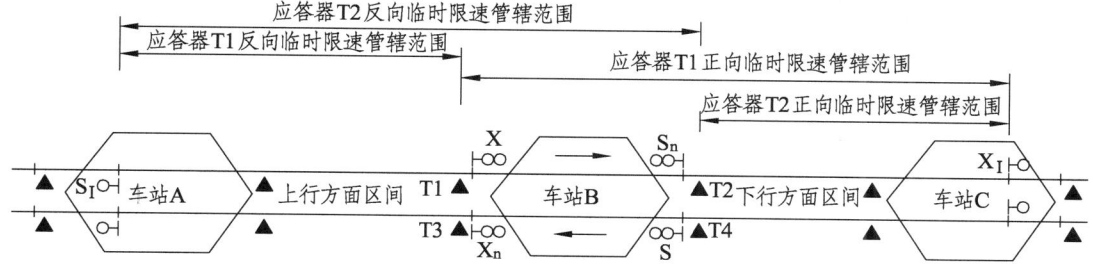

图 3-2-6 应答器临时限速管辖范围

如果车站 B 站内正线股道设置了临时限速，该限速区同时处于车站 A、B、C 应答器的管辖范围内，那么需要将该临时限速调度命令同时发送给上述3个车站。如果在车站B上行方面区间设置临时限速，则需要将该命令同时发送给车站A、B。

2）临时限速命令归档

车站列控中心临时限速报文限速起点精度和限速长度值是按级分挡处理，临时限速设置精度：限速区起点精度100 m、限速区长度8挡（100 m、500 m、1 000 m、1 500 m、2 000 m、3 000 m、4 000 m、6 000 m）、限速速度5挡（45 km/h、60 km/h、80 km/h、120 km/h、160 km/h）。限速区长度超过6 000 m时，可按区间限速处理，并有相应的调度命令。

车站列控中心需要对临时限速命令进行归档处理，并要求实际设置的临时限速区必须覆盖调度命令要求设置的临时限速区范围。

如图3-2-7所示，假定临时限速调度命令为K10+500～K10+900，限速值45 km/h，经计算临时限速区起点距离T2应答器为173 m（K10+500～K10+327），按100 m精度归档，实际限速起点距T2应答器100 m（K10+427）；调度命令要求的限速区长度为400 m，需要将其归档为500 m，因此，实际限速区为K10+427～K10+927。

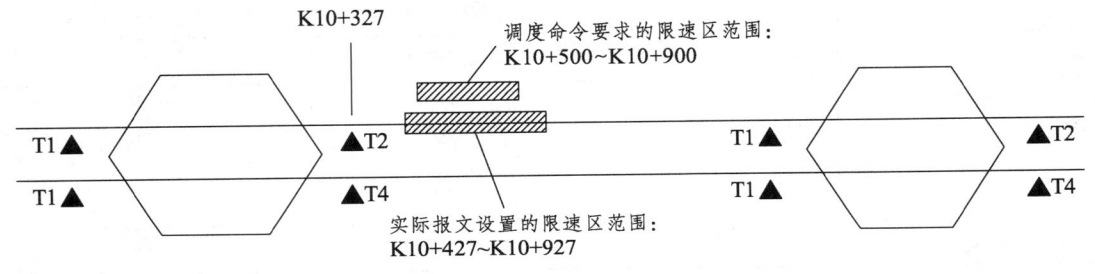

图3-2-7 临时限速命令归档处理

3）进站信号机降级显示

进站信号机降级显示功能是与临时限速相关的一个附属功能。当在站内或离去区段设置了一处临时限速，如图3-2-8所示，假定设置了一处45 km/h临时限速，当信号机X开放绿灯，列车以线路允许速度200 km/h通过信号机X，并从进站口应答器收到前方45 km/h临时限速信息，然后开始制动，但是由于列车由200 km/h速度制动至45 km/h的目标距离（含防护距离）大于$L_{进}$，这将导致列车以高于限速速度进入限速区，危及行车安全。所以，遇到上述情况时，列控中心必须向联锁系统发送降级显示命令，由联锁系统控制进站信号机降级显示为黄灯，接近区段发黄码，保证列车在进站口时减速至较低速度，再经过一定距离的制动后，以低于限速值进入临时限速区域。

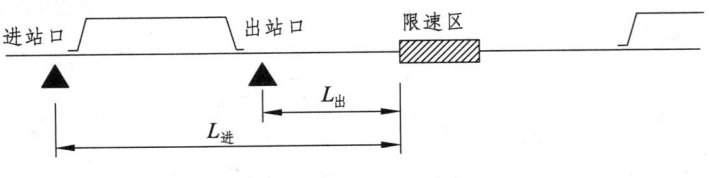

图3-2-8 进站信号机降级显示

另外，当车站发车区段设置了临时限速，当本站排列通过进路时，进站信号机均降级显示黄灯。

当侧向接车进路上有低于 80 km/h 的临时限速或线路固定限速时，TCC 应控制接近区段发 UU 码，并向 CBI 设备发送进站信号机降级显示 UU 命令，进站口应答器发送临时限速速度值与实际进路上最低限速值一致，如图 3-2-9 所示。

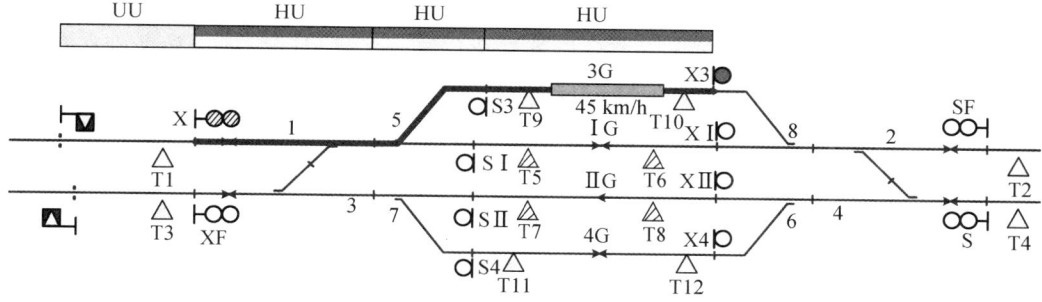

图 3-2-9 侧向接车进路限速

当侧向发车进路上有低于 80 km/h 的临时限速或线路固定限速时，侧向发车信号开放后，TCC 应控制对应的发车股道发送 UU 码，出站应答器发送临时限速速度值与实际进路上最低限速值一致，如图 3-2-10 所示。

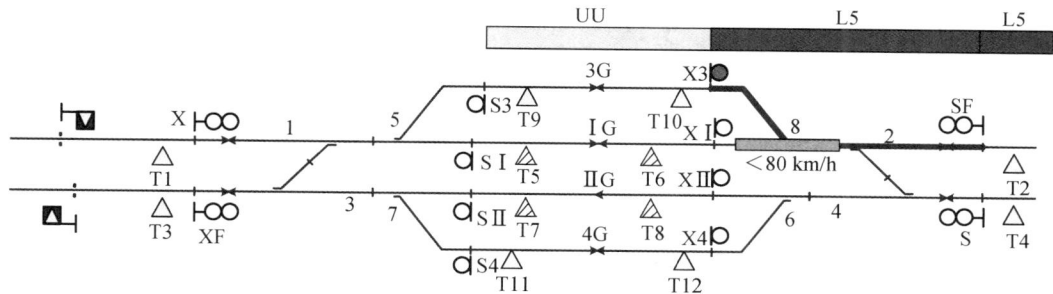

图 3-2-10 侧向发车进路限速

7. 应答器报文实时编码

TCC 应根据进路信息、临时限速信息和应答器报文定义原则对应答器用户数据进行实时组帧和编码，并且按照应答器传输系统设备的技术条件要求进行应答器报文的实时编码，生成应答器报文。同时，TCC 应具备相应的检测手段，确保所编制的应答器报文正确；并且确保答器报文的组帧和应答器报文编码的安全性。

TCC 的应答器报文编码模块应确保编码的实时性，每条应答器报文设定最大编码超时时间为 50 ms，编码超时后作为不可编报文处理。对于编码错误和不可编报文由 TCC 向安全侧修改原始编码数据帧后重新编码，3 次重新编码均失败后向 LEU 发送 TCC 默认报文，并输出报警信息。

8. 发送应答器报文原则

TCC 根据进路信息和临时限速服务器发送的临时限速命令向相应的应答器发送应答器报文。

设置在进站信号机（含反向）处的有源应答器，作为接车口使用时，TCC 接收到 CBI 系统接车进路建立的信息后，应向相应的应答器发送接车进路报文，直至该接车进路进站信号机关闭，恢复向应答器发送绝对停车报文。

设置在进站信号机（含反向）处的有源应答器，根据区间线路方向，作为发车口使用时，应向相应的应答器发送区间临时限速和线路数据报文，直到区间线路方向改变。

到发线出站信号机处（含反向）有源应答器报文发送原则：

（1）发车信号关闭时，正向出站信号机处有源应答器发送发车方向有效的停车报文，反向出站信号机处有源应答器发送反向绝对停车报文。

（2）排列侧线发车进路后，正向出站信号机处有源应答器发送包含进路信息和临时限速信息的报文，反向出站信号机处有源应答器发送反向绝对停车报文。

（3）排列侧向通过进路后，正向出站信号机处有源应答器发送包含进路信息和临时限速信息的报文，反向出站信号机处有源应答器发送包含发车进路信息的报文，如图 3-2-11 所示。

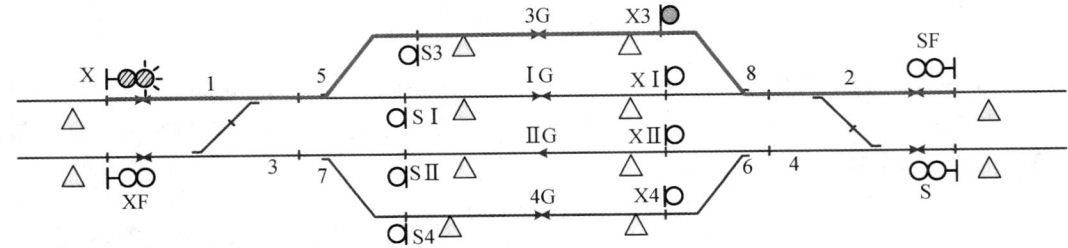

图 3-2-11　到发线有源应答器报文发送

（4）排列直向发车的通过进路后，正向出站信号机处有源应答器发送允许通过报文，反向出站信号机处有源应答器发送反向绝对停车报文，如图 3-2-12 所示。

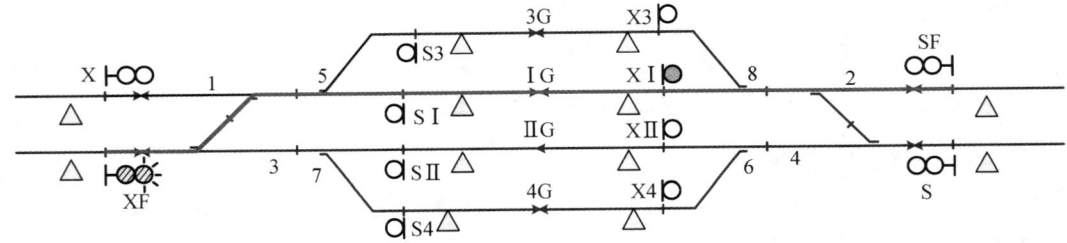

图 3-2-12　到发线有源应答器报文发送

9. 维护诊断功能

TCC 应具有故障自诊断功能，系统故障应能定位到板级或模块。

辅助维护单元数据记录时间应不少于 30 天，并具备对记录数据的回放和下载分析功能。

设备状态数据的监测及记录：

（1）监测记录 TCC 各设备单元的工作状态（含 LEU 和应答器）。

（2）监测记录 TCC 的系统连接及通信状态，包括 TCC 设备各个单元之间的连接以及与 CBI、CTC、TSR 服务器、轨道电路设备、LEU 和 TCC 站间的通信通道状态。

设备应用场景数据的监测及记录：

（1）轨道电路编码信息（区间和站内）。

（2）区间点灯信息。

（3）实时应答器报文信息。
（4）临时限速信息。
（5）车站列车进路信息。
（6）区间方向信息。

辅助维护单元应具备以下报警功能：
（1）一级报警（故障影响设备正常工作）。
（2）二级报警（故障不影响设备正常工作）。
（3）预警信息（通过逻辑分析，可能发生故障）。

界面显示：
（1）TCC 设备工作状态工况图显示。
（2）应用场景数据站场图显示。
（3）报警维护信息显示。

10. 异常处理功能

TCC 设备当一系检测到影响设备正常运行的异常状态或故障后，在备系工作正常时，本系将进入离线状态，同时备系将切换为主系进行工作，并向集中监测设备报警，切换期间不影响 TCC 设备的正常工作。

TCC 监测到与外部设备通信异常后，应通过切换冗余通道或冗余设备实现通信恢复，如在规定时间内不能实现通信恢复时，则判定 TCC 与相应的外部设备通信异常。

TCC 与 CBI 通信中断后，TCC 按照车站无进路，进站信号机红灯断丝，无改变运行方向命令处理；对于无配线车站，控制进出站信号机关闭。

TCC 站间通信中断后，相邻 TCC 则按照边界区段占用、红灯断丝处理，并激活相应的灾害防护，相邻车站 TCC 之间禁止改变区间运行方向。

中继站与主控车站通信中断后，控制管辖范围内轨道区段发送检测码。

TCC 与 TSRS 通信中断后，TCC 按照无新的临时限速命令，维持原临时限速信息处理，并向集中监测设备输出报警信息。

TCC 与 CTC 通信中断后，向集中监测输出报警信息。

TCC 与轨道电路设备通信中断后，向集中监测设备输出报警信息。

TCC 与 LEU 设备通信中断后，向集中监测输出报警信息。

TCC 与集中监测设备通信中断后，向列控中心维护机输出报警信息。

（五）列控中心维护

列控中心有不同的厂家和型号，虽然结构和类型有所不同，但是功能和原理是相似的。现以 LKD2-T 型车站列控中心为例来学习列控中心设备维护。

1. LKD2-T2 列控中心系统的特点

（1）实现轨道电路和有源应答器的实时控制，完成 CTCS-2 级列车控制功能。
（2）列控主机采用"故障-安全"专用处理器，为并列二重系结构。
（3）CPU 时钟同步比较方式保障"故障-安全"，二系之间采用处理周期同步的并行运行方式。

（4）作为输入/输出模块的电子终端，每块电路板都是采用"故障-安全"型双CPU构成的智能控制器。

（5）与轨道电路接口的CAN总线，符合国际标准，支持2.0B协议，采用双总线冗余方式。

（6）采用信号安全数据网与车站联锁、分（主）列控中心、相邻列控中心通信，采用冗余的双冗余环网。

（7）采用信号安全数据网与临时限速服务器通信，采用双冗余环网结构。

（8）具有高可靠性的信息通道。列控主机、电子终端部件采用浮地安装，与外界完全隔离，符合国家电磁兼容标准和防雷标准。

（9）系统结构简单、合理，安全性和可靠性达到国际标准。

（10）系统具有高安全性、高可靠性和易维护、少维修、易扩展的优点。

2. LKD2-T2列控中心设备配置

列控中心按照站场类型和规模分成中继站列控中心、中小站列控中心、大型车站列控中心3种配置。

1）中继站列控中心

（1）中继站列控中心配置于全线中继站上，由1台列控主机柜和1台轨道电路通信监测机柜组成。

（2）中继站列控中心配置两块CI-TIU板，控制两台冗余的LEU，两台LEU控制4个有源应答器。

（3）中继站列控中心根据不同的规模，配置不同数量的PIO板、CI-TC2板。

（4）中继站列控中心根据安全数据网组网方案，配置不同的交换机设备。

2）中小站列控中心

（1）中小站列控中心配置于全线中小型车站和线路所，由1台列控主机柜、1台列控综合柜和1台轨道电路通信监测机柜组成。中小站列控中心综合柜内预留安全数据网网管服务器的安装位置。

（2）中小站列控中心的应用定义为使用LEU数量不超过8台的车站、线路所、动车所。在确定不设安全数据网网管服务器的车站，可以配置10台LEU。

（3）中小站列控中心根据不同的站场规模，配置不同数量的PIO板、CI-TC2板、CI-TIU板、LEU。在有CTC站机的车站，配置两块CI-GS板。

（4）轨道电路通信接口单元机笼标配为1台，在超过6个移频柜的车站，需配置两台轨道电路通信接口单元机笼。

（5）中小站列控中心根据安全数据网组网方案，配置不同的交换机设备。

（6）ODF架（光纤配线架，为通信配线设备中的主要设备）标配为1台，根据安全数据网组网方案的需要，可以配置两台ODF架。

3）大型车站列控中心

（1）大型车站列控中心由1台列控主机柜、1台列控综合柜、1台LEU柜和1台轨道电路通信监测机柜组成。大型车站列控中心综合柜内预留安全数据网网管服务器的安装位置。

（2）大型车站列控中心的应用定义为使用LEU数量超过8台的车站、线路所、动车所。

（3）大型车站列控中心根据不同的站场规模，配置不同数量的PIO板、CI-TC2板、CI-TIU

板、LEU。在有 CTC 站机的车站，配置两块 CI-GS 板。

（4）轨道电路通信接口单元机笼标配为 1 台，在超过 6 个移频柜的车站，需配置两台轨道电路通信接口单元机笼。

（5）输入/输出接口单元标配为 1 台，在 PIO 卡数量超过 10 块的车站，需配置两台输入/输出接口单元。

（6）大型站列控中心根据安全数据网组网方案，配置不同的交换机设备。

（7）ODF 架标配为 1 台，根据安全数据网组网方案的需要，可以配置两台 ODF 架。

3．LKD2-T2 列控中心设备结构

列控中心主要由 6 个部分组成，分别是电源单元、列控主机单元、输入/输出接口单元、通信接口单元、监测维护终端、信号安全数据网通信单元。

1）电源单元

电源屏输出一路 AC 220 V（经过 UPS）给列控中心设备供电，电源屏另外提供两路冗余 DC 24 V 给安全数据网交换机供电。

列控中心设备设置两组 24 V 电源模块，其接口原理如图 3-2-13 所示。

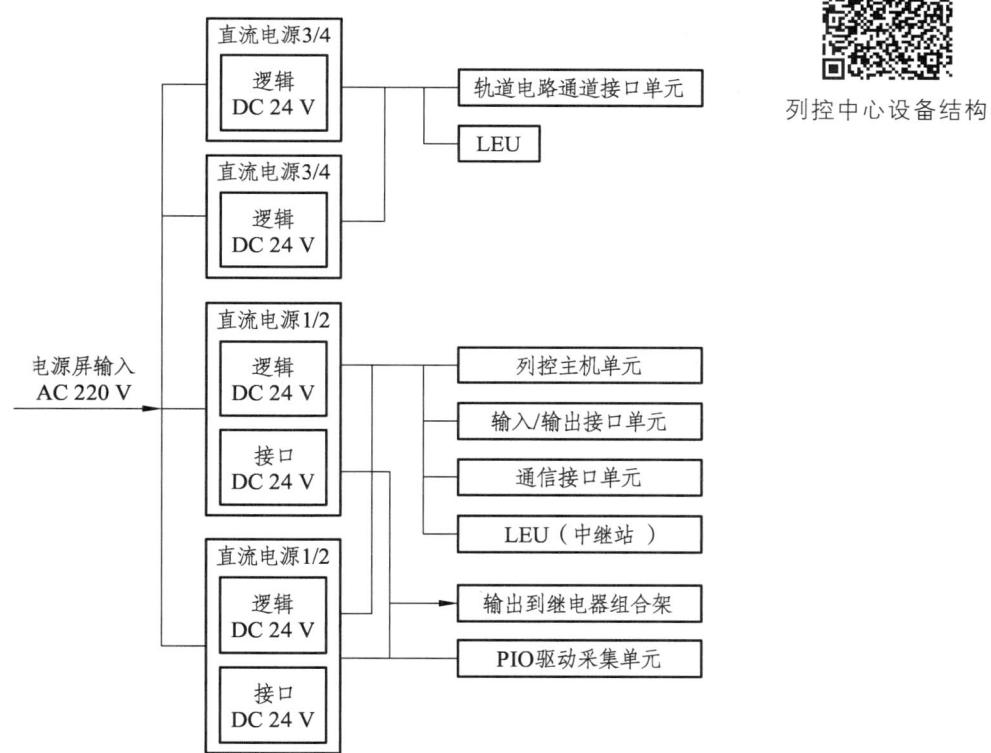

列控中心设备结构

图 3-2-13　列控中心电源接口示意图

2）列控主机单元

列控主机单元为列控中心的核心设备，负责完成列控中心的逻辑处理和系统管理的任务。该主机具有高可靠性和高安全性。

列控主机由并列两重系组成，以主从方式并行运行，每一系采用"故障-安全"的双 CPU 处理器 F486-4，称之为逻辑控制单元，用于完成列控中心逻辑运算和列控系统软件和硬件管理；两系之间通过并行接口（FIFO）建立的高速通道交换信息，实现两重系的同步和切换。每系主机由 IPU6（电源板）、F486-4（CPU 板）、FSIO（通信扩展板）、CANIF（CAN 通信扩展板）、Z2ETH（以太网通信板）等组成。组匣内的各电路板之间通过母板上的 VME 总线互联。

（1）IPU6（电源板）。

IPU6 板实现外部输入的直流 24 V 至直流 5 V 的转换，为本系逻辑电路提供稳定的 5 V 电源。

（2）F486-4（CPU 板）。

F486-4 是列控主机的主 CPU 板。每一系各有一块 F486-4 板，完成列控逻辑运算、两重系间通信及切换控制、两重系一致性检查、系统的故障检测及报警，异常时停止动作。

（3）FSIO（通信扩展板）。

实现列控主机与输入/输出（ET-PIO）接口之间进行现场采集数据和输出控制数据交换。有 3 路与输入/输出接口的通信接口，实现列控主机与监测维护终端之间的数据交换。

（4）FIO7【P】板。

提供光纤接口与 ET 单元或外部监测设备接口。

（5）CANIF（CAN 通信扩展板）。

实现列控主机与轨道电路设备以及通信接口单元之间的数据交换。配置有两路 CAN 总线通信接口。

（6）CANIO 接口板。

提供 CAN 通信接口和外部设备通信。

（7）Z2ETH（以太网通信板）。

提供列控中心站间独立的两路以太网通信接口。

3）输入/输出接口单元（ET-R）

输入/输出接口是采用"故障-安全"型双 CPU（FSCPU）构成的智能控制器。其输出电路按故障导向安全的原则设计，输入采集电路通过有效的自检测功能，能够检测出输入电路的故障，保证输入信息的安全性。输出驱动采用双 CPU 动态和静态信号比较校核，保证输出的安全性。电子终端采用并列两重系结构，单板的故障不影响系统的输入和输出。输出驱动和输入采集均采用静态方式。输出直接驱动安全型继电器。输入采集直流 24 V 信号。

一个输入/输出接口组匣内有 12 个插槽。组匣正面左边的两个插槽用于安装两个 ET-LINE 板。其余的 10 个插槽用于安装 PIO 板。ET 为两重系并列结构。左边第一个插槽安装 1 系 LINE 板，通过光纤与列控主机 1 系的 FIO7【P】板连接；第二个插槽安装 2 系 LINE，通过光纤与列控主机 2 系的 FIO7【P】板连接。

4）通信接口单元

通信接口单元实现列控中心设备对外的通信接口，主要实现列控中心对 LEU 以及 CTC 设备的通信。通信结构如图 3-2-14 所示。

通信接口单元中包含两种类型的通信接口板：CI-GS 为 CTC 通信接口板，用于实现与 CTC 设备的通信接口；CI-TIU 为应答器报文实时编码板，用于实现应答器报文的实时编码和向 LEU 发送。

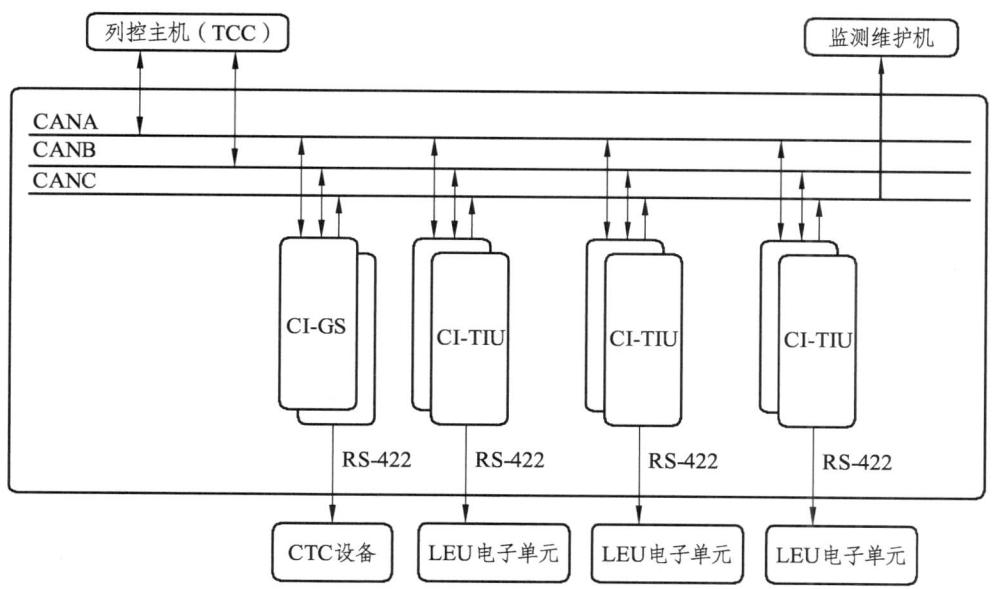

图 3-2-14　通信接口单元原理图

（1）CTC 通信接口板（CI-GS）。

用于列控中心主机和 CTC 站机设备间的 RS-422 串行总线通信，实现列控中心向 CTC 设备传送区间轨道电路状态、码序和方向信息。其中 CAN 总线（CANA、CANB）用于和列控主机交换数据，RS-422 总线用于与 CTC 设备通信。其通信结构如图 3-2-15 所示。

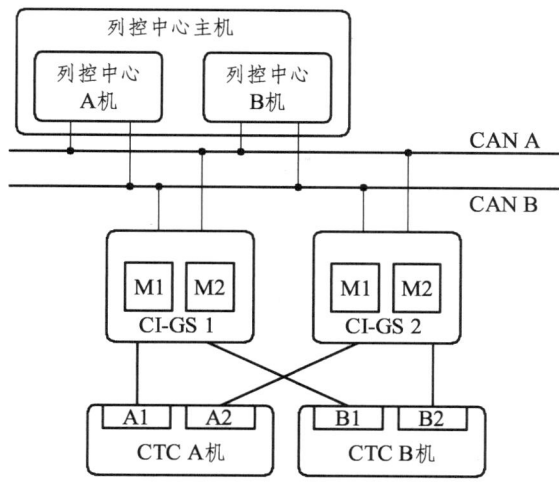

图 3-2-15　CTC 通信接口板（CI-GS）通信示意图

（2）LEU 通信接口板（CI-TIU）。

用于列控中心主机和 LEU 电子单元间的 RS-422 串行总线通信，实现列控中心应答器报文的实时编码和 LEU 数据通信的功能。通信板接收列控中心主机的应答器用户数据，实时编码成应答器报文后向 LEU 发送，同时接收 LEU 设备反馈的应答器设备状态向列控中心主机传输。其中，CAN 总线（CANA、CANB）用于和列控主机交换数据，RS-422 总线用于和 LEU 设备通信，CANC 用于发送监测数据给监测维护机，包括应答器报文数据和设备状态数据。其通信结构如图 3-2-16 所示。

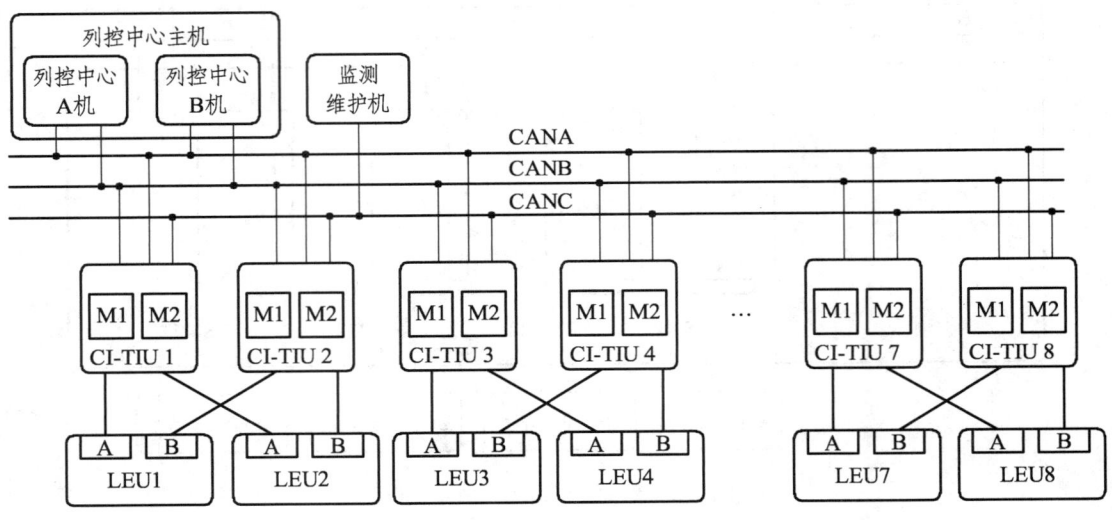

图 3-2-16　LEU 通信接口板（CI-TIU）通信结构示意图

5）轨道电路通信接口单元

轨道电路通信接口单元实现列控中心设备对轨道电路移频柜的通信接口。其通信结构如图 3-2-17 所示。

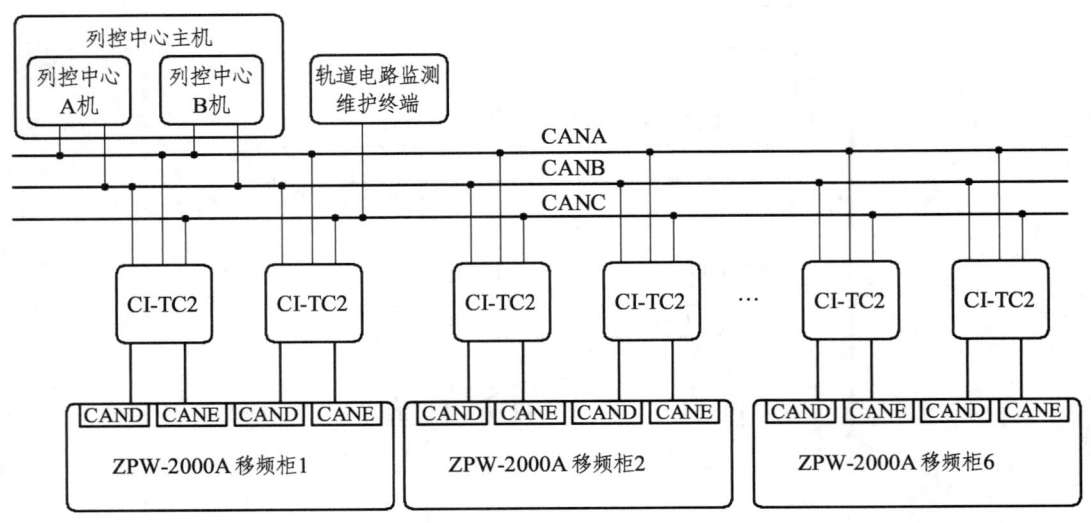

图 3-2-17　轨道电路通信接口板（CI-TC）通信结构示意图

轨道电路通信接口板用于列控中心主机和轨道电路设备间的 CAN 总线通信协议互换，实现列控中心主机向轨道电路设备发送编码命令，并接收轨道电路设备的状态。其中，CAN 总线（CANA、CANB）用于和列控主机交换数据，CANC 用于发送监测数据给轨道电路监测维护终端，CAND、CANE 用于和轨道电路设备交换数据。

轨道电路通信接口单元为一个 4U 的机笼单元，配置在轨道电路通信监测机柜中，每个机笼最多可以配置 12 块 CI-TC2 通信板，可以和 6 台移频柜（控制 60 个轨道区段）的轨道电路设备通信。超过 6 个移频柜的车站需增加一个轨道电路通信接口单元。

6）监测维护终端

监测维护终端为一套完整的工控机设备，布置在列控主机柜内，包括辅助维护监测主机、上架显示器、键盘和鼠标。其主要功能为记录列控中心、LEU 等各个单元的工作状态和数据，同时把监测数据传送给集中监测设备；可以采用远程登录方式对其操作；监测维护主机对外提供以太网接口、CAN 总线接口和 INIO2 卡通道接口。

监测维护主机配置 2 个以太网口，1 块四通道 CAN 卡，2 块 INIO2 通信卡。监测维护机配置 1U 的上架显示器，作为监测维护终端的显示设备，使用对象为工程技术维护人员。监测维护终端主机通过以太网接口和外部的集中监测设备通信，通信电缆采用超 5 类屏蔽双绞以太网线。

7）轨道电路监测维护终端

轨道电路维护监测终端为一套完整的工控机设备，布置在轨道电路通信监测机柜，包括维护监测主机、上架显示器、键盘和鼠标。其主要功能为记录轨道电路工作状态和数据，同时把监测数据传送给集中监测设备；可以采用远程登录方式对其操作；监测维护主机对外提供以太网接口和 CAN 总线接口。

轨道电路监测维护机配置 2 个以太网口，1 块四通道 CAN 卡。

轨道电路监测维护机配置 1U 的上架显示器，作为监测维护终端的显示设备，使用对象为工程技术维护人员。

监测维护终端主机通过以太网接口和外部的集中监测设备通信，通信电缆采用超 5 类屏蔽双绞以太网线。

监测维护终端主机通过 CAN 总线与分线采集器连接。

8）工业以太网单元

由工业以太网实现联锁和 TCC、临时限速服务器和 TCC 之间的安全数据通信；由 8 芯光纤构成双网双冗余工业以太环网；构成以太环网的交换机安装在列控中心设备机柜内。

9）LEU 电子单元

中继站列控中心 LEU 设备配置在列控中心主机柜中，车站/线路所列控中心的 LEU 设备配置在列控综合柜或 LEU 机柜内。远程 LEU 置于远程 LEU 机柜内。

LEU 电子单元带有 ECI 监测装置，置于每台 LEU 的右侧。

10）LEU 冗余切换单元

安装在正线上的有源应答器由冗余 LEU 控制，列控中心控制 LEU 冗余切换单元实现冗余 LEU 设备的自动切换。冗余切换单元随冗余配置的 LEU 设备安装，中继站的冗余切换单元安装在主机机柜中，车站的冗余切换单元安装在综合柜中。

冗余 LEU 切换单元采用信号安全继电器实现应答器信号的切换，切换原理如图 3-2-18 所示。

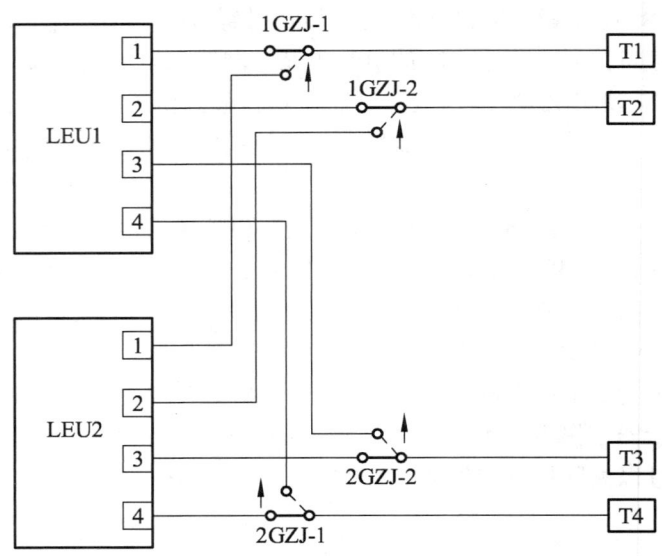

图 3-2-18　LEU 冗余切换单元原理图

LEU1、LEU2 的配置完全一样，都有四路应答器输出至切换单元。常态下 LEU1 的输出 1、2 通过切换选择至应答器 1、2，LEU2 的输出 3、4 至应答器 3、4。当检测到任一个 LEU 发生故障时，相应的切换继电器落下，此时应答器的输出全部切换到另一个正常的 LEU，实现 LEU 的冗余配置。

对于多组冗余 LEU 的车站，切换方式相同。

4. LKD2-T2 系统设备维护

LKD2-T2 列控中心设备的日常维护包括设备机柜外观检查和设备工作状态检查两方面内容。

设备机柜外观检查如下：

（1）检查各部件外观是否清洁，风扇、机箱、机柜通风是否正常，各种标签是否完整、正确、清晰。

（2）各部螺丝是否紧固，机柜门、锁有无破损。

（3）通信电缆的紧固性检查。

（4）应答器电缆的紧固性检查。

（5）备品备件完整性检查。

（6）至少每 15 天检查一次上述内容，并做好记录。

设备工作状态检查如下：

（1）检测列控中心电源模块的电源是否有报警，是否有发热现象，并记录每个电源模块的输出电压和电流值。

（2）检测通信接口单元的各个板卡工作指示灯闪烁是否正常，是否有异常指示。

（3）检测主备机状态，是否有离线状态，记录主备机位置，是否有倒机现象。

（4）检测主机单元的工作指示灯闪烁是否正常，是否有异常指示。

（5）检查交换机的工作状态，工作指示灯是否正常。

（6）检查监测维护终端工作是否正常，记录维修诊断软件的监控界面上的设备状态和通道连接状态。

（7）记录 LEU 状态、应答器状态是否完好。

（8）检查监测维护终端中的列控中心故障历史记录，判断是否为故障记录，并做好记录。

（9）检查集中监测历史记录，判断是否有列控中心故障。

（10）检查信号安全数据网的网管终端中的状态显示，判断是否有通信通道中断，并检查历史记录，判断是否有故障发生。

（11）上述检查内容每天完成一次。

具体内容如表 3-2-2 所示。

表 3-2-2 LKD2-T2 型客专列控中心设备维护记录卡（参考）

站名：		检修人：	设备包保人：	
检修项目	检修内容	检修日期：	备注
		检修记录	

检修项目	检修内容	检修日期：检修记录	备注
设备检查	（1）各部外观清洁，风扇、机箱、机柜通风正常，各种标签完整、正确、清晰，维修机过滤网清洗		
	（2）各螺丝紧固状态，机柜门、锁无破损		
	（3）检查通信电缆、应答器电缆的紧固状态		
	（4）备品备件完整性检查		
工作状态检查	（1）检测电源模块故障状态，记录输出电压电流值		
	（2）检测主机单元的工作指示灯闪烁是否正常，是否有异常指示		
	（3）检测通信接口单元的工作指示灯闪烁是否正常，是否有异常指示		
	（4）检测电源单元工作指示灯是否正常		
	（5）检测主备机状态，是否有离线状态，记录主备机位置		
	（6）检查维修诊断软件上是否有报警信息		
	（7）检查 LEU 和应答器的状态		
	（8）检查列控中心故障历史记录，判断是否为故障记录		
	（9）维修机时钟校准确认（建议 1 个月一次）		

5. LKD2-T2 列控中心设备故障处理

1）设备故障判断处理流程

判断处理故障时应尽量利用列控中心维修诊断软件的诊断信息，如网络状态连接图、实时故障信息等。通过网络状态连接图可以直接看出列控设备各级通道连接的通断情况，利用报文解析浏览图可直接查看有源应答器的当前报文和历史报文记录。

列控中心维护人员在进入机械室进行设备维护时，应填写相应的维护单据，对列控中心的状态进行如实记录，对异常状态进行详细的现象描述，以便技术人员分析问题和解决问题。维护人员发现故障时的维护流程如图 3-2-19 所示。

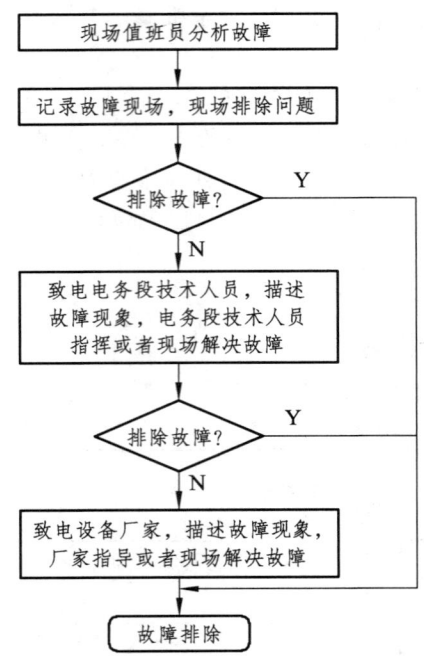

图 3-2-19　故障维护流程

2）设备故障判断

（1）通信故障判断。

通信通道故障包括所有列控中心和其他设备的通信，主要检查物理通道连接是否完好、通信单元工作是否正常，故障不能恢复则报修。

当检测到列控中心主机有一侧离线时，应及时记录主机的故障代码，并重启列控中心主机，同时把故障代码传给厂家分析，根据分析结果做后续处理，如故障不能马上恢复，应立即报修。

（2）应答器报文传输通道故障处理。

由于列控中心的监测维护软件只能检测到列控中心发送的报文，报文的室内室外传输通道的完整性检测需要通过从室外读取应答器报文来判断。

对于出现通道问题的应答器电缆，可以通过电压测量的方法来判断处理故障。

通过实测在列控中心正常工作时的参考电压是：

① 室内分线盘或 LEU 输出：FLUKE89 数字表 15～17 V；普通数字万用表 4.8 V。

② 室外分线盒：FLUKE89 数字表 13～15 V；普通数字万用表 3 V。

通过现场实际测试发现，如电压超出此范围，则可能有故障，可进一步查找判断故障的具体位置。

3）设备故障处理

当列控中心设备中的每个单元或板卡故障时，应先记录故障单元或板卡的故障代码或状态显示，然后及时更换备件，并从监测维护机或集中监测设备中调取历史记录，发送给厂家进行故障分析。

二、地面电子单元（LEU）

地面电子单元（LEU）引进后，实现了国产化，如中国铁路通信信号集团有限公司与法国阿尔斯通联合生产，和利时科技集团有限公司和法国 CSEE 联合生产，北京交大思诺科技股份有限公司生产以及铁道科学研究院生产。虽然各厂家的 LEU 外形、接口方式及实现的方式不同，但基本功能相同。LEU 外形如图 3-2-20 所示。

LEU 与有源应答器和列控中心连接，LEU 周期性地接收来自列控中心的报文，并连续不断地向有源应答器发送可变信息的报文。

地面电子单元（LEU）

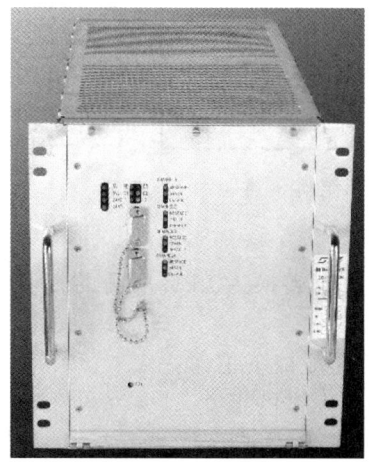 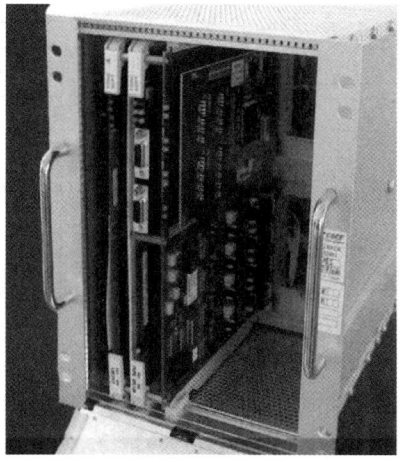

图 3-2-20　LEU 外形

1. LEU 的功能

LEU 是故障-安全设备，主要有以下功能：

（1）存储几百条至上千条报文。

（2）接收列控中心发送的应答器报文并连续向有源应答器转发。一台 LEU 可以同时向 4 台有源应答器发送不同信息内容的报文。

（3）接收外部发送的控制命令，根据控制命令选择一条预先存储的报文并连续向应答器发送。

（4）当输入通道故障或 LEU 内部有故障时，向应答器发送预先存储的默认报文。

（5）当有车载天线经过有源应答器上方时，LEU 不转换新的报文。

（6）输出开路与短路检测信息。

（7）设备自检及事件记录，并向外部设备上传。

2. LEU 的设置

LEU 宜集中设置在信号机械室内，可根据机械室实际情况，设置在列控中心柜中或单独的 LEU 设备柜中。

控制进站信号机、线路所通过信号机、中继站处有源应答器的 LEU 设备采取"1+1"冗余配置，控制出站信号机、调车信号机，大号码道岔处有源应答器的 LEU 采取"$n+1$"备用方式。各站备用 1 个 LEU 设备放置在信号机械室。

需在调车信号机处设置有源应答器时，LEU 设置在现场，并直接从信号灯读取控制条件。

3. LEU 的结构

这里介绍 LKY.LEU-T1 型 LEU 结构。

该结构采用外形为 3U 的盒子，盒内安装有母板，在母板上插接 4 块电路板，自左至右分别为电源板、数据处理板、串行输入接口板和输出板，通过串行接口与车站列控中心 S 口连接。其结构如图 3-2-21 所示。

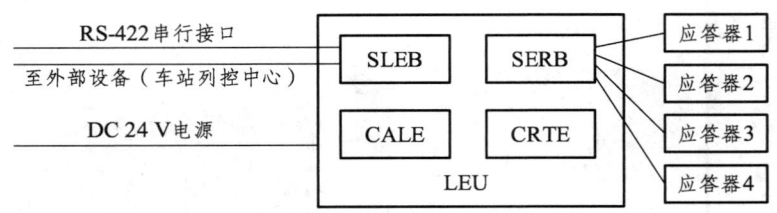

图 3-2-21　LEU 内部结构示意图

（1）电源板 CALE。

电源板通过插头连接外部的 DC 24 V 电源，将其转换为 LEU 所需的工作电源。

（2）数据处理板 CRTE。

数据处理板是 LEU 的核心处理单元，它主要完成以下工作：

① S 接口的安全通信管理，正确接收列控中心发来的报文。

② 向 4 个有源应答器转发正确报文。

③ S 接口异常时，向 4 个有源应答器发送相应的默认报文。

④ 向列控中心传送自检结果，并存储记录。

LEU 从功能上分为两种类型，即报文透明传输型 LEU 和报文存储型 LEU。两种类型 LEU 可以是相同的硬件采用不同的软件配置，也可以是不同的硬件和软件。

报文透明传输型 LEU 通过串行通信接口周期从外部设备（地面列控中心等）接收传输报文，按照接口 C 规定连续向有源应答器传输。

报文存储型 LEU 通过采集外部开关量输入条件或通过串行通信接口周期从外部设备（列控中心、联锁设备等）接收外部设备输入条件，选取已存储在 LEU 内部的与输入条件相对应的报文，按照接口 C 规定连续向有源应答器传输。

在透明传输模式下，数据处理板不需要与外部连接。除透明传输模式外，LEU 还可以存储约 1 000 条报文，根据外部的输入条件，选择相对应的报文输出。

LEU 在 2 s 时间内没有收到正确有效的数据时，应向有源应答器输出默认报文。报文透明传输型 LEU 应能存储不少于 4 条与有源应答器相对应的默认报文。报文存储型 LEU 对应每一路输出，应能存储不少于 256 条长格式报文（含默认报文）。

（3）串行输入接口板 SLEB。

串行输入接口板通过插头与车站列控中心的串行通信线连接，是 LEU 接收报文的通道。串行通信板将 RS-422 接口电平转换为数字电路电平。SLEB 板的作用是接收列控中心发送的报文，并向列控中心发送 LEU 的状态。串行通信板包含两路独立的 RS-422 串行接口。

（4）输出板 SERB。

输出板把数据处理板的报文进行 DBPL 编码以及功率放大，通过插头与应答器传输电缆连接，向 4 个有源应答器输出可变信息的报文。

4. LEU 接口

S 接口是 LEU 与车站列控中心之间的通信接口，可通过串行接口或以太网实现。每个 LEU 有两个 RS-422 接口或双网与车站列控中心进行通信，构成冗余。采用主从通信方式，车站列控中心为主机，LEU 为从机，车站列控中心以 500 ms 为周期向 LEU 发送应答器报文，通信传输速率为 38 400 bits/s。

LEU 与其控制的有源应答器之间采用专用的数据传输电缆连接，电缆长度不应大于 2 500 m。LEU 应具备应答器电缆断线检测功能。当有源应答器传输电缆长度超过 2 500 m 时，可将 LEU 设于轨旁，此时列控中心与 LEU 之间采用专用光纤连接。

5. LEU 设备的指示灯

（1）LEU 电源指示灯。

固定在正面，有 4 个系统 LED 灯：5 Vl 绿色，正常状态常亮；5 VL 绿色，正常状态常亮；24 VE 绿色，正常状态常亮；24 VR 绿色，正常状态常亮。

（2）LEU 系统指示灯。

WD 绿色，正常状态常亮。ER 红色，与列控中心连接成功的状态下常灭，与列控中心未连接的状态下闪烁。E1 黄色，正常状态常亮。E2 黄色，正常状态常亮。1 绿色，正常状态快速闪烁。2 黄色，正常状态常灭。

（3）LEU 应答器指示灯。

① MESSAGE 黄色，当向应答器通道发送报文时闪烁。

② TRAIN 黄色，当监测到列车通过应答器时点亮，通常情况下常灭，在连接有电缆检测盒的情况下，当应答器电缆正常连接时闪烁。

③ DEFAULT 红色，常灭（带载），当出现故障时，如输出应答器短路或开路时点亮。

（4）LEU 安全输出指示灯 S01 黄色，正常状态常亮。

（5）光电转换单元指示灯。

① P 绿色，电源指示灯，正常状态常亮。

② 10/100 黄色，灭，速率 10 Mb/s；亮，速率 100 Mb/s。

③ DA/STAT 绿色，灭，无连接；亮，有连接；闪烁，数据交换。

④ DA/STAT（Port1）绿色，灭，无连接；亮，有连接；闪烁，数据交换。

（6）继电器状态指示灯。

绿色，表示继电器工作状态。

三、应答器

应答器是 CTCS-2 级列控系统中车-地信息传输的主要设备之一。

应答器功能、分类及工作原理

随着列车运行速度的不断提高，仅依靠轨道电路发送闭塞信息，在信息量方面已经不能满足列车安全高速行驶的要求，需增加应答器向列控车载设备提供大量固定信息和可变信息。

通号设计院的有源应答器和无源应答器结构完全相同，通过电缆及插接件与LEU连接，就作为有源应答器使用。西门子的有源应答器在生产中已经将电缆固定在应答器上。它们均符合欧洲标准。

地面应答器设备包括无源应答器、有源应答器及应答器读写工具等。

有源应答器外形如图3-2-22所示。无源应答器外形如图3-2-23所示。应答器安装位置如图3-2-24所示。应答器读写工具如图3-2-25所示。

图3-2-22　有源应答器外形

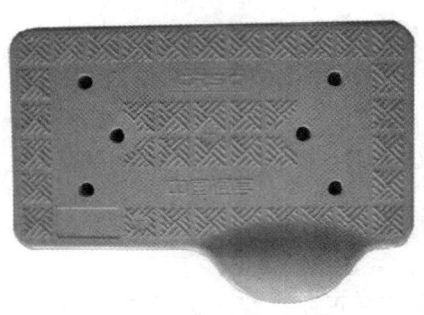

图3-2-23　无源应答器外形

图3-2-24　应答器安装位置

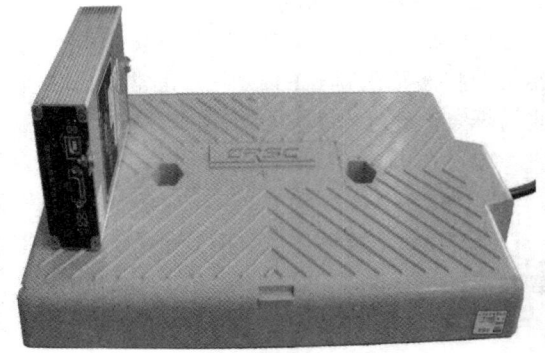

图3-2-25　应答器读写工具

（一）应答器的功能

应答器有以下功能：接收电能信号，探测解调远程能量信号；产生上行链路信号，通过接口A1向列控车载设备传送报文；选择启动方式，确定是发送自身存储的报文还是发送接口C来的报文；串音防护；管理操作/编程模式；接收来自接口C的数据；控制I/O接口特性；产生"列车通过"信号。

应答器向列控车载设备传送以下信息：

（1）线路基本参数：如线路坡度、轨道区段长度等参数。

（2）线路速度信息：如线路最大允许速度、列车最大允许速度等。

（3）临时限速信息：由于施工等原因引起的对列车运行速度进行限制时，向列车提供临时限速信息。

（4）车站进路信息：根据车站接发车进路，向列车提供线路坡度、线路速度、轨道区段等线路参数。

（5）级间转换信息：发送 CTCS-0/1 与 CTCS-2 级间切换预告信息，并在切换点发出切换命令。

（6）分相区信息：发送即将过分相区信息，列车不允许在分相区停留。

（7）道岔信息：给出前方道岔侧向允许列车运行的速度。

（8）特殊定位信息：如升降弓、进出隧道鸣笛、列车定位等。

（9）其他信息：固定障碍物信息、列车运行目标数据、链接数据等。

应答器用于向 CTCS-2 级列控系统车载设备提供线路速度、线路坡度、轨道电路临时限速等线路参数信息；向 CTCS-3 级列控系统车载设备提供位置、级间转换、建立无线通信等信息。

应答器以报文的形式发送信息，因此需要定义报文的格式和所代表的含义。我国列控系统中，应答器报文采用欧洲标准。每条应答器报文都是由一个 50 位的报文帧头、若干信息包以及一个 8 位的结束包构成，共计 830 位，每个信息包都具有各自的格式和定义。为了保证传输的安全性和可靠性，要按照欧洲标准对其进行加扰编码，形成 1 023 位的传输报文，应答器、LEU、列控中心中存储、传输的都是 1 023 位的传输报文。

（二）应答器的分类

根据所传输报文是否可变，应答器分为固定信息应答器（无源应答器）和可变信息应答器（有源应答器）。

每个无源应答器预先固定写入一条应答器报文，列车经过该应答器时，固定发送预先写入的报文。无源应答器用于发送固定不变的数据，如设置在区间，发送线路坡度、最大允许运行速度、轨道电路参数、列控等级切换等信息。有源应答器通过专用的应答器电缆与 LEU 连接，根据 LEU 设备所发送的报文，变化地向列车传送应答器报文信息，主要是进路信息和临时限速信息。有源应答器的报文按应答器编码规则编制，内容包括编号、链接关系临时限速（至限速始点距离、限速区长度、限速速度）、进路长度、电码化及线路载频、线路固定信息等。

（三）应答器电路结构

1. 应答器电路板

应答器电路板原理图如图 3-2-26 所示。应答器控制模块是整个电路的控制核心，当电源建立后，它首先判断由 C 接口来的数据是否有效。若有效，则控制模块将发送 C 接口传来的数据。若该数据无效或无数据，则使用存储在报文存储器中的数据，将其进行 FSK 调制后，输出到数据收发模块，经功率放大后由耦合线圈发送。只要电源存在，控制模块就不间断地发送。一旦控制模块做出报文选择（选择存储的数据还是 C 接口传来的数据），在这次上电的工作周期内，无论 C 接口数据有效与否，应答器都不会改变发送的数据。

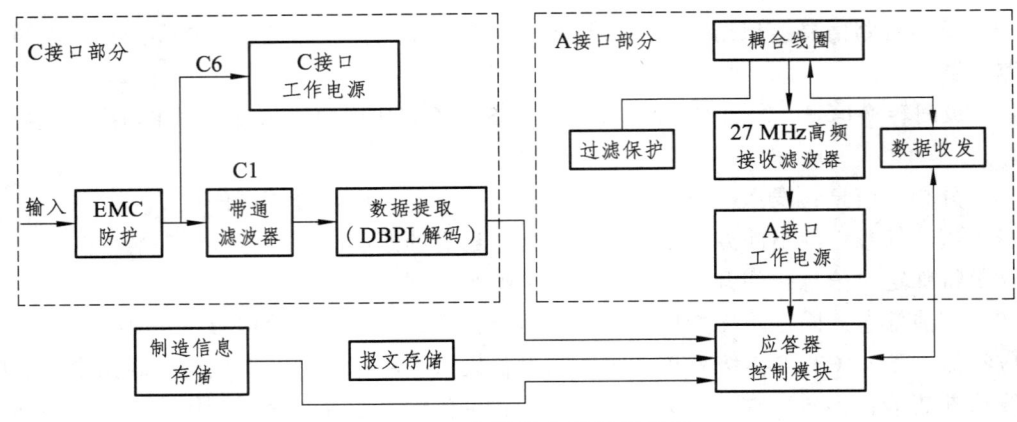

图 3-2-26 应答器电路板原理图

当车载天线离开应答器上方后，应答器失去了电源，便停止数据发送。C 接口工作电源仅用于该接口电路部分，不给控制模块和数据收发供电，因此，有源应答器也只有在车载天线出现时才发送数据。

2. 应答器接口

应答器与其他设备连接以及报文传输主要有 A 接口、C 接口。

1）A 接口

A 接口是应答器与列控车载设备之间的信息传输接口，该接口利用电磁感应方式，用于地-车间的数据传输，还用于对应答器报文进行读写操作，它在功能上分为上行数据传输接口 A1、供电接口 A4、编程接口 A5 三个子接口。

A4 接口是列控车载设备向应答器提供工作电源的接口。车载天线单元连续发送频率为 27.095 MHz 的电磁波，应答器感应该电磁波，并将其转换为工作电源。

A1 接口是应答器向列控车载设备传输数据报文的接口。当车载设备激活应答器时，应答器连续不断地将 1 023 位的传输报文发出，选择 4.234 MHz 的中心频率及 ±282 kHz 的上下边频对信息进行移频键控调制后发送。

A5 接口用于对应答器进行编程，采用电磁感应方式对无源应答器的报文写入或对有源应答器的默认报文写入时的接口，即写入报文及生产制造标识信息。

2）C 接口

C 接口是 LEU 与有源应答器之间的数据传输接口，LEU 从列控中心或其他设备获得报文信息，通过接口 C 传送给有源应答器，有源应答器将信息传送给经过的车载设备。接口 C 在功能上分为 C1 接口、C6 接口、C4 接口。

C1 接口用于 LEU 向有源应答器传送报文。LEU 将 1 023 位的应答器传输报文进行码型变换，将其转换为 DBPL（Differential Bi-Phase-Level）码，通过电缆不间断地向有源应答器发送。

C6 接口是由 LEU 给有源应答器接口电路提供电源的接口。

C4 接口用于有源应答器向 LEU 发送有列车通过的信息。C4 是天线单元经过有源应答器期间，由有源应答器产生的信号，用于在规定时间内阻止 LEU 进行报文转换的接口，接口 C4 为可选功能。

（四）应答器的工作原理

应答器系统是一种采用电磁感应原理构成的高速点式数据传输设备，用于在特定地点实现地面与列车间的相互通信。车载天线与应答器之间按电磁耦合的原理进行工作。

安装于两根钢轨中心枕木上的地面应答器不要求外加电源，平时处于休眠状态。应答器的工作电源是由感应电压获取，仅靠瞬时接收车载天线的功率而工作，并能在接收到车载天线功率的同时向车载天线发送大量的编码信息。

不论是无源应答器还是有源应答器，其工作原理是相同的，当列车经过地面应答器上方时，应答器接收列控车载天线发送的电磁能量后，应答器将电磁能量转换为工作电源，启动电子电路工作，把预先存储或 LEU 传送的报文循环发送出去，直至电能消失（即车载天线离去）。

通过报文读写工具 BEPT 可以改写无源应答器的数据报文，对无源应答器存储的数据报文进行读出、校核。

有源应答器通过与 LEU 的连接，可实时改变传送的数据报文。当与 LEU 通信故障时（接口 C 故障），有源应答器可以自动切换到无源应答器工作模式，发送预先存储在应答器中的默认报文。

LEU 与应答器通信中断时，有源应答器应有保证行车安全的缺省报文。在办理通过进路且出站有源应答器通信中断或列车未收到其报文时，若进站应答器预告有临时限速，车载 ATP 将按 45 km/h 的速度控制列车在区间运行，否则按线路规定速度控车。

（五）应答器编号及命名规则

为完成传送数据报文的任务，应答器经常要成组运用，构成应答器组，由 2~8 个应答器组成，应答器组内相邻应答器间的距离应为（5±0.5）m（专用于调车的应答器组内间距不应小于 3 m）。

应答器编号及命名规则

参照 ETCS 应答器相关标准对应答器进行编号，适用于中国铁路的列车运行自动控制区段，全国铁路应答器编号应具有唯一性。应答器编号按规则纳入工程设计，并报国铁集团核备。

每个应答器的编号由（大区编号+分区编号）与（车站编号+应答器单元编号）共同构成。

全国铁路应答器编号实行统一管理。全国铁路按一定原则划分若干大区，每个大区分成若干分区，每个分区包含若干车站（含区间）。

原则上每个车站对应一个车站编号，应答器以应答器（组）为基本单元进行编号（简称单元编号）。应答器编号应根据情况预留冗余。

1. 大区编号

大区编号由三位十进制表示，编号范围为 1~127。

全国铁路按区域划分大区。以现行电务管理区域或客运专线区域为参照，根据其管辖范围内车站的数量，每个区域可分配 1~3 个大区编号。

2. 分区编号

分区编号由一位十进制表示，编号范围为 1~7。大区编号内以线别和车站分布情况进行分区编号。原则上同一线别的车站应分配在同一分区内。车站数量较多时可分配多个分区。车站数量较少时，多个线别可合并在一个分区内。

3. 车站编号

车站编号由二位十进制表示，编号范围为 1~60。一个分区内的车站数量一般按不超过 50 个进行分配。原则上按分区内车站的下行方向顺次进行车站编号。多个线别合并在一个分区时，线别之间车站编号留出适当余量。既有分区内增减车站时，不得影响其他车站编号。

4. 单元编号

单元编号由三位十进制表示，编号范围为 1~255，对车站管辖范围内（含区间）的全部应答器（组）进行统一编号。以列车正运行方向或用途为参照，按正线贯通、从小到大的原则进行编号，下行编号为奇数，上行编号为偶数。

对于单、三、四线等，根据具体的设计方案，参照上述规则进行编号。

每个应答器组可由 1~8 个应答器组成，以列车正运行方向为参照，列车首先经过的应答器为 1，其他顺次编号。

5. 应答器编号及命名示例

举例：如图 3-2-27 所示，应答器位于 045 号大区、1 号分区、23 号车站，在信号平面布置图中表示为 045-1-23，放置于车站名称下方。

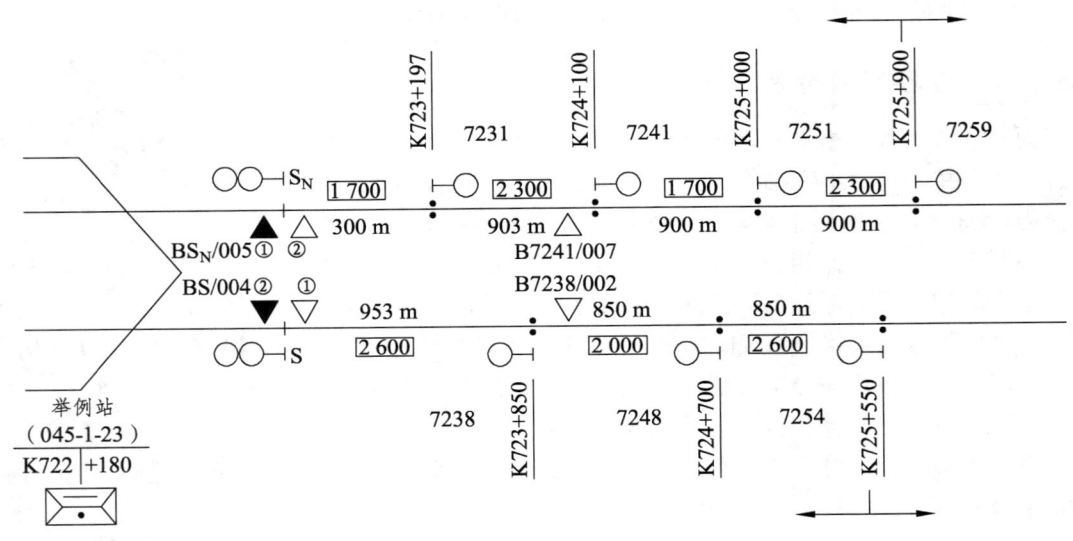

图 3-2-27 应答器编号及命名示例

7241 通过信号机处的应答器，命名为 B7241，单元编号为 007，图中标识为 B7241/007，最终档案编号为 045-1-23-007。

上行反方向进站信号机处的应答器组，命名为 BS_N，单元编号为 005，图中标识为 BS_N/005，并用 1 和 2 表示两个应答器在组中的位置，最终档案编号分别为 045-1-23-005-1、045-1-23-005-2。

（六）应答器设置规则

1. 应答器的设置规则

1）一般原则

（1）CTCS-2 和 CTCS-3 级列控系统的应答器组内应答器数量不宜超过 3 个。仅用于定位的应答器组可为单个应答器。

应答器设置规则

（2）应答器组内相邻应答器间的距离应为（5±0.5）m（专用于调车的应答器组内间距不应小于 3 m）。

（3）根据需要，正反向进站信号机、到发线出站信号机、区间中继站、进路信号机、调车信号机、大号码道岔正向预告区段可设置有源应答器组，区间可设置无源应答器组。设置在车站的应答器组中的有源应答器应靠近信号机侧。

（4）应答器组连接间距不宜小于 200 m，动车段/所内应答器组间连接距离不应小于 35 m。应答器组连接距离示意如图 3-2-28 所示。

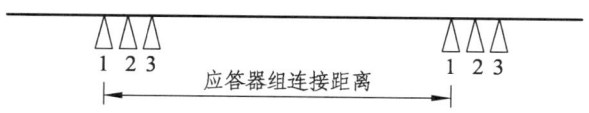

图 3-2-28　应答器组连接距离示意图

（5）有源应答器组的数据应合理分配，固定信息宜设置在无源应答器中。一组应答器内同一方向的信息包只能有一个，不应重复（【ETCS34】信息包除外）。

（6）除仅用于调车作业的调车应答器组可不被连接外，其余应答器组均应被连接。

（7）分相区范围内不宜设置应答器组。

（8）正向应答器组设置及数据应满足应答器组信息冗余。

（9）区间应答器组距绝缘节距离不宜小于 200 m，车站正线应答器组距绝缘节距离不小于 30 m，车站到发线应答器组距绝缘节距离不小于 20 m。应答器组距绝缘节距离从靠近绝缘节的应答器计算。

2）符　号

图纸中利用空心三角表示无源应答器，利用实心黑三角表示有源应答器。组内应答器数量应与三角形个数一致。

三角形下带小竖线的应答器被定义为组内第一个应答器，其后方的应答器依次编号，如图 3-2-29 所示。

图 3-2-29　应答器图例示意图

图中应在应答器下方标识应答器名称、应答器编号及应答器功能号，当该应答器组具有多个功能时，应依次描述。具体格式为"B 应答器名称（里程标或信号机名称）/应答器序号-应答器功能号/应答器功能号……"。

2. 应答器设置

1）区间应答器组设置

（1）区间应答器组【Q】设置。

区间应答器组应设置在闭塞分区入口处外方。区间应答器组设置示意图如图 3-2-30 所示。区间无源应答器组用于列车定位和向 CTCS-2 级列控车载设备发送线路允许速度、线路坡度、轨道区段及特殊区段等线路固定信息。

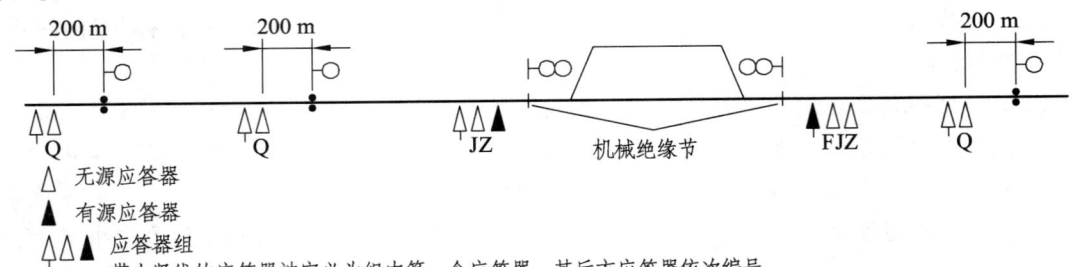

图 3-2-30　区间应答器组【Q】设置示意图

（2）反向区间应答器组【FQ】设置。

反向区间应答器组应设置在轨道电路绝缘节入口外方，具体设置位置根据实际情况确定。当进站口或中继站发送反向线路数据的无源应答器容量不能满足要求时，应在区间单独设置反向区间应答器组【FQ】发送反向线路数据，如图 3-2-31 所示。

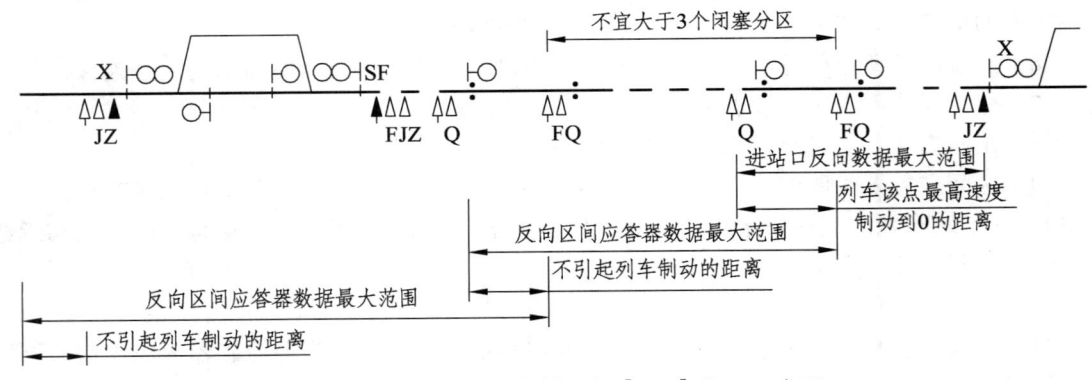

图 3-2-31　反向中继应答器组【FQ】设置示意图

2）车站应答器组设置

（1）进站信号机应答器组【JZ】设置。

进站信号机外方设置有源应答器组，应包括两个无源应答器，进站应答器组设置示意图如图 3-2-32 所示。

进站信号机无源应答器发送线路允许速度、线路坡度、轨道区段、特殊区段及调车危险等发车方向线路数据和接车方向线路坡度信息。

当进站信号关闭时，进站有源应答器发送接车方向有效的停车报文；当进站信号开放时，在排列正线接车进路情况下发送应答器链接信息、临时限速信息，在排列侧向接车进路情况下发送应答器链接、线路允许速度、轨道区段、特殊区段及临时限速等信息。进站有源应答器在发车情况下发送应答器链接信息、临时限速信息。

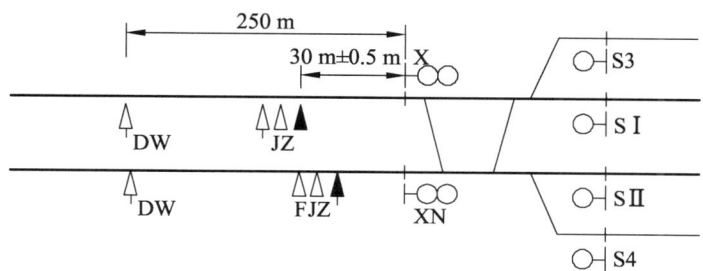

图 3-2-32　进站应答器组设置示意图

（2）出站信号机应答器组【CZ】设置。

车站到发线出站信号机外方设置有源应答器组，设置位置应综合考虑站场情况（站台端部、出站信号机距警冲标、安全保护距离或岔尖的距离）。动车段内当受股道长度限制时，距出站信号机不应小于 15 m（从靠近绝缘节的应答器计算），出站应答器组设置如图 3-2-33 所示。

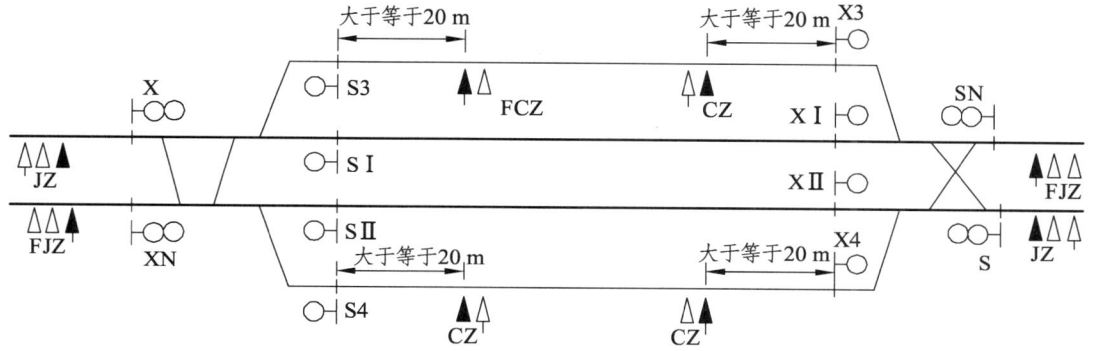

图 3-2-33　CTCS-2 级线路出站应答器组设置示意图

有图定转线作业的正线股道出站信号机外方设置有源应答器组，图定转线作业车站出站应答器组设置如图 3-2-34 所示。

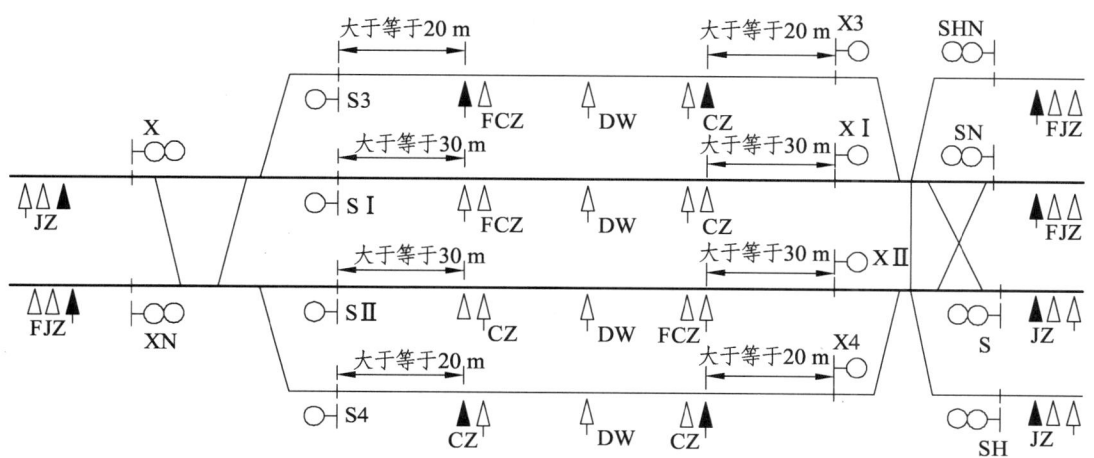

图 3-2-34　图定转线作业车站出站应答器组设置示意图

含有源应答器的出站应答器组，由无源应答器发送发车方向有效的坡度信息。当不同进路坡度上下坡度不同且坡度相差较大时，坡度数据可在有源应答器中描述。

由无源应答器组组成的出站应答器组,用于定位仅发包头信息帧。

当出站信号关闭时,有源应答器发送发车方向有效的停车报文。当出站信号开放列车信号时,在正线发车进路情况下,发送空报文;在侧向发车进路情况下应发送对发车方向有效的线路允许速度、轨道区段、临时限速及特殊区段等信息。当出站信号开放调车信号时,发送空报文。

当排列侧线通过进路时,与发车方向相反的出站应答器发送发车方向的预告报文。预告报文的数据范围与发车报文相同,包含链接信息、轨道区段信息和速度信息,不包含临时限速信息。

(3)进路应答器组设置【JL】。

当进路信号机为接车进路信号机、接发车进路信号机时,应答器设置方式及数据发送原则应按进站应答器组设置。接车进路应答器组设置示意图如图 3-2-35 所示,接发车进路应答器组设置示意图如图 3-2-36 所示。

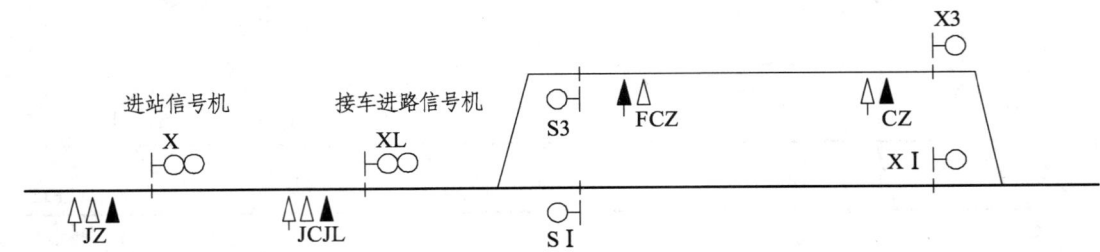

图 3-2-35　接车进路应答器组设置示意图

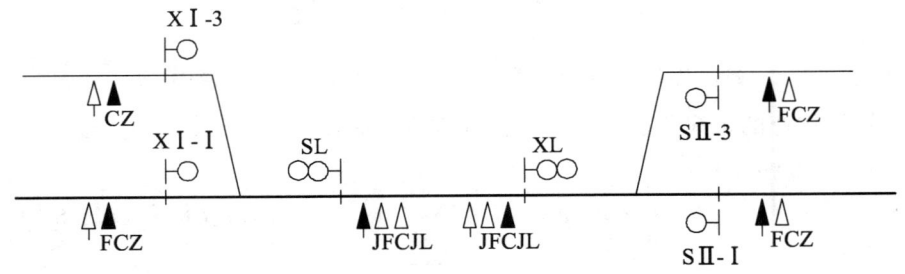

图 3-2-36　接发车进路应答器组设置示意图

(4)调车应答器组设置【DC】。

冒进调车信号后可能危及列车安全的调车信号机外方应设置调车应答器组,该应答器组距调车信号机不应小于 15 m(从靠近绝缘节的应答器计算)。动车段受站场条件限制时调车应答器可适当向调车信号机方向移设。

列车进路上的调车信号机应答器组,当调车信号关闭时,有源应答器发送调车危险信息;非列车进路上的调车信号机应答器组,当调车信号关闭时,有源应答器发送停车报文。当调车信号开放时,该有源应答器发送空报文。

(5)定位应答器设置【DW】。

CTCS-2 级区段区间当丢失一个应答器组后相邻应答器组之间的距离大于 5 000 m 时,在未布置区间应答器组的闭塞分区入口处应设置定位应答器组,用于列车定位。

定位应答器组根据设置位置,可提供线路里程、车站名称等辅助信息。

当定位应答器组与相邻其他应答器组之间的距离不能满足应答器组间最小距离的要求时，可与相邻应答器组合并。

（6）中继站应答器组【ZJ】设置。

在上下行线路靠近区间中继站的位置，均设置有源应答器组，包括两个无源应答器，组内第三个应答器为有源应答器，用于发送临时限速和线路数据，中继站应答器组设置示意图如图 3-2-37 所示。

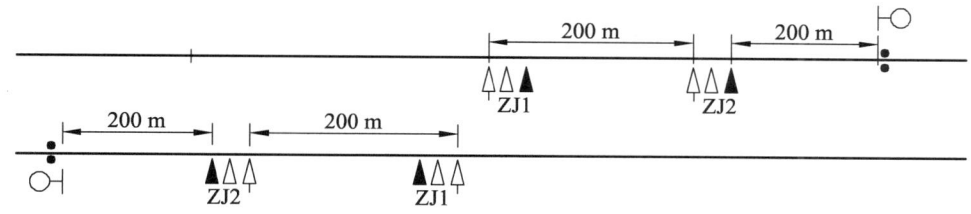

图 3-2-37 中继站应答器组设置示意图

按照线路正向运行方向，中继站第二组与区间应答器组合并。有源应答器根据区间方向发送临时限速信息，第一组中继站应答器组中无源应答器发送链接信息、轨道区段、线路坡度、线路速度、特殊区段等反向线路数据，第二组中继站应答器组中无源应答器发送链接信息、轨道区段、线路坡度、线路速度、里程信息、特殊区段等正向线路数据。

3）级间转换应答器组设置

（1）CTCS-0/2 等级转换应答器组设置。

CTCS-0/2 等级转换应答器组包括等级转换预告应答器组和等级转换执行应答器组，应答器组应包含两个无源应答器。等级转换执行点应答器组设置在距闭塞分区入口 30 m±0.5 m（从靠近绝缘节的应答器计算）处。等级转换预告应答器组距等级转换点应答器组的距离应大于列车按等级转换点处线路最高允许速度运行 5 s 的走行距离，CTCS-0/2 等级转换应答器组设置示意图如图 3-2-38 所示。

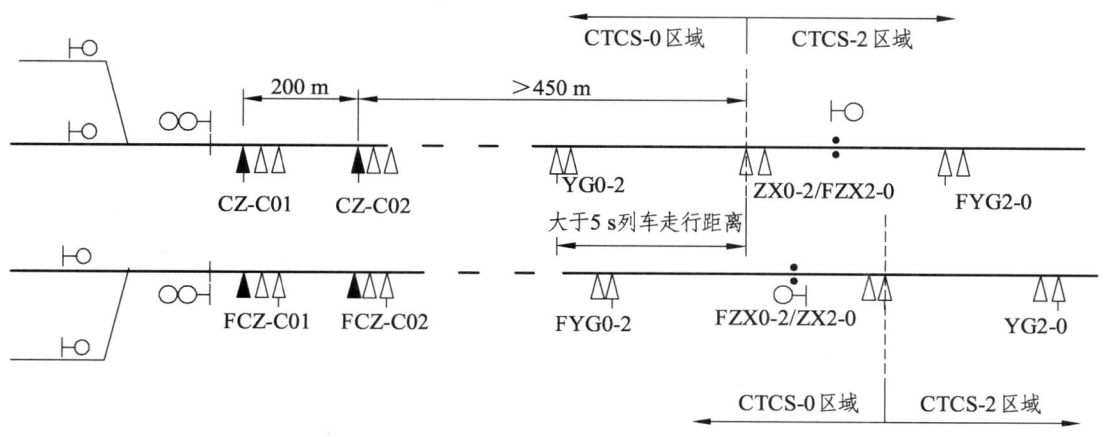

图 3-2-38 CTCS-0/2 等级转换应答器组设置示意图

等级转换宜设置在区间列车较少实施制动的区段。等级转换执行点应答器组所在处的列控顶棚速度不应大于 160 km/h。

CTCS-0 级区域等级转换预告应答器组应发送 CTCS-2 级区段应答器连接、线路速度、线路坡度、轨道区段、特殊区段和等级转换预告等信息。

CTCS-2 级区域等级转换预告应答器组应发送 CTCS-0 级区段应答器连接、线路速度、线路坡度、轨道区段、特殊区段和等级转换预告等信息。

等级转换执行应答器组应发送等级转换执行信息。

当等级转换应答器组与相邻其他应答器组之间的距离不能满足应答器组间最小距离的要求时，可与相邻应答器组合并。

（2）CTCS-0 站应答器组【CZ-C0】【FCZ-C0】设置。

CTCS-0 车站向 CTCS-2 区域方向出站口（含反向）上下行各设置两个有源应答器组，向列车发送线路数据和临时限速信息。

两个应答器组之间的连接距离不应小于 200 m，距离等级转换点最近的应答器组距转换边界应大于 450 m。

4）自动过分相应答器组设置

列控系统发送的分相区信息应为分相区断电标志牌起点位置及长度信息，分相区示意图如图 3-2-39 所示。

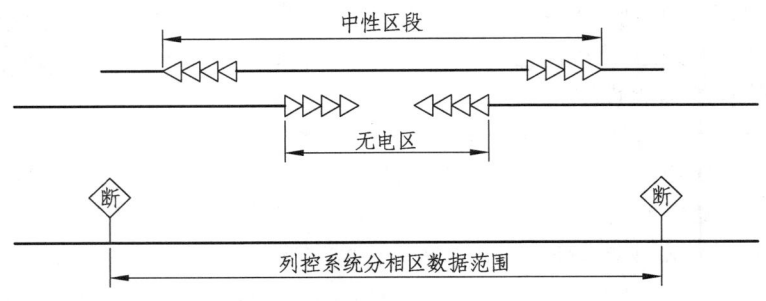

图 3-2-39　分相区示意图

正向运行时，宜有三组应答器组发送分相区信息。第一组宜为分相区外方第 7 个闭塞分区入口处的应答器组，第二组宜为第三组外方最近的应答器组，第三组宜为距分相区线路最高允许速度运行 10 s 外方最近的应答器组，发送分相区应答器位置示意图如图 3-2-40 所示。第三组与分相区间若存在发送正向线路数据的应答器组也应描述过分相信息。

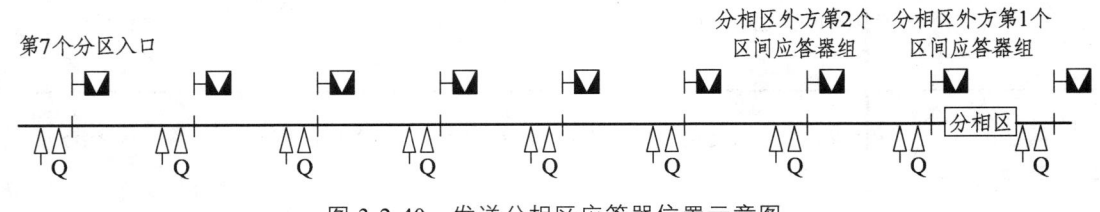

图 3-2-40　发送分相区应答器位置示意图

当反向线路参数覆盖范围内有分相区时，发送反向线路参数的应答器组应发送反向过分相信息。

当车站有源应答器组线路参数覆盖范围内有分相区时，有源应答器应发送不同进路数据范围内距车站最近的分相区。

5）大号码道岔（18号以上）应答器组【DD】设置

在距大号码道岔外方，宜在发送 U2S 闭塞分区入口 200 m ±0.5 m（从靠近绝缘节的应答器计算）处设置大号码道岔应答器组，当与区间应答器组【Q】合用时，由一个有源应答器和两个无源应答器构成应答器组。该应答器设置示意图如图 3-2-41 所示。

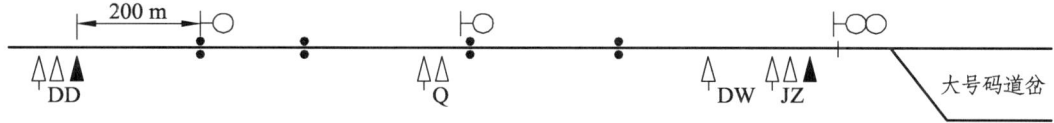

图 3-2-41　大号码道岔应答器组与区间应答器组合用设置示意图

当 U2S 闭塞分区入口不具备设置条件时，可在防护大号码道岔的 U2S 或 UUS 分区内较远处设置大号码道岔应答器组，当与定位应答器组【DW】合用时，由一个有源应答器和一个无源应答器构成应答器组。该应答器设置示意图如图 3-2-42 所示。

图 3-2-42　大号码道岔应答器组与定位应答器合用设置示意图

反向接发车进路不设置大号码道岔应答器组，不发送大号码道岔信息包。

（七）应答器数据规则

在 CTCS-2 级列控系统中，地面线路的参数，如坡道、速度、轨道区段长度等信息，均是在列车经过安装在线路上的应答器上方时，利用应答器车载设备激活应答器，并接收应答器发送的报文，经过解码处理后，获得列车运行的线路参数，并根据轨道电路等信息，生成列车控制曲线，控制列车安全运行。

应答器数据规则

应答器报文是根据应答器用户数据表中描述的线路参数，利用规定的应答器信息包格式，根据控车需要，组合编制成应答器用户报文，描述相应的线路参数。

应答器用户数据表是根据 CTCS-2 级应答器的报文定义及列车控制需要，对线路信息利用一套数据表格进行描述，其内容主要包括应答器位置表；正向区间信号点、轨道区段数据表；反向区间信号点、轨道区段数据表；区间线路坡度表；区间线路速度表；铁路线路里程断链明细表；车站列车进路数据表等。

应答器用户数据表必须满足数据准确性、数据完整性、文字及格式规范性和可追溯性。

1）报　文

应答器报文分为应答器用户报文和应答器报文。应答器用户报文指的是根据应答器用户信息包的格式编制的报文。应答器用户报文有长报文（830 位）和短报文（210 位）两种。应答器报文指的是应答器用户报文经过欧洲的编码算法，加扰后存储在应答器中或通过 LEU 传输的报文。同样，应答器报文也分为长报文（1 023 位）和短报文（341 位）两种。在本章中所讲的报文均指应答器用户报文。

2）报文格式

每一条应答器用户报文均由信息帧、用户信息包、结束标志位构成。信息帧主要是对应答器报文的一个标识，包含应答器编号、版本信息等内容。用户信息包根据列车控制需求，针对不同的作用，定义各种不同用途的信息包。

为保证应答器与动车组 ATP 车载设备的运用相匹配，应答器报文的格式采用统一的数据结构。在既有线 CTCS-2 级列控系统中，根据 CTCS-2 级点连式列控系统的需求，参照欧洲报文定义的格式，我国自定义了轨道区段包【CTCS-1】、临时限速包【CTCS-2】、反向运行包【CTCS-3】、大号码道岔包【CTCS-4】四个 CTCS 数据包。

报文定义中，每个信息包结构如表 3-2-3 所示，均有一个唯一的编号，包含了信息包的位长度、方向信息及可选的距离标尺和系列定义的变量信息区。

表 3-2-3 用户信息包结构

编　号	NID_PACKET	信息包的标识码
方　向	Q_DIR	指出信息对哪个运行方向是有效的
长　度	L_PACKET	信息包所包含的数据位数
标　尺	Q_SCALE	距离/长度的分辨率
信　息	…	系列变量信息区

信息包中的变量名称是唯一的，并且都有一个前缀，如表 3-2-4 所示，不同的前缀代表不同的含义。每个变量的含义也是唯一的，如变量"NID_PACKET"在所有的信息包中的含义都是信息包标识码。每个变量的取值也有一定的规律性，一般情况下，用变量的最大值表示特殊值，备用的变量数值一般在正常值和特殊值之间的可变数据范围内。对于 1 位布尔变量，总是使用"0"作为"假"，"1"作为"真"。

表 3-2-4 变量名前缀及含义

前　缀	含　义	前　缀	含　义
D_	距　离	NC_	等级编号
G_	坡　道	NID_	识别号
L_	长　度	Q_	限　定
M_	其　他	V_	速　度
N_	编　号		

在数据包中，一个变量如果根据其前面的一个限定词变量的变化是可选的，则该变量在数据包定义中缩进书写，如链接信息包中变量"NID_C"在格式上缩进书写，即当其前面的一个限定词变量"Q_NEWCOUNTRY=0"时，"NID_C"这个变量则可以删除。

在数据包中，当一组或一个变量需要重复时，一般由变量"N_ITER"定义重复的次数，如果"N_ITER=0"，则后面没有变量。如轨道区段数据包中，当"N_ITER=7"时，表示轨道区段描述信息区变量共重复 7 次。数据包中包括的信息内容主要有：

① 应答器链接。

信息内容涉及行车安全的应答器（组）之间应建立链接关系。一个应答器（组）应与同一运行方向连续两个相邻应答器（组）建立链接关系。

② 线路坡度。

取整、合并后作为应答器线路坡度数据存入应答器。坡度信息距离分辨率为 1 m（变坡点的位置误差为±5 m），坡度分辨率为 1‰。分辨率不足 1‰的，按 1‰分辨率向安全侧取整。

③ 线路速度。

第一组数据定义为：以本应答器为起点至列车运行前方第一个线路允许运行速度变化点间的线路速度参数；第二组数据定义为：从第一个线路允许运行速度变化点至列车运行前方第二个线路允许运行速度变化点间的线路速度参数，其他以此类推。应答器线路速度信息包主要用来描述线路的速度参数，其中存入应答器的速度数据是按 5 km/h 精度取整后的线路速度数据。

④ 临时限速。

相邻两个车站之间一个运行方向仅考虑一处区间临时限速。临时限速命令有效期间，有关应答器（组）的报文信息应保持。由出站信号机或出站口处有源应答器给出至相邻站进站信号机范围内的区间临时限速信息。

⑤ 轨道区段。

"轨道区段"报文中描述的第一个轨道区段起始点为本应答器前方第一架信号机或信号点。一条接车或发车进路原则上由道岔区、车站股道两个区段构成。

⑥ 车站进路。

应答器车站进路信息应以"线路坡度""线路速度""轨道区段"等线路参数的形式对每条车站接、发车进路进行描述。

⑦ 数据范围。

提供线路参数的同一方向相邻两个应答器（组）数据应交叉冗余，并有一个完整列车常用制动距离的数据余量，为减少应答器数据量，其数据余量可采用该范围内对控车最安全的一组参数。

⑧ 缺省报文。

当有源应答器的地面电子单元（LEU）与列控中心间发生通信故障时，地面电子单元（LEU）应向有源应答器提供缺省报文。应答器缺省报文应为该应答器报文中对列车运行较限制的报文组合。

⑨ 级间转换。

对于由 CTCS-1/0 向 CTCS-2 转换，应在级间转换区间的正向发车站出站口处设置有源应答器，负责向列车传送该区间临时限速信息。

⑩ 调车危险。

通过在出站口处应答器向列车传送"调车危险"报文信息，可禁止列车以调车模式进入区间。

⑪ 特殊区段。

通过"特殊区段"报文，可以向机车乘务员实时反映列车运行前方的一些特殊情况，如隧道、桥梁、无电区等。

⑫ 大号码道岔（18号以上）。

设置一个有源应答器（组），给出道岔侧向允许列车运行的速度。根据道岔区段空闲条件的不同，同一大号码道岔的侧向允许列车运行的速度可以有多个等级。当大号码道岔侧向允许列车运行的速度不大于 80 km/h 时，应答器可以不给出"大号码道岔"报文。

⑬ 区间反向运行。

由反向出站信号机或反向出站口处有源应答器给出至相邻站反向进站信号机的区间反向运行信息。

⑭ 级间转换【ETCS-41】。

级间转换信息包主要用于描述地面列控系统的等级，控制车载设备控车模式的切换。

⑮ 用户数据包【ETCS-44】。

用户数据包是主要用来嵌套用户自定义的 CTCS 用户信息包，如轨道区段、临时限速、区间反向运行等，如表 3-2-5 所示。

表 3-2-5 用户数据包【ETCS-44】与 CTCS 数据包的嵌套使用

名 称	变 量	含 义
编 号	NID_PACKET	ETCS-44 信息包的标识码
方 向	Q_DIR	指出 ETCS-44 信息对哪个运行方向是有效的
长 度	L_PACKET	ETCS-44 和 CTCS 信息包所包含的数据位数
编 号	NID_PACKET	CTCS 信息包的标识码
方 向	Q_DIR	指出 CTCS 信息对哪个运行方向是有效的
长 度	L_PACKET	CTCS 信息包所包含的数据位数
信 息	…	系列变量信息区

我国列控系统中，应答器报文采用欧洲标准。

每条应答器报文都是由一个 50 位的报文帧头、若干信息包以及 8 位结束包构成，共计 830 位，如表 3-2-6 所示，每个信息包都具有各自的格式和定义。

表 3-2-6 应答器报文结构

序号	名称	变量	位数	备注
1	帧标志	Q_UPDOWN	1	信息传送的方向（0=车对地，1=地对车）
		M_VERSION	7	语言/代码版本编号（0010000=V1.0）
		Q_MEDIA	1	信息传输媒介（0=应答器，1=环线）
		N_PIG	3	本应答器在应答器组中的位置（000=1，111=8）
		N_TOTAL	3	应答器组中所包含的应答器数量（000=1，111=8）
		M_DUP	2	本应答器信息与前/后应答器信息的关系（00=不同，01=与后一个相同，10=与前一个相同）
		M_MCOUNT	8	报文计数器（0~255）
		NID_C	10	地区编号（高 7 位=大区编号，低 3 位=分区编号）

续表

序号	名称	变量	位数	备注
1	帧标志	NID_BG	14	应答器标识号（高6位=车站编号，低8位=应答器编号）
		Q_LINK	1	应答器组的链接关系（0=不被链接，1=被链接）
2	用户信息包		772	用户信息包区
3	信息结束		8	=1111 1111，表示信息帧结束

应答器链接关系一般为链接应答器，非链接应答器中不应包含调车危险、目视停车、绝对停车之外的其他安全信息。

按照系统设计要求，选用 ETCS 系统中定义的信息包和我国 CTCS 中定义的信息包。将上述信息包组合成 830 位报文后，为了保证传输的安全性和可靠性，按照欧洲标准对其进行编码，形成 1 023 位的传输报文，应答器、LEU、TCC 中储存及其传输的是 1 023 位的传输报文。

应答器数据包如下：
（1）应答器链接【ETCS-5】（见表 3-2-7）。

表 3-2-7 应答器链接【ETCS-5】

序号	变量名	位数	说明
1	NID_PACKET	8	信息包标识码=0000 0101
	Q_DIR	2	验证方向（00=反向有效，01=正向有效，10=双向有效，11=备用）
	L_PACKET	13	信息包位数
	Q_SCALE	2	距离/长度的分辨率（00=10 cm，01=1 m，10=10 m）
2	D_LINK	15	到下一个链接应答器组的距离增量
	Q_NEWCOUNTRY	1	下一个链接应答器组与前一个的地区关系（0=相同，1=不同）
	NID_C	10	地区编号（Q_NEWCOUNTRY=1）
	NID_BG	14	应答器组编号（下一个被链接应答器组；16 383=特殊值，用于重定位信息）
	Q_LINKORIENTATION	1	列车通过被链接应答器组时的运行方向（0=反向，1=正向）
	Q_LINKREACTION	2	当链接失败时，ATP 采取的措施（00=紧急制动，01=常用制动，10=无反应，11=备用）
	Q_LOCACC	6	链接应答器允许的安装偏差（0~±63 m，分辨率=1 m）
3	N_ITER	5	包含链接应答器组的数量
	D_LINK(k)	15	到下一个链接应答器组的距离增量
	Q_NEWCOUNTRY(k)	1	下一个链接应答器组与前一个的地区关系（0=相同，1=不同）

续表

序号	变量名	位数	说明
3	NID_C(k)	10	地区编号（Q_NEWCOUNTRY=1）
	NID_BG(k)	14	应答器组编号（下一个被链接应答器组；16 383=特殊值，用于重定位信息）
	Q_LINKORIENTATION(k)	1	列车通过被链接应答器组时的运行方向（0=反向，1=正向）
	Q_LINKREACTION(k)	2	当链接失败时，ATP采取的措施（00=紧急制动，01=常用制动，10=无反应，11=备用）
	Q_LOCACC(k)	6	链接应答器允许的安装偏差（0～±63 m，分辨率=1 m）

变量 Q_NEWCOUNTRY 定义了被链接应答器与本应答器地区编号是否相同，当被链接应答器与本应答器地区编号相同时，变量 NID_C 取消。

一般车站及区间，应答器组链接失败时，Q_LINKREACTION="无反应"。链接信息包中特殊车站链接出站信号机处有源应答器组或区间应答器组时，当应答器丢失后，ATP 控车可能存在不安全因素时，Q_LINKREACTION="紧急制动"。

变量 D_LINK 给出了两个应答器组之间的距离，对于一组内有多个应答器的应答器组，其位置信息以该组第一个应答器为准。

对于变量 Q_LOCACC，定义了应答器综合安装误差，Q_LOCACC=5 m。

当地面无法区分前方进路时，可用 NID_BG=16 383 表示本应答器组前方链接的重定位应答器组编号。当本应答器组【ETCS-5】的 NID_BG=16 383 时，CTCS-2 级列控车载设备只接收链接距离内含重定位信息【ETCS-16】的应答器组，链接距离 D_LINK 选择含重定位信息的应答器组中距离最远的一个。

（2）重定位信息【ETCS-16】（见表3-2-8）。

表3-2-8 重定位信息【ETCS-16】

序号	变量名	位数	说明
1	NID_PACKET	8	信息包标识码=0001 0000
	Q_DIR	2	验证方向（00=反向有效，01=正向有效，10=双向有效，11=备用）
	L_PACKET	13	信息包位数
	Q_SCALE	2	距离/长度的分辨率（00=10 cm，01=1 m，10=10 m）
2	L_SECTION	15	重定位区段长度

重定位区段长度为本应答器组开始至进路终点的距离。

（3）线路坡度【ETCS-21】（见表3-2-9）。

应答器线路坡度数据应以线路实际的坡度数据为依据，按1‰分辨率向安全侧进行取整，合并后作为应答器线路坡度数据存入应答器。

坡度信息距离及长度分辨率为1 m（变坡点的位置误差为±5 m）。

表 3-2-9 线路坡度【ETCS-21】

序号	变量名	位数	说明
1	NID_PACKET	8	信息包标识码=0001 0101
	Q_DIR	2	验证方向（00=反向有效，01=正向有效，10=双向有效，11=备用）
	L_PACKET	13	信息包位数
	Q_SCALE	2	距离/长度的分辨率（00=10 cm，01=1 m，10=10 m）
2	D_GRADIENT	15	到本应答器所描述的坡道信息起始点的距离
	Q_GDIR	1	坡度识别（0=下坡或平坡，1=上坡）
	G_A	8	安全坡度（分辨率=1‰，最大=254‰）[255=非数字值，告知当前坡道的描述在 D_GRADIENT(n)结束]
3	N_ITER	5	包含坡度变化点的数量
	D_GRADIENT(k)	15	到下一个坡度变化点的距离增量
	Q_GDIR(k)	1	坡度识别（0=下坡或平坡，1=上坡）
	G_A(k)	8	安全坡度（分辨率=1‰，最大=254‰）

到发线线路坡度数据与正线一致。进站信号机（含反向）处应答器组线路坡度，接车方向坡度取应答器所描述的数据范围内不同线路坡度合并后的值，发车方向按线路实际坡度填写；出站信号机处坡度数据取接发车线路坡度合并后的值。

对于坡度变化较多的特殊区段，应答器容量不能满足时，在满足闭塞分区划分的条件下，可根据应答器容量，对坡度向安全侧取整后再合并；在应答器管辖范围内，冗余覆盖部分可采用归档合并办法处理；数据余量部分可采用最不利坡度和数据。

应答器"线路坡度"报文中的第一组数据定义为：以本应答器为起点至列车运行前方本应答器所描述的第一个线路坡度的距离及线路坡度参数；第二组数据定义为：从第一个线路坡度变化点至列车运行前方第二个线路坡度变化点间的线路坡度参数，其他以此类推；以"G_A"=255 表示对坡道的描述结束。

坡度合并宜由远及近，相同坡度方向进行合并。

当不同进路坡度上下坡度不同且坡度相差较大时，坡度数据在有源应答器中描述。

（4）线路速度【ETCS-27】（见表 3-2-10）。

表 3-2-10 线路速度【ETCS-27】

序号	变量名	位数	说明
1	NID_PACKET	8	信息包标识码=0001 1011
	Q_DIR	2	验证方向（00=反向有效，01=正向有效，10=双向有效，11=备用）
	L_PACKET	13	信息包位数
	Q_SCALE	2	距离/长度的分辨率（00=10 cm，01=1 m，10=10 m）

续表

序号	变量名	位数	说明
2	D_STATIC	15	到本应答器所描述的速度信息起始点的距离
	V_STATIC	7	线路最大允许列车运行速度（分辨率=5 km/h）[127=非数字值，当前线路速度的描述在 D_STATIC(k)结束]
	Q_FRONT	1	允许运行速度出口对车头、车尾的有效性（0=由车载设备确定头尾有效性，1=头有效，进入降速区段）
	N_ITER	5	包含列车类型的数量
	NC_DIFF(n)	4	列车类型（0000=主动摆式，0001=被动摆式，0010=对交叉风敏感的）
	V_DIFF(n)	7	列车最大允许运行速度（分辨率=5 km/h）
3	N_ITER	5	包含速度变化点的数量
	D_STATIC(k)	15	到下一个速度变化点的距离增量
	V_STATIC(k)	7	线路最大允许列车运行速度（分辨率=5 km/h）
	Q_FRONT(k)	1	允许运行速度出口对车头、车尾的有效性（0=由车载设备确定头尾有效性，1=头有效，进入降速区段）
	N_ITER(k)	5	包含列车类型的数量
	NC_DIFF(k,m)	4	列车类型（0000=主动摆式，0001=被动摆式，0010=对交叉风敏感的）
	V_DIFF(k,m)	7	列车最大允许运行速度（分辨率=5 km/h）

应答器线路速度数据应以线路实际的列车允许运行速度为依据，按 5 km/h 分辨率向安全侧进行取整，作为应答器线路速度数据存入应答器，地面不考虑速度对车头车尾的有效性。

侧线进路中走行的正线区段从进站信号机处绝缘节到侧线道岔岔尖的速度值应与线路速度表中的正线速度值一致。侧线股道线路速度应与其衔接的道岔中号码最大的道岔侧向允许速度保持一致，且不应高于站台限速。

应答器"线路速度"报文中的第一组数据定义为：以本应答器为起点至列车运行前方本应答器所描述的第一个线路允许运行速度的距离及线路速度参数；第二组数据定义为：从第一个线路允许运行速度变化点至列车运行前方第二个线路允许运行速度变化点间的线路速度参数，其他以此类推；以"V_STATIC"=127 表示对线路速度的描述结束。

同一线路区段，某些特殊列车可有不同的列车允许运行速度。如无特殊列车速度要求，应答器"线路速度"报文中"包含列车类型的数量"一项内容为"0"，"NC_DIFF""V_DIFF"项内容取消。

应答器线路速度数据 V_STATIC 应不高于 CTCS-2 级最高速度。

（5）等级转换【ETCS-41】（见表3-2-11）。

等级转换信息包中变量"转换的非 ETCS 等级（NID_STM）"仅在变量"转换的 ETCS 等级 M_LEVELTR=1（STM）"时有效。

在级间转换预告应答器中等级转换点外方确认区段长度变量 L_ACKLEVELTR 值，为列车从等级转换点开始，按该区段线路允许速度不小于运行 5 s 的距离。在级间转换执行应答器中等级转换点外方确认区段长度变量 L_ACKLEVELTR 值，为 0，如图3-2-43所示。

表 3-2-11 等级转换【ETCS-41】

序号	变量名	位数	说明
1	NID_PACKET	8	信息包标识码=0010 1001
	Q_DIR	2	验证方向（00=反向有效，01=正向有效，10=双向有效，11=备用）
	L_PACKET	13	信息包位数
	Q_SCALE	2	距离/长度的分辨率（00=10 cm，01=1 m，10=10 m）
2	D_LEVELTR	15	到等级转换点的距离
	M_LEVELTR	3	转换的列控等级（000=ETCS-0，001=STM，010=ETCS-1，011=CTCS-3，100=CTCS-4）
	NID_STM	8	转换的非 ETCS 等级（M_LEVELTR=1）（0000 0001=CTCS-0 级，0000 0010=CTCS-1 级，0000 0011=CTCS-2 级，0001 0000= TVM430）
	L_ACKLEVELTR	15	等级转换点外方确认区段长度
3	N_ITER	5	包含等级转换点的数量
	M_LEVELTR(k)	3	转换的列控等级（000=ETCS-0，001=STM，010=ETCS-1，011=CTCS-3，100=CTCS-4）
	NID_STM(k)	8	转换的非 ETCS 等级（M_LEVELTR=1）（0000 0001=CTCS-0 级，0000 0010=CTCS-1 级，0000 0011=CTCS-2 级）
	L_ACKLEVELTR(k)	15	等级转换点外方确认区段长度

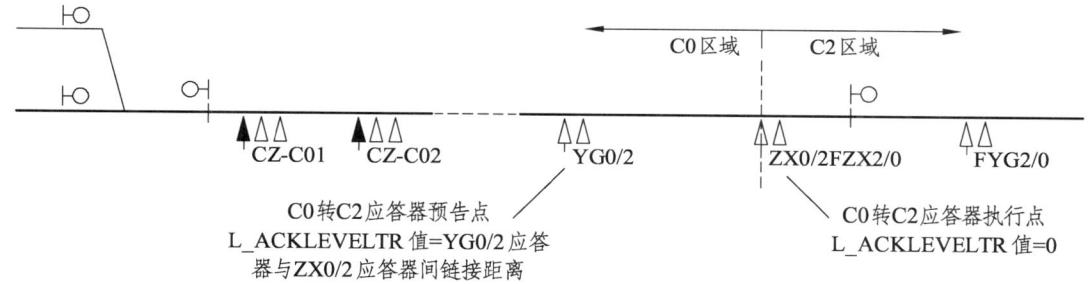

图 3-2-43 确认区段长度变量

等级转换的等级按照转换点内方地面具备的控车等级由高到低的顺序填写。
顺序由低到高依次为 CTCS-0、CTCS-1、CTCS-2、CTCS-3。
当非本务端处于休眠模式（SL）的车载设备接收到该信息时，记录该等级转换信息。
（6）CTCS 数据【ETCS-44】（见表 3-2-12）。

表 3-2-12 CTCS 数据【ETCS-44】

序号	变量名	位数	说明
1	NID_PACKET	8	信息包标识码=0010 1100
	Q_DIR	2	验证方向（00=反向有效，01=正向有效，10=双向有效，11=备用）
	L_PACKET	13	信息包位数
2	NID_XUSER	9	CTCS 用户数据标识码
	XXXXXX		由 NID_XUSER 确定的信息包

每个【ETCS-44】包只能嵌入一个同方向有效 CTCS 信息包。

(7)特殊区段【ETCS-68】(见表 3-2-13)。

表 3-2-13　特殊区段【ETCS-68】

序号	变量名	位数	说明
1	NID_PACKET	8	信息包标识码=0100 0100
	Q_DIR	2	验证方向(00=反向有效,01=正向有效,10=双向有效,11=备用)
	L_PACKET	13	信息包位数
	Q_SCALE	2	距离/长度的分辨率(00=10 cm,01=1 m,10=10 m)
2	Q_TRACKINIT	1	恢复初始状态(进入特殊区段)的要求(0=无要求,1=有要求)
	D_TRACKINIT	15	到恢复初始状态开始点的距离(Q_TRACKINIT=1)
	D_TRACKCOND	15	到特殊轨道区段的距离(Q_TRACKINIT=0)
	L_TRACKCOND	15	特殊轨道区段的长度(Q_TRACKINIT=0)
	M_TRACKCOND	4	特殊轨道区段定义(Q_TRACKINIT=0) [0000=禁停:隧道　初始状态:允许停车(无隧道), 0001=禁停:桥梁　初始状态:允许停车(无桥梁), 0010=禁停:其他　初始状态:允许停车, 0011=无电区间:落下受电弓　初始状态:有电区间, 0100=无线盲区　初始状态:有无线通信, 0101=全气密区间　初始状态:无气密要求, 0110=关闭再生制动　初始状态:再生制动打开, 0111=关闭涡流制动　初始状态:涡流制动打开, 1000=关闭磁铁制动　初始状态:磁轨制动打开, 1001=无电区间:关闭主电源　初始状态:有电区间, 1010~1111=备用]
3	N_ITER	5	包含特殊轨道区段的数量(Q_TRACKINIT=0)
	D_TRACKCOND(k)	15	到特殊轨道区段的距离(Q_TRACKINIT=0)
	L_TRACKCOND(k)	15	特殊轨道区段的长度(Q_TRACKINIT=0)
	M_TRACKCOND(k)	4	特殊轨道区段定义(Q_TRACKINIT=0) [0000=禁停:隧道　初始状态:允许停车(无隧道), 0001=禁停:桥梁　初始状态:允许停车(无桥梁), 0010=禁停:其他　初始状态:允许停车, 0011=无电区间:落下受电弓　初始状态:有电区间, 0100=无线盲区　初始状态:有无线通信, 0101=全气密区间　初始状态:无气密要求, 0110=关闭再生制动　初始状态:再生制动打开, 0111=关闭涡流制动　初始状态:涡流制动打开, 1000=关闭磁铁制动　初始状态:磁轨制动打开, 1001=无电区间:关闭主电源初始状态:有电区间, 1010~1111=备用]

通过"特殊区段"报文，可以向机车司机实时反映列车运行前方的分相区信息。

通过特殊区段后，列车状态应恢复为进入前的状态，"特殊区段"报文中标志"Q_TRACKINIT"项标志=1，并由"D_TRACKINIT"项给出本应答器到恢复点的距离。

（8）文本信息【ETCS-72】（见表3-2-14）。

表 3-2-14　文本信息【ETCS-72】

序号	变量名	位数	说明
1	NID_PACKET	8	信息包标识码=0100 1000
	Q_DIR	2	验证方向（00=反向有效，01=正向有效，10=双向有效，11=备用）
	L_PACKET	13	信息包位数
	Q_SCALE	2	距离/长度的分辨率（00=10 cm，01=1 m，10=10 m）
2	Q_TEXTCLASS	2	显示信息的种类（00=辅助信息，01=重要信息，10～11=未使用）
	Q_TEXTDISPLAY	1	文本信息显示条件组合要求（0=不组合只要/直到一个条件满足就显示，1=组合只要/直到所有条件满足才显示）
	D_TEXTDISPLAY	15	至应显示文本信息的距离
	M_MODETEXTDISPLAY	4	文本显示对车载设备运行模式要求{0=完全监督模式（FS），1=目视行车模式（OS），2=人工驾驶模式（SR），3=调车模式（SH），4=未装备模式（UN），5=休眠模式（SL），6=备用模式（SB），7=冒进模式（TRIP），8=冒进后模式（POSTTRIP），9=系统故障模式（SF），10=隔离模式（IS），11=非本务模式（NL），12=STM欧洲模式[STM(E)]，13=STM国家模式[STM(N)]，14=退行模式（RV），15=文本显示不受模式的限制}
	M_LEVELTEXTDISPLAY	3	转换的列控等级（000=ETCS-0，001=STM，010=ETCS-1，011=CTCS-3，100=CTCS-4）
	NID_STM	8	转换的非ETCS等级（M_LEVELTR=1）（0000 0001=CTCS-0级，0000 0010=CTCS-1级，0000 0011=CTCS-2级，0001 0000=TVM430）
	L_TEXTDISPLAY	15	应显示文本的区域长度（32 767=文本显示不应受距离限制）
	T_TEXTDISPLAY	10	文本显示的时间，1 023=文本显示不受时间限制
3	M_MODETEXTDISPLAY	4	取消文本显示对车载设备运行模式要求{0=完全监督模式（FS），1=目视行车模式（OS），2=人工驾驶模式（SR），3=调车模式（SH），4=未装备模式（UN），5=休眠模式（SL），6=备用模式（SB），7=冒进模式（TRIP），8=冒进后模式（POSTTRIP），9=系统故障模式（SF），10=隔离模式（IS），11=非本务模式（NL），12=STM欧洲模式[STM(E)]，13=STM国家模式[STM(N)]，14=退行模式（RV），15=文本显示不受模式的限制}

续表

序号	变量名	位数	说明
3	M_LEVELTEXTDISPLAY	3	取消文本显示对车载设备操作等级的要求[0=ETCS-0级，1=STM（由 NID_STM 指定），2=ETCS-1级，3=ETCS-2级，4=ETCS-3级，5=文本显示不应受等级限制，6~7=备用]
	NID_STM	8	非 ETCS 等级（M_LEVELTR=1）(0000 0001=CTCS-0级，0000 0010=CTCS-1级，0000 0011=CTCS-2级，0000 0100=CTCS-3级，0000 0101=CTCS-4级，0001 0000=TVM430)
	Q_TEXTCONFIRM	2	取消文本显示确认的要求或反应（00=无确认需要，01=继续显示直到确认，10=当结束条件满足时还未确认则实施常用制动，11=未使用）
4	L_TEXT	8	文本字符串字节长度
	X_TEXT(L_TEXT)	8	文本字节值

车站名称为辅助信息，不受车载模式和工作等级的限制，当区间无源应答器组接近该显示区域时，应发送文本显示信息。

文本信息编码每个汉字利用两个字节表示，字库编码采用 GB 18030 字库。

在车站名称前固定增加一个字节 ASCII 码值为 42 的 "*"。

（9）里程信息【ETCS-79】（见表 3-2-15）。

表 3-2-15　里程信息【ETCS-79】

序号	变量名	位数	说明
1	NID_PACKET	8	信息包标识码=0100 1111
	Q_DIR	2	验证方向（00=反向有效，01=正向有效，10=双向有效，11=备用）
	L_PACKET	13	信息包位数
	Q_SCALE	2	距离/长度的分辨率（00=10 cm，01=1 m，10=10 m）
2	Q_NEWCOUNTRY	1	参考应答器组与本应答器组的地区关系（0=相同，1=不同）
	NID_C	10	地区编号（Q_NEWCOUNTRY=1）
	NID_BG	14	应答器组编号
	D_POSOFF	15	线路公里标距离参考应答器的偏移量
	Q_MPOSITION	1	线路公里标计数方向[0=相反（正向通过时倒计数，反向通过时正计数），1=相同]
	M_POSITION	20	线路公里标参考点
3	N_ITER	5	包含公里标的数量
4	Q_NEWCOUNTRY(k)	1	参考应答器组与本应答器组的地区关系（0=相同，1=不同）
	NID_C(k)	10	地区编号（Q_NEWCOUNTRY=1）
	NID_BG(k)	14	应答器组编号
	D_POSOFF(k)	15	线路公里标距离参考应答器的偏移量
	Q_MPOSITION(k)	1	线路公里标计数方向[0=相反（正向通过时倒计数，反向通过时正计数），1=相同]
	M_POSITION(k)	20	线路公里标参考点

正反向进站信号机、中继站（ZJ2）、有始发列车作业的车站出站信号机无源应答器中应发送里程信息。

线路公里标计数方向，指定列车以不同方向经过里程应答器组时，线路公里标的增大或减小。当变量 Q_MPOSITION=1（相同）时，如果列车正向通过该应答器组，则公里标正计数（增大），如果列车反向通过该应答器组，则公里标倒计数（减小）；当变量 Q_MPOSITION=0（相反）时，如果列车正向通过该应答器组，则公里标倒计数（减小），如果列车反向通过该应答器组，则公里标正计数（增大）。

里程信息包【ETCS-79】采用双向有效，描述的公里标信息 M_POSITION 为应答器组安装位置处的公里标。

当线路存在长短链信息时，与长短链相邻的应答器组发送长短链信息，信息包应为单方向有效，并应先描述该应答器自身所在公里标，再描述长短链变化点之后的里程。

在长短链边界里程信息包【ETCS-79】为单向有效，通过变量 D_POSOFF 描述应答器距该长短链点的距离，变量 M_POSITION 描述长短链后的里程信息。

线路公里标大于 1 048 km 时 Q_SCALE 改为 10 m 分辨率。

（10）调车危险【ETCS-132】（见表 3-2-16）。

表 3-2-16　调车危险【ETCS-132】

序号	变量名	位数	说明
1	NID_PACKET	8	信息包标识码=1000 0100
	Q_DIR	2	验证方向（00=反向有效，01=正向有效，10=双向有效，11=备用）
	L_PACKET	13	信息包位数
2	Q_ASPECT	1	0=若为调车模式，则停车；1=若为调车模式，继续行车

通过应答器向列车传送"调车危险"报文信息包，当列车以调车模式越过该应答器组后触发紧急制动。

（11）默认信息【ETCS-254】（见表 3-2-17）。

表 3-2-17　默认信息【ETCS-254】

序号	变量名	位数	说明
1	NID_PACKET	8	信息包标识码=1111 1110
	Q_DIR	2	验证方向（00=反向有效，01=正向有效，10=双向有效，11=备用）
	L_PACKET	13	信息包位数

（12）轨道区段【CTCS-1】（见表 3-2-18）。

表 3-2-18　轨道区段【CTCS-1】

序号	变量名	位数	说明
1	NID_XUSER	9	信息包标识码（ETCS 以外用户数据）=0 0000 0001
	Q_DIR	2	验证方向（00=反向有效，01=正向有效，10=双向有效，11=备用）

续表

序号	变量名	位数	说明
1	L_PACKET	13	信息包位数
	Q_SCALE	2	长度分辨率（00=10 cm，01=1 m，10=10 m）
2	D_SIGNAL	15	到本应答器所描述的轨道区段起始点的距离
3	NID_SIGNAL	4	信号机或信号点类型（0000=没有信号机，0001=进站信号机/接车进路信号机，0010=出站信号机/发车进路信号机，0011=通过信号机，0100=进路信号机，0101=调车信号机，0110=出站口，0111=设置应答器组的出站信号机/设置应答器组的发车进路信号机）
	NID_FREQUENCY	5	轨道区段载频（00000=无载频，00001=1700，00010=2000，00011=2300，00100=2600，00101=1700-1，00110=1700-2，00111=2000-1，01000=2000-2，01001=2300-1，01010=2300-2，01011=2600-1，01100=2600-2）
	L_SECTION	15	轨道区段长度
4	N_ITER	5	包含轨道区段数
	NID_SIGNAL(k)	4	信号机或信号点类型（0000=没有信号机，0001=进站信号机，0010=出站信号机，0011=通过信号机，0100=进路信号机，0101=调车信号机，0110=出站口，0111=设置应答器组的出站信号机）
	NID_FREQUENCY(k)	5	轨道区段载频（00000=无载频，00001=1700，00010=2000，00011=2300，00100=2600，00101=1700-1，00110=1700-2，00111=2000-1，01000=2000-2，01001=2300-1，01010=2300-2，01011=2600-1，01100=2600-2）
	L_SECTION(k)	15	轨道区段长度

轨道区段是构成闭塞分区的基本单元，一个闭塞分区可由多个轨道区段组成。

"轨道区段"报文中描述的第一个轨道区段起始点为本应答器前方的第一个轨道区段；到本应答器所描述的第一个轨道区段起始点的距离由"轨道区段"报文中"D_SIGNAL"变量给出。

"轨道区段"报文中"NID_SIGNAL"定义的是该轨道区段出口处的信号机或信号点。一个闭塞分区由多个轨道区段构成时，中间分割点"NID_SIGNAL"定义为"没有信号机"。

排列反向站间运行进路时，当区间发送 27.9 Hz 轨道占用检查码，闭塞分区处的信号机类型定义为"没有信号机"；当区间发送追踪码序时，闭塞分区处的信号机类型定义为"通过信号机"。

一个闭塞分区内，如果多个相邻轨道区段载频相同（不区分-1 和-2），则轨道区段可以合并。

当应答器组描述的数据超出应答器容量后，如果通过增加应答器组内数量无法解决，在丢失一组应答器不影响列车运行的条件下，可在制动距离范围内由远及近对各闭塞分区内的轨道区段进行合并，合并后的各闭塞分区载频为"无载频"。

在 CTCS-2 级客运专线中，当排列侧线接车进路，岔区轨道电路采用 ZPW-2000 系列轨道电路时，对于有效机车信号信息区段的轨道电路，信息包【CTCS-1】载频按实际载频填写。

（13）临时限速【CTCS-2】（见表 3-2-19）。

表 3-2-19 临时限速【CTCS-2】

序号	变量名	位数	说明
1	NID_XUSER	9	信息包标识码=0 0000 0010
	Q_DIR	2	验证方向（00=反向有效，01=正向有效，10=双向有效，11=备用）
	L_PACKET	13	信息包位数
	Q_SCALE	2	距离/长度的分辨率（00=10 cm，01=1 m，10=10 m）
2	L_TSRarea	15	临时限速信息有效区段长度
3	D_TSR	15	到临时限速区段的距离
	L_TSR	15	临时限速区段的长度
	Q_FRONT	1	允许运行速度出口对车头、车尾的有效性（0=由车载设备确定头尾有效性，1=头有效，进入降速区段）
	V_TSR	7	临时限速的限制速度（分辨率=5 km/h）
4	N_ITER	5	包含临时限速区段数
	D_TSR(n)	15	到下一个临时限速区段的距离增量
	L_TSR(n)	15	临时限速区段的长度
	Q_FRONT(n)	1	允许运行速度出口对车头、车尾的有效性（0=由车载设备确定头尾有效性，1=头有效，进入降速区段）
	V_TSR(n)	7	临时限速的限制速度（分辨率=5 km/h）

限速信息有效区段长度 L_TSRarea 定义了该应答器临时限速的有效范围，当列车头部越出该范围后，应触发常用制动减速至 45 km/h 后制动缓解。

在 CTCS-2 级区段，有效区段长度 L_TSRarea 应连续覆盖，对于应答器临时限速有效区段长度衔接处不能重叠的区域，应延伸 80 m 作为重叠区。

（14）区间反向运行【CTCS-3】（见表 3-2-20）。

表 3-2-20 区间反向运行【CTCS-3】

序号	变量名	位数	说明
1	NID_XUSER	9	信息包标识码=0 0000 0011
	Q_DIR	2	验证方向（00=反向有效，01=正向有效，10=双向有效，11=备用）
	L_PACKET	13	信息包位数
	Q_SCALE	2	距离/长度的分辨率（00=10 cm，01=1 m，10=10 m）
2	D_STARTREVERSE	15	到反向运行区间开始点的距离
	L_REVERSEAREA	15	反向运行区间的长度

当区间反向运行轨道电路发送轨道占用检查码（27.9 Hz），没有发送追踪码序时，通过该信息包给列车发送反向运行的起点以及反向运行的长度。

（15）大号码道岔【CTCS-4】（见表3-2-21）。

表3-2-21 大号码道岔【CTCS-4】

序号	变量名	位数	说明
1	NID_XUSER	9	信息包标识码=0 0000 0100
	Q_DIR	2	验证方向（00=反向有效，01=正向有效，10=双向有效，11=备用）
	L_PACKET	13	信息包位数
	Q_SCALE	2	距离/长度的分辨率（00=10 cm，01=1 m，10=10 m）
2	D_TURNOUT	15	到大号码道岔距离
	V_TURNOUT	7	道岔侧向列车最大允许通过速度（分辨率5 km/h）

根据区段空闲条件，给出道岔侧向允许列车运行的速度。

变量D_TURNOUT应描述大号码道岔应答器至防护大号码道岔信号机的距离。

（16）绝对停车【CTCS-5】（见表3-2-22）。

表3-2-22 绝对停车【CTCS-5】

序号	变量名	位数	说明
1	NID_XUSER	9	信息包标识码=0 0000 0101
	Q_DIR	2	验证方向（00=反向，01=正向，10=双向，11=备用）
	L_PACKET	13	信息包位数
2	Q_STOP	1	0=立即停车，1=备用

当信号关闭时，该信号点处的有源应答器应发送停车报文，车载设备在目视行车、完全监控、部分监控、调车监控、机车信号等各工作模式下接收到该报文均应触发紧急制动。

任务三　CTCS-2级列车运行自动控制系统车载设备

ATP车载设备以接收到的地面信息为基础，由车载设备生成速度控制曲线，并实时与实际速度相比较，如果实际速度超过了速度控制曲线，车载设备就自动实施制动。CTCS-2级车载设备组成框图如图3-3-1所示。

车载设备主要由车载主机和车载外围设备组成，并通过车载设备外部接口与列车、列控动态监测系统等外部设备连接。车载设备主机各模块宜集中设置。

车载设备符合故障-安全原则，并且采用冗余结构，单系独立设备故障后不影响系统运用。

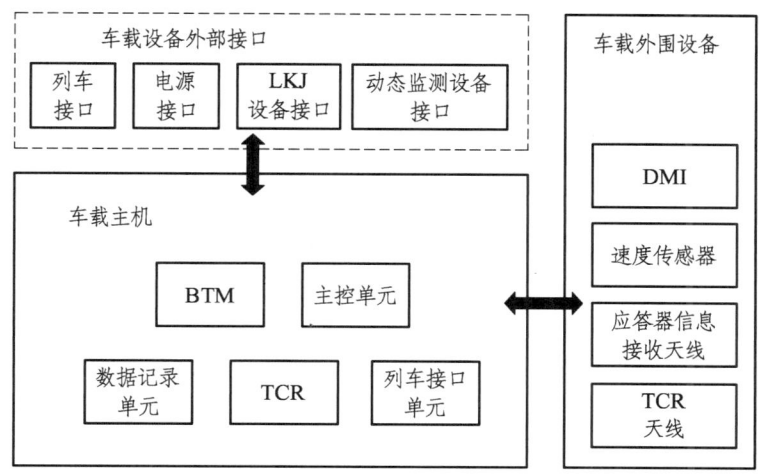

图 3-3-1　CTCS-2 级车载设备组成框图

一、CTCS-2 级车载设备的组成

1. 车载主机

1）主控单元

车载主控单元是车载设备的核心处理单元，实现车载设备的核心安全控制功能。车载主控单元采用冗余配置。

测速测距单元可单独设置，也可集成在车载主控单元内。测速测距单元应采集各速度传感器的信号并进行安全处理，计算列车的速度和走行距离，识别列车的运行方向。

2）应答器传输模块（BTM）

BTM 接收、解调地面应答器信号，并将解调后的信息传送给车载主控单元。BTM 能对应答器信息接收天线的连接及功能进行检测。

3）轨道电路读取器（TCR）

TCR 通过 TCR 天线接收轨道电路信息，并将解调出的轨道电路载频、低频传送给车载主控单元。TCR 具备多载频接收功能，能根据应答器信息、人工选择及站内电码化信息确定上下行载频。TCR 采用双套冗余配置。

4）数据记录单元

车载设备配置数据记录单元，该单元用于记录车载设备的工作状态及各种输入输出信息。数据记录单元故障时不影响车载设备运行。

5）列车接口单元

列车接口单元用于与列车接口，从列车采集列车接口信息并向列车输出控制命令。

与列车之间采用继电器接口时，车载设备通过列车接口单元采集从列车输入的开关量信息，并通过控制继电器的输出实现与列车接口，紧急制动与最大常用制动均采用失电触发的控制逻辑。紧急制动命令的输出接口采用故障-安全设计。

2. 车载外围设备

1）人机界面单元（DMI）

DMI 是车载设备的显示和操作装置，能根据车载主控单元的命令显示列车速度、距离、工作状态及线路条件等信息，实现声光报警、司机操作等功能。

2）应答器信息接收天线

应答器信息接收天线用于接收应答器信息，安装在列车车体底部的横向中心线上。应答器信息接收天线尺寸满足应答器信息可靠接收要求。

3）TCR 天线

TCR 天线用于接收轨道电路信息，安装在列车头部第一轮对前钢轨的正上方。TCR 天线接收线圈采用冗余设置，外部应采取防护措施，且满足轨道电路信息可靠接收要求。车载设备采取措施实现对 TCR 天线的检测。

4）速度传感器

车载设备宜采用不同类型的速度传感器，用于采集列车速度信号。若车载设备组合采用车轮速度传感器和雷达速度传感器，则雷达故障后不影响系统运行。车轮速度传感器安装在车辆的不同轴（至少一个为非动力轴）。速度传感器通道冗余配置。

3. 车载设备外部接口

1）列车接口

车载设备输入信号应包括：① 方向手柄向前位置；② 方向手柄向后位置；③ 牵引手柄位置（可选）；④ 制动手柄位置（可选）；⑤ 列车牵引制动手柄组合零位状态（可选）；⑥ 驾驶台激活状态（可选）；⑦ 最大常用制动反馈（可选）；⑧ 紧急制动反馈（可选）。

车载设备输出信号应包括：① 紧急制动；② 最大常用制动；③ 常用制动 4 级；④ 常用制动 1 级；⑤ 过分相命令；⑥ 过分相选择（选择 GFX 或车载设备控制过分相）。

2）电源接口

列车向车载设备提供工作电源，列车提供的工作电源电压需满足：DC 110 V（-30% ~ +25%）。

3）LKJ 设备接口

（1）车载设备与 LKJ 之间设有数据交换接口，向 LKJ 传输机车信号等信息，并接收 LKJ 的车次号、司机号、时间等信息。

（2）车载设备与 LKJ 之间设有轨道电路信号接口，TCR 天线接收的轨道电路信号通过该接口传送给 LKJ。

（3）车载设备与 LKJ 之间设有列车控制权切换接口，列车控制权切换接口采用继电器方式。控车权状态由车载设备向 LKJ 输出。当控制权在车载设备一侧时，向 LKJ 输出高电平。

（4）车载设备与 LKJ 之间设有 LKJ 制动状态接口，当 LKJ 有制动输出时，车载设备通过该接口接收高电平。

（5）在 LKJ 控车状态下，车载设备不应输出制动到车体（接收到【CTCS-5】绝对停车包及车载设备故障的情况除外）。

（6）车载设备在隔离模式下，不应影响 LKJ 制动有效输出。

4）动态监测系统接口

车载设备向 DMS 提供数据，实现车载设备相关信息向地面的实时传输。

二、车载设备的功能

车载设备功能及特点

1. 超速防护：监控列车速度

（1）列车速度与允许速度之间的差距超过报警门限时，列控车载设备提供相应报警信息。

（2）列车速度与允许速度之间的差距超过常用制动门限时，列控车载设备产生常用制动。

（3）列车速度与允许速度之间的差距超过紧急制动门限时，列控车载设备产生紧急制动，直至列车停车。

2. 生成目标距离控制模式曲线

根据来自轨道电路信息接收模块的轨道电路信息、应答器信息接收模块的线路描述数据以及列车的特性，列控车载设备生成一次制动的连续控制模式曲线。

3. 机车信号功能

列控车载设备具备机车信号功能，并向列车运行监控记录装置输出机车信号信息。

4. 数据记录

（1）详细数据记录。

采用连续记录方式记录 24 h 信息，记录周期为 300 ms。对于地面应答器信息，只有在通过地面应答器时才进行记录。

（2）一般状态记录。

记录列控车载设备的主要状态，记录容量为 30 天，数据滚动覆盖。

5. 应答器信息接收与处理

列控车载设备通过应答器信息接收天线和应答器信息接收模块从地面应答器获取地面信息，包括前方线路信息、列车位置、列车的运行方向、进路信息、临时限速信息等。

6. 速度距离计算及防滑防空转

列控车载设备实时监测列车运行速度并计算列车的走行距离，校正空转和滑行对测速测距的影响，并根据应答器信息进行位置校正。

7. 与乘务员进行信息交互

通过人机界面设备，可以接收机车乘务员的信息输入，部分非安全信息也可通过运行监控记录装置提供。向乘务员提供的信息包括列车实际速度、目标速度、限制速度、目标距离、机车信号等。

8. 防溜逸

列控车载设备在列车停车的状态下，会对列车进行溜逸防护。如果列车在停车状态下发生了非预期的前后移动，车载设备将会输出制动。

9. CTCS 级间切换：CTCS 与 LKJ 之间的切换

列控车载设备在地面应答器的配合下完成，也可通过人机界面进行人工切换。控车权的交接以列控车载设备为主。

10. 驾驶模式：司机制动优先和设备制动优先两种模式

当列控系统车载设备采用司机制动优先工作模式时，设备应在不干扰司机正常驾驶的前提下，实时监控列车安全运行。

当列控系统车载设备采用设备制动优先工作模式时，在确保列车运行安全、满足旅客舒适度的前提下，对列车制动与缓解的控制均由设备自动完成。根据需要司机可追加或实施更加强烈的制动控制。

三、车载设备的特点

（1）动车组的两端各安装一套独立的 ATP 车载设备。

（2）总体结构采用硬件冗余结构，关键设备均采用双套，核心设备采用三取二或者二乘二取二结构。

（3）高安全性和可用性：安全等级达到 SIL4 级。

（4）两种车载工作方式可选择：设备制动优先和司机制动优先。根据设计要求，允许通过列控车载设备内部设置（机柜内跳线）选择其中一种模式。

① 机控优先的系统。当要求列车减速时，根据实际情况，输出不同级别的制动，低于允许速度后自动缓解。当列车速度超过紧急制动曲线时，则实施紧急制动，使列车停车。制动完全由列车运行自动控制系统自动完成，不必司机人工介入，其最大优点是能够减少司机的劳动强度，提高列车的运行服务质量，同时也可适当缩短列车的运行间隔时间。但为满足旅客乘坐舒适性，制动系统的自动化程度及制动性能要求非常高。

② 人控优先的系统。列车运行速度一般由司机控制，只有列车超过允许速度，设备才自动介入实施制动。司机制动优先的系统优点是便于发挥司机的责任感，充分发挥人的技术能力，减少设备对司机操纵的干扰。

无论是哪种制动优先，紧急制动后只有在停车后才可缓解。

四、CTCS-2 列控系统 200H 车载设备

（一）200H 车载列控设备的主要技术要求

（1）在任何情况下防止列车无行车许可运行。

（2）防止列车超速运行。

① 防止列车超过进路允许速度。

② 防止列车超过线路结构规定的速度。

CTCS-2 列控系统 200H 车载设备

项目三　CTCS-2 级列车运行自动控制系统维护

③防止列车超过动车组构造速度。

④防止列车超过临时限速。

(3) 防止列车溜逸。列车停车后超过规定时间自动启动防止列车溜逸功能，列车继续运行前由机车乘务员人工解除该功能。

(4) 制动与缓解。列车超速时，车载设备的超速防护应具备采取声光报警、切除牵引力、动力制动、空气常用制动、紧急制动等措施。

(5) 故障后隔离。车载设备发生故障时，应及时报警提醒机车乘务员并对故障设备进行必要的隔离。

（二）200H 车载列控系统主体装置

CTCS-2 级列控系统关键设备包括车载安全计算机（VC）、连续信息接收模块（STM）、应答器信息接收模块（BTM）、列车接口单元（TIU）、记录单元（DRU，ATP 车载设备的记录器）、速度传感器、隔离开关、DMI。主体机柜设备如图 3-3-2 所示。

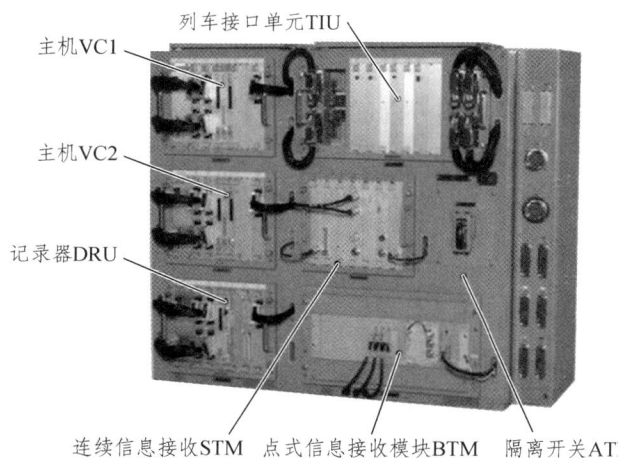

图 3-3-2　主体机柜设备

1. 车载安全计算机（VC）

车载安全计算机是 ATP 装置的核心部分，负责从 ATP 各个模块搜集信息，生成制动模式曲线，必要时通过故障-安全电路向列车输出制动信息，控制列车安全运行。安全计算机为二乘二取二结构，以保证列车控制的安全性和设备的冗余性。A、B 两个 CPU 的处理结果相比较，如果不一致，则说明该系故障，检测器将输出设置为限制状态。车载安全计算机设备如图 3-3-3 所示。

(1) OPE 8-6A：执行速度核查模式曲线和来自速度信号的速度核查演算，将励振制动指令（EB、BR7）输出到 AMP 基板，将制动指令（BR4、BR1、PCUT）输出给 TIU，和 STM 通信，输入速度信号，输入 BTM 的 CD 检测信号。

OPE8 板卡上的拨码开关由车轮直径设定。

(2) FSC 8-6A：生成速度核查模式曲线，解析应答器报文，和 BTM、DMI、DRU 通信。

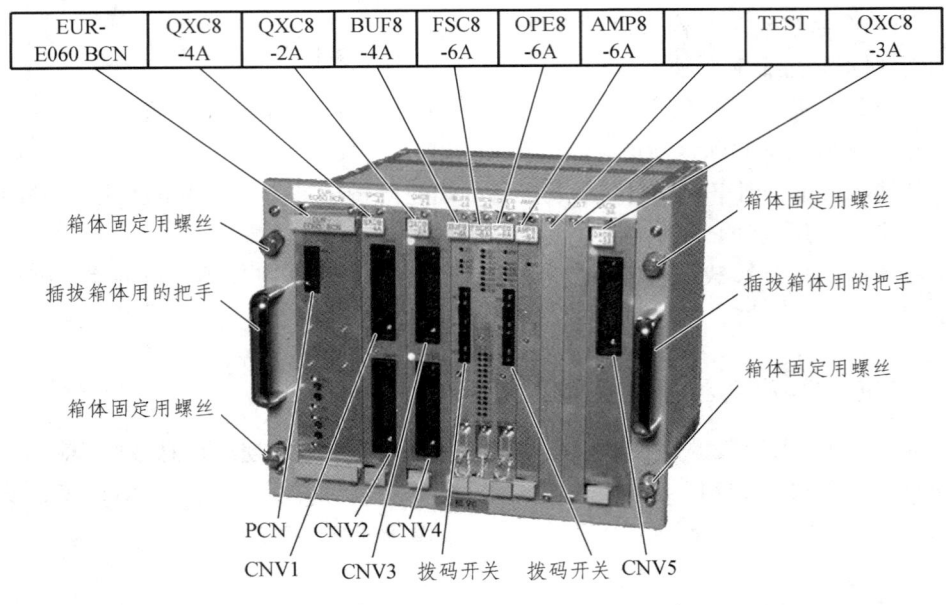

图 3-3-3 车载安全计算机（VC）设备

（3）AMP 8-6A：在故障-安全（Fail Safe）输出电路中将生成的制动指令（EB，BR7）输出给 RLU，同时将故障信号输出给 RLU。

（4）BUF 8-4A：搭载有控制车辆运转条件的输入 DI 电路，输入 RLU 的继电器接点，向 RLU 输出继电器线圈励磁信号。

BUF8 板卡上的拨码开关：

① SW1 为车种设定：KHI 动车组设定为 1；BSP 动车组设定为 2；ALSTOM 动车组设定为 4。

② SW2 设定机控优先/人控优先：机控优先设定为 1；人控优先设定为 2。

③ SW3 设定 CTCS-0/2（启动时的模式）：CTCS-0 设定为 0；CTCS-2 设定为 2。

（5）QXC 8-4A：在箱体外部组装上连接用的连接器。CNV1 连接器：速度分配盘，连接到 RLU 上；CNV2 连接器：BTM（CD 检测），连接到 RLU 上。

（6）QXC 8-3A：在箱体外部组装上连接用的连接器。CNV5 连接器：连接到 STM、BTM、DMI、DRU 上。

（7）QXC 8-2A：在箱体外部组装上连接用的连接器。CNV3 连接器：连接到 TIU 上；CNV4 连接器：连接到 TIU 上。

（8）EUR-E060 BCN：印刷板用电源。输入：DC 110 V；输出：5 V、24 V。

2. 轨道信息接收单元（STM）

STM 通过列车底部贴近钢轨的感应接收线圈（STM 天线），利用电磁感应原理接收流经钢轨的信号电流，感应出轨道电路的信息，通过软件解码解调出信号的载频和低频信息，将解调的信息传输到 VC 中，为 VC 生成目标-距离模式曲线提供数据，同时将没有处理的原始信息供给列车运行自动监控记录装置（LKJ）。STM 示意图如图 3-3-4 所示。

项目三 CTCS-2 级列车运行自动控制系统维护

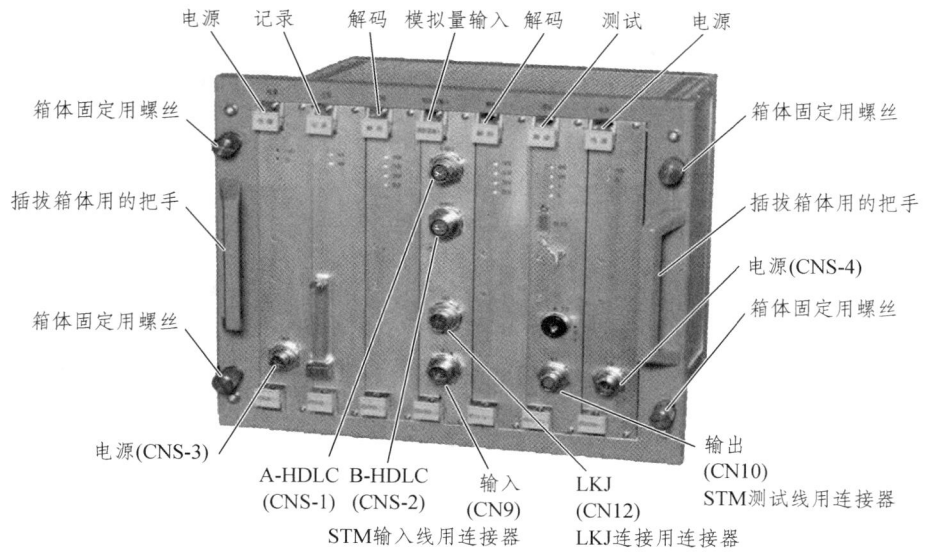

图 3-3-4 轨道信息接收单元

STM 模块是安全模块，采用二乘二取二结构，两个 STM 完全独立工作。

STM 最多可以接收 16 种载频，包括 ZPW-2000 系列轨道电路及 4 信息、8 信息、18 信息等传统移频轨道电路的信息。

VC 根据来自 STM 的 VLF 决定 LMA，在轨道电路边界上，当前的轨道电路边界的 VLF 信号到下一个轨道电路边界的 VLF 信号确定前不更新 LMA。

VC 和 STM 之间，STM 接收新的地面信号，在处理未完成的状态下，从 STM 向 VC 输出 VLF 非有效信号。在有该信号期间，VC 不更新 LMA。

3. 应答器信息接收单元（BTM）

BTM 是一个采用二取二技术的故障-安全模块。它通过应答器信息接收天线接收地面应答器的信息，并通过一个专用信息接口和安全计算机同步；同时，它还提供通过应答器中点时的确切时间。这一时间足够精确，能够让 ATP 车载设备在几厘米的准确范围内进行列车定位校准。

在列车运行的整个期间，BTM 通过车载天线不断向地面发送信号，当列车经过地面应答器时，地面应答器被激活并将存储在其内的报文信息发送给 BTM 主机，BTM 主机接收到报文后进行解码，并将解码后的数据传输给 VC。

来自应答器的数据包括线路参数信息、进路信息、临时限速信息以及级间切换信息。

一个 BTM 模块包含电源板、接收板、传输板和接口板，如图 3-3-5 所示。

4. 列车接口单元（TIU）

TIU 也称继电器单元（RLU），该单元主要由继电器组成，实现输入与输出接口功能。

它的作用是核对车载安全计算机各系统输出的制动指令，对两套车载安全计算机输出的制动指令进行"或"操作后，作为系统的最终输出，如图 3-3-6 所示。

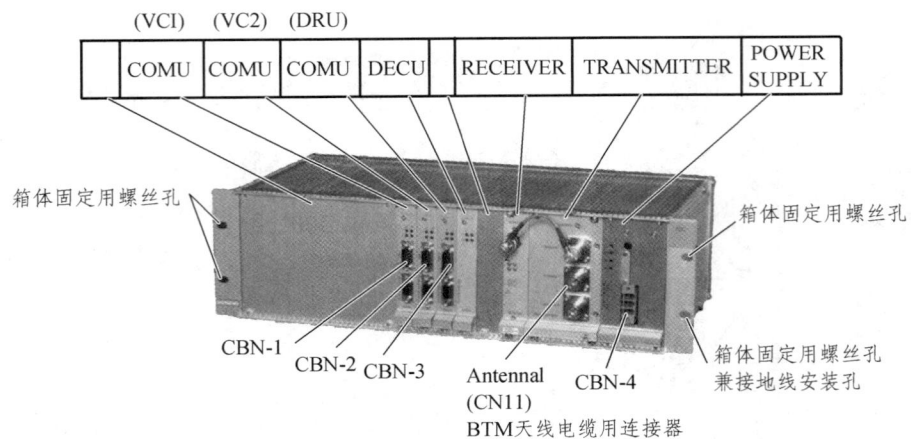

图 3-3-5　应答器信息接收单元

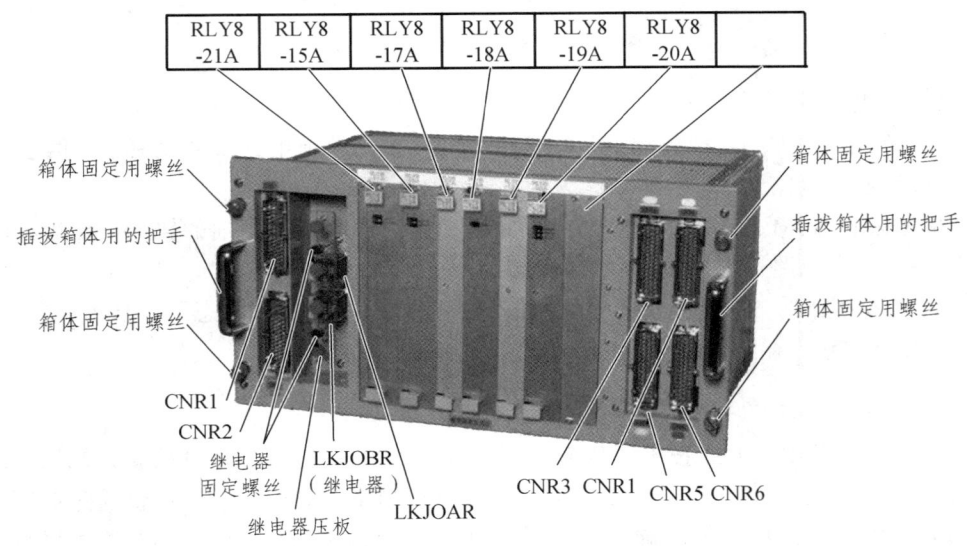

图 3-3-6　制动接口单元

RLY8-15A：组装 ATP 制动指令（EB、BR7）的最终输出继电器。
RLY8-17A：组装来自车体的 DC 110 V 输入用继电器。
RLY8-18A：组装系统故障检测继电器。
RLY8-19A：组装备用继电器、定时器电路。
RLY8-20A：组装 ATP 制动指令（BR7、BR1、PCUT）的最终输出继电器。
RLY8-21A：组装和 LKJ 的接口继电器。

5. 记录单元（DRU）

ATP 车载设备配备了内部记录器，主要用于设备状态和故障信息以及各种事件的记录，如图 3-3-7 所示。

项目三 CTCS-2 级列车运行自动控制系统维护

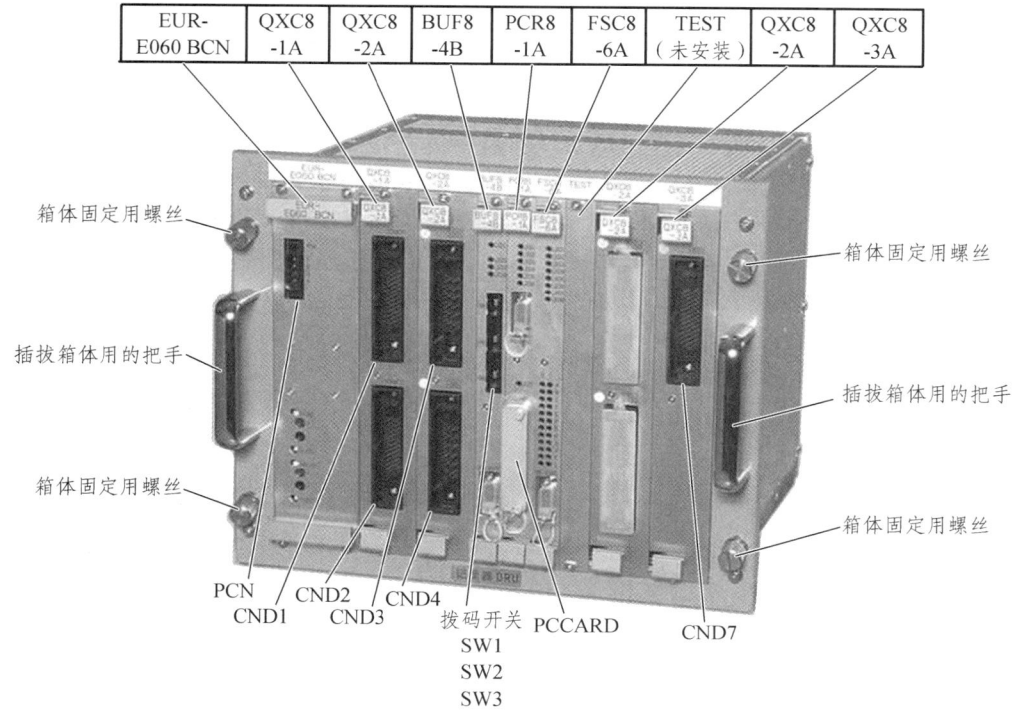

图 3-3-7 记录单元（DRU）

通过记录列控车载设备的动作和状态、司机的操作、轨道电路信息、ATP 与机车的信息交换等信息，可将列车及列控车载设备自身运行状况的关键数据记录到 PCMCIA 卡上，并通过读卡器将数据下载至地面分析管理计算机，进行列车运行状况分析。

维修人员可通过专用计算机或 IC 卡等进行数据下载。

（1）PCR8-1A：在 PC 卡上记录 ATP 控制设备的动作状态、故障信息。

（2）FSC8-6A：编辑记录在 PC 卡上的 ATP 控制设备的动作状态、故障信息和 BTM、LKJ、VC1、VC2 通信。

（3）BUF8-4B：输入 TIU 的继电器接点；输入风扇故障信号。

（4）QXC8-1A：在箱体外部组装上连接用的连接器。CND1 连接器：连接到风扇上承接风扇故障信号；CND2 连接器：连接到 RLU 上。

（5）QXC8-3A：在箱体外部组装上连接用的连接器。CND7 连接器：接到 BTM、LKJ、VC1、VC2 上。

（6）QXC8-2A：在箱体外部组装上连接用的连接器。CND3 连接器：连接到 TIU 上输入风扇故障信号；CND4 连接器：连接到 TIU 上。

（7）EUR-E060BCN：印刷板用电源。输入：DC 110 V；输出：5 V、24 V。

6. 隔离开关

只有在必须旁路车载设备才能移动列车的情况下，司机才能使用车载隔离开关。司机在隔离车载设备之前，要得到调度员的允许。在没有 ATP 监控的情况下运行，司机必须清楚在 ATP 隔离状态下，车载设备不会输出制动，司机对列车运行负全责。

（三）外围设备

1. STM 天线

STM 天线感应钢轨中的轨道电路信号，并传输至 STM 模块进行解码处理。STM 轨道电路感应器由感应线圈、固定支架和线缆组成，如图 3-3-8 所示，它是 STM 的前端信号感应部件，安装于机车前部。

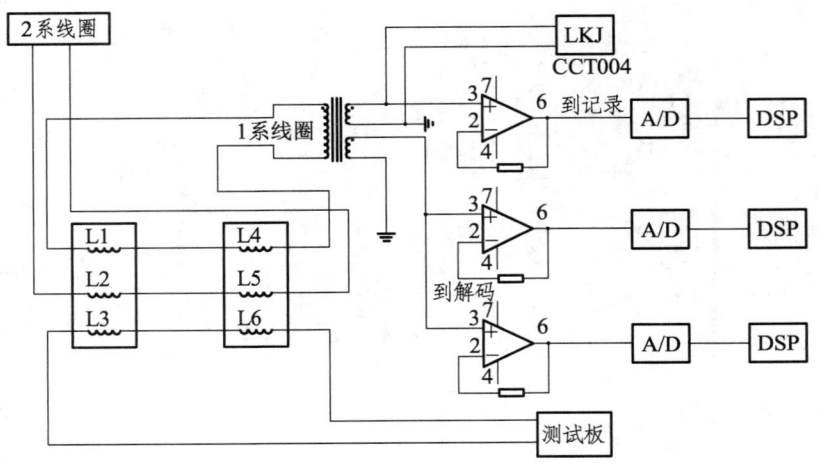

图 3-3-8　STM 数据处理原理

载频处理逻辑如图 3-3-9 所示。

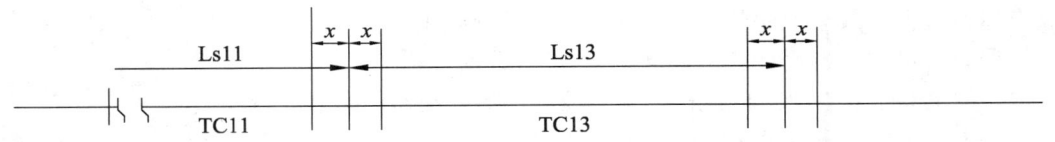

图 3-3-9　载频处理逻辑图

列车开始走行 TC11 轨道电路后，只使用 TC11 的载频，对于轨道电路长 Ls11，从 TC11 末端开始的 $[Ls11-x, Ls11+x]$ 区间内，开始接收 TC13 内指定的载频。当接收到 TC13 指定载频后，用 TC13 所指定的频率锁定，直至运行到 TC13 末端，反复实施本处理逻辑。这里区间 $x=100$ m，在站内 $x=50$ m。

2. BTM 天线

BTM 天线接收来自地面应答器的信号，并传输至 BTM 模块进行信息解调处理，如图 3-3-10 所示。

3. DMI 界面

DMI 界面通过声音、图像等方式将 ATP 车载装置的状态通知司机。司机可以通过 DMI 上的按键来切换 ATP 装置的运行模式或是输入必要的信息。

DMI 为配备有带按钮的液晶显示器，屏幕尺寸为 10 英寸，如图 3-3-11 所示。

项目三 CTCS-2 级列车运行自动控制系统维护

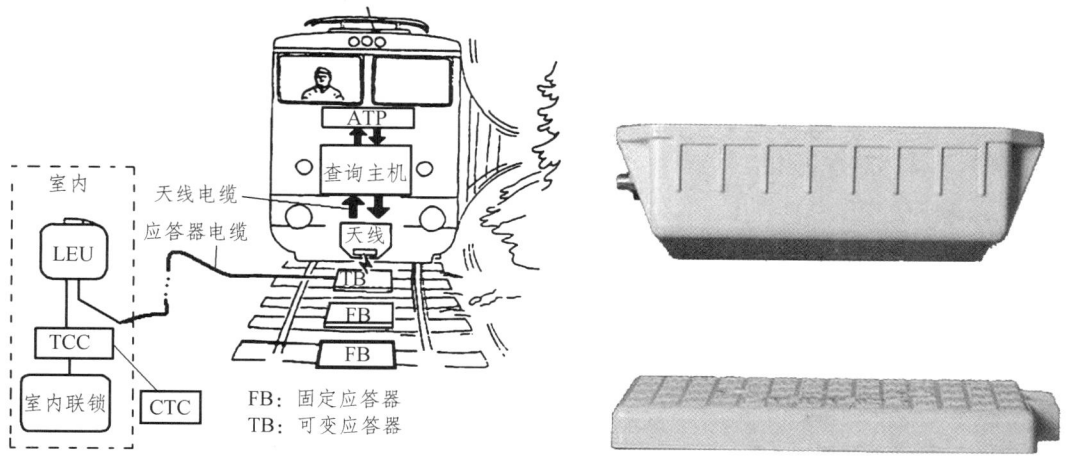

图 3-3-10 应答器数据流

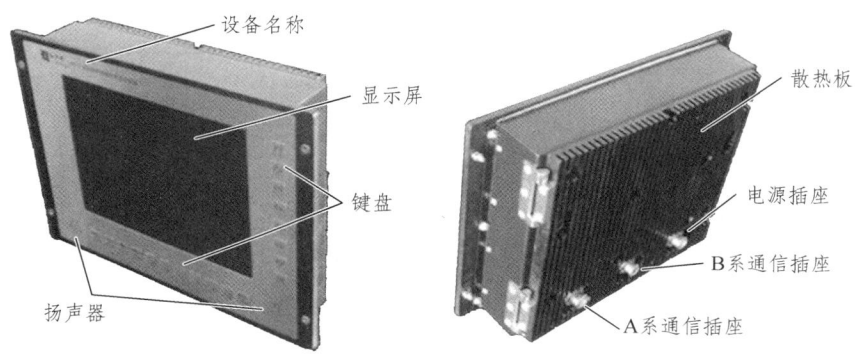

图 3-3-11 DMI 单元

显示单元安装在驾驶室，便于设备通风且避免阳光直射的位置。DMI 安全等级为 SIL2 级。

各 ATP 车载设备应采用统一的显示界面和司机操作规程。ATP 车载设备应具备独立的输入手段，全部信息通过 ATP 车载设备输入，但非安全信息也可由列车运行监控记录装置提供。

4. 速度传感器

磁电式速度传感器如图 3-3-12 所示，安装在动车组两端车头的第二轴和第三轴上，将各轴的转速转变成电信号后加以输出，输出和列车速度成比例的交流频率，该信号传给 VC，VC 通过对该频率的技术处理来获得速度和距离。

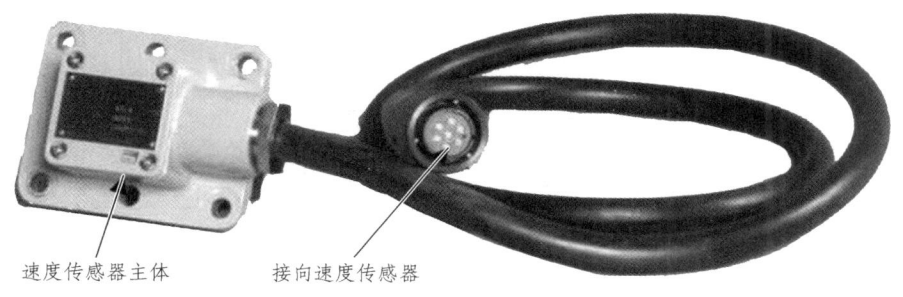

图 3-3-12 速度传感器

ATP 车载设备的测速系统要求配置两套速度传感器。

ATP 车载设备的速度传感器需要独立于机车配置，但可以为机车及其他车载设备提供速度通道。

（四）车载设备连接

1. 各模块连接

200H 主机柜内部模块间的连接如图 3-3-13 所示。

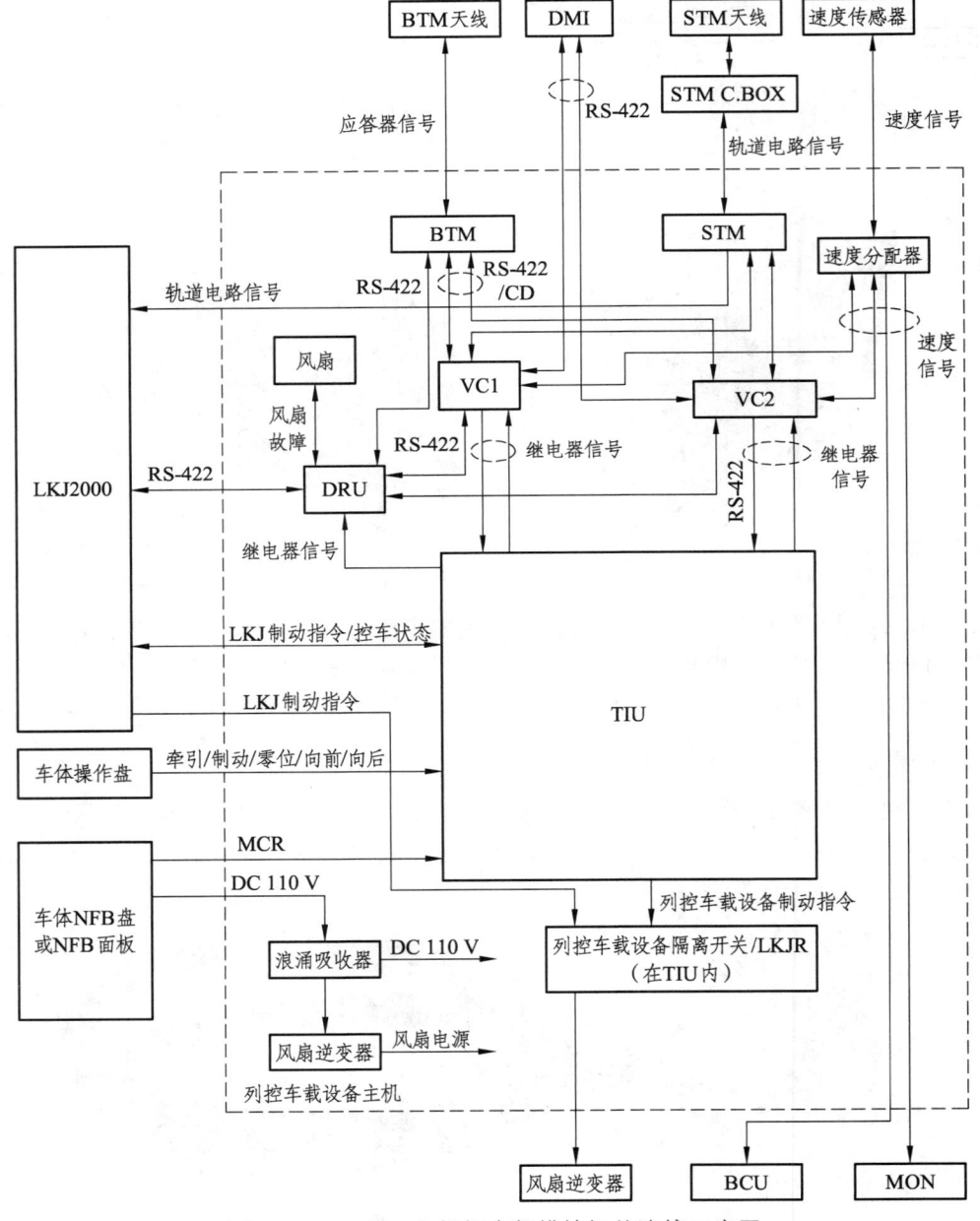

图 3-3-13　200H 主机柜内部模块间的连接示意图

2. 车载主体机柜与系统外部连接电缆

主机柜与外部连接电缆如图 3-3-14 所示。

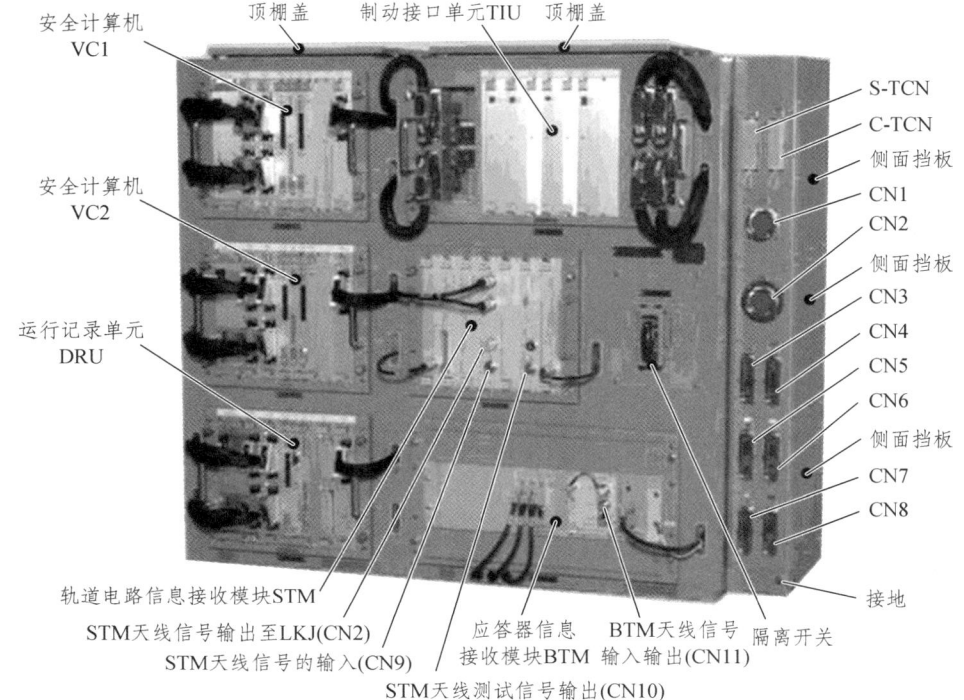

CN1—外接速度传感器；CN2—外接 110 V 电源；CN3—外接手柄位；CN4—外接制动单元；CN5—外接 LKJ2000；CN6—外接 DMI；CN7—外接制动显示单元和车辆监视器；CN8—外接 GSM-R（暂不使用）。

图 3-3-14　主机柜与外部电缆接口

3. ATP 车载设备与动车组的接口

ATP 车载设备与动车组的接口均为继电接口。不同型号的动车组与各不同型号的 ATP 车载设备均采用统一接口。

（1）ATP 车载设备向动车组的输出：紧急制动、三种等级的常用制动和卸载（紧急制动和最大常用制动均采用失电制动方式）。

（2）动车组向 ATP 车载设备的输入：牵引位、制动位、零位、向前位、向后位和司机操作端等。

（3）动车组负责向 ATP 车载设备提供直流 110 V 电源，电压波动范围为 DC 77 ~ 137.5 V。

（五）技术参数

最大工作电压：DC 138 V（110 V × 1.25）。

最低工作电压：DC 77 V（110 V × 0.7）。

最大功耗电流：不大于 13.5 A。

质量：220 kg。

尺寸：1 250 mm × 1 070 mm × 450 mm。

抗振性能指标：试验工况属于车体安装 A 级，试验范围频率 f 为 5～150 Hz。

功能性随机振动试验（试验时间不少于 10 min）：

① 垂向加速度：$0.75g$。

② 横向加速度：$0.37g$。

③ 纵向加速度：$0.50g$。

工作环境温度：

① 系统设备：−25～70 °C。

② 存储温度：−40～70 °C。

相对湿度：当温度为 25 °C 时，周围空气相对湿度不大于 90%。

适用海拔高度：小于或等于 3 000 m。

系统平均故障间隔时间（MTBF）：大于 10^5 h。

系统响应时间：

① 信息接收应变时间：不大于 3.5 s。

② 列车超速至给出制动指令时间：不大于 1 s。

记录时间：

① 用于事故分析的详细记录时间：不少于 24 h。

② 用于一般设备状态记录时间：不少于 30 天。

测速误差：

① 列车速度低于 30 km/h 时：不大于 2 km/h。

② 列车速度高于 30 km/h 时：不大于列车速度的 2%。

测距误差：

① 系统测距误差：不大于 2%。

② 区间累计测距误差：不大于 80 m（包括一组应答器信息丢失的情况）。

③ 站间累计测距误差：不大于 30 m（包括一组应答器信息丢失的情况）。

五、CTCS-2 列控系统 200C 车载设备

（一）200C 设备的主要功能

CTCS-2 列控系统
200C 车载设备

（1）在 CTCS-0/1 级：获取轨道电路信息并传输给 LKJ，获取应答器信息并传输给 LKJ，向司机显示机车信号信息和速度，存储内部维护数据并传输给 LKJ。

（2）在 CTCS-2 级：获取和处理 TC 信息和欧标应答器信息，管理 CTCS-2 级控制模式，控制列车速度，向司机显示驾驶信息，存储内部维修数据并传输给 LKJ。

（二）200C 系统硬件

1. 200C 机柜组成

200C 机柜组成包括连接器、控制面板组匣、继电器组匣、PSTC-A 安全计算机组匣、散热风扇组、PSTC-B 安全计算机组匣、散热风扇组、空气过滤组，如图 3-3-15 所示。

项目三 CTCS-2 级列车运行自动控制系统维护

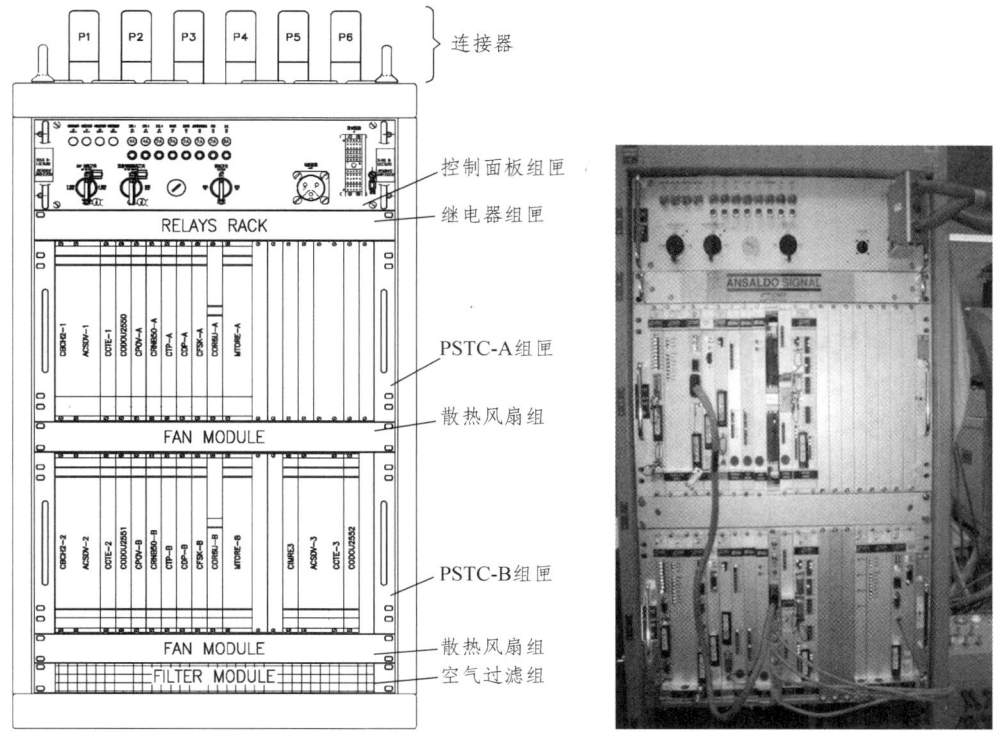

图 3-3-15　200C 主机柜设备

1）控制面板

如图 3-3-16 所示，具体描述如下：

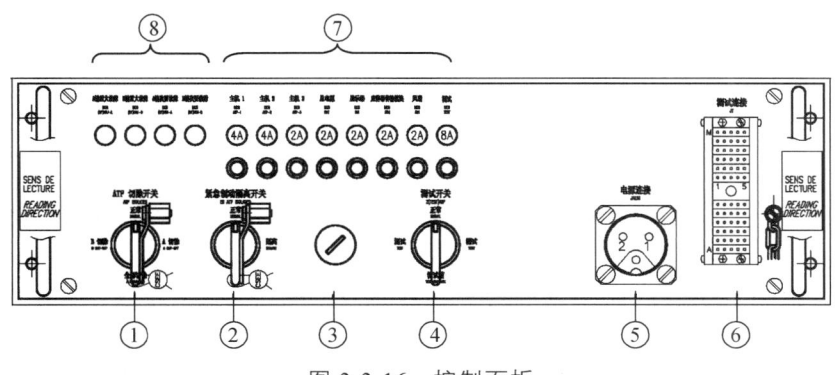

图 3-3-16　控制面板

① ATP 切除开关。

200C 总开关，用来切除 A 链、B 链或双链的电源。它锁定（铅封）在位置 1"正常"。
向上：正常；向右：A 切除；向下：全部切除；向左：B 切除。
注：ATP 切除开关主要由维护人员使用。

② 紧急制动隔离开关。

隔离紧急制动和强常用制动，也就是使速度控制功能无效。它锁定（铅封）在位置 1（向上）"正常"；位置 2（向右）"隔离"。

③ 塑料插头。
④ 测试开关。

它锁定（不是用铅封）在位置 1 "正常"。在位置 2（或位置 4）时，开始"请求测试"。位置 3 和测试箱一起使用。

注：测试开关由维护人员使用。测试开关在"测试箱"位置（位置 3）时，应断开与轨道电路传感器（包括 FSK 传感器）、速度传感器和 BTM 的连接，以便使用测试箱进行模拟测试。

⑤ 电源连接。
⑥ 测试连接。
⑦ 保护电路断路器。

MCB ATP-1（4A）：UT1 的保护电路断路器（在 ACSDV1 的输入端）。
MCB ATP-2（4A）：UT2 的保护电路断路器（在 ACSDV2 的输入端）。
MCB ATP-3（2A）：UT3 的保护电路断路器（在 ACSDV3 的输入端）。
MCB BAT（2A）：紧急制动和常用制动电源链的保护电路断路器。
MCB DMI（2A）：DMI 的保护电路断路器。
MCB BTM（2A）：BTM 的保护电路断路器。
MCB FAN（2A）：风扇保护电路断路器。
MCB TEST（8A）：测试保护电路断路器。

⑧ 报警电路断路器。

MCB（DF）MAJ-A：A 处理链的 MID 中存储有重大故障。
MCB（DF）MAJ-B：B 处理链的 MID 中存储有重大故障。
MCB（DF）MIN-A：A 处理链的 MID 中存储有非重大故障。
MCB（DF）MIN-B：B 处理链的 MID 中存储有非重大故障。

2）安全计算机组匣

PSTC-A 和 PSTC-B 面板图如图 3-3-17 所示。

① CBCH 板：初始化板，包含有一个存储器，存储各种配置参数。
② ACSDV 板：电源板。每个 CCTE 板都有一个 ACSDV 板。
③ CCTE 板：计算机板。CCTE-1 是 A 链（正常运行）的核心处理单元，CCTE-2 是 B 链（冗余部分）的核心处理单元，CCTE-3 管理 CCTE-1 和 CCTE-2 之间的冗余。

运行记录单元记录列控车载设备的动作、状态及各种输入/输出信息。200C 型 ATP 将运行记录单元（DRU）集成到 CCTE 板，ATP 主机由 CCTE1 和 CCTE2 两块板同时记录 ATP 系统的运行状态信息 SAM 和故障信息 MID。SAM 和 MID 数据记录均采用循环记录方式，最长记录运行时间 30 h，两种数据均可通过专用软件 PCSAM 进行下载、解析及分析。

④ CODOU 板：测速测距板，接收、处理来自速度传感器的信号，并将结果传递给相应的 CCTE 板。
⑤ CPOV 板：连接板，在 CRNB50 板、CTP 板以及 CDP 板的 VME 总线和 CCTE-1（或 CCTE-2）板的串口之间提供接口。
⑥ CRNB50 板：连续信息接收板，接收来自 TVM 2G 连续传感器的信号。
⑦ CTP 板：接收 1/p 模式电视信息；当执行请求测试时，产生测试消息。

PSTC-A	CBCH-1	ACSDV-1	CCTE-1(CTCS-3)	CODOU-1	CPOV	CRNB50	CTP（秦沈）	CDP（秦沈）	CFSK	COR6U	MTORE								
电路板标记	1	1	1	1	A	A	A	A	A	A	A								
VME总线					VME 1 (4 slots)														
位置	1	2	3	4	5	6	7	8	9	10	11	12	13	14	15	16	17	18	19	20	21

PSTC-B	CBCH-2	ACSDV-2	CCTE-2(CTCS-3)	CODOU-2	CPOV	CRNB50	CTP（秦沈）	CDP（秦沈）	CFSK	COR6U	MTORE			CLIR(CTCS-3)	CIMRE3	ACSDV-3	CCTE-3	CODOU-3
电路板标记	2	2	2	2	B	B	B	B	B	B	B			C	C	3	3	3
VME总线					VME 2 (4 slots)													
位置	1	2	3	4	5	6	7	8	9	10	11	12	13	14	15	16	17	18	19	20	21

图 3-3-17　PSTC-A 和 PSTC-B 面板

WD：绿灯，"看门狗"的状态。

TC：黄灯，连续信息和 TCA 传输。

PD：黄灯，右侧 125 kHz 点式信息传输。

PG：黄灯，左侧 125 kHz 点式信息传输。

TP：黄灯，1/p 点式信息传输。

RP：黄灯，1/p 点式信息接收。

F3：黄灯，点式信息的位 3。

F2：黄灯，点式信息的位 2。

F1：黄灯，点式信息的位 1。

F0：黄灯，点式信息的位 0。

⑧ CDP 板：n/p 点式信息接收板，在 TVM n/p 模式时，接收秦沈线环线点式信息。

⑨ CFSK 板：轨道电路信息接收板，接收移频轨道电路和 1/p 信号。其输入来自 FSK 传感器。

⑩ COR6U 板：继电器板，提供 200C 设备与列车之间的电气接口。

⑪ MTORE 板：安全输入/输出板，通过 Profibus 总线和 CCTE-1（或 CCTE-2）板连接，控制信息的输入/输出。

⑫ CIMRE3 板：列车接口继电器板，提供紧急制动输出接口。

2. BTM 和天线

BTM 模块、欧标应答器天线和应答器一起，组成一个点式通信系统。BTM 模块如图 3-3-18 所示。

图 3-3-18　BTM 模块

BTM 模块处理从应答器接收到的信息，该信息通过应答器天线接收。欧标应答器天线包含两个天线：

① 调谐到 27 MHz 的发送线圈，从应答器上经过时，给应答器发送射频功率，应答器利用接收到的功率产生工作电源，再向应答器天线发送信息。

② 调谐到 4.2 MHz 的接收线圈，接收应答器发送的信息。

欧标应答器天线下表面距钢轨轨面的距离为 190～200 mm。

3. 轨道电路接收天线

① TVM-2G 连续传感器。

在 CTCS-2 模式和 TVM 模式时能从轨道接收到连续数据，由 CRNB50 模块进行数据处理。

TVM 连续传感器是封装在塑料盒子里的铜线圈。每个传感器有一根带接头的电缆，可插入连接盒中。TVM 连续传感器感应回路中调制信号电流产生的电磁场，该回路由轨道和列车的第一车轴形成。该传感器安装在机车下部、第一轴前方，每个轨道上有一个传感器。

② BSP 传感器和 EMBO 传感器专用于秦沈专线（TVM430），主要接收 n/p 点式传输信号，使用 UM2000 制式轨道电路。

③ FSK 连续传感器。

在 CTCS-0/1 级时能从轨道接收到连续数据，由 CFSK 模块进行数据处理。

FSK 连续传感器如图 3-3-19 所示，是封装在 PVC 外壳里的铜线绕制感应线圈。每个传感器有一根带接头的电缆，可插入连接盒中。FSK 连续传感器安装在机车下部、第一轴前方，每个轨道上有一个传感器。

FSK 传感器下表面距钢轨轨面的距离：

CRH5 型动车组：（165±5）mm。

CRH2 型动车组：（155±5）mm。

项目三 CTCS-2 级列车运行自动控制系统维护

图 3-3-19 FSK 连续传感器

4. 速度传感器

6 通道速度传感器（带有连接电缆和连接器）安装在车轮上，给 200C 设备提供速度信号（连接到 CODOU 板）。测速系统使用两个速度传感器。

速度传感器的工作电源是 12～30 V，输出为方波信号。

5. 人机接口界面（DMI）

DMI 主要为司机提供驾驶信息并接收司机的输入。

DMI 显示器与司机控制台为一体，安装在机车内通风良好的地方。放置位置应保证能轻松读取信息，并应防止可能妨碍阅读的明显反光。

DMI 电源：直流 110 V。

6. 列车接口单元

对于 200C 型 ATP 来说，完整的列车接口单元除了 MTORE 插件、COR6U 插件和 CMIRE 插件以外，还应该包括继电器组匣。该单元的主要功能是把 200C 系统的电子器件与列车电路隔离，并输出常用、紧急制动指令，同时接收机车工况等列车信息。列车接口单元如图 3-3-20 所示，主要包括 4 个部分：常用制动的输出、紧急制动的输出、列车工况信号的输入以及与 LKJ 的列车接口。

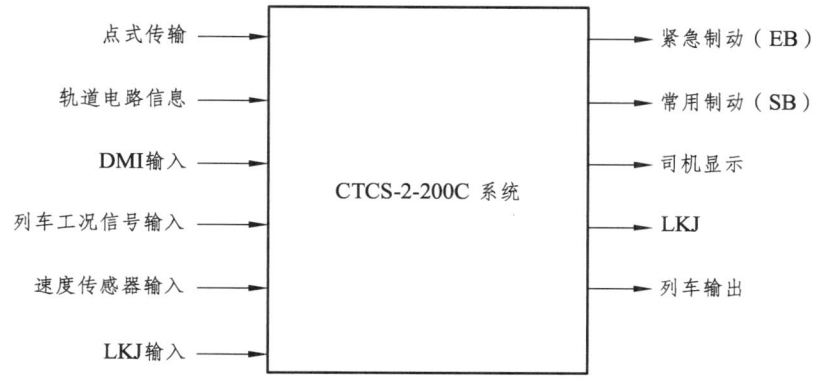

图 3-3-20 200C 系统的输入与输出

(三）设备连接情况

1. 对外连接器

主机柜对外连接由其顶部的 6 个重载连接器完成，各连接器定义如下：

P1 接口：DC 100 V 输入、常用紧急制动输出。

P2 接口：列车输入，包括工况等信号。

P3 接口：DMI、BTM、LKJ 与主机之间的通信接口。

P4 接口：速度传感器——FSK 传感器信号输入。

P5 接口：TVM2G 和 1/p 传感器信号输入。

P6 接口：TVMBSP 传感器。

2. 常用制动的输出

200C 输出的常用制动包括 3 个等级，分别为 1 级常用、4 级常用和 7 级常用制动，其中，1 级为最弱制动，7 级为最大常用制动。常用制动 1、4 级采用得电制动方式，常用制动 7 级采用失电制动方式。

常用 1、4、7 级制动都是由 MTORE、COR6U 插件和继电器组匣完成。MTORE 插件通过 Profibus 总线接收 CCTE 插件的指令，并驱动 COR6U 插件，再由继电器组匣中的继电器将常用制动指令送出。

3. 制动的输出

200C 的紧急制动采用失电制动的方式，由 MTORE 和 CIMRE 插件完成。MTORE 插件通过 Profibus 总线接收 CCTE 插件的指令，直接驱动 CIMRE 插件将制动指令送出。对于 200C 的紧急制动输出，MTORE 插件不仅可通过接收 CCTE 插件的指令来完成，其本身也可以完成。当系统没有完好地建立起来，或者系统出现重大故障，MTORE 和 CIMRE 插件也可以完成紧急制动输出的功能，从而提高系统的安全性。

4. 列车工况信号的输入

对于 200C 的列车工况输入，包括牵引、中立、制动和反向运行四种工况信号。这四个信号进入主机柜后，直接连到 MTORE 插件。

5. 与 LKJ 的列车接口

LKJ 与 ATP 一共存在如下接口：

串行通信接口：用于 ATP 与 LKJ 间互相传递数据。

LKJ 制动接口：LKJ 的制动命令（包括常用和紧急制动）是通过 ATP 系统的 TIU 单元输出到列车的，LKJ 制动的信息送到 ATP 进行判断。

交权接口：ATP 交权命令反馈信息传送给 LKJ 判断。

在整个 200C 车载列控设备中，还有一套控车装置，即 LKJ2000 型列车运行监控记录装置（简称 LKJ）。LKJ 功能主要是在 C0 区段完成对列车的速度控制，在 C0 区段 200C 主机柜自动交权给 LKJ 控车。这样 200C 还必须有一个 200C 主机柜与 LKJ 的列车接口，用于 LKJ 的常用和紧急制动的输出。LKJ 只有 7 级常用和紧急制动输出。200C 主机柜与 LKJ 的列车接口除了常用和紧急制动接口以外，还有一个交权信号。交权信号用于 200C 主机柜和 LKJ 对列车控制权切换的控制，由 200C 主机柜发出，LKJ 接收判断。

从列车方面来看，200C 的列车接口只有一个，都来自 200C 主机柜。LKJ 的常用和紧急制动指令通过 200C 主机柜送出。在 C0 区段由 LKJ 输出常用和紧急制动指令，在 C2 区段由 200C 主机柜输出常用和紧急制动指令，二者指令的输出最终都是通过继电器组匣来完成切换的。

（四）环境要求及设备性能

1. 运行环境温度

车内温度：$-25 \sim +70$ ℃。
车外温度：$-40 \sim +55$ ℃。
存储温度：$-40 \sim +70$ ℃。
相对湿度：25 ℃ 时，周围环境相对湿度不应大于 90%。
海拔不高于 3 000 m。

2. 设备性能

信息接收响应时间不超过 3.5 s。
列车超速到发送制动命令的时间不超过 1 s。
测距误差不大于 2%。
如果列车运行速度低于 30 km/h，测距误差不大于 2 km/h。
区间内（站间）累积距离误差不大于 80 m，站内不大于 30 m。

六、DMI 界面的基本认识和操作

人机界面（DMI）作为司机和设备之间的信息交互的接口，在 DMI 上显示以下信息辅助司机进行列车的控制：

① 速度信息。
② 距离信息。
③ 辅助驾驶信息。
④ 行车计划信息。
⑤ 机车信号显示。
⑥ 监视信息。

DMI 界面的基本认识和操作

DMI 主要包括了两个部分，一个是屏幕，另一个是键盘。屏幕定义了显示内容和区域划分，键盘包括硬件和软件的定义。

（一）显示屏幕分区

结合人机工程学，200C 对 DMI 的显示进行严格的分区和颜色的定义，最大限度地减轻司机的疲劳感和提高司机的警觉性。如图 3-3-21 所示为 DMI 的分区图，具体的显示标识如表 3-3-1 所示。

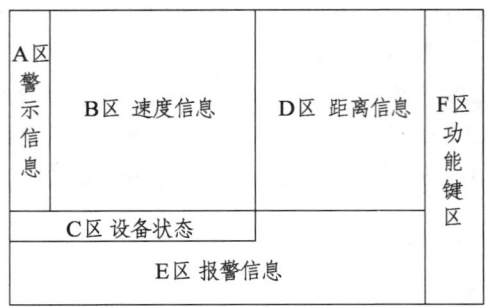

图 3-3-21　DMI 显示分区

表 3-3-1　显示标识

区域	名称	符号（示例）	用于级别	注释
A1	要求司机干预的报警时间		CTCS-2	表示可能需要司机干预
A2	到目标点的距离	1120	CTCS-2 TVM	标识到目标点的距离
B1	速度信息	150 130 200 250	CTCS-0/1/2 TVM	标识列车实际速度。在 CTCS-2 和 TVM 级时，还有一个外环来标识最高速度
B2	预告	ANN	TVM	标明未来的速度变换
B3	线路空闲	LC	TVM	标识线路空闲
B4	紧急制动切除	EB ISO	TVM	标识紧急制动不可用
B5	模式信息	LKJ	CTCS-0/1/2	标明当前的控制模式（FS、PS1 等）
C1	级别信息	CTCTS0	CTCS-0/1/2 TVM	标明当前的控制级别（CTCS-0/1/2、TVM430）
C2	制动状态		CTCS-2 TVM	标明制动状态
D	行车计划区		CTCS-2	标识速度曲线
D	机车信号区		CTCS-0/1	标识地面信号灯
D	输入窗口		CTCS-0/1/2 TVM	输入司机编号和任务号，并显示

续表

区域	名称	符号（示例）	用于级别	注释
E1	制动控制模式	机控	CTCS-2	标识是由司机还是车载系统控制常用制动
E2~E6	信息区		CTCS-0/1/2 TVM	标识功能和设备状态信息
E7	任务号	ABC1234	CTCS-0/1/2 TVM	标识任务号
E8	时间	14:05	CTCS-0/1/2 TVM	标识当前时间
F	软键		CTCS-0/1/2 TVM	

1. 目标距离

该图标是条状图，向司机显示距离目标点的剩余距离。

以图形方式表示的最大距离是 1 000 m。超过此值时，条状图不变，在条状图的正上方，目标距离用数字表示（最多 5 位数）。

刻度从 0 到 100 m 是线性的，100 m 之后是对数坐标。

2. 速度信息

刻度盘机显示从 0 到 250 km/h 的速度信息。

速度指针显示列车的实际速度。列车实际速度也以数字形式显示在指针圆圈中间。指针和指针圆圈中央的颜色总是相同，默认颜色为白色，除了 CTCS-2 和 TVM 的特殊情况，列车减速时图标为黄色（TSM 区），列车速度超过允许速度（报警速度）时图标为橙色，ATP 系统实施制动时（列车超速然后引发制动）图标为红色。

光带图标为围绕着刻度盘的一个圆环，向司机显示目标速度、允许速度、介入速度。

在正常工作时，0 到目标速度的光带是浅灰色，目标速度到允许速度的光带是深灰色。在允许速度处，显示钩状光带。当速度超过允许速度时，允许速度到介入速度区域显示。

当列车正在减速（TSM 区）且速度低于允许速度时，目标速度到允许速度之间的光带为黄色。

当列车速度超过允许速度时，允许速度到介入速度之间的光带为橙色。

当列车速度超过介入速度时，允许速度到介入速度之间的光带为红色。

3. 距离信息

横轴为距离坐标，纵轴为速度坐标。DMI 上的"速度曲线"是由一系列直线构成的图表，该图表给出最受限制静态速度曲线。制动曲线区域起始点为一条垂直的黄线，表示 TSM 的制动起始位置。在 CTCS-0/1 级，计划区显示机车信号。

4. 设备状态

设备状态包括文本消息、制动控制模式、实际时间、任务号。

文本消息：分为功能性的文本消息和维护文本消息，有五行可以用，最新信息在顶层，显示为白色，其他消息显示为灰色。一条长消息可以显示在连续的两行上。

屏幕上每出现一条新消息都有声音提示。每条消息都有时间戳。

制动控制模式：

① 人控优先：常用制动可由司机缓解。

② 机控优先：常用制动由 200C 缓解。

实际时间：区域以"时：分：秒"的格式向司机显示实际时间，时和分之间的冒号闪烁。

任务号：向司机显示任务号。任务号格式最多三个字母，后面最多四个数字，如 ABC1234。

（二）键　盘

在 DMI 上有两个键盘：一个是硬键，一个是软键。在屏幕下面，有 11 个硬键；在屏幕右面，有 8 个软键。

硬键有如下定义：

SH：选择调车模式（SH）。

OS：选择目视行车模式（OS）。

Start：选择待机模式（SB）。

Release：缓解由 200C 触发的常用制动（SB）和紧急制动（EB）。

Alert：实现司机"确认"功能。

软键有如下定义：

F1/模式：选择"模式"子菜单。

F2/级别：选择"级别"子菜单。

F3/方向：选择"方向"子菜单。

F4/日期：选择"日期"子菜单。

F5/调整：选择"调整"子菜单。

F6/报警：实现司机"确认"功能。

F7/缓解：缓解由 200C 触发的最大常用制动（MSB）和紧急制动（EB）。

F8/发车：选择待机（SB）模式。

七、车载设备日常维护

车载设备日常维护

（一）维护原则

CTCS-2 级列控车载设备在新出厂后随动车组运行 1 年（600 000 km）进行检修。

200C 型车载设备三级检修包括机笼级清扫、更换器件、设备机械连接确认和设备状态检查，并根据状态检查结果进行器件维修和更换工作。

（二）维护要求

（1）由专业的技术人员进行检修。

（2）现场作业以维护、器件更换为主。
（3）地勤司机配合。
（4）动车组可从受电弓得电。
（5）动车组受电弓可升降。
（6）动车组可切除牵引。
（7）动车组牵引手柄、制动手柄、方向开关可以操作。
（8）作业人员作业前，须更换防静电服及防静电鞋，佩戴防静电帽和防静电手环，确保自己的衣服及头发等不披露在外。

（三）维护范围

200C 车载设备维护范围如表 3-3-2 所示。

表 3-3-2　200C 型车载设备维修范围

序号	检修项目	检修标准
1	组匣级清扫	各组匣无尘、风扇转动正常
2	更换器件	更换使用到限的器件
3	设备机械连接确认	天线、接地线、箱体螺丝和面板螺丝紧固连接
4	设备状态检查	ATP 各设备 LED 灯显示正常、DMI 界面正常
5	外部电缆测试	检查外部电缆的外观、连接器及电缆的导通

（四）维护步骤

1. 机笼级清扫

使用控制面板上的 8 个断路器将 ATP 所有设备电源切断。将 ATP 主机各组匣拆下，用吸尘器分别吸各组匣和 ATP 主机柜内部灰尘。将风扇组匣插回主机柜，将 ATP 通电，判断风扇运转正常。复原 ATP 主机其他组匣。

2. 更换器件

如表 3-3-3 所示为 ATP 关键器件寿命管理年限，可根据此表进行器件更换。

表 3-3-3　ATP 关键器件寿命管理年限

序号	器材名称型号	寿命管理/年	备注
1	DMI 液晶屏	6	
2	DMI（液晶屏除外）	10	
3	空气过滤网	2	
4	速度传感器	2	
5	风扇组匣	6	风机寿命管理为 3 年
6	CIMRE 插件	6	
7	COR6U 插件	6	

续表

序 号	器材名称型号	寿命管理/年	备 注
8	ACSDV 电源插件	6	
9	CBCH2 插件	10	
10	CODOU 插件	10	
11	CTP 插件（秦沈）	10	
12	CDP 插件（秦沈）	10	
13	MTORE 插件	6	
14	CFSK 插件	10	
15	FSK 传感器	10	
16	组匣 A	10	
17	组匣 B	10	
18	TVM 2G 传感器	10	
19	BTM 主机	10	
20	BTM 天线	10	
21	FSK 接线盒	10	
22	列车电缆	10	
23	CCTE 插件	10	
24	CPOV 插件	10	
25	继电器组匣	6	
26	控制组匣	6	

（五）设备机械连接确认

确认箱体螺丝紧固。

确认面板螺丝紧固。

确认接地线连接紧固。

确认 P1～P5 电缆插头连接紧固。

（六）设备状态检查

在 ATP 正常上电后的待机状态下，检查组匣中各插件的面板 LED 灯。

（七）数据记录及分析

设备记录的数据主要包括两方面的内容：

① 列车运行时各种运行条件及状态，如列车实际速度、机车信号等 DMI 显示、列车接口信息以及接收的应答器报文等。这些数据以 SAM 后缀的文件格式保存。

② 当前设备状态，如 CRN 译码状态和速度传感器状态等。这些数据以 MID 后缀的文件格式保存。

通过 PCSAM 软件实现 SAM 和 MID 文件的下载和分析。

八、CTCS-2 列控车载设备主要工作模式

（一）CTCS-2 车载设备工作模式

CTCS-2 级车载设备共有以下几种工作模式。

CTCS-2 列控车载设备
主要工作模式

1. 完全监控模式 FS

完全监控模式是列车的正常运行模式。

车载设备具备控车所需的全部基本数据时，应自动转入完全监控模式，生成目标距离连续速度控制模式曲线，并通过人机界面显示列车运行速度、允许速度、目标速度和目标距离等信息，监控列车安全运行。

完全监控模式下车载设备负责列车运行的安全监控。

2. 部分监控模式 PS

部分监控模式是车载设备接收到轨道电路允许码而缺少应答器提供的线路数据或列车位置不确定时使用的模式。

车载设备根据接收到的轨道电路信息确定对应车载监控速度值，产生最高 45 km/h 固定速度模式曲线。

该模式下，司机负责驾驶列车运行并根据地面情况进行相应处理；车载设备负责监控列车的最高运行速度。

3. 引导模式 CO

引导模式是引导进路建立后，车载设备按照最高限速 40 km/h 控车的模式。

车载设备接收到 HB 码，SBI（常用制动干预曲线）速度小于或等于 45 km/h 且列车速度小于或等于 45 km/h，可转入该模式。

该模式下司机负责驾驶列车运行并根据地面情况进行相应处理，确保列车不进入危险区域；车载设备负责监控列车的最高运行速度。列车每走行一定距离或一定时间提醒司机确认，若车载设备未接收到确认信息则触发紧急制动。

4. 目视行车模式 OS

目视行车模式是在停车信号下司机控车的固定限速模式，限速值为 40 km/h。

车载设备显示停车信号且列车停车后需继续运行时，司机按规定操作转入目视行车模式。

该模式下司机负责驾驶列车运行并根据地面情况进行相应处理，确保列车运行安全；车载设备负责监控列车的最高运行速度。列车每走行一定距离或一定时间提醒司机确认，若车载设备未接收到确认信息则触发紧急制动。

5. 调车模式 SH

调车模式是列车进行调车作业的固定限速模式，限速值为 40 km/h。

只有在列车停车时，司机才可以选择进入或退出调车模式。

该模式下司机负责驾驶列车运行并根据地面情况进行相应处理，确保列车不进入危险区域；车载设备负责监控列车的最高运行速度。接收到调车危险信息时，车载设备应输出紧急制动。

6. 待机模式 SB

待机模式是车载设备上电后的默认模式。车载设备自检成功后，自动处于待机模式。该模式下，车载设备负责使列车保持在停车状态，不准许司机移动列车。

该模式下，车载设备应能接收轨道电路及应答器信息。

7. 隔离模式 IS

隔离模式是车载设备控制功能停用的模式，当隔离车载设备的制动功能后，车载设备应处于隔离模式。

列车停车后，人工操作隔离装置使车载设备转入隔离模式。一旦车载设备转入隔离模式，车载设备不再监控列车运行。

8. 冒进模式 TR

在冒进模式下，车载设备将命令紧急制动，并不可能缓解制动。冒进模式车载设备向司机发出警告。在冒进模式下，一旦列车停车，车载设备将请求司机进行确认（从冒进模式退出的确认是强制性的）。

9. 冒进后模式 PT

司机确认冒进模式后立即进入冒进后模式。一旦处于冒进后模式，车载设备将缓解紧急制动。在冒进后模式下，不允许向后运行，车载设备根据从轨道电路和应答器接收到的可用数据，向司机提供可能的模式以供选择。

（二）速度监控

车载设备应根据计算的动态速度曲线监控列车运行，当列车运行速度超过干预速度时应能输出制动指令。

（1）速度监控包括：

① 顶棚速度监控：监控固定速度曲线，该曲线由最限制速度曲线的当前值决定。

② 目标速度监控：监控制动到较低的目标速度或达到行车许可末端。

（2）在顶棚速度监视区（CSM），速度容限值应符合以下规定：

① 报警速度：超过允许速度（当前最限制速度）2 km/h。

② 常用制动干预速度：超过允许速度 5 km/h。

③ 紧急制动干预速度：超过允许速度 10 km/h（允许速度不大于 250 km/h 时），或超过允许速度 15 km/h（允许速度大于 250 km/h 时）。

（3）在目标速度监视区（TSM），速度容限值应符合以下规定：
① 报警速度：超过允许速度 2 km/h。
② 常用制动干预速度：超过常用制动干预曲线。
③ 紧急制动干预速度：超过紧急制动干预曲线。

九、CTCS-2 列控系统典型运营场景

CTCS-2 列控系统典型运营场景包括行车许可、自动过分相、线路限速、等级转换、调车作业、灾害防护。

（一）行车许可

1. 追踪运行

通过轨道电路向列车提供运行前方轨道区段空闲信息（行车许可），同时通过应答器向列车提供列车运行前方线路速度、坡度、轨道区段长度等信息，车载设备根据上述信息实时生成目标距离模式曲线监控列车安全运行，如图 3-3-22 所示。

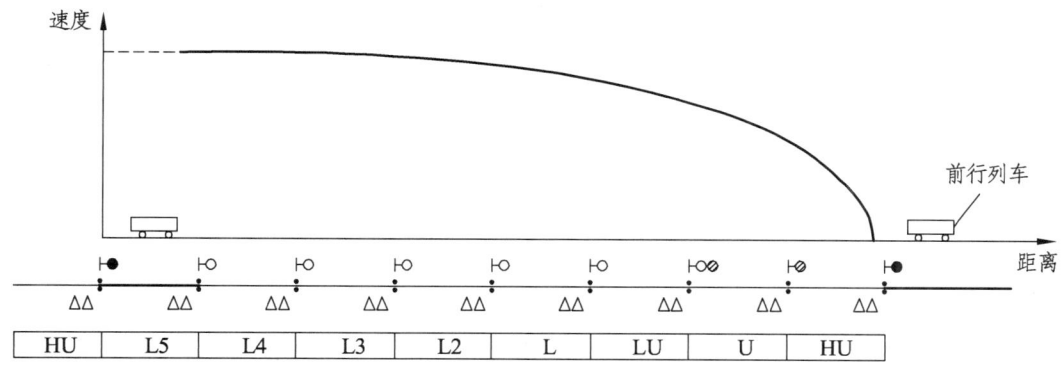

图 3-3-22　追踪运行示例

2. 正线通过

开通正线通过进路，将进出站信号机间的轨道区段视作一个闭塞分区，出站信号机至下一架同方向列车信号机或标志牌视作一个闭塞分区，轨道电路编码序列区间追踪运行时相同，如图 3-3-23 所示。

3. 侧线接车

开通侧向接车进路，进站信号机外方的接近区段发 UU 或 UUS 码。在列车到达 U2 或 U2S 码区段前，应先默认进站信号机关闭生成机外停车的目标距离模式曲线。当列车收到 U2 或 U2S 码后，重新生成目标点在进站信号机处、目标速度为 45 km/h 或 80 km/h 的目标距离模式曲线。当列车越过进站信号机后，车载设备根据进站口处应答器提供的线路参数信息生成在出站信号机前停车的目标距离模式曲线，监控列车安全运行，如图 3-3-24 所示。

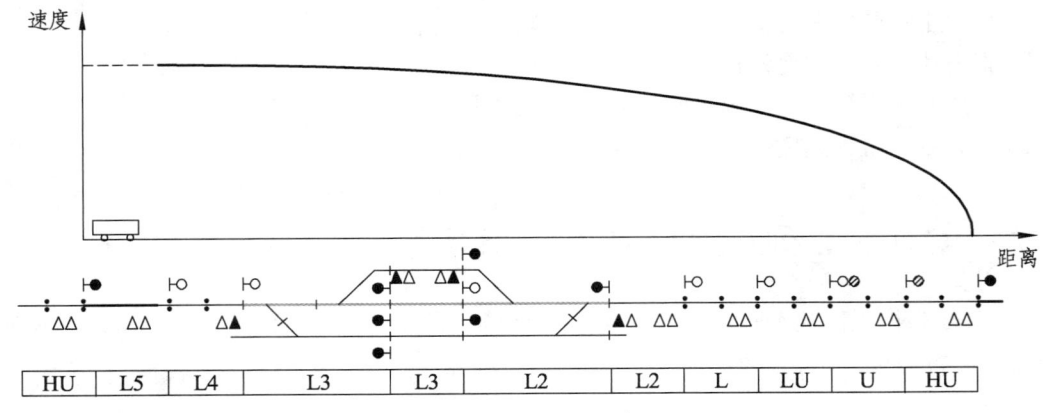

图 3-3-23 正线直进直出示例

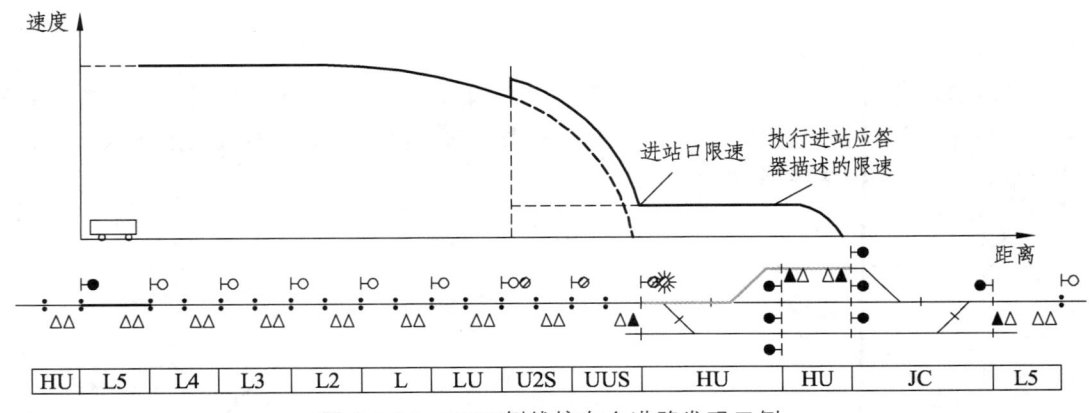

图 3-3-24 UUS 侧线接车全进路发码示例

4. 侧线发车

车载侧线始发，出站信号机处设有应答器，股道发送 UU 或 UUS 码。当出站信号机开放后，车载设备将先按部分监控模式工作。当接收到出站应答器提供的完整线路参数信息并越过出站应答器或出站信号机后转入完全监控模式，并根据出站应答器描述信息及轨道电路信息生成目标距离模式曲线监控列车运行，如图 3-3-25 所示。

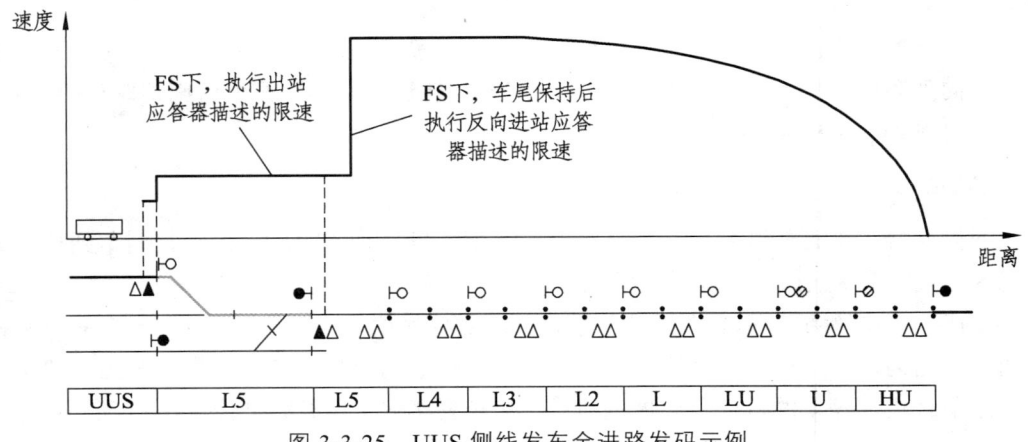

图 3-3-25 UUS 侧线发车全进路发码示例

5. 大号码道岔

开通经 18 号以上道岔侧向进路，在列车收到 U2S 或 UUS 码后，根据应答器提供的大号码道岔报文重新生成目标点在信号机处、目标速度为大号码道岔允许速度的目标距离模式曲线。当列车越过信号机后，根据应答器描述信息及轨道电路信息生成目标距离模式曲线监控列车运行，如图 3-3-26 所示。

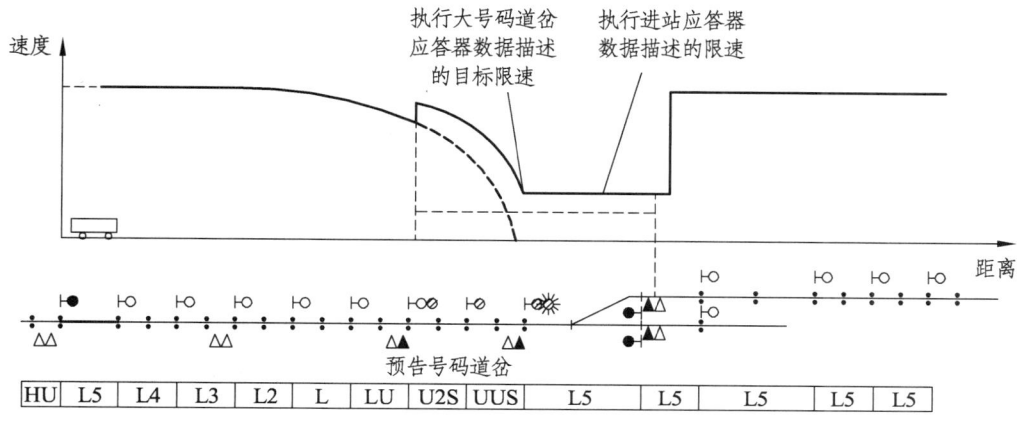

图 3-3-26　大号码道岔示例

6. 引导接车

引导接车时，进站信号机外方区段发 HB 码，车载设备生成在进站信号机前停车的目标距离模式曲线。完全监控模式下，当列车速度不大于规定速度经司机确认后转入引导模式。若进站口应答器已提供引导进路数据且车载使用该应答器数据，当列车越过进站信号机后，车载设备通过进站应答器提供的引导接车进路参数，生成在出站信号机前停车且顶棚为 40 km/h 的目标距离模式曲线，如图 3-3-27 所示。

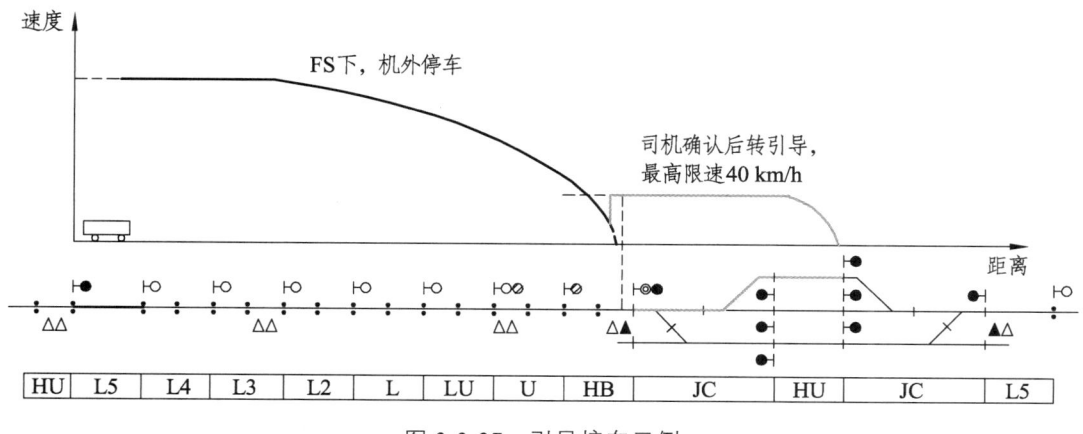

图 3-3-27　引导接车示例

7. 反向运行

反向运行按照自动站间闭塞方式运行，轨道电路发码方式与正向保持一致。

（二）自动过分相

在分相区前通过应答器向列车预告前方分相区信息，车载设备收到应答器描述的分相区信息后，在距分相区起点一定时间时输出过分相控制命令，车头越过分相区终点一定距离后撤销过分相控制命令，如图 3-3-28 所示。

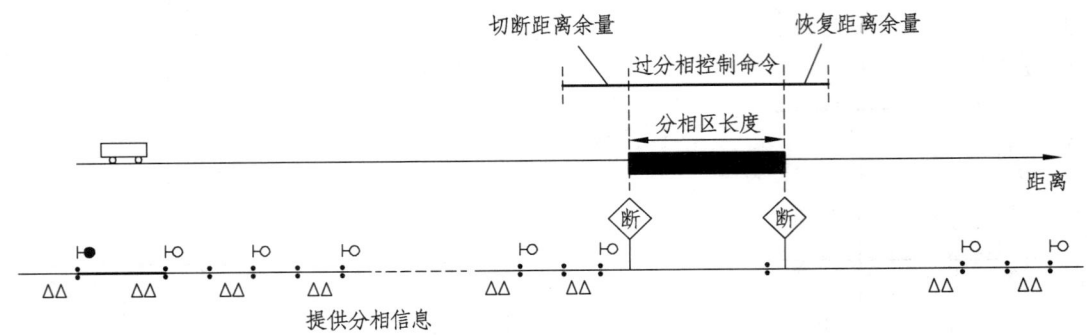

图 3-3-28　自动过分相示例

（三）线路限速

列控车载设备根据应答器提供的线路速度信息产生静态速度监控曲线，并结合由列车追踪运行生成的动态速度监控曲线监控列车安全运行，如图 3-3-29 所示。

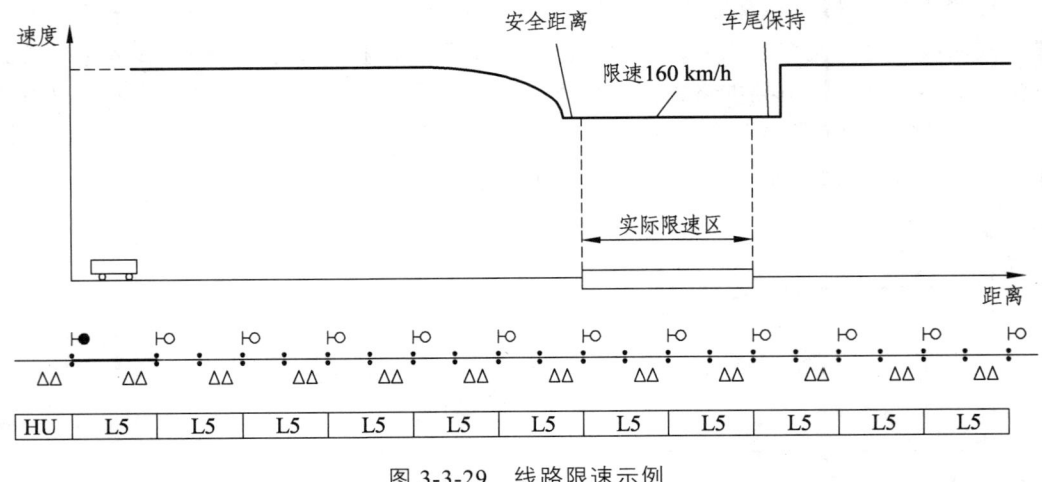

图 3-3-29　线路限速示例

（四）等级转换

（1）在等级转换执行点前通过预告应答器向列车预告前方等级转换信息。

（2）当列车经过等级转换执行点后，经司机确认后（根据用户需要），车载设备根据应答器描述的等级转换信息执行等级转换。

（3）从 CTCS-2 级到 CTCS-0 级，车载设备先在级间转换预告点处向司机提示转换预告，再在转换执行点处转入 CTCS-0 级，如图 3-3-30 所示。

项目三 CTCS-2 级列车运行自动控制系统维护

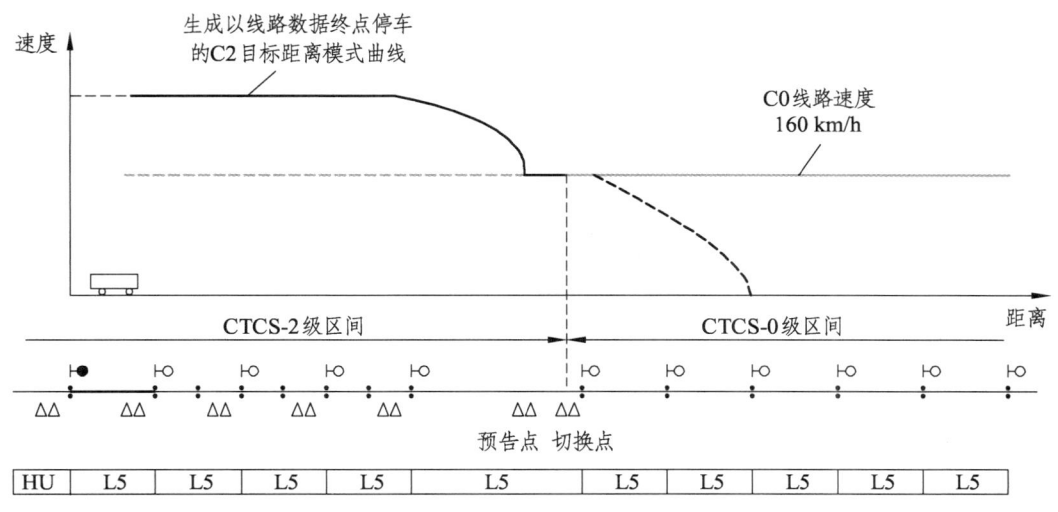

图 3-3-30 CTCS-2 级转换至 CTCS-0 级示例

（4）从 CTCS-0 级到 CTCS-2 级，为保证在等级转换边界的列车能以 CTCS-2 级完全模式运行，且转换后不引起制动，CTCS-0 区域地面列控设备应提前一定距离向车载设备提供所需的行车许可、线路数据和临时限速信息。车载设备先在级间转换预告点处向司机提示转换预告，再在转换执行点处转入 CTCS-2 级，如图 3-3-31 所示。

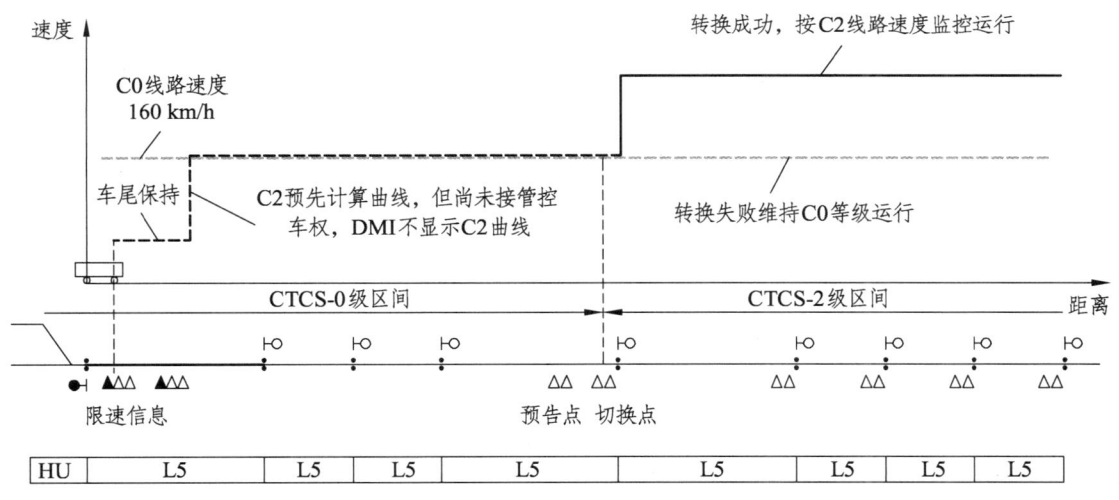

图 3-3-31 CTCS-0 级转换至 CTCS-2 级示例

（五）调车作业

司机控制列车转入调车模式后，按照地面信号显示进行调车作业。调车区边界的应答器使用调车危险信息包进行防护。

（六）灾害防护

列控系统收到异物侵限及地震预警监测系统灾害报警信息时，控制相应区段发 H 码。

项目四　CTCS-3 级列车运行自动控制系统维护

项目概述

CTCS-3 级列控系统在京张高铁复兴号上的应用，是"中国智造"的集中体现。这离不开中国工匠们的智慧和力量，正是他们精益求精、追求卓越的品格，使中国高铁飞速发展，成为中国经济高速发展的一张亮丽名片。同时，这些成就也增强了铁路信号专业人员的民族自豪感和职业自豪感。信号人员需要更加高标准遵章守则，保持严谨踏实的职业素养，踔厉前行护航中国铁路，保证中国铁路列控技术走在世界前沿。

CTCS-3 级列车运行自动控制系统是中国列车运行自动控制系统的重要组成部分，应用于我国 300~350 km/h 高速铁路客运专线，是我国在掌握了 CTCS-2 级列车运行自动控制系统的建设和运用经验的基础上，通过进一步技术提升构建的标准技术体系。它采用 GSM-R 无线通信系统，实现地面与列车控制信息双向实时传输，满足我国高速铁路高速度、高密度及不同速度等级动车组跨线运行的要求。

通过本项目的学习，学生应能熟知 CTCS-3 级列车运行自动控制系统的整体结构、系统组成及工作原理，并能进行 CTCS-3 级列车运行自动控制系统各设备的检修维护和故障处理工作。

项目任务书

（1）掌握 CTCS-3 级列车运行自动控制系统的结构和功能。
（2）掌握 CTCS-3 级列车运行自动控制系统的组成。
（3）掌握 CTCS-3 级列车运行自动控制系统的工作原理。
（4）掌握 CTCS-3 级列控系统各设备的检修维护与故障处理方法。
（5）养成不断更新知识体系、不断学习的探索精神，以及对行业职业的认同感和自豪感。

项目学习引导

CTCS-2 级列车运行自动控制系统是基于点式应答器和连续式轨道电路的点-连式列车超速防护系统，已经在我国提速干线和部分客运专线取得成功应用经验，适用于 200~250 km/h 线路。

CTCS-2 级列控系统通过轨道电路和应答器传输列控信息，其中轨道电路传输列车运行前方空闲闭塞分区的个数或者进路信息，应答器传输轨道区段长度、静态速度、坡度和临时限速等信息，车载设备需要综合轨道电路信息和应答器信息才能得到列车的行车许可。但是 CTCS-2 级列控系统利用点式应答器和轨道电路将地面信息单向传送给列车，很难实现列车与地面控制中心之间的双向通信，并且轨道电路传输的信息量较少，很难满足大容量信息传输要求。随着列车速度的需求进一步提高，就需要对列车实施更精确控制，这就要求车-地能够连续、实时、双向、大容量通信。一方面，轨道电路无法满足这一需求；另一方面，轨道电路构成的自动闭塞系统，只能判断闭塞分区是否被占用而无法实现列车的精确定位，同时，闭塞分区长度固定造成对不同类型列车适应性差。这些都影响铁路运输效率，制约列车运行速度的提高。

另外，CTCS-2 级列控系统中临时限速信息只能通过点式设备传送给列车，影响临时限速命令的及时下达或取消；有些情况下紧急信息也难以实时传递给列车，这些也都影响行车安全和运行效率。

因此，我国参照欧洲列车运行自动控制系统 ETCS-2 级技术规范，于 2008 年制定出《CTCS-3 级列控系统总体技术方案（V1.0）》《CTCS-3 级列控系统功能需求规范（FRS）（V1.0）》《CTCS-3 级列控系统系统需求规范（SRS）（V1.0）》等一系列技术规范。

其中，为了解决车地之间双向、大容量、实时的信息传递，在 CTCS-2 级列控系统的基础上，CTCS-3 级列控系统采用了 GSM-R 无线通信系统，支持列车高速运行需求，运行速度可以达到 350 km/h。同时，取消了地面通过信号机，轨道电路仅仅用于列车占用检查以及用于后备 CTCS-2 级列控系统地面信息传递。地面增设无线闭塞中心（RBC），根据轨道电路和联锁进路等信息生成行车许可，并通过 GSM-R 系统传输给列车，同时通过 GSM-R 接收列车发送的位置和列车数据等信息。另外，CTCS-3 级列控系统在保留闭塞分区的基础上采用准移动闭塞方式实现列车追踪控制，提高了列车的运行效率。

因此，CTCS-3 级列控系统与 CTCS-2 级列控系统的最本质区别是地面设备和车载设备之间信息传输的方式不同。CTCS-3 级列控系统通过 GSM-R 无线通信系统传输列控信息，当 RBC 与车载设备建立通信会话，并满足发送行车许可的条件后，RBC 通过 GSM-R 无线通信系统向车载设备同时发送行车许可和线路信息。

任务一　CTCS-3 级列车运行自动控制系统认识

一、CTCS-3 级列控系统总体结构

CTCS-3 级列控系统总体结构

CTCS-3 级列控系统包括地面设备和车载设备。地面设备由 RBC、TCC、ZPW-2000（UM）系列轨道电路、应答器（含 LEU）、GSM-R 通信接口设备等组成；车载设备由车载安全计算机（VC）、GSM-R 无线通信单元（RTU）、轨道电路信息接收单元（TCR）、应答器信息接收模块（BTM）、记录单元（JRU/DRU）、人机界面（DMI）、列车接口单元（TIU）等组成。

RBC 根据轨道电路、联锁进路等信息生成行车许可，并通过 GSM-R 无线通信系统将行车许可、线路参数、临时限速传输给 CTCS-3 级车载设备；同时通过 GSM-R 无线通信系统接收车载设备发送的位置和列车数据等信息。

TCC 接收轨道电路的信息，并通过联锁系统传送给 RBC；同时 TCC 具有轨道电路编码、应答器报文存储和调用、站间安全信息传输、临时限速功能，满足后备系统的需要。

应答器向车载设备传输定位和等级转换等信息，同时向车载设备传送线路参数和临时限速等信息，满足后备系统需要。应答器传输的信息与无线传输的信息相关内容含义保持一致。

车载安全计算机根据地面设备提供的行车许可、线路参数、临时限速等信息和动车组参数，按照目标距离连续速度控制模式生成动态速度曲线，监控列车安全运行。

CTCS-3 级列控系统总体结构如图 4-1-1 所示。

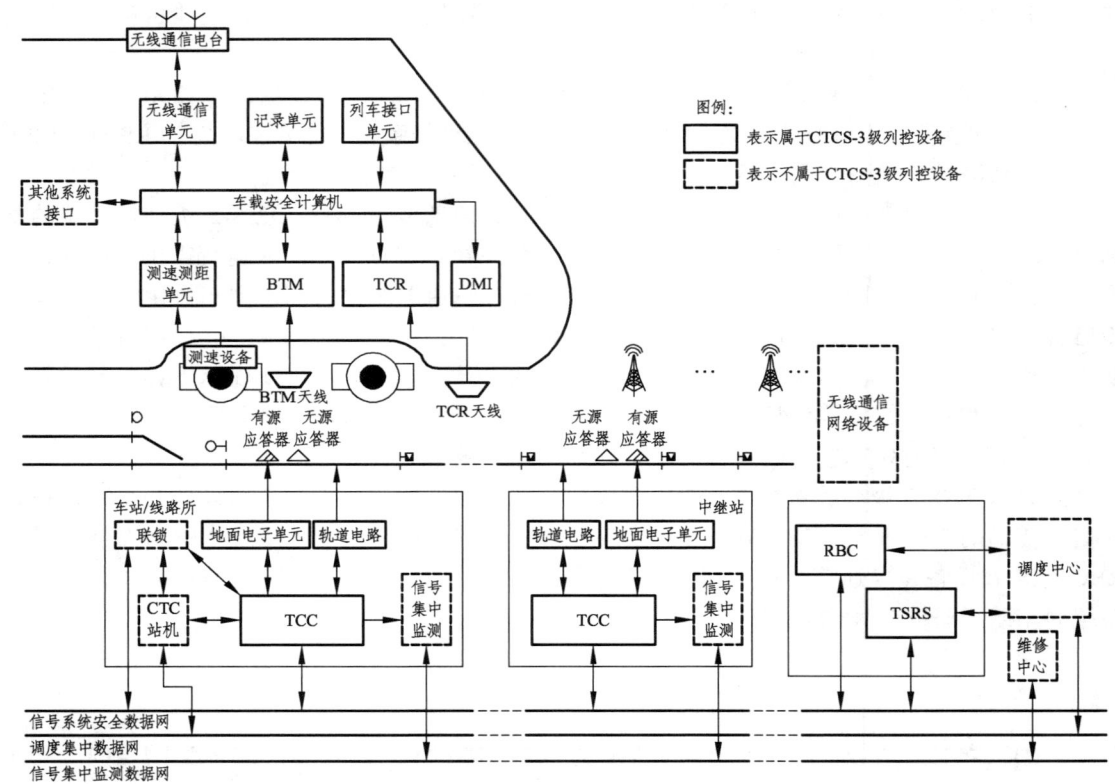

图 4-1-1　CTCS-3 级列控系统结构示意图

二、CTCS-3 级列控系统的基本工作原理

与 CTCS-2 级列控系统相比，CTCS-3 级列控系统地面设备主要增加了 RBC；车-地通信使用 GSM-R 无线通信系统。以下主要介绍工作原理明显不同的几点：

1. 车-地通信

与 CTCS-2 级列控系统采用轨道电路和应答器方式，进行地-车控车信息的单向传输方式不同，CTCS-3 级列控系统采用 GSM-R 无线通信系统，实现车-地控车信息的双向实时传输。

2. 行车许可生成

CTCS-2 级列控系统，由车载设备根据接收的轨道电路的编码和应答器信息生成 MA；CTCS-3 级列控系统，则由 RBC 根据列车位置、轨道电路状态及进路信息生成 MA，并将 MA 与线路静态速度曲线、坡度和临时限速等信息一起传送给车载设备。

3. 临时限速传输

调度员通过 CTC 终端将设置限速命令下达给 TSRS，由 TSRS 负责将限速命令拆分给相关的 TCC、RBC 执行。

CTCS-2 级列控系统，临时限速命令由 TCC 通过有源应答器发送给车载设备；CTCS-3 级列控系统，临时限速命令由 RBC 发送给车载设备。

4. 车载设备工作模式

CTCS-3 级列控系统车载设备有完全监控（FS）、引导（CO）、目视行车（OS）、待机（SB）、调车（SH）、隔离（IS）和休眠模式（SL），而部分监控模式（PS）和机车信号模式（CS）则是 CTCS-2 级列控车载设备特有的工作模式。其中，部分监控模式（PS）是列控车载设备接收到轨道电路允许行车信息，而缺少应答器提供的线路数据或限速数据时使用的模式；机车信号模式（CS）是装备 CTCS-2 级列控车载设备的动车组在 CTCS-0/1 级区段运行时使用的模式。经司机操作后，转为最高限速 80 km/h 控车模式。在该模式下，地面信号显示为行车凭证。

5. 后备系统

装备 CTCS-2 级列控车载设备的动车组，其后备系统为列车运行监控系统（LKJ），而且与 LKJ 是独立的两套设备，当 CTCS-2 级列控车载设备故障或由 C2 区段进入 C0/1 区段级间转换后，由 LKJ 监控列车运行。

装备 CTCS-3 级列控车载设备的动车组，其后备系统为 CTCS-2 级列控系统，并且在一个车载安全计算机内同时集成了 CTCS-3 级和 CTCS-2 级两个控车模块，当无线通信系统超时或由 C3 区段进入 C2 区段级间转换后，由 CTCS-2 级列控系统监控列车运行。

在没有装备 CTCS-2/CTCS-3 级地面设备而具有 ZPW-2000 轨道电路的区段，列控车载设备支持以机车信号模式（CS）行车。

6. 塌方、落物的灾害防护

对于塌方、落物等突发事件，通过灾害监测系统及时监测出灾害事件的发生，通过灾害报警开关接点条件直接将信息传送给管辖事发地点范围的车站联锁和 TCC，再通过联锁将相关信息传给 RBC、CTC。

CTCS-2 级列控系统中，TCC 接到灾害报警信息后，立即控制相关灾害区段闭塞分区轨道电路发出 H 码，其他轨道电路码序相应调整。CTCS-2 级列车根据接收到的轨道电路信息，生成新的监控曲线，实施制动并停车。

CTCS-3 级列控系统中，车站联锁接到灾害报警信息后，立即关闭相关进路防护信号，将事先设计好的紧急停车区激活并传输给 RBC 及 CTC。RBC 根据联锁发送的灾害报警信息立即激活相应的紧急停车区，RBC 自动将紧急停车消息发送给正接近报警地点的列车。列车司机在 5 s 内确认收到的紧急报警信息并决定安全停车的地点，否则设备将实施紧急制动。

三、系统总体需求

1. 基本功能需求

（1）CTCS-3 级列控系统基于无线通信传输列车行车许可信息，并采用目标距离模式曲线监控列车安全运行，且具备机控优先功能。
（2）CTCS-3 级列控系统应具备临时限速功能。
（3）CTCS-3 级列控系统应具备冒进防护功能。
（4）CTCS-3 级列控系统应具备列车超速防护功能。
（5）CTCS-3 级列控系统应具备自动过分相功能。
（6）CTCS-3 级列控系统应具备等级转换功能。
（7）CTCS-3 级列控系统应具备车地双向通信功能。
（8）CTCS-3 级列控系统应具备调车运行监控功能。
（9）CTCS-3 级列控系统应具备 CTCS-2 级功能。
（10）CTCS-3 级列控系统应预留与自动驾驶系统的接口功能。

2. 运用需求

（1）CTCS-3 级列控系统应满足最高允许速度不低于 350 km/h 的需求。
（2）CTCS-3 级列控系统应遵循故障-安全原则。
（3）CTCS-3 级列控系统应满足按自动闭塞或自动站间闭塞运行的要求。
（4）CTCS-3 级列控系统应满足跨线（CTCS-2 级）运行的运营要求。

3. 外部系统设备功能适配要求

1）联　锁

联锁应向 CTCS-3 级列控系统提供进路信息。列车进路接近锁闭时，联锁人工解锁的延迟时间应包括车载设备与 RBC 的最大允许通信中断时间和列车触发常用制动后在信号机外方停车的运行时间。

2）调度集中

CTC 应能操作下达和撤销临时限速命令，并且能显示列车运行状态信息。

3）无线通信系统

无线通信系统为 CTCS-3 级列控系统提供车地双向数据传输通道，并且无线通信系统的无线覆盖场强及服务质量应满足 CTCS-3 级列控系统运用需求。

4. 技术要求

1）车地通信管理

车载无线电台检测到无线通信网络后，应自动连接并注册到网络。

在车地无线通信会话中应由车载设备向 RBC 发起安全连接建立请求。RBC 应具备管理车载设备的注册和注销功能，并将车载设备状态信息发送给 CTC。

当车载设备按 CTCS-3 级控车发生无线消息超时时，应实施常用制动。当列车持续制动超过一定时间或已降到规定速度后，且低于 CTCS-2 级允许速度时，转入 CTCS-2 级控车并与 RBC 断开连接。

2）行车许可

RBC 应根据进路方向、区间方向、列车前方线路状态及空闲条件计算行车许可。RBC 生成的行车许可应以闭塞分区或进路为基本单元。

车载设备应监控列车在行车许可范围内安全运行。当列车越过行车许可时，车载设备应执行冒进防护。

若行车许可范围内的列车前端所在闭塞分区的前方相邻闭塞分区（等级转换和移交边界后方第一个闭塞分区除外）变为占用时，RBC 应向车载设备发送有条件紧急停车消息。若列车已确认进入此闭塞分区，则忽略该消息；否则，列车应缩短行车许可至此闭塞分区入口处。

车载设备应具备 RBC 发送的行车许可与轨道电路信息相结合的功能。

3）临时限速

CTCS-3 级和 CTCS-2 级列控系统应采用统一的临时限速设置原则。列控临时限速命令应由调度中心统一下达，限速设置和取消操作应采取安全防护措施。

RBC 应向车载设备发送行车许可范围内的所有临时限速信息。

4）RBC 切换

RBC 切换点应设置于闭塞分区分界处。CTCS-3 级列控系统应能同时处理多辆列车在不同移交点的移交与接收，并且 CTCS-3 级列控系统应能处理装备有一个或两个无线电台的列车移交。

5）等级转换

CTCS-3 级列控系统应根据需要设置与 CTCS-2 级间的等级转换点。

列车通过 CTCS-3 级/CTCS-2 级的等级转换点时，车载设备应自动进行级间转换，并且应避免因等级转换触发制动。

在 CTCS-2 级向 CTCS-3 级转换时，由 RBC 向车载设备发送转为 CTCS-3 级的等级转换命令。在 CTCS-3 级向 CTCS-2 级转换时，由应答器/RBC 向车载设备发送转为 CTCS-2 级的等级转换命令。

6）车载人机界面

车载 DMI 应能提供人机交互功能，根据车载主控单元的命令显示速度、距离、线路条件等信息，并提供声光报警。

7）测速测距

车载设备应实时计算列车的运行速度，作为速度监控的输入，并且实时计算列车的运行距离与运行方向。

8）列车定位

车载设备通过应答器组实现定位及位置误差校正功能。RBC 应以车载设备报告的最近相关应答器组为基准，向车载设备发送消息。

车载设备使用从 RBC 接收的位置相关的信息并进行位置监控时，应考虑列车的置信区间。

9）最限制速度曲线计算

最限制速度曲线计算应综合线路允许速度、线路临时限速、列车构造限速及模式限速，并取所有速度限制中最严格的部分。

进入降速区段时，最限制速度曲线计算应考虑安全防护距离；进入升速区段时，最限制速度曲线计算应进行车尾保持。

10）动态速度曲线计算

车载设备应根据行车许可、最限制速度曲线及列车的制动性能（含坡度因素、列车制动延迟时间）计算列车运行的动态速度曲线。

动态速度曲线包括常用制动干预曲线和紧急制动干预曲线。

11）速度监控

车载设备应根据计算的动态速度曲线监控列车运行，当列车运行速度超过规定速度时应能输出制动指令。

（1）报警速度：超过允许速度（当前最限制速度）2 km/h；

（2）最大常用制动干预速度：超过允许速度 5 km/h；

（3）紧急制动干预速度：超过允许速度 10 km/h（允许速度不大于 250 km/h 时），或超过允许速度 15 km/h（允许速度大于 250 km/h 时）。

12）制动控制方式

车载设备应具备人控优先和机控优先两种制动控制方式。

人控优先方式下，因超速触发常用制动后，当列车速度低于允许速度时应向司机提示允许缓解，司机按压缓解按键后，缓解常用制动。

机控优先方式下，因超速触发常用制动后，当列车速度低于允许速度时应自动缓解。

13）列车停车、溜逸及退行防护

列车处于待机模式下，车载设备应执行停车防护。

溜逸防护应防止列车向与本务驾驶台方向手柄的当前位置不一致的方向运行。

退行防护应防止列车向与允许方向相反的方向运行。

溜逸、退行超过规定的距离后，车载设备应输出紧急制动。在制动命令取消后，应以列车当前位置作为新的位置参照点重新启动停车、溜逸及退行防护功能。

14）调车、目视行车防护

设置应答器用于调车、目视行车的冒进防护。

任务二　CTCS-3 级列车运行自动控制系统地面设备

CTCS-3 级列控系统地面设备由无线闭塞中心（RBC）、临时限速服务器（TSRS）、列控中心（TCC）、轨道电路、应答器（含 LEU）、GSM-R 通信接口设备等组成。CTCS-3 级列控系统地面设备总体结构图如图 4-2-1 所示。

项目四 CTCS-3级列车运行自动控制系统维护

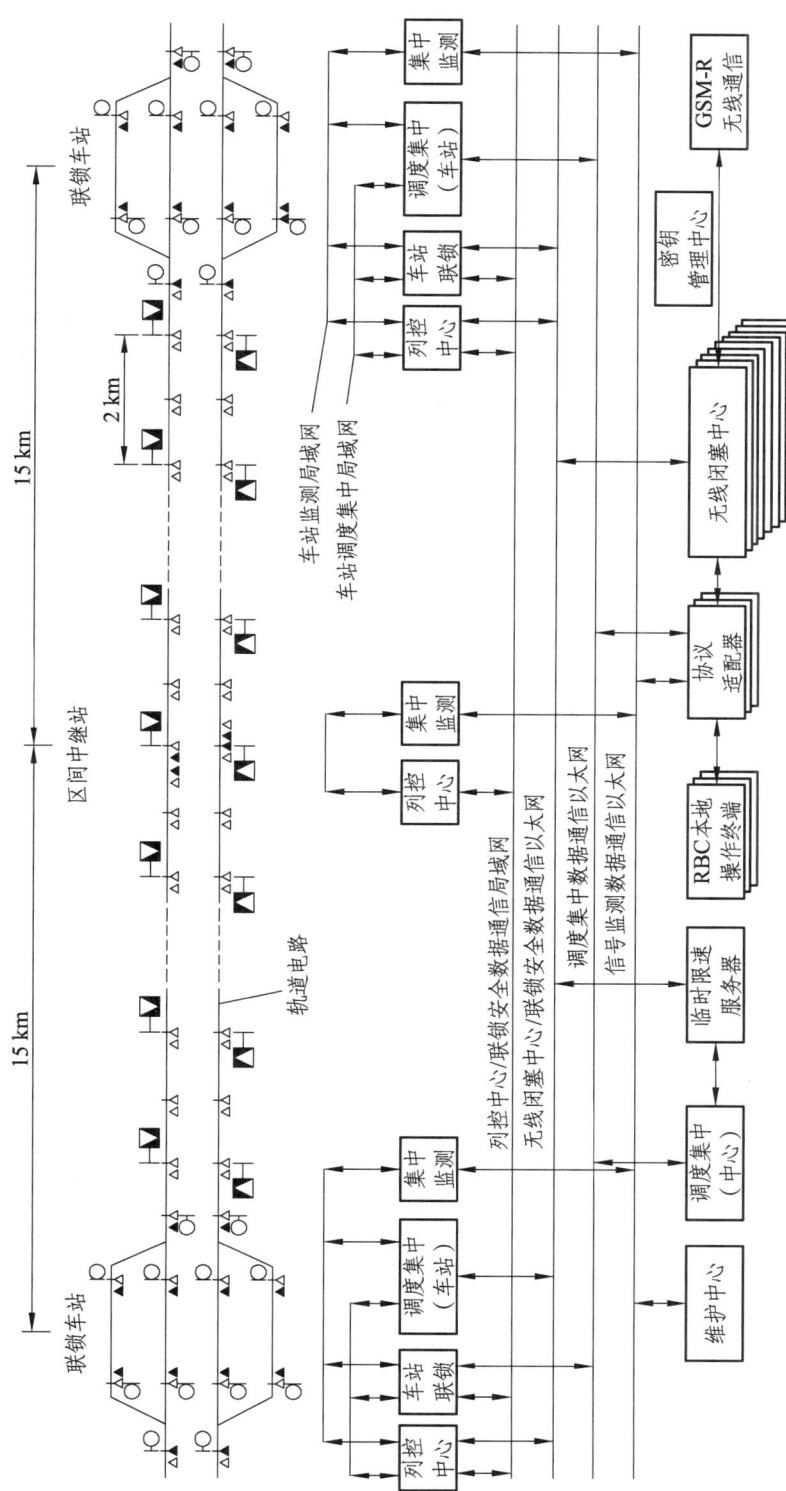

图 4-2-1 CTCS-3级地面设备结构示意图

一、无线闭塞中心

无线闭塞中心（Radio Block Center，RBC）是 CTCS-3 级列控系统的地面核心设备，根据 CBI、TSRS、相邻 RBC、CTC 和车载等设备提供的信息，生成行车许可等控制信息，并通过无线通信方式发送给车载设备，以控制列车安全追踪，保障其管辖范围内的列车安全运行。

（一）功能原理

1. RBC 功能要求

（1）具备启动自检和安全侧初始化功能。
（2）具备与车载设备的双向信息传输功能。

无线闭塞中心功能原理

（3）具备管理车载设备的注册和注销功能，并将车载设备状态信息发送给调度集中（CTC）。
（4）具备根据从联锁获得的进路/轨道区段状态信息、车载设备发送的状态信息及前行列车发送的位置信息，向车载设备发送适合的行车许可功能。
（5）具备控制车载设备实现 CTCS-2 级/CTCS-3 级等级转换的功能。
（6）具备 RBC-RBC 移交功能。
（7）具备根据从临时限速服务器（TSRS）接收的临时限速命令（TSR），向车载设备发送临时限速信息功能。
（8）具备向车载设备发送分相区相关信息功能。
（9）具备调车管理功能。
（10）具备根据调度员的紧急停车命令，向车载设备发送紧急停车消息功能。
（11）具备完善的诊断与维护功能。
（12）具备接收密钥管理系统密钥的功能。
（13）具备保持与 CTC 设备时钟同步功能。
（14）具备灾害信息处理功能。

2. RBC 技术原理

1）设备启动

（1）RBC 启动后进行设备完整性自检，且在自检失败的情况下禁止设备运行。
（2）RBC 启动后，应清除所有动态数据，包括：
① 所有进路数据和紧急区域数据；
② 临时限速数据（可选），若保留临时限速数据，仅应在临时限速服务器校验成功后使用；
③ 车载设备注册和车载设备监控状态数据；
④ 相邻 RBC 的车载设备移交数据；
⑤ CTC 命令数据。
（3）RBC 启动后，应等待与 TSRS 的初始化命令。
（4）RBC 启动后，应与 CTC 同步。

2）通信会话管理

（1）在车-地无线通信会话中应通常由车载设备向 RBC 发起安全连接建立请求。

（2）RBC 应仅能接收存在于配置列表中车载设备的安全连接建立请求。

（3）RBC 应为每个建立安全连接的车载设备维护一个安全连接。

（4）若车载设备主动拆链或 RBC 在配置时间内未收到车载设备安全链路消息，则 RBC 应删除与该车载设备的安全连接。

3）车载设备注册

（1）RBC 接收新的车载设备注册条件如下：

① RBC 已经和车载设备建立通信连接；

② 通信连接数量未达到 RBC 配置的最大数量；

③ RBC 从 TSRS 更新了临时限速信息并完成初始化。

（2）RBC 接收位置无效或未知的车载设备注册。

（3）若 RBC 中注册车载设备数量与 RBC 最大控车数量之间的差值小于报警阈值，则 RBC 应向 CTC 发送报警。

（4）RBC 在完成车载设备注册后向 CTC 发送该车载设备的车组号和车次号等信息。

（5）RBC 只有收到车载设备会话建立消息后，才能向该车载设备发送位置报告参数和行车许可请求参数。

（6）在任务开始时，若车载设备向 RBC 发送了一个无效或未知的位置报告，则 RBC 应向该车载设备发送文本消息，对列车司机进行提示。

（7）RBC 应在接收到位置已知的车载设备位置报告后，才能向该车载设备发送配置参数。

（8）RBC 发送的配置参数宜支持列控系统设备和相关设备编号规则规定的多个大区分区编号。

4）车载设备注销

车载设备注销是指 RBC 删除注册列表中的车载设备 ID 号、列车参数等信息。

（1）若 RBC 与车载设备通信会话关闭，则 RBC 应注销该车载设备并通知 CTC。

（2）若 RBC 与车载设备连接中断超过配置时间，则 RBC 应注销该车载设备并通知 CTC。

（3）RBC 应在下列条件下命令车载设备终止与 RBC 间的通信会话，包括：

① 若 RBC 接收车载设备任务结束，则 RBC 应命令车载设备终止与 RBC 间的通信会话；

② 若车载设备位置报告的最近相关应答器组（LRBG）不在 RBC 管辖范围，且 RBC 判断未处于 RBC-RBC 移交过程的接收状态，则 RBC 宜命令车载设备终止与 RBC 间的通信会话；

③ 若 RBC 判断列车最小安全末端已经离开所管辖区域，则 RBC 应命令车载设备终止与 RBC 间的通信会话；

④ 在 RBC 移交过程中，若接收 RBC 接受移交取消，则接收 RBC 应命令车载设备终止与 RBC 间的通信会话。

5）行车许可

行车许可（MA）是列车安全运行的行车凭证。行车许可以闭塞分区或进路为基本单元，一个空闲的闭塞分区仅能分配给一个注册的车载设备。

（1）当 RBC 收到来自车载设备的行车许可请求消息时，RBC 将根据联锁报告的可用列车进路或闭塞分区，向列车发送行车许可（MA），如图 4-2-2 所示。

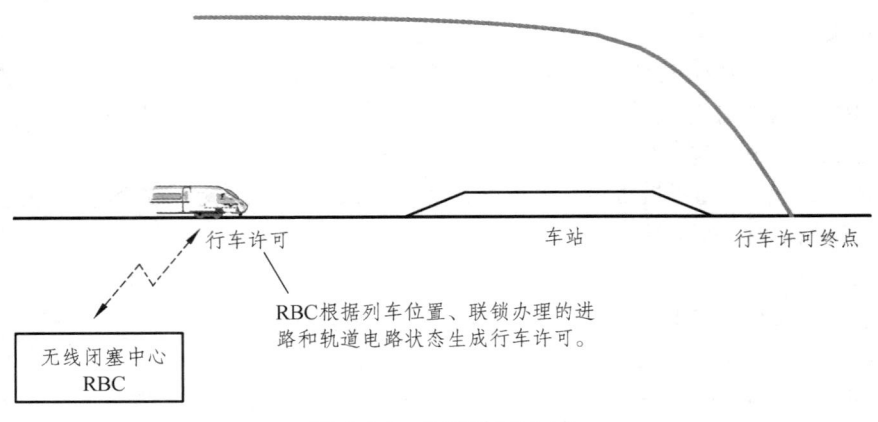

图 4-2-2　行车许可生成

（2）RBC 延伸行车许可时应检查进路方向、区间方向以及列车前方进路状态等条件。

（3）RBC 向车载设备发送行车许可的必要条件包括：

① 车载设备报告处于 CTCS-2 等级，或 CTCS-3 等级的完全监控（FS）、引导（CO）、目视（OS）、待机（SB）模式；

② RBC 接收有效列车数据；

③ RBC 接收 TSRS 的初始化命令。

（4）RBC 应对下列情况判断是否能够生成并发送行车许可：

① 接收来自车载设备的行车许可请求；

② 接收来自车载设备的位置报告；

③ 从外部设备收到信息或内部逻辑判断出需要缩短行车许可。

（5）RBC 发送行车许可缩短、临时限速、配置参数及等级转换等消息时，应要求车载设备确认。

（6）RBC 发送的行车许可类型包括完全监控模式（FS）行车许可和引导模式（CO）行车许可两种类型。

（7）若列车进路为引导进路，则 RBC 应向车载设备发送引导模式行车许可。

（8）若列车以 FS 模式进入车站，则 RBC 应向车载设备发送完全监控模式行车许可。

（9）若列车以非 FS 模式进入车站，且车头距出站信号机小于 250 m 或通过前方轨道空闲（TAF）确认程序，则 RBC 应向车载设备发送完全监控模式行车许可。

（10）若列车以非 FS 模式进入车站，且车头距出站信号机大于 250 m，则 RBC 应向车载设备发送从列车前端至出站信号机的区段为引导模式，其余区段为完全监控模式的行车许可；或通过 TAF 确认程序后，发送完全监控模式行车许可。

（11）若 RBC 从 CBI 收到行车许可范围内的列车所在进路故障降级（轨道区段异常占用、道岔失表示、取消进路、人工解锁等），则 RBC 应向车载设备发送无条件紧急停车消息。

（12）行车许可缩短应符合下列要求：

① 若 RBC 从 CBI 收到行车许可范围内的列车前方进路故障降级（轨道区段异常占用、道岔失表示、取消进路、人工解锁等），则 RBC 应采取安全措施缩短行车许可；

② 若移交边界后方接收 RBC 范围内第一个闭塞分区被占用，则接收 RBC 应判断该占用

是否是正常的列车占用；如判断为异常占用，RBC 应将行车许可缩短至移交边界。

6）等级转换

等级转换发生在 CTCS-2 线路与 CTCS-3 线路的转换区域，包含从 CTCS-2 级进入 CTCS-3 级和从 CTCS-3 级进入 CTCS-2 级两种情况。等级转换需要由 RBC 和应答器提供转换命令，在转换点前方一定距离设置预告应答器组，在转换点处设置应答器组。

（1）在等级转换过程中，若车载设备位置报告中最近相关应答器组（LRGB）为 RBC 识别的预告应答器组，且满足生成行车许可条件时，则 RBC 应向车载设备发送转为 CTCS-3 级的等级转换命令。

从 CTCS-2 转换 CTCS-3 级的过程如图 4-2-3 所示。

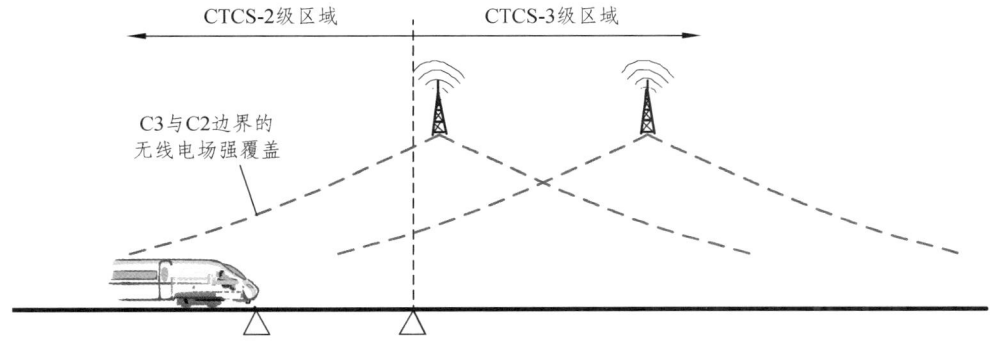

图 4-2-3　从 CTCS-2 转换 CTCS-3 级的等级转换示意图

① 列控车载设备从应答器接收到"呼叫 RBC"命令，与 RBC 建立通信会话。

② 当列车通过等级转换预告应答器后，RBC 向车载设备发送行车许可，该行车许可中包含等级转换命令信息。

③ 当列车前端通过等级转换应答器后，车载设备转换到 CTCS-3 级控车。

在等级转换过程中，若 RBC 判断 CTCS-3 级范围内首个闭塞分区出现异常，则 RBC 应采取安全措施缩短行车许可至等级转换边界。

（2）若车载设备行车许可延伸过级间转换边界，则 RBC 应向离开 CTCS-3 级范围的车载设备发送转为 CTCS-2 级的等级转换命令，如图 4-2-4 所示。

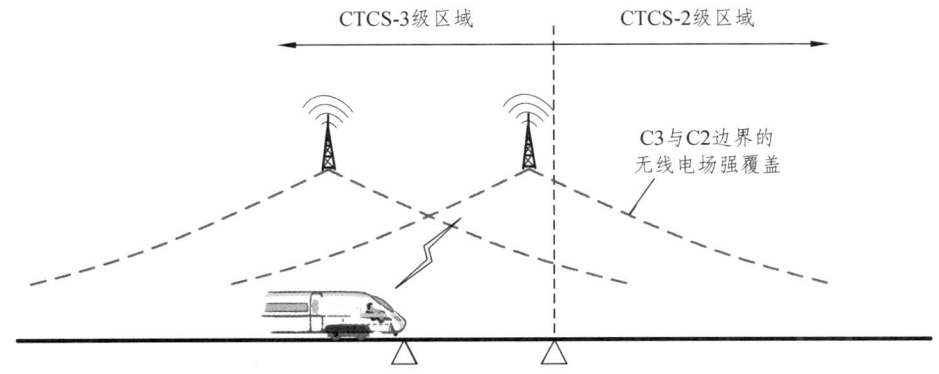

图 4-2-4　从 CTCS-3 转换 CTCS-2 级的等级转换示意图

从 CTCS-3 转换 CTCS-2 级的过程如下：
① 列车通过等级转换预告应答器后，向 RBC 发送位置报告。
② RBC 根据位置报告判断出列车已通过等级转换预告应答器且列车行车许可延伸到等级转换边界，RBC 向离开 CTCS-3 区域的列车发送等级转换命令。

若 RBC 判断 CTCS-2 级范围内首个闭塞分区异常，则 RBC 应缩短行车许可至等级转换边界。

7）RBC-RBC 移交

RBC 切换描述了在不同 RBC 边界处，实现列车在两个 RBC 间行车许可控制的安全切换过程。RBC 能同时处理多辆列车在不同移交点的移交且同一移交点同一时刻只能有一列车处于移交状态。RBC 能同时处理多列车的移交与接收。RBC 切换应采用 RBC 间直接通信的方式交换 RBC 切换信息，RBC 切换分为车载两部 GSM-R 无线电台都正常和只有一部电台正常的两种情况。其切换方式如图 4-2-5 所示。

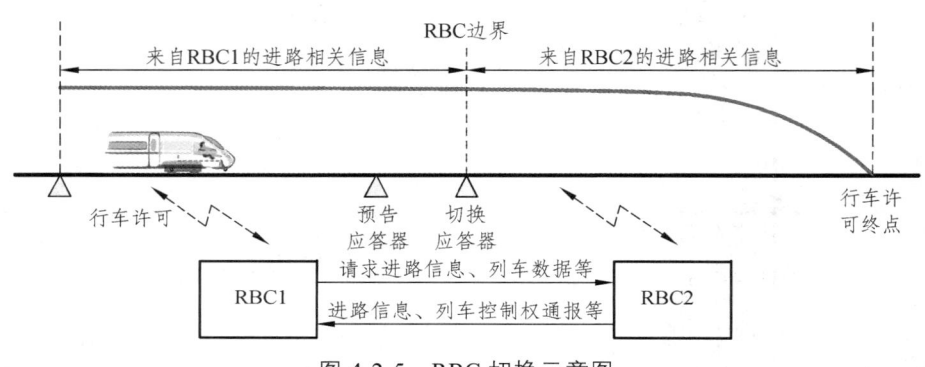

图 4-2-5　RBC 切换示意图

在 RBC 切换过程中，RBC1（移交 RBC）负责向 RBC2（接收 RBC）发送切换预告信息（车载设备 ID、RBC 边界的应答器组 ID、列车数据等）、进路请求信息、切换确认信息、切换取消信息。RBC2 负责向 RBC1 发送进路信息、接管列车信息。

为消除 RBC 切换对列车正常运行的影响，车载设备设置两个独立的 GSM-R 通信电台，当列车距 RBC 切换边界一定距离（列车走行 40 s 所需要的距离）时，在 RBC1 控制下通过另一部电台开始呼叫 RBC2 并进行连接注册。

当其中一部 GSM-R 通信电台故障时，车载设备仍能用正常电台进行 RBC 切换，但如果切换时间超过车-地允许通信中断时间时，列车正常运行会受到一定影响。

RBC-RBC 转换应设置预告点（LTA）、RBC 切换点（RN）和切换标志牌。

预告点（LTA）：当车载设备向 RBC 发送通过该应答器的位置报告后，RBC 判断可以开始向列车发送 RBC 切换信息。预告点可以是区间任何一个位置合适的普通定位应答器组。从预告点（LTA）到切换点（RN）应满足列车不小于 40 s 的运行距离。

RBC 切换点（RN）：当列车前端通过该点时，当前 RBC 停止对列车的控制，切换到另一个 RBC 进行控制。同时，该点设置的应答器组向车载设备发送 RBC 切换命令，命令处于休眠模式（SL）的车载设备记录与新 RBC 连接所需要的信息。

切换标志牌：在 RBC 切换点（RN）处，应设置标志牌提示司机列车进入另一个 RBC 控制区域。

（1）两部电台都正常的 RBC 切换。

两部 GSM-R 无线电台（定义为电台 1 和电台 2）都正常时，RBC1→RBC2 的切换流程如下：

列车在 RBC1 的控制区域内正常运行并接近 RBC1/RBC2 边界（假定车载设备使用电台 1 与 RBC1 通信）。列车通过了 RBC 切换预告应答器组后，车载设备向 RBC1 发送列车位置报告。

RBC1 接收到位置报告后，将向车载设备发送 RBC 切换命令，该命令包括至 RBC1/RBC2 切换点的距离、RBC2 的 ID 以及 RBC2 的电话号码。同时，RBC1 向 RBC2 发送移交列车预告信息和进路请求信息。预告信息包括车次号、边界应答器组号、车载设备工作模式、列车数据等；进路请求信息包括至行车许可终点距离、临时限速个数、附加的限制条件等。

RBC2 接收到 RBC1 的进路请求信息后，根据联锁系统的信号授权向 RBC1 发送进路信息。进路信息包括行车许可、线路坡度、静态速度及其他与行车许可相关的信息包。当 RBC2 管辖范围内进路发生变化时，RBC2 应当及时将进路信息发送给 RBC1。RBC1 根据 RBC2 提供的进路信息，向车载设备发送延伸至 RBC2 区域内的行车许可。为使列车不减速越过切换边界，RBC1 提供行车许可将在 RBC2 管辖区域延长一个 40 s 正常行驶距离+完整制动距离的长度。

根据 RBC1 提供的电话号码，列控车载设备使用电台 2 开始呼叫 RBC2。呼叫成功后，列控车载设备通过电台 2 向 RBC2 发送通信初始化信息、RBC2 向列车发送通信版本信息、车载设备向 RBC2 发通信建立信息。至此，车载设备与 RBC2 建立了通信会话。

列车继续前行，在到达切换边界前，车载设备保持使用 RBC1 提供的行车许可监控列车运行，并向 RBC1、RBC2 发送位置报告。

当列车头部（最大安全前端）越过边界后，车载设备向 RBC1 及 RBC2 发送位置报告。从此，车载设备开始只使用从 RBC2 接收到的消息，并拒绝接收 RBC1 除终止会话信息之外的其他消息。

RBC1 收到列车最大前端越过切换边界的位置报告后向 RBC2 转发列车位置信息。

RBC2 收到列车最大前端已越过 RBC 切换边界的位置报告后向 RBC1 发送接管列车信息。

在切换过程中，如果列车越过切换边界而未能成功地与 RBC2 建立通信会话并获得行车许可，将继续按 RBC1 提供的行车许可运行。

当列车尾部（最小安全末端）越过边界后，车载设备向 RBC1 及 RBC2 发送位置报告。

RBC1 根据列车提供的位置报告命令车载设备切断电台 1 与 RBC1 的通信会话，同时将其从 RBC1 的列车清单中删除。

车载设备接收到 RBC1 的切断无线连接的命令后，切断与 RBC1 的通信连接。

列车尾部通过切换应答器组（RN）后，处于休眠模式（SL）的车载设备记录 RBC2 的呼叫信息。

车载设备通过电台 2 继续保持与 RBC2 的通信会话并接收行车许可，监控列车安全运行，至此完成 RBC1 到 RBC2 的切换。

（2）只有一部电台正常的 RBC 切换。

当只有一部 GSM-R 无线电台正常时，RBC1→RBC2 的切换流程如下：

列车在 RBC1 的控制区域内正常运行并接近 RBC1/RBC2 边界。列车通过了 RBC 切换预告应答器组后，车载设备向 RBC1 发送列车位置报告。

RBC1 接收到位置报告后，将向车载设备发送 RBC 切换命令，该命令包括至 RBC1/RBC2 切换点的距离、RBC2 的 ID 以及 RBC2 的电话号码，向 RBC2 发送移交列车预告信息和进路请求信息，预告信息包括车次号、边界应答器组号、车载设备工作模式、列车数据等，进路请求信息包括至行车许可终点距离、临时限速个数、附加的限制条件等。

RBC2 接收到 RBC1 的进路申请信息后，根据联锁系统的信号授权向 RBC1 发送进路信息。进路信息包括行车许可、线路坡道、静态速度及其他与行车许可相关的信息包。当 RBC2 管辖范围内进路发生变化时，RBC2 应当及时将进路信息发送给 RBC1。RBC1 根据 RBC2 提供的进路信息，向车载设备发送延伸至 RBC2 区域内的行车许可。为使列车不减速越过切换边界，RBC1 提供行车许可应在 RBC2 管辖区域延长一个不少于 40 s 正常行驶距离+完整制动距离的长度。

当列车头部（最大安全前端）越过边界后，车载设备向 RBC1 发送位置报告。从此，车载设备拒绝接收 RBC1 除终止会话信息之外的其他消息。

RBC1 收到列车最大前端越过切换边界的位置报告后向 RBC2 转发列车位置信息。

RBC2 收到列车最大前端已越过 RBC 切换边界的位置报告后向 RBC1 发送接管列车信息。

当列车尾部（最小安全末端）越过边界后，车载设备向 RBC1 发送位置报告。处于休眠模式（SL）的车载设备记录 RBC2 的呼叫信息。

RBC1 根据列车提供的位置报告命令车载设备切断电台 1 与 RBC1 的通信会话，同时将其从 RBC1 的列车清单中删除。

车载设备接收到 RBC1 的切断无线连接的命令后，切断与 RBC1 的通信连接。车载设备根据 RBC1 先前下达的切换命令，开始呼叫 RBC2。呼叫成功后，列控车载设备向 RBC2 发送通信初始化信息、RBC2 向列车发送通信版本信息、车载设备向 RBC2 发送通信建立信息。至此，车载设备与 RBC2 建立了通信会话。

RBC2 根据联锁的信号授权生成行车许可（MA）并发送给列控车载设备，RBC2 监控列车的运行。至此 RBC1 到 RBC2 的切换完成。

8）临时限速

RBC 根据临时限速服务器的命令，向车载设备发送临时限速信息或者取消临时限速命令，如图 4-2-6 所示。

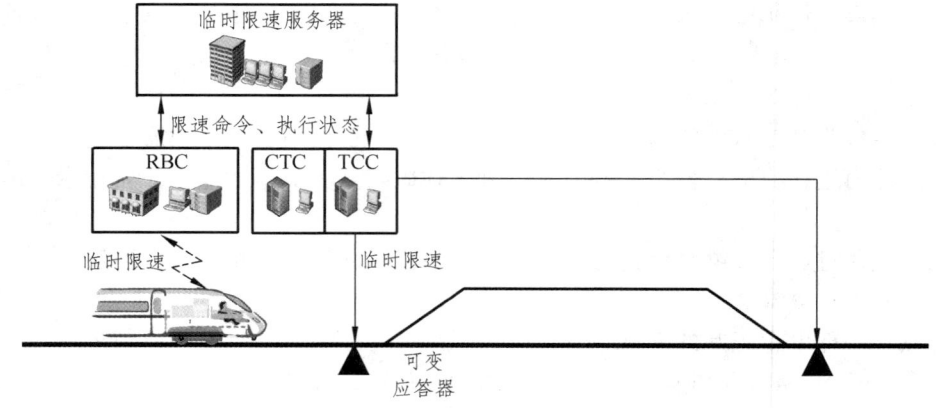

图 4-2-6 临时限速发送过程

临时限速命令及其相应的撤销命令应采用同一标识符。

RBC 应向车载设备发送行车许可范围内的所有临时限速命令。

若 RBC 接收 TSRS 的临时限速设置命令,则 RBC 应向所有行车许可延伸进入此临时限速区域的车载设备发送该临时限速命令。

若 RBC 接收 TSRS 的临时限速取消命令,则 RBC 应向所有行车许可延伸进入此临时限速区域且 RBC 已经向该车载设备发送过该临时限速的车载设备发送撤销该临时限速命令。

若行车许可未完全覆盖临时限速区域,则 RBC 应通过 GSM-R 网络将行车许可范围内的临时限速信息发送给车载设备。

若车载设备的行车许可缩短至不再覆盖临时限速区域,则 RBC 应向车载设备发送取消临时限速命令或发送限速值高于线路最高允许速度的限速。

RBC-RBC 移交时,接收 RBC 应通过进路相关信息向移交 RBC 发送其管辖范围内的临时限速命令,移交 RBC 应向车载设备发送行车许可范围内的所有临时限速命令。

RBC-RBC 移交时,接收 RBC 应通过进路相关信息向移交 RBC 发送其管辖范围内的取消临时限速命令,移交 RBC 应向车载设备发送取消临时限速命令。

若 RBC 检测车载设备行车许可范围内临时限速数量超过限定数量,则 RBC 应采取安全措施。

RBC 宜支持复杂线路条件下的临时限速设置,包括线路里程断链、里程标系变换、站内侧线存在多个限速区。

对于行车许可范围内的侧向限速,若进路包含的区段或所属侧线分区设有临时限速,则 RBC 宜向车载设备发送限速值最低的全进路限速命令。

9)分相区

对于 CTCS-3 级系统,牵引供电分相区信息与列车行车许可(MA)一起由 RBC 提供给列车,分相区信息包括至分相点距离、分相区长度等。若车载设备行车许可延伸进入分相区时,RBC 将分相区信息以线路条件的方式发送给车载设备,实现车载设备自动过分相。自动过分相过程如图 4-2-7 所示。

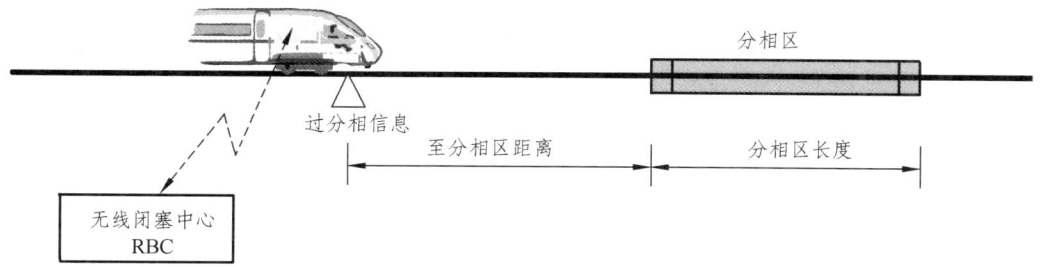

图 4-2-7 自动过分相示意图

自动过分相过程如下:

当列车运行到距分相区前一定距离时,RBC 或应答器向列车发送前方被激活的分相区信息,包括至分相区距离、分相区长度等。

当列车前端距分相区还有 10 s 的走行距离时,车载设备向司机发出提示。

当列车前端距分相区还有 3 s 的走行距离时，车载设备输出过分相指令。

当列车前端越过分相区后，车载设备取消输出过分相指令。

10）调　车

若列车未处于站场数据定义的允许调车区内，则 RBC 不应向车载设备发送调车许可。若 RBC 未接收到车载设备的调车请求，则 RBC 不应向车载设备发送调车许可或拒绝调车。RBC 接收到车载设备转入调车模式信息后，RBC 应通知 CTC。

11）紧急停车

紧急停车消息包括有条件的紧急停车消息（CEM）和无条件的紧急停车消息（UEM）。每个紧急停车消息与对应的取消消息应采用同一标识符。

若 RBC 正在向车载设备重复发送 UEM，则 RBC 不宜向该车载设备发送除 UEM 以外的消息。若 RBC 接收到车载设备的紧急停车消息，则 RBC 应停止向车载设备重复发送该紧急停车消息。若 RBC 向车载设备重复发送紧急停车消息过程中收到车载设备处于冒进或冒后模式的消息，则 RBC 应停止发送紧急停车消息。

在 RBC 向车载设备发送行车许可后，若列车前端所在闭塞分区的前方相邻闭塞分区（等级转换和移交边界后方第一个闭塞分区除外）被占用，RBC 应向车载设备发送 CEM 以确定此闭塞分区是否为本车占用。

若 RBC 接收到激活紧急停车区域的消息，则 RBC 应向已经进入该区域的车载设备发送 UEM。若 RBC 接收到激活紧急停车区域的消息，则 RBC 应将未进入该区域的车载设备行车许可缩短至该区域的起点。若 RBC 接收到激活紧急停车区域的消息，则 RBC 宜向受影响的车载设备发送针对紧急区域的文本消息，向列车司机提示。

RBC 应预留处理 CTC 的紧急停车命令和对应的取消命令的功能。RBC 应预留向 CTC 设备反馈紧急停车命令的执行与取消情况的功能。

12）诊断与维护

RBC 能够收集、存储、处理设备内部产生的信息、来自设备外部的信息以及发送至外部设备的信息。

RBC 维护单元具有基于图形窗口的用户界面，显示 RBC 运行状态、RBC 接口通信状态、RBC 管辖范围区间和车站图形、行车许可、临时限速以及列车车次号、位置、速度、车载设备控制等级和控制模式等列车相关信息，同时能够显示所记录的报警和事件。

RBC 维护单元能通过信息源、报警代码或关键字等方式进行报警和事件的查询。RBC 维护单元提供工具以支持对日志的分析。

另外，RBC 还具有文本信息发送、密钥管理等功能。

（二）设备组成

RBC 硬件采用冗余安全结构，设备包括无线闭塞单元（RBU）、协议适配器（VIA）、RBC 维护终端、司法记录器（WJRU）、ISDN 服务器、操作控制终端和交换机等，如图 4-2-8 所示。

RBC 主机采用二乘二取二或三取二的冗余结构，二乘二取二的 RBC 系统结构如图 4-2-9 所示。

无线闭塞中心设备组成

项目四 CTCS-3 级列车运行自动控制系统维护

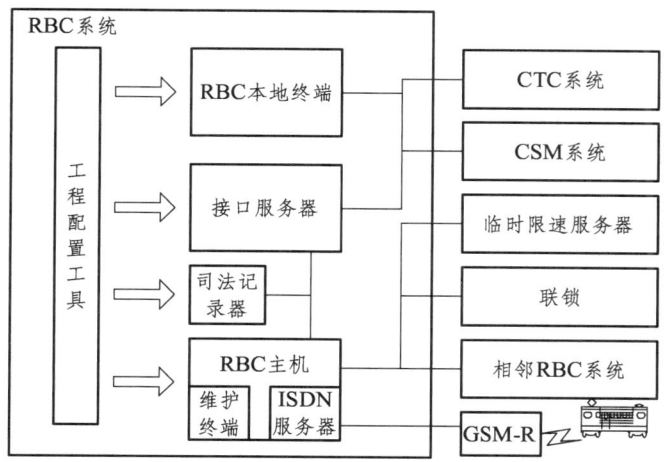

图 4-2-8 RBC 硬件结构图

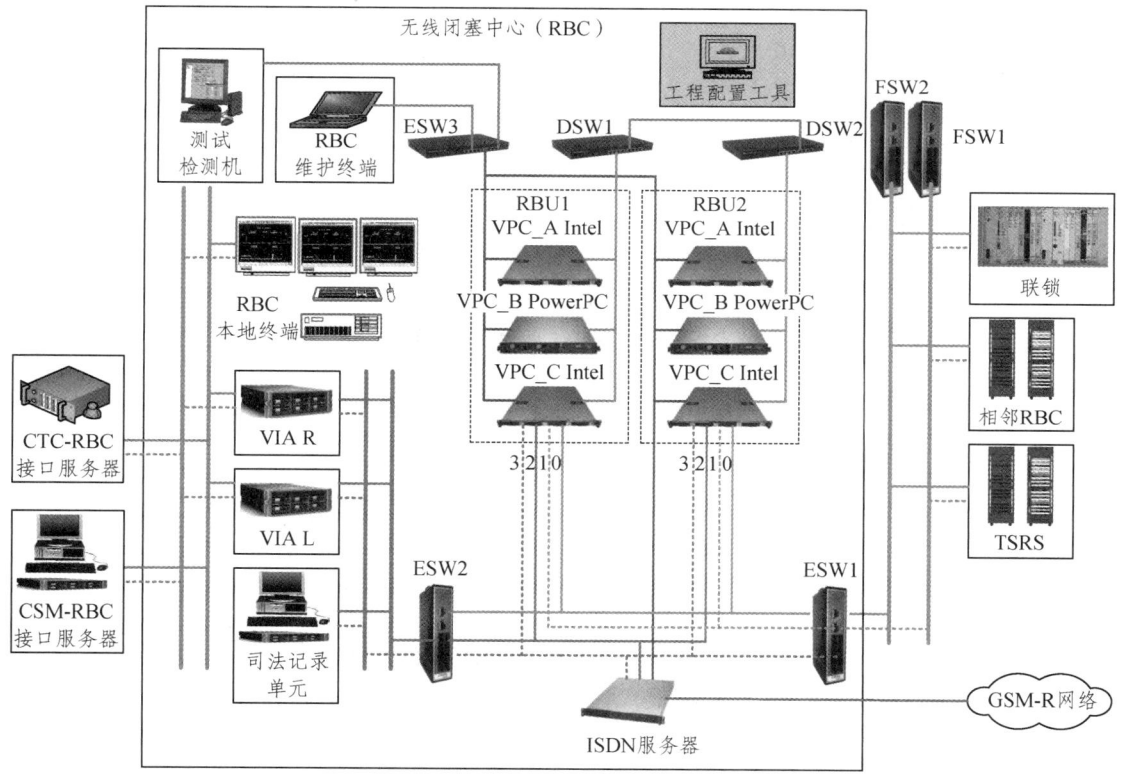

图 4-2-9 二乘二取二的 RBC 系统结构

图中，RBU1 和 RBU2 是 RBC 的主机，分别由 VPC_A、VPC_B、VPC_C 组成，运行 RBC 应用程序；VPC_T 是维护终端，运行维护、诊断、试验、记录和仿真应用程序；VPC_I 是 ISDN 服务器，运行 ISDN 应用程序；LCM 是液晶显示套件；KVM 是切换器，用于实现对各服务器的切换操作；DSW 是内部交换机；ESW 是外部交换机。

1. RBC 主机

RBC 主机实现 RBC 的核心逻辑功能，采用符合故障-安全原则的安全计算机平台进行安全相关逻辑运算和控制，采用高可靠的二乘二取二安全计算机平台，也可采用三取二方式的安全计算机平台。RBC 主机硬件采用冗余结构，单系设备故障后不影响系统运用，并具有消息加密-解密功能，安全完整度能达到 SIL4 级要求。RBC 机柜布置图如图 4-2-10 所示。

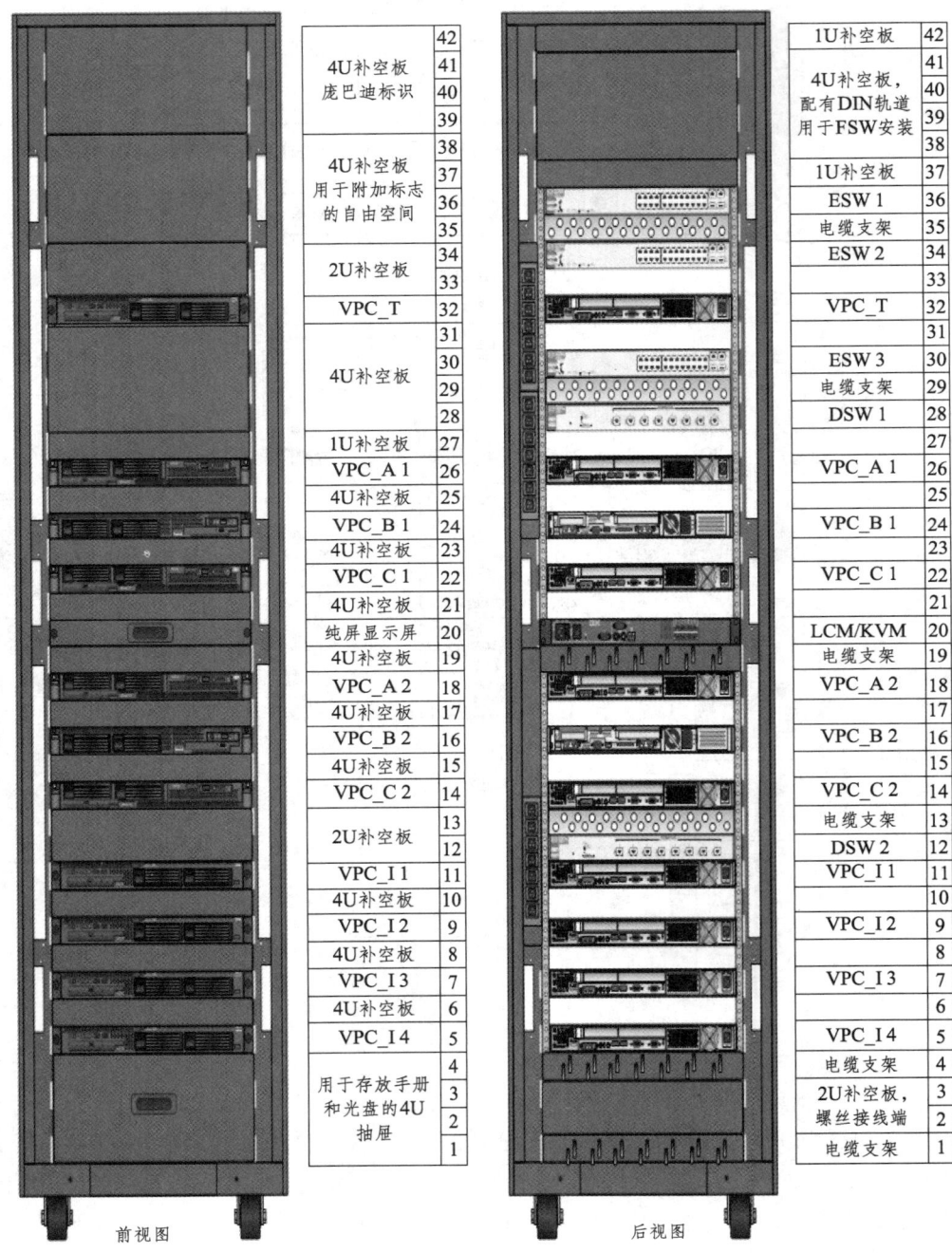

图 4-2-10　RBC 机柜布置图

2. RBC 维护终端

RBC 系统配备独立的维护终端，实现 RBC 主机的维护。RBC 维护终端是向维护工程师和其他技术人员提供 RBC 系统技术支持的系统，每个 RBC 至少设置一个维护终端。

RBC 维护终端能更新 RBC 软件，实现维护和诊断，访问 RBC 的诊断数据，实现 RBC 在线单元和备用单元的切换。

3. 接口服务器

接口服务器负责实现 RBC 和 CTC、信号集中监测系统（CSM）、RBC 本地终端设备之间的信息交互功能。接口服务器能记录 RBC、司法记录器 JRU、RBC 本地终端 LT 和其自身的报警和事件信息，每则信息都应保存相应的时间戳，并将来自 RBC、司法记录器、RBC 本地终端和其自身的报警信息报告给信号集中监测系统。接口服务器机柜布置如图 4-2-11 所示。

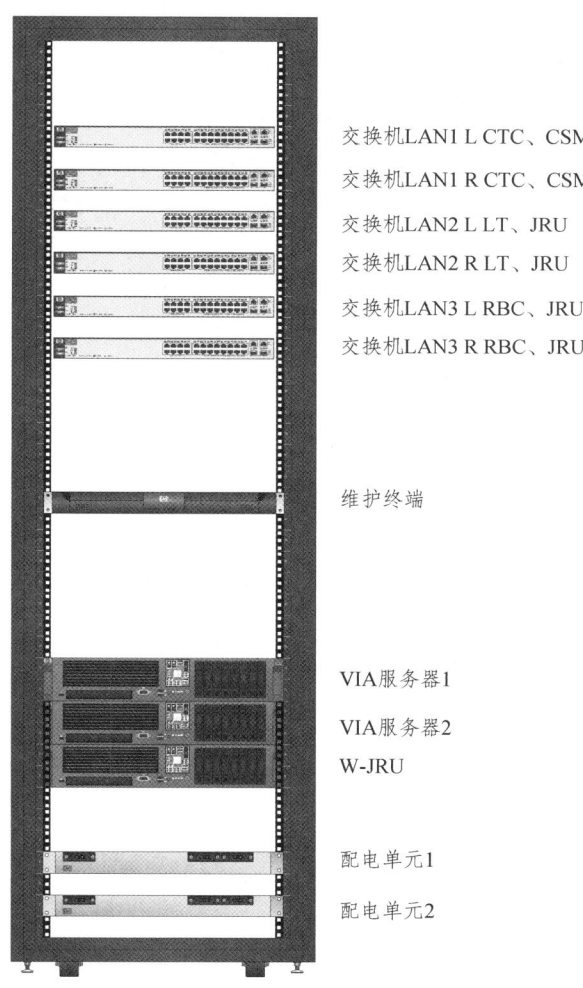

图 4-2-11　接口服务器机柜布置图

接口服务器实现的接口包括：

① RBC 主机和接口服务器。

② 接口服务器和 CTC。
③ 接口服务器和 RBC 本地终端。
④ 接口服务器和信号集中监测系统。
⑤ 接口服务器和司法记录单元 R-JRU。

4. RBC 本地终端

RBC 本地终端设置在机械室内，与 RBC 主机相连，实现 RBC 系统的维护与操作。使用 RBC 本地终端能实现 RBC 主机、接口服务器的在线、待机切换。RBC 本地终端应通过用户和密码保护限制不同类型用户的访问与操作，能更新接口服务器软件。

RBC 本地终端允许操作员访问 RBC 系统的维护和诊断特征数据，具有基于图形窗口的用户界面，为登录的操作员分配不同的访问权限，以实现不同目的的使用。

RBC 本地终端主要包括工作站、显示器、键盘和鼠标等，其示意图如图 4-2-12 所示。

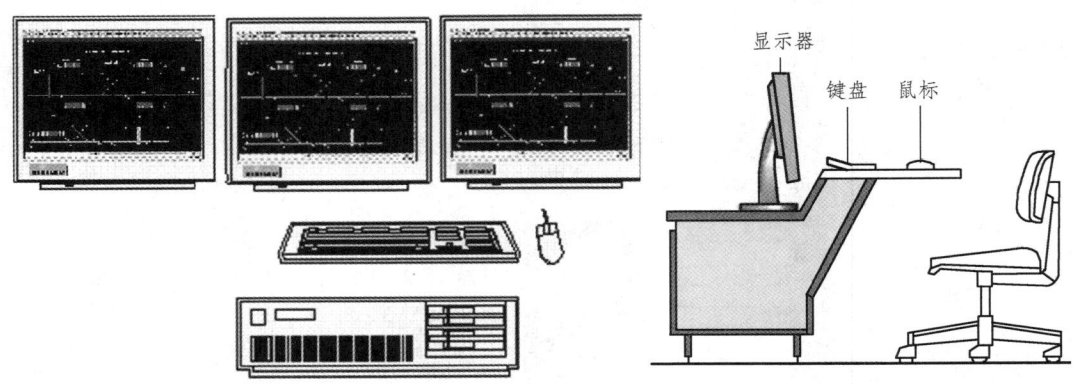

图 4-2-12　RBC 本地终端示意图

5. 司法记录器

RBC 系统装备 RBC 司法记录器，并将记录的所有交互事件和系统状态存储于 RBC 司法记录器中。RBC 司法记录器用于系统事故后的故障调查，信息和事件的记录功能基于计算机硬件平台和以太网数据通信来实现。RBC 司法记录器能提供工具以支持对日志的分析，能在 CD/DVD 上对日志进行存档，以报警的形式向 RBC 本地终端报告故障情况，并能被配置为从指定的设备获取数据。

（三）设备通信接口

RBC 与外围设备通信接口主要包括联锁 CBI、临时限速服务器（TSRS）、相邻 RBC、CTC、GSM-R 以及集中监测系统等接口，如图 4-2-13 所示。

无线闭塞中心设备连接

1. 与 CBI 系统接口

RBC 系统通过信号系统安全数据网与 CBI 系统接口，连接方式如图 4-2-14 所示。

RBC 系统的主、备机通过冗余网络与联锁的主、备机同时建立连接。RBC 主机的 L 机和 R 机分别连接至信号系统安全数据网 L 和 R。

项目四　CTCS-3级列车运行自动控制系统维护

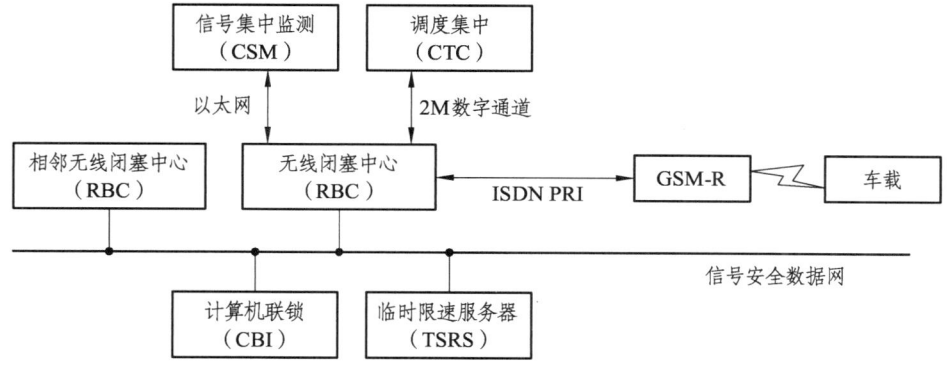

图 4-2-13　RBC 与外围设备通信接口

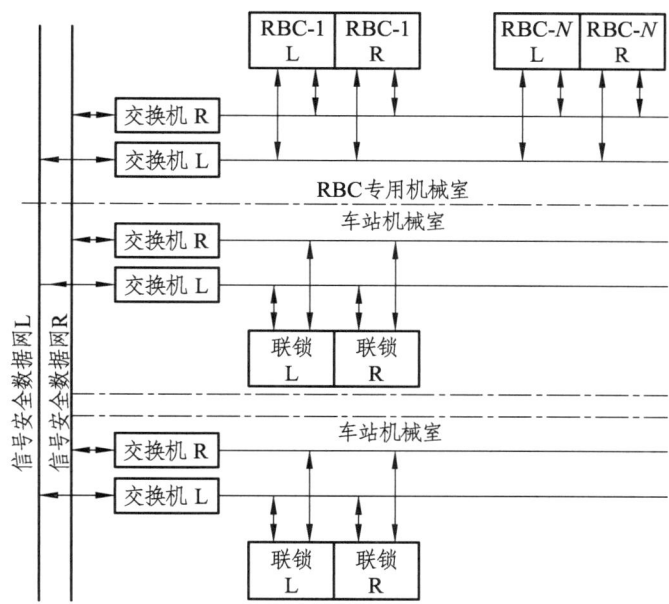

图 4-2-14　RBC-CBI 接口图

RBC 周期性接收来自联锁的信息，包括站内轨道电路信息、区间闭塞分区信息、区间闭塞方向信息、列车进路信息等。

其中，站内轨道电路信息指 CBI 控制和管理的所有站内轨道电路状态信息，以区段为单位按占用或非占用两种状态传递给 RBC；区间闭塞分区信息指 CBI 从 TCC 或轨道继电器获取的闭塞分区状态信息，以闭塞分区为单位按占用或非占用两种状态传递给 RBC；区间闭塞方向信息指 CBI 控制的多个邻接区间当前所允许的列车运行方向信息；列车进路信息指 CBI 控制的站内列车进路的状态信息，包括进路类型、进路状态、降级状态、进路识别号、危险点、溜入状态和紧急停车区域信息等内容。

同时，RBC 周期性向联锁发送信息，包括列车状态、行车许可状态、列车位置、列车速度、列车长度等内容。

若 RBC 在配置时间内没有接收到来自 CBI 的任何消息，则 RBC 应认为与该 CBI 通信中断，并采取安全措施和报警。

2. 与 TSRS 接口

RBC 和 TSRS 均是 CTCS-3 级列控系统中信号控制的重要组成部分，RBC-TSRS 之间应通过信号安全数据网络互联。连接方式如图 4-2-15 和图 4-2-16 所示。

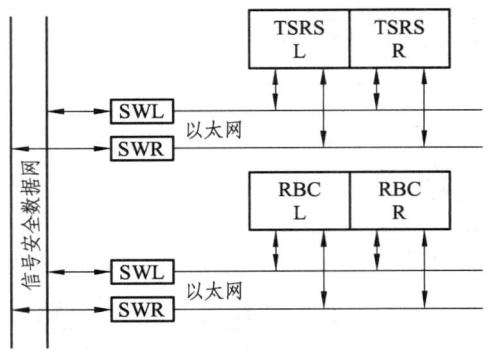

注：SW 指交换机，L 和 R 分别代表冗余配置的左端和右端。

图 4-2-15　RBC-TSRS 连接方式一

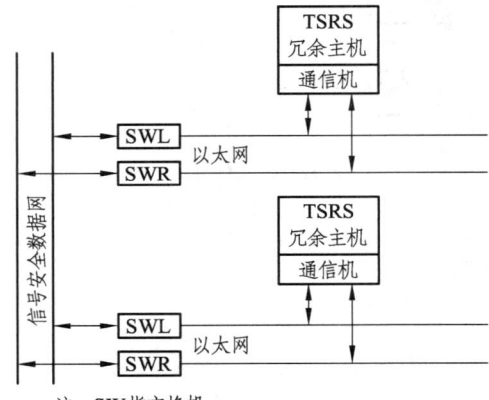

注：SW 指交换机。

图 4-2-16　RBC-TSRS 连接方式二

RBC 与 TSRS 间的数据传输采用 TCP 方式，TSRS 作为服务器端，RBC 作为客户端。

连接方式一中，主、备系直接连接至信号安全数据网，要求本地的主系负责与外部设备建立安全连接并交互应用数据，本地的备系负责建立 TCP 连接后转发主系数据。

连接方式二中，本地主机通过通信机连接至信号安全数据网，则要求本地的主系通过通信机向外部设备的主、备系发送应用数据消息，本地的备系不向外部设备发送任何数据。

RBC 从 TSRS 接收临时限速命令、临时限速状态请求和生命信息，包括 TSR 刷新请求、线路限速状态初始确认命令、TSR 验证命令、TSR 执行命令和 TSRS 生命信息。RBC 向 TSRS 发送临时限速状态等，包括 TSR 状态信息、TSR 错误回执信息和 RBC 限速状态检测信息。

当 RBC 与 TSRS 间通信中断时，TSRS 应将故障信息分别报告给 CTC、CSM，RBC 应维持原临时限速信息并向 CSM 报警。

3. 与相邻 RBC 接口

RBC 通过信号安全数据网与相邻 RBC 接口，RBC 双系通过信号安全数据网与相邻 RBC

双系同时建立连接。连接方式如图 4-2-17 所示。

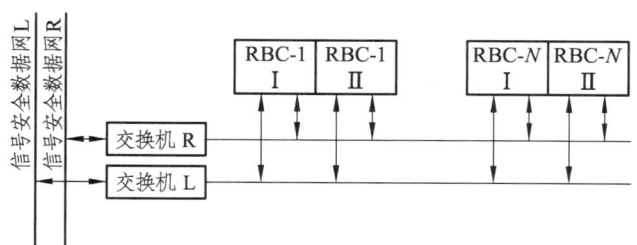

图 4-2-17　RBC-RBC 接口

RBC 之间的通信内容包括列车信息、临时限速、边界处线路信息、移交取消信息等。移交 RBC 向接收 RBC 发送预告信息、进路授权请求信息、移交取消信息等，接收 RBC 向移交 RBC 发送进路授权信息、接管信息、应答确认消息等。

若 RBC 与相邻 RBC 安全连接断开，则 RBC 应报警。

若 RBC 在移交过程中配置时间内没有接收到来自相邻 RBC 的任何消息，则 RBC 应认为与该相邻 RBC 通信超时。

4．与 CTC 接口

RBC 通过 RBC 接口单元实现与 CTC 接口。RBC 与 CTC 间通过冗余的专用 2M 数字通道互联。

CTC 侧的 RBC-CTC 接口服务器与 RBC 侧的接口服务器连接，连接方式如图 4-2-18 所示。

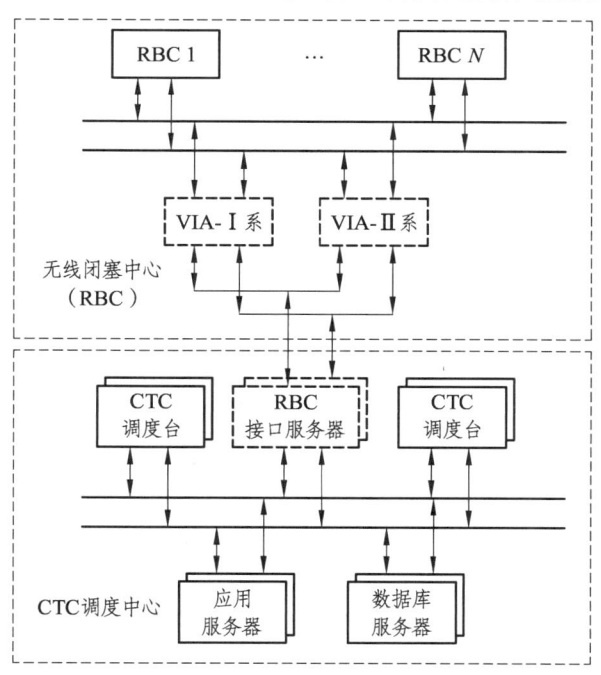

图 4-2-18　RBC-CTC 接口

RBC 向 CTC 发送所有注册列车状态信息、连接状态信息和 RBC 内部连接状态信息，RBC 每次状态发生变化时主动向 CTC 发送状态信息，RBC 接收 CTC 的打开连接、关闭连接、连接检查等连接状态信息及列车状态请求信息和文本信息。

若 RBC 在配置时间内没有接收到来自 CTC 的任何消息,则 RBC 应认为与该 CTC 通信中断并报警。

RBC-CTC 接口故障不影响 RBC 其他功能。

5. 与集中监测系统接口

RBC 系统通过接口服务器与集中监测系统的 RBC-CSM 接口服务器连接。连接方式如图 4-2-19 所示。

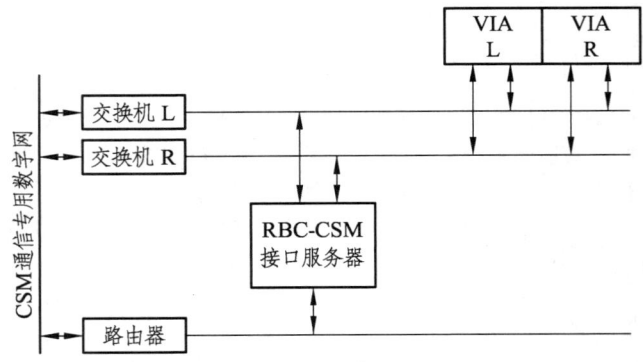

图 4-2-19　RBC-CSM 接口

RBC 向 CSM 发送所有的内外部接口状态、连接状态、RBC 设备的运行状态信息以及维护诊断信息等。

若 RBC 在配置时间内没有接收到来自 CSM 的任何消息,则 RBC 应认为与该 CSM 通信中断并报警。

RBC-CSM 接口故障不影响 RBC 的其他功能。

6. 与 GSM-R 接口

RBC 通过 GSM-R 网络的 ISDN PRI 接口与列车通信。接口方式如图 4-2-20 所示。

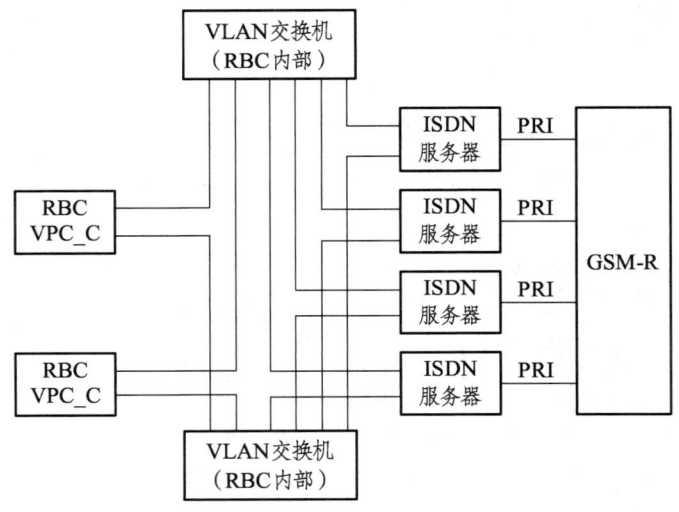

图 4-2-20　RBC 与 GSM-R 接口

RBC 通过 GSM-R 接口向车载设备发送行车许可的同时，还发送静态速度和临时限速、线路坡度、轨道条件、进路适宜性等信息，RBC 通过 GSM-R 接口接收车载设备发送的位置报告、消息确认等信息。

（四）无线闭塞中心维护与故障处理

无线闭塞中心维护分为三级，其中，一级平均修复时间（MTTR）不应超过 30 min，二级平均修复时间（MTTR）不应超过 4 h，三级平均修复时间（MTTR）不应超过 15 h。

无线闭塞中心维护主要包括日常巡检和集中检修。无线闭塞中心故障处理按照《铁路信号维护规则》的相关规定执行。

1. 日常巡检主要工作内容

1）室内环境

① 通过监测手段监视 RBC 机械室温度、湿度是否满足要求。

② 检查 RBC 机械室是否清洁，是否满足防尘条件。

2）RBC 机柜

① 切换 RBC 机柜内显示界面，逐个检查服务器工作状态，观察是否出现黑屏、显示不正常等现象，如不正常，则检查相关供电、显示、通信连接是否存在故障。

② 逐个观察 RBC 服务器的硬件指示灯是否正常，包括硬盘指示灯和信息面板指示灯等。

③ 检查 RBC 机柜内交换机工作指示灯是否正常。

3）VIA（接口服务器）机柜

① 切换 VIA 机柜内显示界面，逐个检查服务器工作状态，观察是否出现黑屏、显示不正常等现象，如不正常则检查相关供电、显示、通信连接是否存在故障。

② 在 VIA 机柜中逐个检查硬盘指示灯是否正常。

③ 检查 VIA 机柜内指示灯是否正常。

4）通过 RBC 本地终端的显示界面检查 RBC 系统工作状态

① RBC 系统内部连接显示是否正常。

② RBC 系统主备系工作状态是否正常。

③ RBC 是否发生主备切换。

④ VIA 工作状态是否正常。

⑤ VIA 硬盘空间是否达到警戒线。

⑥ R-JRU 工作状态是否正常。

⑦ VIA 对 CTC 接口显示是否正常。

⑧ VIA 对集中监测接口显示是否正常。

5）通过 RBC 维护终端检查 RBC 系统接口状态

① RBC 内部 ISDN 服务器的连接状态是否正常。

② RBC 对联锁接口连接状态是否正常。

③ RBC 对 TSRS 接口连接状态是否正常。

6）R-JRU 的硬盘空间

检查 R-JRU 的硬盘空间是否超过警戒线，如果超过，则导出之前的记录存储于外置设备中,然后清理 R-JRU 服务器中的记录文件。

2. 集中检修主要工作内容

1) 每月检修工作内容
① 检查 RBC 系统时间是否正确。
② RBC 及 VIA 人工或自动切换试验是否良好,设备切换到备机。
③ 对机柜及附属设备进行清扫。

2) 每年检修工作内容
① 检查柜内配线是否发生异常变动,包括 RBC 机柜、VIA 机柜、防雷机柜等。
② 检查 RBC 系统相关机柜间配线是否发生异常变动。
③ 检查机柜内各项设备是否有异常。
④ 地线测试、电源电压测试。

3. 无线闭塞中心设备故障处理的一般流程

RBC 工区值班人员在无线闭塞中心日常维护、测试过程中发现设备有不良状况,应立即报告电务段调度指挥中心,并及时进行查找、分析、处理。

RBC 设备故障影响正常使用时,RBC 工区值班人员应立即报告电务段调度指挥中心,由电务段调度通知 CTC 中心值班人员在局调度所的"行车设备检查登记簿"上登记停用,并及时进行处理。设备修复后销记,恢复 RBC 使用。

根据掌握的列车运行异常信息、设备故障,检查分析告警日志、运行日志、通信日志等数据,查明故障原因。

原因清晰的数据分析结果按规定反馈至相关部门;原因不明的及时向调度指挥中心和车间汇报;追踪故障信息分析及处理结果并销号。

对涉及 ATP、现场信号、通信网络等设备的故障,RBC 工区值班人员应将信息提报相关部门或厂家,要求反馈故障分析结果,根据反馈结果进行综合分析,查明原因并销号。

涉及跨局、跨段的问题,由电务段调度通知相关单位进行处理。故障处理完毕后,RBC 工区需将报警内容、原因及处理结果进行填记。

4. 设备故障应急处置

无线闭塞中心设备采取了多种冗余备用措施,如采用双系热备工作的服务器、双网冗余设置的网络,RBC 主机硬件也采用冗余结构等,这些措施的使用,大大提高了无线闭塞中心的可靠性,保证单系设备发生故障时,系统仍可保证列车正常运行。但是,在极端情况下,仍有可能发生冗余设备同时发生故障,一旦出现故障,在设备故障排除修复前,为尽量减少对行车的影响,应采取应急处置办法。

1) 系统服务器故障

无线闭塞中心系统的服务器由 RBC 服务器、TSRS 服务器,VIA 接口服务器、R-JRU 司法记录单元及 TSR-CTC 接口服务器等构成。除 R-JRU 为单套工作外,所有服务器均为双系热备。

采用双系热备工作的服务器,任何一系发生故障时,备系可以自动升级为主系工作,保证系统正常运行。值班人员发现无线闭塞中心系统服务器单系故障后,应及时对其进行重启处理，若故障仍未解决，应立即通知厂家技术人员及时处理故障服务器，保证尽快恢复系统双系工作。

对于只有单套工作的服务器，发生故障时，应先进行重启处理，若故障未解决，有备品的更换备品，没有备品时应立即通知厂家技术人员及时处理故障服务器，保证尽快使设备恢复工作。

服务器双系故障，影响系统正常运行，RBC 工区值班人员应立即报告电务段调度指挥中心，由电务段调度通知 CTC 中心值班人员在局调度所的"行车设备检查登记簿"上登记停用，并及时进行处理。设备修复后销记，恢复 RBC 使用。

2）系统网络故障

无线闭塞中心的网络都是双网冗余设置，一旦发生单网故障状态，虽不会影响系统工作，但值班人员必须立即查找故障原因。如果是 RBC 机房内网络设备故障造成，应立即进行处理，若无法解决，应立即通知相关技术支持人员前来处理；如果是相关通信设备故障造成，应立即通知通信部门处理，以尽早恢复双网工作状态。

双网同时故障，影响 RBC 系统正常运行时，RBC 工区值班人员应立即报告电务段调度指挥中心，由电务段调度通知 CTC 中心值班人员在局调度所的"行车设备检查登记簿"上登记停用，并及时进行处理。设备修复后销记，恢复 RBC 使用。

3）RBC 主机故障处理

RBC 主机硬件采用冗余结构，单系设备故障后不影响系统运用。

RBC 的备用单元故障，在线单元要向信号集中监测系统（CSM）报告。

RBC 发生双机切换，则转为在线的单元要向 CSM 报警。

RBC 在线单元或备用单元故障，则该单元应自动重启。

在线和备用单元软件版本不匹配，则备用单元应保持在冷待机状态。

4）接口异常处理

（1）与联锁系统接口。

RBC 系统在规定时间内没有通过某连接通道接收到来自联锁的消息，则 RBC 认为该连接通道故障，并向 CSM 发送相应报警。

RBC 系统在规定时间内没有接收到来自联锁的任何消息，则 RBC 认为与该联锁的通信会话中断，并向 CSM 发送相应报警。

RBC 系统与联锁的通信会话中断后，停止向位于该联锁控制区域内的所有列车发送消息，停止向 MA（行车许可）已经延伸到该联锁控制区域内的所有列车发送消息，然后将所有来自该联锁的输入置为安全状态。安全状态如下：

① 站内信号授权（SA）："无进路"状态。
② 区间信号授权（SA）："占用"状态。
③ 紧急区域：激活状态。

（2）与临时限速服务器接口。

如果 RBC 不接收某一临时限速命令，应向临时限速服务器返回一个包含错误码的错误消息。

RBC 系统接收到不符合顺序的临时限速消息，应向临时限速服务器发送报警。

如果一条消息中存在多个关于同一临时限速区域的临时限速命令，RBC 执行最后一条命令，并向临时限速服务器发送报警。

如果RBC在规定时间内没有通过某连接通道接收到来自临时限速服务器的消息，则RBC应认为该连接通道故障。RBC应向CSM发送该报警信息。

如果RBC在规定时间内没有接收到来自临时限速服务器的任何消息，则RBC应认为与该临时限速服务器的通信中断。RBC应向CSM发送该报警信息。RBC应继续向MA在临时限速影响范围内的列车发送已经激活的临时限速。

（3）与CTC系统接口。

如果RBC不接收CTC命令，则RBC应向CTC返回一条带错误码的错误消息。

如果RBC接收到不符合顺序的CTC命令，则RBC应向CTC发送报警消息。

如果RBC在规定时间内没有通过某连接通道接收到来自CTC的消息，则RBC应认为该连接通道故障，并向CSM发送报警信息。

如果RBC在规定时间内没有接收到来自CTC的任何消息，则RBC应认为与该CTC的通信中断，并向CSM发送该报警信息。该通信中断不应影响RBC系统的其他功能。

（4）与列车接口。

如果在规定时间内未收到有效数据，RBC应请求终止通信会话，并断开安全连接。

二、临时限速服务器

临时限速是指线路固定限速以外的具有时效性的限速，包括施工、维修引起的计划性限速，自然灾害、设备故障引起的突发性限速等。

为了提高临时限速命令的安全性，保证临时限速命令的一致性、完整性、有效性以及冲突检测等功能，设置列控系统专用临时限速服务器系统。临时限速服务器系统是基于信号故障-安全计算机的控制系统，包括限速服务器主机、临时限速维护终端（TSRM）、接口单元及网络设备等，用于临时限速的下达与取消。临时限速服务器系统适用于高速铁路CTCS-2列控系统，也适用于CTCS-3列控系统。

临时限速由调度所集中管理，调度中心设列控系统专用临时限速服务器，通过CTC/TDCS系统向临时限速服务器下达临时限速命令。临时限速服务器根据调度员的临时限速操作命令，在校验、拆分后向各车站列控中心（TCC）或相应无线闭塞中心（RBC）传递临时限速信息，分配和集中管理临时限速指令，保证施工限速计划的顺利实施。车站列控中心（TCC）负责将命令传给CTCS-2车载设备，无线闭塞中心（RBC）负责将命令传给CTCS-3车载设备。临时限速命令传递流程如图4-2-21所示。临时限速调度命令在调度所、车站以统一的"窗口方式"模板输入、显示、签收（确认）及回执。在CTC或TDCS的相应终端上增加列控中心设备的人机界面，用于发送列控指令、显示列控中心相关设备的工作状态。

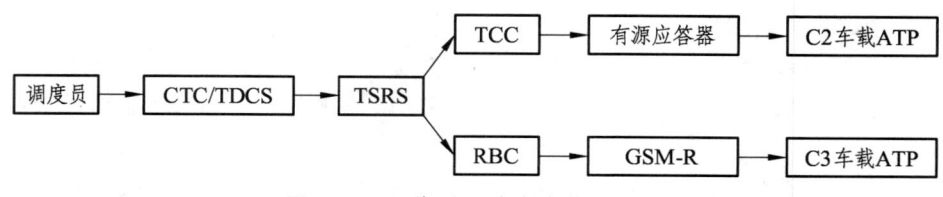

图4-2-21 临时限速命令传递流程

1. 功　能

TSRS 负责对线路管辖内临时限速命令临时限速的集中管理。

（1）具备启动自检和安全侧初始化功能。

① TSRS 启动过程中应进行设备完整性自检，不准故障系统投入运行。

临时限速服务器功能

② TSRS 应载入本地存储的限速命令信息并初始为未激活状态。

③ 在 TSRS 与 TCC、RBC 及相邻 TSRS 通信正常时，应获取相应 TCC、RBC 及相邻 TSRS 限速命令状态，并对所有限速命令状态判定后向 CTC 报告。

④ TSRS 应向 CTC 提示请求限速初始化确认命令。

⑤ TSRS 接收到 CTC 下达的限速初始化确认命令后完成自身初始化。

⑥ TSRS 应检查自身及 TCC、RBC 的限速初始化完成情况，若全部设备都完成限速初始化，则向 CTC 报告已完成限速初始化。若存在任一设备处于限速未初始化状态，则 TSRS 向 CTC 报告尚未完成限速初始化。

⑦ TSRS 应与 CTC 时钟进行同步。

（2）具备临时限速命令存储、校验、删除、拆分、设置和取消的管理功能。

① TSRS 应存储可执行的限速命令参数信息。

② TSRS 应按临时限速设置规则对来自 CTC、相邻 TSRS 及边界转换站 TCC 的临时限速命令参数信息进行校验。

③ TSRS 仅允许删除未执行的限速命令；当本地 TSRS 与限速命令相关的相邻 TSRS 通信连接中断时，则本地 TSRS 应拒绝接受对该限速命令的删除。TSRS 应清除已删除的限速命令参数信息的存储。

④ TSRS 应根据 TCC、RBC 及相邻 TSRS 的临时限速管辖范围，对临时限速命令进行拆分，并发送给相应执行设备。

⑤ 限速命令设置时，TSRS 仅接收对处于未执行状态的限速命令下达验证指令，且仅接收对处于验证成功状态的限速命令的下达执行指令。

⑥ 限速命令取消时，TSRS 应仅接收对 TSRS 内已存在的限速设置命令的限速取消命令拟定指令，以及仅接收对已执行状态的限速设置命令的限速取消命令的验证或执行。TSRS 应清除已取消的限速命令参数信息的存储。

⑦ TSRS 能支持不同里程标系、长链的限速设置和取消。

（3）具备临时限速设置时机辅助提示功能。

① TSRS 应根据临时限速命令的计划开始时间提前一定时间（30 min）向 CTC 发送激活提示，并应间隔一定时间（10 min）重复提示直至确认或超出该限速命令计划结束时间。TSRS 应对超出限速计划结束时间仍未执行的临时限速命令提供超时未设置的提示。临时限速设置时机检查范围的起点应为当前运行方向的临时限速起始应答器，终点应为当前运行方向的临时限速终点，该范围内线路空闲时，TSRS 方可向 CTC 发送该限速命令设置时机的辅助提示。

② 对限速命令进行安全存储，验证限速命令来源的合法性、限速数据的有效性，校核发往两个目标系统（CTCS-3 列控系统的 RBC、CTCS-2 级和 CTCS-3 级列控系统的 TCC）的临时限速一致性。

③ TSRS 应对限速命令执行的 TCC、RBC 及相邻 TSRS 的验证结果进行判定，全部设备

验证成功，则向 CTC 返回限速命令验证成功。若存在任一设备验证失败或超时未返回验证结果，则向 CTC 返回限速命令验证失败。

（4）执行命令时检查列控中心和无线闭塞中心的临时限速执行情况，全部设备执行成功，则向 CTC 返回限速命令执行成功；若存在任一设备执行失败或超时未返回结果，则向 CTC 报告该限速命令为未知状态及失败原因。

（5）记录限速命令的操作和状态变化日志，供查询和分析。

（6）应具备自诊断与维护功能，实现设备及各通信接口的故障自诊断和辅助维护，故障定位到板级或可更换单元。

（7）应具备保持与 CTC 系统时钟同步功能。

2. 设备组成

TSRS 系统设备由主机、维护终端、接口单元组成，如图 4-2-22 所示。

临时限速服务器
设备组成

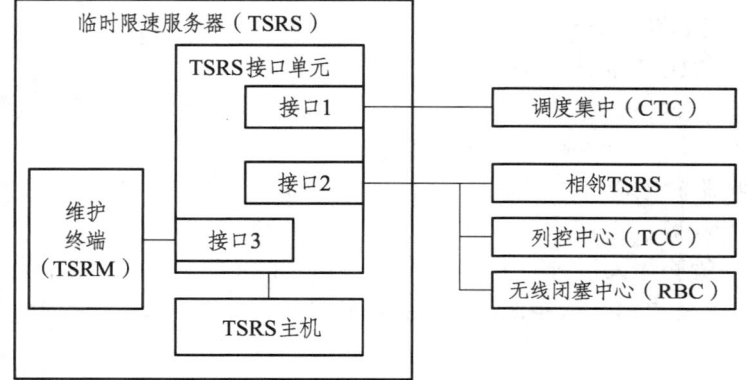

图 4-2-22　TSRS 系统结构示意图

主机实现临时限速服务器的核心逻辑功能；维护终端（TSRM）实现 TSRS 的维护与记录功能；接口单元实现 TSRS 和外部设备的信息交互功能；若设有多个 TSRS 时，还需增设 TSR-CTC 接口服务器，由 TSR-CTC 接口服务器负责与 CTC 接口服务器接口。

TSRS 主机采用符合故障-安全原则的冗余安全计算机平台；TSRS 接口单元采用硬件冗余结构。TSRM 可采用单机设备，并预留监测接口。

LKX-T 型临时限速服务器系统由主机柜和网络接口柜组成，基于通用服务器构建二乘二取二安全计算机平台，由不同的故障-安全处理单元和操作系统构成，实现对线路管辖内 TSR 命令的集中管理，具备对拟定的临时限速命令进行存储、校验、拆分、撤销、设置和取消，以及限速设置时机的辅助提示等。

LKX-T 型临时限速服务器主机柜设置如图 4-2-23 所示。

（1）TSRS 主机单元。

主机单元是 TSRS 的核心逻辑处理单元，包括硬件平台、操作系统、故障安全处理软件、应用逻辑软件、工程配置数据等。主机单元采用冗余结构，每一系由三台服务器组成，分别为 VPC_A、VPC_B 和 VPC_C，其中 VPC_A、VPC_B 为故障-安全处理单元，又分别称为 FSPA 和 FSPB，用于实现 TSR 逻辑功能；VPC_C 为伺服处理单元，又可称为 SPU，用于处理 TSR 设备对外接口和通信功能。

项目四 CTCS-3级列车运行自动控制系统维护

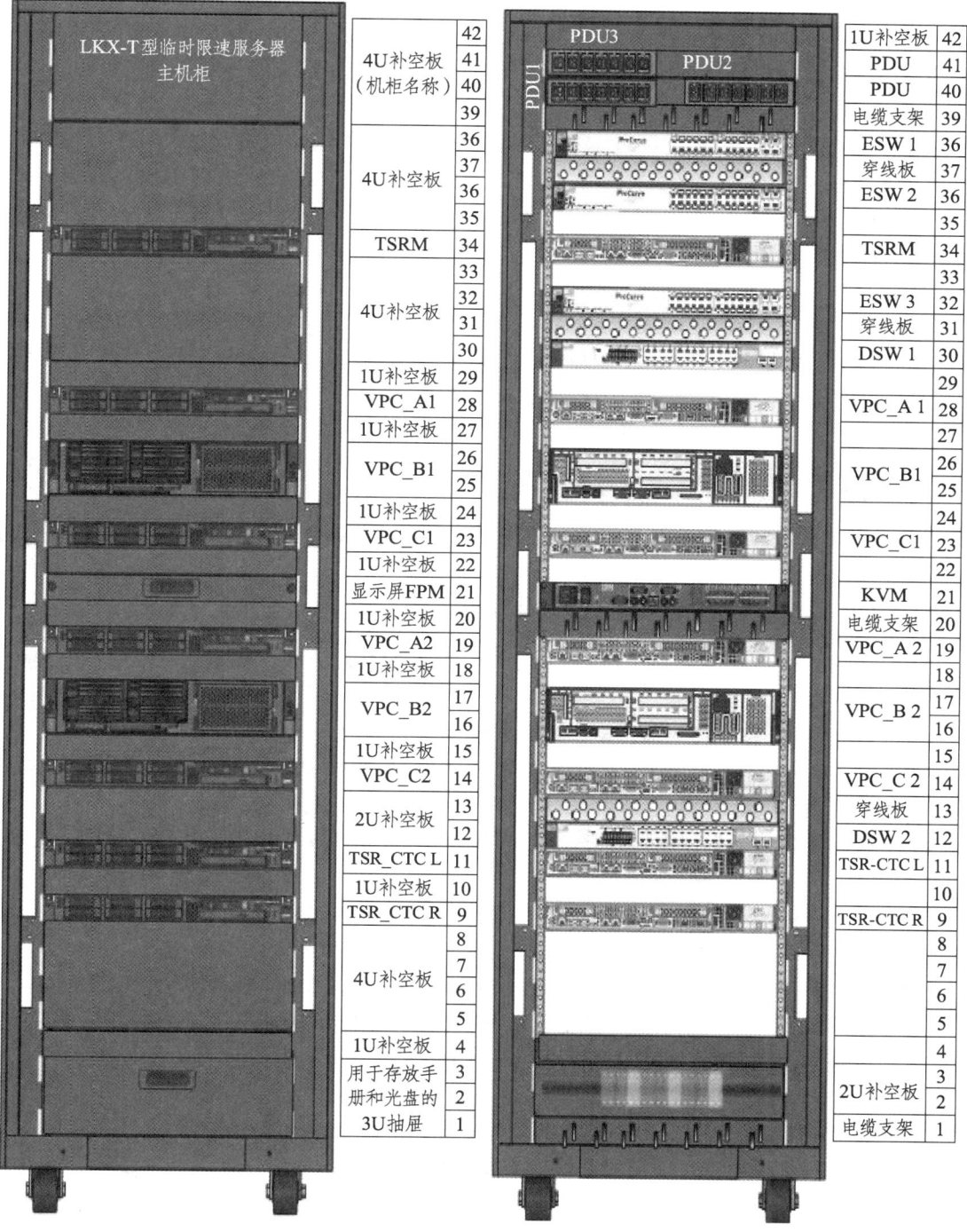

图 4-2-23 TSRS 主机柜设置图

（2）TSRM 单元。

TSRM 维护终端主要为维护人员提供在线检测报警和出现系统故障时的事后分析。它主要完成：监视系统及通信状态；告警提示；读取 TSRS 临时限速命令数据及执行状态。

（3）TSR-CTC 接口服务器。

当调度中心设有多个调度台且 CTC 接口服务器仅设一台时，TSRS 系统需增设一套 TSR-CTC 接口服务器。TSR-CTC 接口服务器负责多个 TSRS 信息的分发和协议转换。

（4）交换机。

TSR 柜内包括两台内部交换机（DSW1/DSW2）和三台外部交换机（ESW1/ESW2/ESW3）。DSW 用于 TSRS 主机单元中各服务器之间的通信。ESW1 和 ESW2 用于实现 TSRS 的对外通信。ESW3 实现 TSRS 主机单元到 TSRM 的通信。

（5）TSRM 的功能要求。

TSRM 应使用 CTC 提供的时间与日期作为日志记录的时间。

TSRM 提供 TSRS 管控设备范围的站场图形界面，主要显示各临时限速命令的执行状态、闭塞分区（含无配线站股道）状态、区间运行方向及 TCC、RBC 的临时限速管辖范围等信息。TSRM 还提供显示 TSRS 工作状态、与 TSRS 相连接的各接口状态及报警信息的功能。TSRM 记录临时限速命令操作及状态、系统工作状态、与相关外部系统通信状态等事件。

TSRM 具有历史记录读取、回放的功能，历史记录应至少保存 30 天。

（6）其他。

主机柜中还包含 3 个电源 PDU、液晶显示套件及 KVM 切换器。KVM 切换器用于实现对各服务器的切换操作，最多可支持 16 路信号。

3. 技术特点

TSRS 是基于二乘二取二安全计算机平台，遵循安全性原则，实现临时限速命令集中管理，具有以下特点：

（1）TSRS 系统基于通用服务器、商用操作系统和以太网构成。

（2）安全平台由不同的故障-安全处理单元和操作系统构成。应用软件采用冗余技术，对运算和表决采用不同的策略。

（3）所有接口均通过以太网连接，且 TSRS 接口单元实现 TSRS 与外部系统的通信底层连接功能。

（4）每台 TSRS 均为冗余结构，并采用热备工作方式。从备用模式切换到在线模式不超过 250 ms。TSR-CTC 接口服务器从备用模式切换到在线模式不超过 5 s。

（5）系统结构简单，安全性和可靠性达到国际标准，易维护、少维修、易扩展。

临时限速服务器宜集中设置于靠近调度所的沿线车站，根据需要可共线使用。临时限速服务器可分别向 TCC 传递临时限速信息。每个 TSRS 最多可同时激活 150 条限速命令，连接不少于 35 个 TCC，不少于 4 个 RBC，不少于 4 个相邻 TSRS，不少于 1 个 CTC-TSRS 接口服务器（设置在 CTC 中心）。

临时限速服务器对安全性要求很高。数据存储必须采用特定的安全存储方式，数据传输必须采用安全传输协议，逻辑处理必须采用安全计算和输出。因此，临时限速服务器应使用高可靠性和高安全性计算机系统，同时与其他子系统之间的数据交换也应采用安全通信协议。

临时限速服务器通信接口

4. TSRS 通信接口

TSRS 具备与不同型号的列控中心、CTC、RBC 及相邻临时限速服务器的接口能力。TSRS

与 TCC、RBC、相邻 TSRS 间应通过信号系统安全数据网连接。TSRS 与 CTC 间通过冗余的专用 2M 及以上数字通道互联。TSRS 应对外部接口接收到的信息内容进行有效性检查。

TSRS 的外部接口通道均应冗余配置，单通道故障时应能无缝切换且不能影响系统双系冗余功能并报警提示。

TSRS 接口如图 4-2-24 所示。

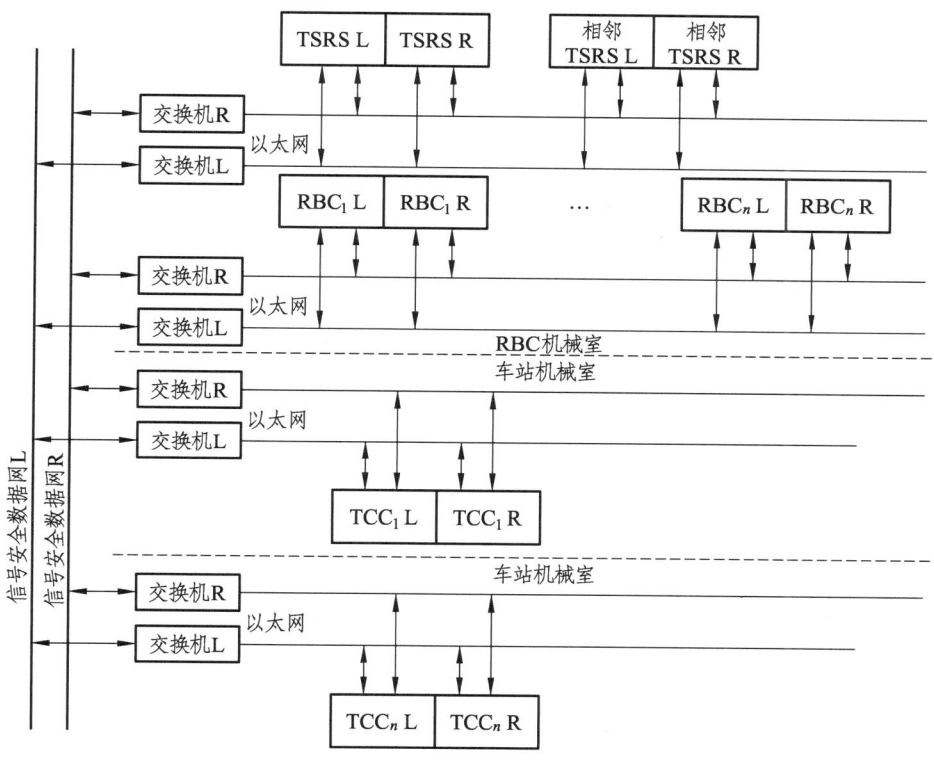

图 4-2-24　TSRS 系统接口图

1）TSRS 与 TCC、RBC、相邻 TSRS 的信号安全数据网接口

TSRS 直接与 TCC、RBC、相邻 TSRS 通过信号安全数据网接口，传输临时限速相关信息。

TSRS 机械室内设有通信机柜，其中放置信号安全网的交换机设备，用于连接 RBC 设备和相邻 TSRS 设备，在其他各车站的机械室内也设置专用交换机，用于连接联锁设备和 TCC。交换机均按照冗余设计，各节点之间通过千兆光纤网络传输。

（1）TSRS 与 TCC 接口。

TSRS 应与 TCC 建立安全通信，向 TCC 下发限速初始化确认命令、限速命令、边界限速错误回执、时钟信息及闭塞分区失去分路状态信息，并接收 TCC 的限速初始化状态、限速命令状态、区间方向、闭塞分区状态信息及边界限速请求命令。

（2）TSRS 与 RBC 接口。

TSRS 应与 RBC 建立安全通信，向 RBC 下发限速初始化确认命令、限速命令，并接收 RBC 的限速初始化状态和限速命令状态。

（3）相邻 TSRS 间接口。

相邻 TSRS 间应建立安全通信，相互传输跨 TSRS 边界的限速命令和状态。

一个 TSRS 管辖范围内的不同线路应分配不同的线路号；若相邻 TSRS 间存在相冲突的线路号时，由 TSRS 负责接口线路号的映射转换。

TSRS 与通信柜之间采用 STP CAT5e/6 网线连接，物理接口为 RJ45，水晶头采用金属屏蔽层和网线屏蔽结合。

2）与 CTC 系统接口

TSRS 系统通过 TSR-CTC 与 CTC 中心设备通信，由于 CTC 中心设备放置在调度中心，因此两者需要通过 2 M 数字传输通道进行通信。在 TSRS 机械室内的通信机柜内设置冗余配置的交换机、路由器和协议转换器设备。TSRS 与 CTC 通道的连接如图 4-2-25 所示。

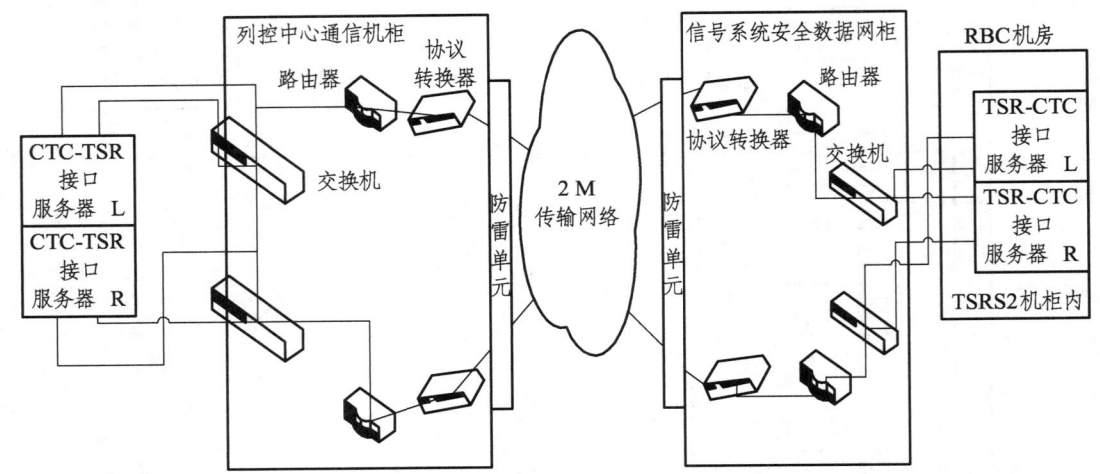

图 4-2-25　TSRS 与 CTC 通道的连接图

TSRS 应与 CTC 建立安全通信，接收 CTC 下达的限速初始化确认命令、限速命令和时钟信息，并向 CTC 反馈列控初始化状态、限速命令执行结果及状态。

3）系统内部接口

TSRS 主机单元中各服务器通过内部交换机的通信连接以及 TSRS 机柜中所有其他服务器到 TSRM 的连接，实现临时限速服务器主机内部通信和柜内服务器到监测主机的通信。

TSRS 中所有服务器对外部交换机 ESW1、ESW2 的连接，实现 TSRS 系统对外部设备的连接。

TSRS 柜内所有连接均使用 STP CAT6 网线，物理接口为 RJ45，水晶头采用金属屏蔽层并和网线屏蔽接合。

三、其他地面设备

1. 车站联锁

CTCS-3 级其他地面设备

车站联锁与 RBC 设备接口，向其提供进路状态信息、紧急状态消息、紧急停车区以及限速消息等，接收传来的行车许可状态、列车相关状态等消息。

车站联锁与车站 TCC 系统接口，向其提供接车进路状态信息，接收传来的列车占用轨道信息、临时限速信号降级显示命令并予以执行。车站联锁通过安全局域网连接实现车站联锁与 TCC 之间的安全信息传输。

车站联锁与 CTC 系统接口，向其提供车站状态和表示信息，接收 CTC 传来的操作和控制命令并予以执行。

车站联锁设置车站维修终端，主要用于联锁系统的维护、运行及操作记录，以及各种故障记录报警等，维护终端提供故障分析参考；与信号集中监测系统接口，实现对室内外联锁设备的监测功能。

车站联锁采用高可靠性硬件和冗余结构，符合故障-安全的实时控制系统。硬件和软件结构实现了模块化和标准化。

2. TCC

TCC 是 CTCS-2 级列控系统地面子系统的核心部分。根据轨道区段占用信息、联锁进路信息、线路限速信息等，产生列车行车许可命令，并通过轨道电路和有源应答器，传输给车载子系统，保证其管辖内的所有列车的运行安全。

TCC 采用二乘二取二安全计算机平台，具有技术成熟、可靠等特点。TCC 之间通过安全局域网进行连接，实现 TCC 之间、与车站联锁之间安全信息的传输。

CTCS-3 级列控系统各车站、线路所及中继站均设置一套 TCC，中继站距离一般不超过 15 km，特殊困难地段不超过 20 km。

3. 轨道电路

1）区间轨道电路

区间采用计算机编码控制的 ZPW-2000（UM）系列无绝缘轨道电路，轨道电路的传输长度满足相关技术条件的要求。

轨道电路的正常码序为：L5-L4-L3-L2-L-LU-U-HU，满足 CTCS-2 级 300 km/h 速度列车安全运行的要求。

2）站内轨道电路

复杂大站：正线及股道区段采用计算机编码控制的 ZPW-2000（UM）系列有绝缘轨道电路，其他区段采用 25 Hz 轨道电路。

一般车站：全站采用与区间同制式的、由计算机编码控制的 ZPW-2000（UM）系列有绝缘轨道电路。

为避免邻线轨道电路的干扰，当站内横向相邻同方向载频的轨道电路长度超过 650 m（线间距不小于 5 m）时，应对轨道电路进行分割。

4. 应答器与 LEU

应答器用于向 CTCS-3 级列控系统车载设备提供位置、等级转换、建立无线通信等信息，同时对 CTCS-2 级列控系统车载设备提供线路速度、线路坡度、轨道电路、临时限速等线路参数信息。

应答器报文信息格式采用国铁集团统一的技术标准，应答器设置满足 CTCS-3 系统并兼容 CTCS-2 系统的要求。

1）无源应答器

无源应答器存储固定信息，当列车经过无源应答器上方时，无源应答器接收车载天线发射的电磁能量后，将其转换成电能，使地面应答器中的电子电路工作，把存储在地面应答器中的数据循环发送出去，直至电能消失（即车载天线已经离去）。

2）有源应答器

有源应答器通过专门电缆与地面电子单元（LEU）连接，可实时发送 LEU 传送的数据报文。

当列车经过有源应答器上方时，有源应答器接收车载天线发射的电磁能量后，将其转换成电能，使地面应答器中发射电路工作，将 LEU 传输给有源应答器的数据循环实时发送出去，直至电能消失（即车载天线已经离去）。

当与 LEU 通信故障时，有源应答器变为无源应答器工作模式，发送存储的固定信息（默认报文）。

3）LEU

LEU 通过串行通信接口与 TCC 设备连接，将来自 TCC 的报文连续向有源应答器发送，从而实现向车载设备发送可变信息。

当 LEU 与 TCC 通信故障或接收的数据无效时，LEU 向有源应答器发送默认报文。

CTCS-3 级列控系统应答器设置与 CTCS-2 相比，在信息和设置位置上均有变化，但兼容对 CTCS-2 级列控系统车载设备提供线路速度、线路坡度、轨道电路、临时限速等线路参数信息。

（1）区间应答器组【Q】设置。

在 CTCS-3 级线路，区间每个闭塞分区入口处一般设置两个及以上无源应答器构成的应答器组，用于列车定位和向 CTCS-2 级车载设备发送线路允许速度、线路坡度、轨道区段及特殊区段等线路固定信息，如图 4-2-26 所示。

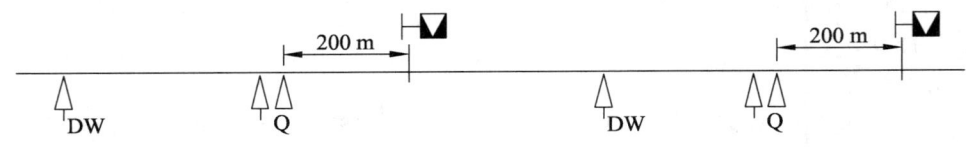

图 4-2-26　区间应答器组设置示意图

（2）车站应答器组设置。

① 进站信号机应答器组【JZ】设置。

进站信号机（含反向）外方（30±0.5）m 处设置由一个有源应答器和两个无源应答器构成的应答器组，如图 4-2-27 所示。

正向进站信号机无源应答器发送线路允许速度、线路坡度、轨道区段、特殊区段、调车危险及 RBC 呼叫命令等反向线路数据和正向线路坡度信息。

反向进站信号机无源应答器发送线路允许速度、线路坡度、轨道区段、特殊区段、调车危险及 RBC 呼叫命令等正向线路数据和反向线路坡度信息。

有源应答器区间发车方向发送应答器链接信息、临时限速信息；正线接车进路发送应答器链接信息、临时限速信息和特殊区段信息；侧向接车进路发送应答器链接信息、临时限速、线路允许速度、轨道区段及特殊区段等信息。

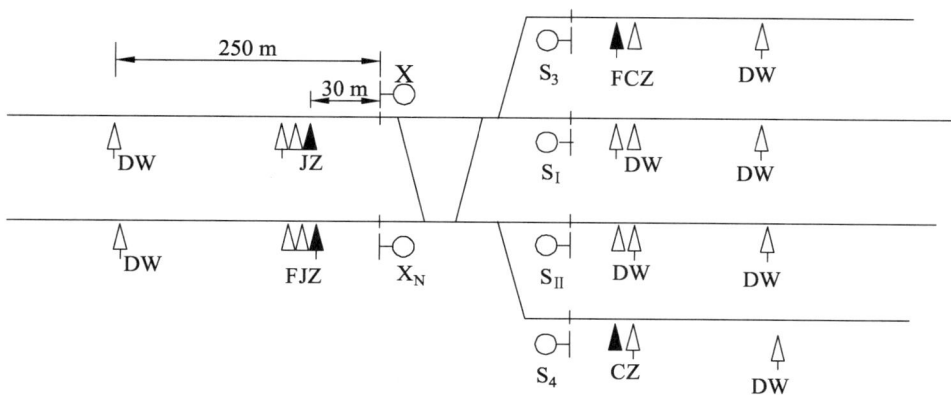

图 4-2-27 进站信号机应答器组设置示意图

② 出站信号机应答器组【CZ】设置。

车站有高站台的到发线出站信号机外方设置由一个有源应答器和一个无源应答器构成的应答器组，该应答器组宜靠近站台端，距离出站信号机不应小于 20 m（从靠近绝缘节的应答器计算），如图 4-2-28 所示。

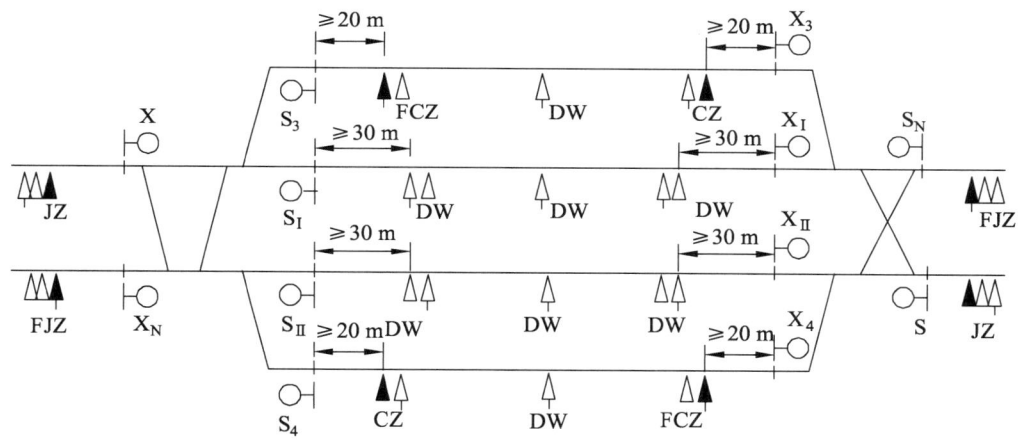

图 4-2-28 出站信号机应答器组设置示意图

有站台或有图定转线作业的正线股道的正线出站信号机外方设置由一个有源应答器和一个及以上无源应答器构成的应答器组，该应答器组宜靠近站台端，距离出站信号机不应小于 30 m（从靠近绝缘节的应答器计算）。

无源应答器用于发送对发车方向有效的线路坡度信息。

当发车信号关闭时，有源应答器发送发车方向有效的停车报文，该报文包含绝对停车信息包和目视行车危险信息包；当发车信号开放后，应发送对发车方向有效的应答器链接信息、线路允许速度、轨道区段、临时限速及特殊区段等信息。

③ 进路应答器组【JL】设置。

进路信号机外方设置至少由一个有源和一个无源应答器构成的应答器组。当该进路信号机防护的进路为唯一进路时，可不设置有源应答器，只设置至少由两个无源应答器组成的应答器组。

当设置有源应答器组时,应答器发送的线路数据与进站应答器组原则上一致;当设置无源应答器组时,发送的信息与区间应答器组原则上一致。

④ 调车应答器组【DC】设置。

在可能危及列车运行安全的调车信号机外方设置应答器组,该应答器组距调车信号机不小于 15 m。

当调车信号关闭时,该应答器组发送调车危险信息;当调车信号开放时,该应答器发送空信息。

(3)定位应答器组【DW】设置。

当区间相邻两个应答器组之间的距离大于 1 500 m 时,在两个应答器组中间应增加定位应答器组,用于列车定位。

在车站进站信号机(含反向)外方(250±0.5)m 处设置定位应答器组,用于列车定位,如图 4-2-27 所示。

在车站无图定转线作业的正线股道出站信号机外方设置由两个无源应答器构成的应答器组,用于列车定位和方向识别,该应答器组距离出站信号机不应小于 30 m(从靠近绝缘节的应答器计算),如图 4-2-28 所示。

当股道上相邻两组应答器之间的距离大于 400 m 时,在股道中间增加定位应答器组,用于列车停车定位。

定位应答器组根据设置位置,可提供线路里程、车站名称、有特殊停车要求的桥梁和隧道名称等辅助信息。

当定位应答器组与相邻其他应答器组之间的距离不能满足应答器组间最小距离的要求时,可与相邻应答器组合并。

(4)等级转换应答器组设置。

① 等级转换应答器组设置要求。

在 C2 区段和 C3 区段的边界处设置 C2→C3 和 C3→C2 的等级转换点。RBC 连接应答器组【RL】、C2→C3 等级转换预告应答器组【YG-2/3】宜冗余设置,可与区间、定位或进站等应答器组合用。C3→C2 仅设置 C3→C2 等级转换执行应答器组【ZX-3/2】。

C3 区域内车站接近及离去区段设置 C2→C3 等级转换点,用于降级后按 C2 级运行的列车重新恢复 C3 级运行,其 RBC 连接【RL】和 C2→C3 等级转换预告【YG-2/3】应答器组可不冗余设置。

当相邻两个 RBC 通信时,降级后的等级转换点应和 RBC 切换点间距 7 个分区以上;当相邻两个 RBC 不通信时,RBC 切换区域(预告点至执行点)应在等级转换点之后,否则该站间可取消降级后的等级转换功能,仅设置 RBC 切换点,在正反向进站信号机中不发送 RBC 呼叫信息。

② RBC 连接应答器组【RL】设置。

在 C2→C3 等级转换边界外方,设置由两个无源应答器构成的应答器组,用于列车呼叫 RBC 并建立连接。该应答器组至 C2/C3 等级转换点的距离应大于列车按该区段线路允许速度运行 40 s 的距离,如图 4-2-29 所示。

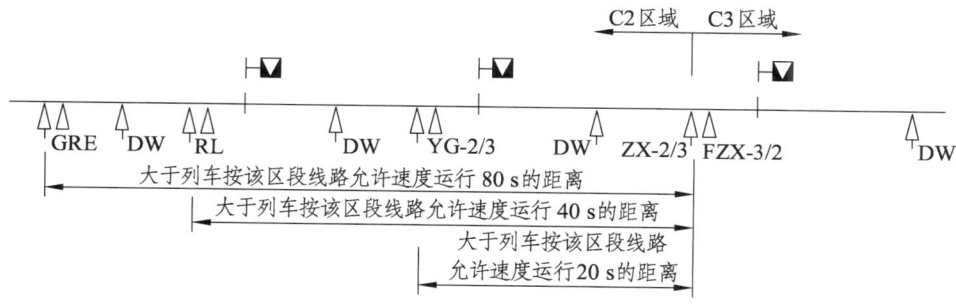

图 4-2-29　等级转换应答器组设置示意图

③ C2/C3 等级转换预告应答器组【YG-2/3】设置。

在 C2→C3 等级转换边界外方,且其内方的 C3 进路为唯一进路,应设置由两个无源应答器构成的应答器组,用于列车定位。该应答器组至 C2/C3 等级转换点的距离应大于列车按该区段线路允许速度运行 20 s 的距离,如图 4-2-29 所示。

④ C2/C3 等级转换执行应答器组【ZX-2/3】设置。

在 C2→C3 等级转换边界,设置由两个无源应答器构成的应答器组,作为正向/反向 C2→C3 及反向/正向 C3→C2 等级转换的执行点。

等级转换执行应答器组宜与区间或定位应答器组合并,发送 C2→C3 的有条件等级转换信息"ETCS-46"和 C3→C2 的等级转换信息"ETCS-41"。

同一区段正向/反向 C2→C3 的等级转换应答器组和反向/正向 C3→C2 等级转换的执行点可为两组不同位置的应答器。

⑤ RBC 连接取消应答器组【RL-Q】设置。

如果列车已接收到 RBC 呼叫信息,并呼叫 RBC,但列车进路却驶离 C3 区域,应设置 RBC 连接取消应答器组,当列车越过该应答器组后,取消车载设备与 RBC 的连接。该应答器组应设置在联络线上,至少包含两个应答器,并尽可能靠近联络线道岔,如图 4-2-30 所示。

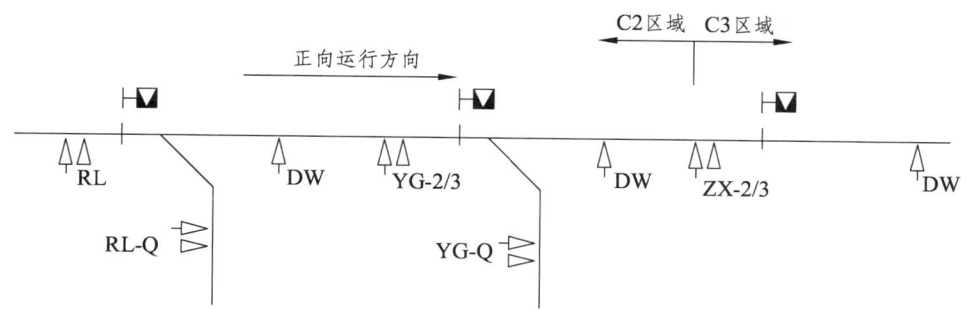

图 4-2-30　RBC 连接取消和等级转换预告取消应答器组设置示意图

⑥ 等级转换预告取消应答器组【YG-Q】设置。

等级转换预告取消应答器组由两个无源应答器构成。当列车经联络线道岔驶离 C3 区段时,越过该应答器组后,取消等级转换命令。该应答器组应尽可能靠近联络线道岔,其与等级转换预告应答器组之间的距离应小于等级转换预告应答器组与等级转换点之间的距离,如图 4-2-30 所示。

（5）RBC 切换应答器组设置。

① RBC 切换预告应答器组【YG-R】设置。

在 RBC 切换边界外方设置至少由两个无源应答器构成的应答器组，用于向列车发送前方 RBC 连接信息。该应答器组距 RBC 切换边界的距离应大于列车按该区段线路允许速度运行 20 s 的距离，如图 4-2-31 所示。

该应答器组应冗余设置，宜与外方相邻的应答器组共用。

② RBC 切换执行应答器组【ZX-R】设置。

在 RBC 切换边界设置由两个无源应答器构成的应答器组，ZX-R 和 FZX-R 可合并设置，也可分开设置，如图 4-2-31 和图 4-2-32 所示。当 ZX-R 和 FZX-R 应答器组合并设置时，仅发送 RBC 切换信息。当 RBC 切换执行应答器组与区间或定位应答器组合并时，应在原应答器组内增加 RBC 切换信息。

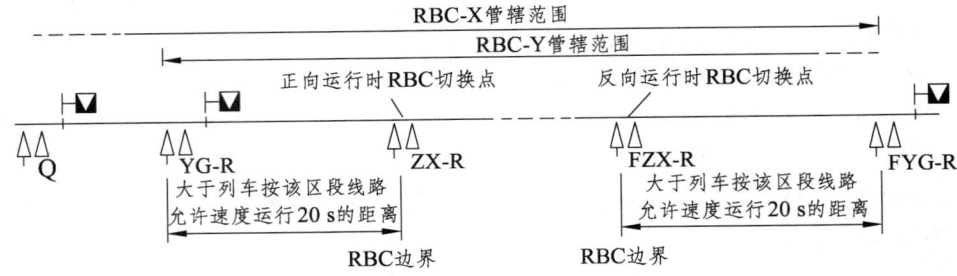

图 4-2-31　正反向 RBC 切换点分开设置示意图

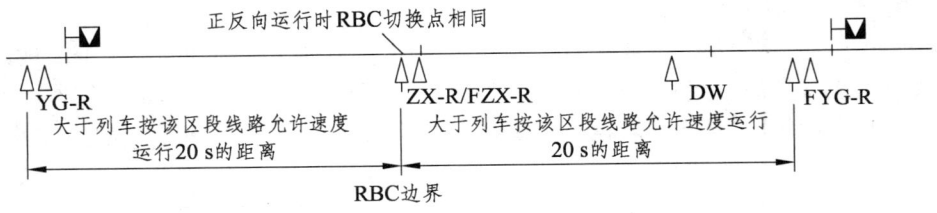

图 4-2-32　正反向 RBC 切换点合并设置示意图

5. CTC

CTC 设备主要负责：将阶段计划自动转化为进路命令，发送给车站联锁系统实现对列车的调度；通过增加 CTC/RBC 接口服务器与 RBC 交互登录、时间、列车等信息，并通过 CTC/RBC 接口服务器将调度命令实时下达到列车（包括临时限速命令），为调度员指挥安全行车提供必要条件；通过与其他系统的接口，向调度员提供更多的信息和为其他系统提供信息。

6. 信号集中监测

信号集中监测主要实现对站场表示状态、外电网输入（相电压、线电压、电流、频率、功率、相位角）、信号电缆回线（对地绝缘）、电源输出（对地漏泄电流）、25 Hz 轨道电路（接收端交流电压、相位角）、道岔转辙机（动作电流）、道岔表示线（交/直流电压）、列车信号机（点灯回路电流、灯丝断丝）、排架熔丝（断丝报警）的监测。

对于智能电源屏、RBC、ZPW-2000A 轨道电路、TCC、计算机联锁、智能灯丝报警系统等自身具备监测能力的系统，信号集中监测系统通过统一的接口与之通信，并获取监测信息，实现对信号设备的集中监测。

任务三　CTCS-3 级列车运行自动控制系统车载设备

CTCS-3 级列控系统是基于 GSM-R 无线通信实现车-地信息双向传输，无线闭塞中心（RBC）生成行车许可，轨道电路实现列车占用检查，应答器实现列车定位，同时具备 CTCS-2 级功能的列车运行自动控制系统。

车载设备层是对列车进行操纵和控制的主体，具有多种控制模式，并能够适应轨道电路、点式传输和无线传输方式。如图 4-3-1 所示，CTCS-3 车载设备层主要包括车载安全计算机、连续信息接收模块、点式信息接收模块、无线通信模块、测速模块、人机界面和记录单元（JRU、DRU）等。

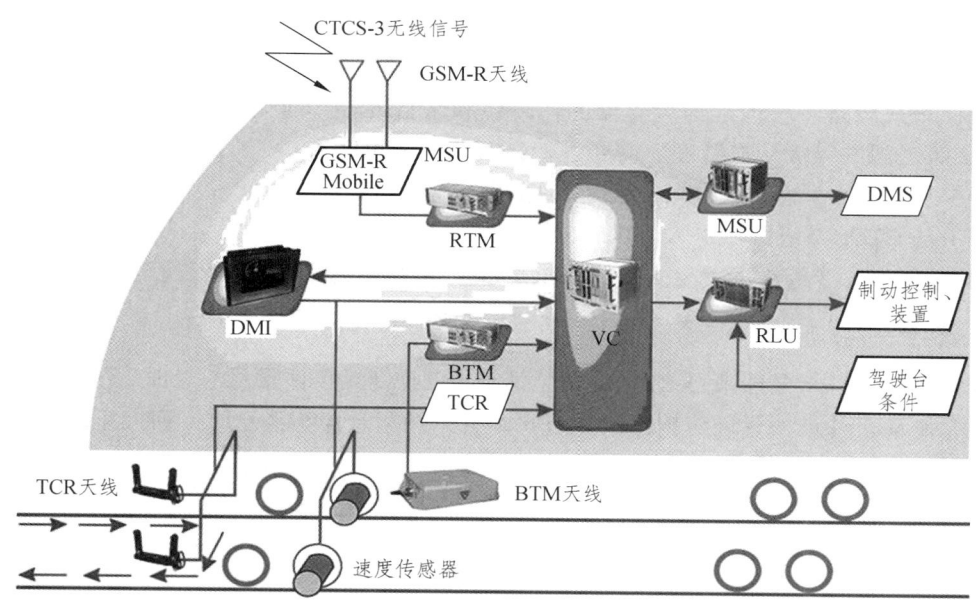

图 4-3-1　CTCS-3 车载设备层结构组成

一、列控车载设备的基本功能要求

1. 超速防护

列控车载设备的超速防护功能监控列车允许的速度，具体包括动车组构造速度、线路允许速度、进路允许速度、临时限速和紧急

车载设备基本功能要求和设备要求

限速。动车组的构造速度通过车载设备的配置文件获得；线路允许速度、临时限速和紧急限速通过无线电台从 RBC 获得。车载设备根据这些限速信息，生成相应的速度限制曲线。

2. 无线通信管理

列控车载设备通过无线电台与 RBC 进行信息交互，报告列车数据、列车位置、各种请求和确认信息，获得来自 RBC 的移动授权、模式信息、紧急信息及各种确认和请求信息。

3. 应答器信息接收与处理

列控车载设备通过应答器信息接收天线和应答器信息接收单元（BTM），从地面应答器获取应答器编号和存储在里面的报文信息。

4. 防溜功能

列控车载设备在列车停车的状态下，会对列车进行溜逸防护。如果列车在停车状态下发生了非预期的前后移动，车载设备将会输出制动。

5. 速度距离计算及防滑行防空转

列控车载设备的列车接口模块将实时计算列车的运行速度和行走距离，并将此速度距离信息发送至各个子模块，以及进行空转或滑行校正，以减小对测速测距的影响。

6. 级间切换

列控车载设备将根据地面应答器的信息包和来自 RBC 的无线消息进行 CTCS-3 级和 CTCS-2 级之间的等级切换管理。需要进行级间切换的可能有：

（1）从 CTCS-3 级区域进入 CTCS-2 级区域。

（2）从 CTCS-2 级区域进入 CTCS-3 级区域。

（3）在 CTCS-3 等级下发生无线或 RBC 故障，车载设备可以自动切换至 CTCS-2 级运行。

7. 紧急消息功能

列控车载设备将处理来自 RBC 的紧急消息。当收到无条件紧急消息时，列控车载设备将输出紧急制动，并进入冒进防护模式；当收到有条件紧急停车消息时，列控车载设备将根据实际情况选择接收或拒绝此紧急停车消息，并输出相应的控制命令。

二、列控车载设备的设备要求

（1）车载设备采用高可靠的安全计算机平台，ATP 系统按照故障-安全原则设计。

（2）根据地面设备提供的信号动态信息、线路静态参数、临时限速信息及有关动车组数据，生成控制速度和目标距离模式曲线，控制列车运行。

（3）超速时，通过继电接口对列车的制动系统发出制动控制指令。

（4）ATP 车载设备配备了记录单元，主要用于设备状态和故障信息以及各种事件的记录，并对列控系统有关数据及操作状态信息实时动态记录。

（5）各不同型号的动车组与各不同型号的 ATP 车载设备均采用统一的制动接口单元。

（6）ATP车载设备的测速系统要求配置两套速度传感器，速度传感器需安装在不同的轴端。

（7）行车设备要求必须满足故障-安全原则。

（8）车载ATP、车站列控中心TCC、无线闭塞中心RBC、车站计算机联锁设备必须采用安全计算机。车载安全计算机是列控车载系统的核心设备，且满足故障-安全原则。

三、列控车载设备的构成

1. 车载主机

（1）主控单元。车载主控单元应是车载设备的核心处理单元，实现车载设备的核心安全控制功能，应包括C3主控单元和C2主控单元。车载主控单元应采用冗余配置。

（2）测速测距单元。测速测距单元应采集来自各速度传感器的信号并进行安全处理，计算列车速度、走行距离和识别运行方向，并将相关信息传送给车载主控单元。测速测距单元应采用双套冗余配置。

（3）应答器信息接收单元。应答器信息接收单元应接收、解调地面应答器信号，并将解调后的信息传送给车载主控单元。应答器信息接收单元应能对应答器信息接收天线的连接及功能进行实时检测。应答器信息接收单元应采用双套冗余配置。

（4）无线传输单元。无线传输单元是车载设备通过GSM-R网络与地面RBC进行信息双向传输的接口与通信控制单元，应具有信息加密-解密功能，应通过专用模块控制移动终端MT。车载设备应具有两个移动终端。

（5）轨道电路信息读取器。轨道电路信息读取器（TCR）应通过天线接收轨道电路信息，并将解调出的轨道电路载频、低频及绝缘节信息（可选）传送给车载主控单元。轨道电路信息读取器应具备多载频接收功能，应能根据应答器信息、司机上下行载频选择确定上下行载频。轨道电路信息读取器应能对TCR天线进行断线检查。轨道电路信息读取器及天线安装规格和技术指标应符合相关部颁标准。轨道电路信息读取器应采用双套冗余配置。

（6）司法/数据记录单元。司法/数据记录单元（JRU/DRU）应记录车载设备的工作状态、相关控制信息及各种输入/输出信息。司法/数据记录单元记录内容、格式及存储要求应满足运用维护、故障分析要求并符合相关标准。

（7）列车接口单元。与动车组采用继电器接口时，车载设备应通过数字输入/输出单元采集从列车输入的开关量信息，并通过控制继电器的输出实现与列车之间的接口，紧急制动与最大常用制动均应采用失电制动逻辑。与动车组采用MVB接口时，车载设备应通过MVB总线采集列车的接口信息及发送列车的接口命令，紧急制动仍应采用继电器接口并采用失电制动逻辑。紧急制动命令的输出应采用故障-安全设计，宜采用双继电器串联输出。

（8）隔离开关与冗余开关。设置车载设备隔离开关，用于车载设备故障后隔离车载设备输出的制动切除牵引命令。车载设备可设置冗余切换开关，用于车载设备双系手动切换人机界面单元。

2. 车载外围设备

人机界面单元（DMI）是车载设备的显示和操作装置，应能根据车载主控单元的命令显示列车速度、距离、工作状态及线路条件等信息,并实现声光报警、司机操作等功能。DMI 软硬件设计应采取措施避免出现屏幕冻结或错误输出现象。当与车载主机通信故障时,应导向安全侧。DMI 应冗余配置,并安装在便于司机观察和操作的位置。

应答器信息接收天线用于接收应答器信息,应安装在头车车体底部的横向中心线上。应答器信息接收天线尺寸应满足高速条件下应答器信息接收要求。应答器信息接收天线应采用双套冗余配置。

四、车载系统控车模式

(1)根据从编码轨道电路和应答器接收的轨旁数据实现 CTCS-2 控车。
(2)根据从 RBC 或应答器接收的轨旁数据实现 CTCS-3 控车。
(3)每一时刻仅有一种控车模式有效。
(4)CTCS-2 与 CTCS-3 的切换,由应答器和 RBC 向 EVC 发出的信息控制。
(5)CTCS-3 的 EVC 将向 CTCS-2 逻辑单元发出指令,启动和停止其列车监控。

五、CTCS-3 级列控系统车载设备维护

(一)300S 型车载设备

1. CTCS-3-300S 车载系统设备的组成及基本功能描述

CTCS-300S 车载设备

300S 车载设备的结构是基于二乘二取二的结构,设备布置图如图 4-3-2 所示。

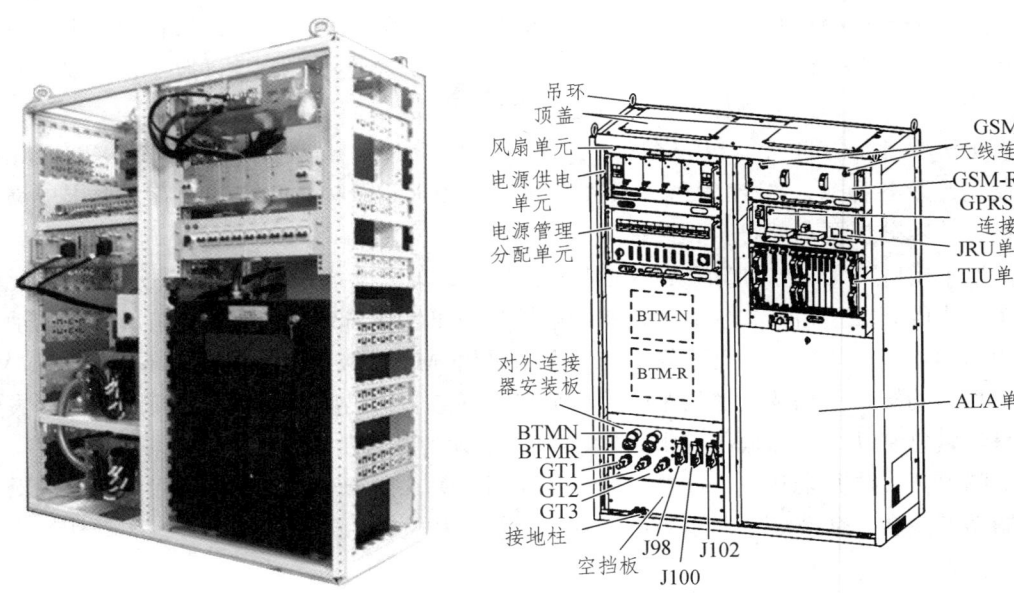

图 4-3-2 300S 设备布置图

为了保证可用性,ALA 机柜包含两套独立的安全模块。每个安全模块(如 RIM 模块、

EVC 模块、TMM 模块、ALM 模块、BTM 模块）均按照二乘二取二的结构设计和实施。每个安全模块组成一个故障安全区。

车载机柜包含 ALA 机柜及相关子系统：

1）ALA 机柜

ALA 机柜包含 EVC、TMM、RIM 和 ALM 模块，如图 4-3-3 所示。

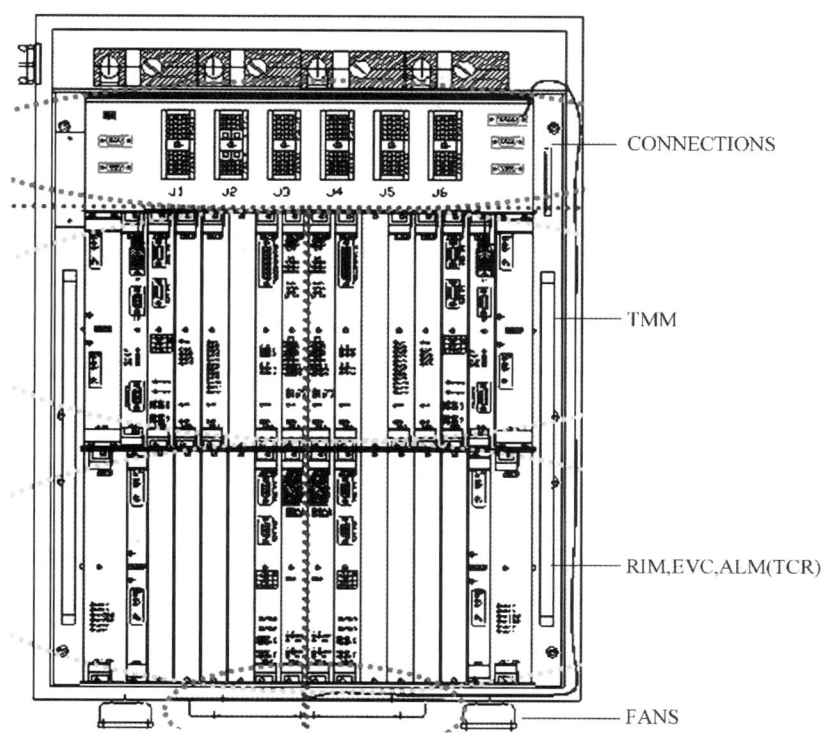

图 4-3-3　300S 车载机柜结构图

（1）EVC。

安全计算机（European Vital Computer，EVC）是至关重要的（与安全有关的）机载计算机，执行相关的 ERTMS 逻辑功能。它包括以下类型的板：

① CPUE/EVC 板：中央处理器硬件与 CPU2 基本相同但可进行升级。

② WDRS 板："看门狗"监控设备。

（2）TMM。

TMM 用于实现列车的接口及测速测距功能。该模块包含在 ALA 机柜内，实现与列车的功能接口。而且，它计算和控制列车的参数（时间基准、覆盖的距离、速度、加速度）及其他辅助功能。从功能角度上看，实施的功能如下：

① 时钟控制。

② 运行距离和速度计算。

③ 与机车的接口。

TMM 列车管理模块中板卡配置如图 4-3-4 所示，从左至右为电源板、MVBV 板（MVB 总线接口板）、CPU2 板、WDOU 板、IDVI 板、MULE 板、TACU 板、MULU 板。

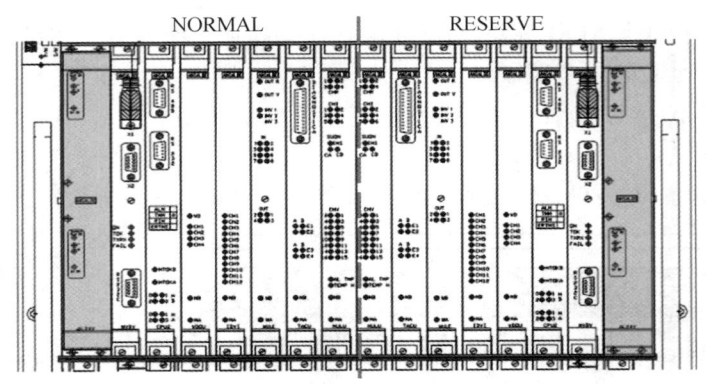

图 4-3-4　TMM 单元

④ 电源板给 ALA 模块所有板卡提供 24 V 电压，指示电源板状态的指示灯如表 4-3-1 所示。

⑤ CPU2 板：中央处理单元。CPU2 是二取二结构的微型计算机中央处理单元板。该板由相互独立且电隔离的两个微处理器的微型计算机 A 和 B 构成。通过冗余 PROFIBUS 总线构成的通信网络与其他系统的中央单元通信，通过两个 I/O MS9E 并行总线部分对系统进行访问。

表 4-3-1　电源板指示灯状态表

LED 名称	颜色	功能	状态	说明
OUT OK	G	输出正常	○	模块输出电压正常
			×	故障
IN OK	G	电压输入	○	模块输入电压正常
			×	故障

⑥ WDOU 板：看门狗+4 个安全数字输出，与 CPU2 采取 MS9E 总线通信，属于 TMM 单元的看门狗电路。所有输出均受控于 WD 电路，具有四路安全输出信号，EB 输出。

⑦ IDVI 板：12 个安全数字输入，与 CPU2 采取 MS9E 总线通信。12 路安全输入采集 EB 反馈、启动驾驶台、隔离开关状态。

⑧ TACU 板：负责给速度传感器供电并采集、计算速度传感器信号。

采集安装于车轴的速度传感器的信号并进行处理，每个速度传感器信号相位为 90°。

TACU 板通过板上的 DC/DC 转换器提供速度传感器电源，为直流 24 V。

⑨ MULU 板：多功能卡，带有 16 个非安全数字输出、4 个继电器触点式数字输出、4 个速度可达 115 kb/s 的 HD RS-485 串行端口、6 个非安全输入、4 个风扇的诊断电路和两个过热传感器。

输出信号：切除牵引；B1；B4；过分相有效。

输入信号：休眠 1。

⑩ MULE 板：多功能卡，带有 4 个非安全数字输出、1 个安全数字输出、1 个继电器触点式数字输出、3 个速度可达 115 kb/s 的 HD RS-485 串行端口、8 个非安全数字输入和 3 个安全数字输入。

输入信号：向前；向后；B7反馈；手柄零位；休眠2。

输出信号：B7制动；过分相命令。

⑪ MVBV板：同MVB车辆总线的网关，用于MVB接口转换，与CPU2的接口通过VME总线连接，用MVB协议转换。

（3）RIM。

通过移动终端与无线网络连接；通过串行接口管理无线电设备间的通信。它包括以下类型的板：

① CPU2/RIM板：中央处理器。

② RIME板：移动端口和监视器的接口板。

（4）ALM。

实现CTCS-2的逻辑功能，同时与DMI、CTCS-2传感器接口并处理轨道电路信息。ALM是ATP的C2逻辑控制单元，解码轨道电路信号。它包括以下类型的板：

① CPU2：中央处理器。

② TCR板：轨道电路信息读取器。

2）电源分配盘

电源分配盘包含断路器、开关和接插件等。

3）BTM

BTM为应答器传输模块，包含主和备BTM，每个带一个天线，如图4-3-5所示。

 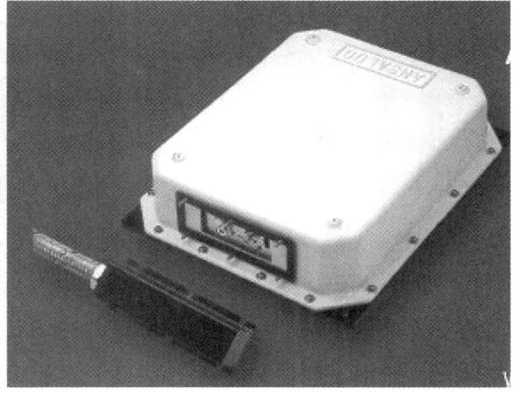

图4-3-5　BTM模块及天线

通过应答器信息接收天线，从地面应答器获取应答器编号和存储在里面的报文信息。CTCS-2下通过其获得相关线路数据；CTCS-3下主要起到列车定位的作用。

4）列车接口单元（TIU）

列车接口单元用于对车体信息的采集和输出接口。

5）RSS

RSS模块是GSM-R电台子系统，与RIM配合来负责实现与地面无线系统的GSM-R无线连接。RSS模块包含移动终端、电源和滤波器，来实现GSM-R调制解调器功能。它与放置在轨道车辆车顶上的GSM-R天线相连，如图4-3-6所示。

图 4-3-6 RSS 模块及 GSM-R 天线

GSM-R 无线电台与车载的 GSM-R 电台将提供两个数据通道，这样 CTCS-3 从一个 RBC 区域转换到另一个 RBC 区域时，可同时连接两个 RBC（自动交权功能）。

6）DMI

DMI 包含主和备 DMI，均安装在驾驶台上。

人机界面如图 4-3-7 所示，实现司机与车载设备的交互。通过声音、图像等方式将车载设备的状态通知给司机。司机可以通过 DMI 上的按键来切换 ATP 装置的运行模式或是输入必要的信息。

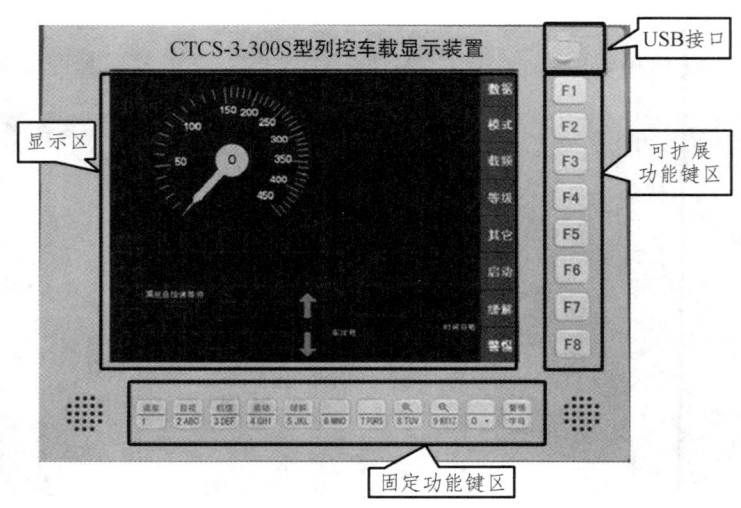

图 4-3-7 300S DMI 界面

7）JRU

司法记录仪（JRU）如图 4-3-8 所示，用于记录系统运行的信息。记录从 ERTMS/EVC 模块获得的按照适用标准所定义的事件，并记录所有具有法律效力事件的必要信息。运行过程中发送的所必需的情况信息应记录在 JRU 内。

该模块同时通过 GPS 向 TMM 提供标准时间。

该模块也用于记录 CTCS-2 中的数据信息，通过 MVB 总线与 TMM 连接。

2. 列控车载主机柜与列车之间的连接

300S 列控车载主机柜与列车之间的连接如图 4-3-9 所示。

项目四　CTCS-3 级列车运行自动控制系统维护

图 4-3-8　司法记录仪（JRU）

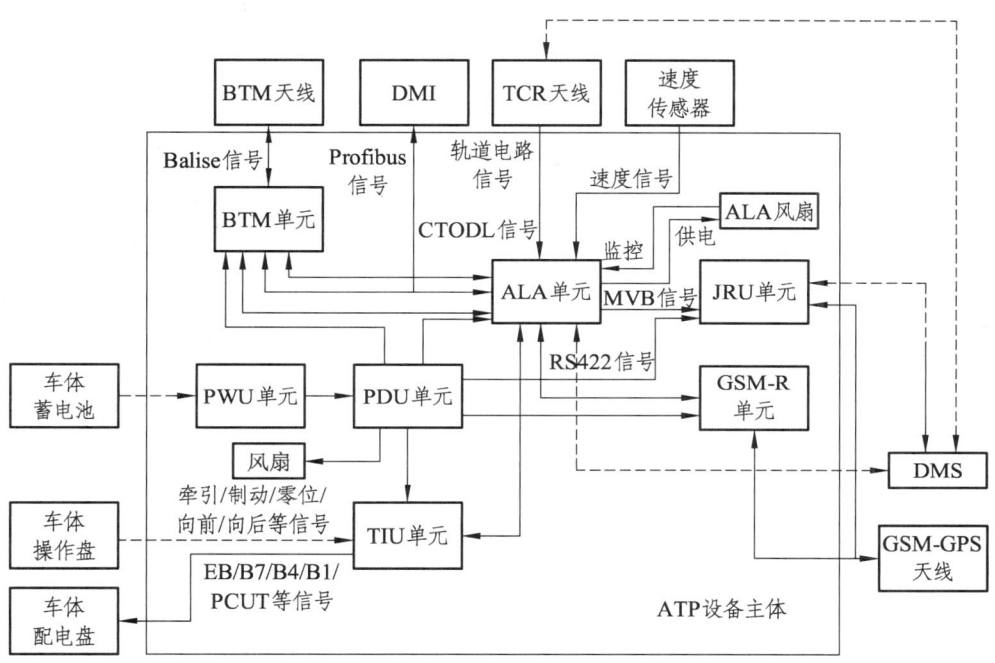

图 4-3-9　300S 车载主机柜与列车之间的连接示意图

（二）300T 型车载设备

1. 300T 车载系统设备的组成及基本功能描述

车载设备采用分布式结构，如图 4-3-10 所示，主要由下列单元组成：车载安全计算机单元（VCU）、测速测距单元（SDU）、安全数字输入/输出（VDX）、数字输入（DI）、数字输入/输出（DX）、通用保密装置（GCD）、车载安全传输单元（STU-V）、GSM-R 无线通信单元（GSM-R）、司法记录单元（JRU）、轨道电路信息接收单元（TCR）、速度传感器、雷达、应答器信息接收模块（BTM+CAU）、人机界面（DMI）、冗余开关、隔离开关及 ATP 机柜内的断路器开关。

CTCS-300T 车载设备

1）车载安全计算机单元（VCU）

车载安全计算机单元（VCU）具体有 ATPCU、C2CU、TSG、SDP 四类，它们在硬件上是完全一样的，通过烧写不同软件实现不同的功能，如图 4-3-11 所示。

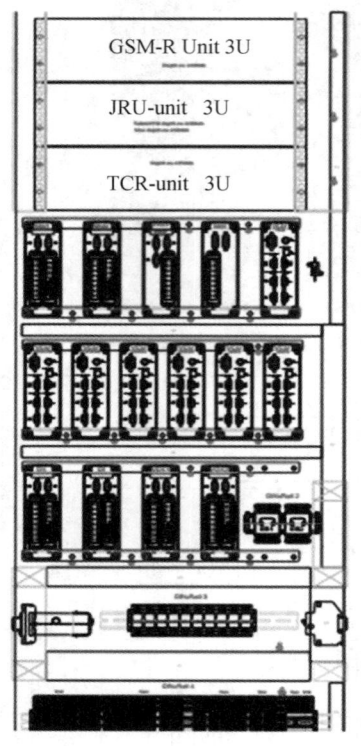 

图 4-3-10　300T 型车载主机　　　　图 4-3-11　ATPCU、C2CU、TSG、SDP 硬件

（1）CTCS-3 专用模块（ATPCU）。

ATPCU 是 CTCS-3 主机的控制核心单元，接收 RBC 传来的数据，结合 BTM 传来的数据和当前的列车速度计算速度曲线，监控列车运行。

（2）CTCS-2 专用模块（C2CU）。

C2CU 是 CTCS-2 主机的控制核心单元，接收 BTM 传来的数据，结合 TCR 传来的数据和当前的列车速度计算速度曲线，监控列车运行。

（3）列车网关（TSG）。

TSG 列车总线转换网关用于连接车载设备 Profibus 总线和车辆 MVB 总线。在 CRH2 型车上，主要是用于 DMI 数据与 ATPCU 和 C2CU 之间的数据交互。

（4）速度距离处理单元（SDP）。

SDP 单元接收从 SDU 传来的原始脉冲计数，经过运算处理得到当前列车运行的速度和距离数据，再通过通信总线发送给 CTCS-3 主机控制单元和 CTCS-2 主机控制单元。

2）测速测距单元（SDU）

SDU 单元与 VDX、DI、DX 在硬件上是完全一样的，通过烧写不同软件实现不同的功能，如图 4-3-12 所示。

SDU 单元为速度传感器和测速雷达信号部分提供电源，当列车运行时，SDU 模块能够接收速度传感器和测速雷达发出的脉冲信号，并将脉冲信号转换成数字数据通过 MVB 总线发送给速度距离处理模块 SDP。

项目四 CTCS-3 级列车运行自动控制系统维护

图 4-3-12 SDU、VDX、DI、DX 硬件

3）安全数字输入/输出（VDX）

VDX 单元为列车接口，用于列车超速时，输入/输出安全相关的信号，如紧急制动、全常用制动、紧急制动反馈等。

4）数字输入（DI）

DI 单元为列车接口，用于采集列车的输入信号，包括驾驶室激活、向前、向后、睡眠信号等。

5）数字输入/输出（DX）

DX 单元为列车接口，用于采集列车的输入信号，也输出控制列车的其他信号，如切断牵引。

6）通用保密装置（GCD）和车载安全传输单元（STU-V）

STU-V 是 GSM-R 无线电台与 MVB 总线的接口单元，GCD 是密钥管理模块，如图 4-3-13 所示。

图 4-3-13 STU-V、GCD 模块

7）GSM-R 无线通信单元（GSM-R）

GSM-R 用于将接收到的 RBC 信息进行解调处理，通过 RS-422 通信接口与车载 ATP 中的 GCD 单元相连，再通过 STU-V 实现与车载 ATP 之间的数据交互，如图 4-3-14 所示。

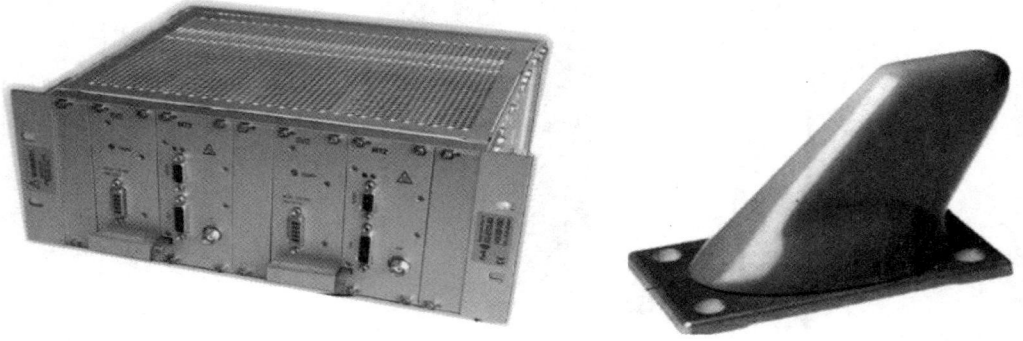

图 4-3-14　GSM-R 模块及天线

8）司法记录单元（JRU）

JRU 单元用于记录列车运行中车载设备采集的原始信息和车载设备输出的控制信息。

9）轨道电路读取器及天线（TCR）

如图 4-3-15 所示，TCR 用于接收轨道电路信息，并将该信息通过 RS-422 接口传送给主机 C2CU。天线用于接收轨道电路信息。

（a）轨道电路读取器　　　　　　　　　　（b）轨道电路天线

图 4-3-15　轨道电路读取器

主机板上有两个指示灯，对应本主机板允许接收的载频信息。上行灯亮表明允许接收 2 000/2 600 Hz 信息，下行灯亮表示允许接收 1 700/2 300 Hz 信息。上下行交替闪亮表示主机板处于搜索载频切换信息状态。

10）速度传感器和雷达

速度传感器如图 4-3-16 所示，通过检测轮轴转速的方式，得到当前列车的运行速度。

雷达如图 4-3-17 所示，当目标向雷达天线靠近时，反射信号频率将高于发射频率；反之，当目标远离天线而去时，反射信号频率将低于发射频率。如此即可借由频率数值的改变，计算出目标与雷达的相对速度。

项目四 CTCS-3 级列车运行自动控制系统维护

图 4-3-16 速度传感器

 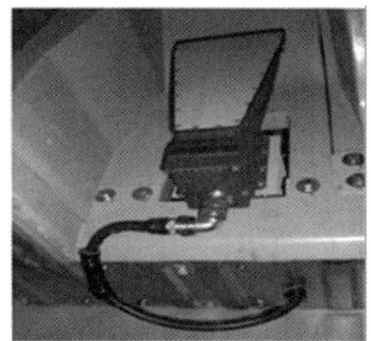

图 4-3-17 雷达

11）应答器信息接收模块（BTM+CAU）

应答器传输模块及天线如图 4-3-18 所示。

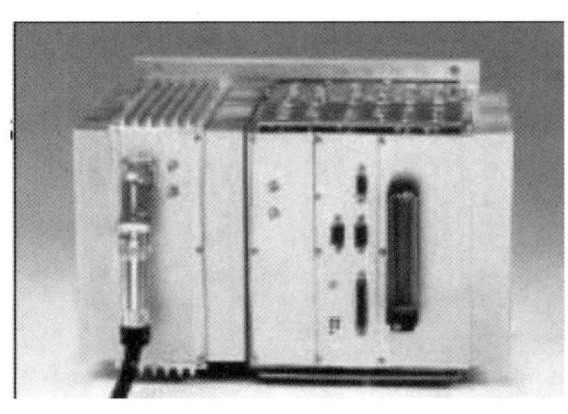 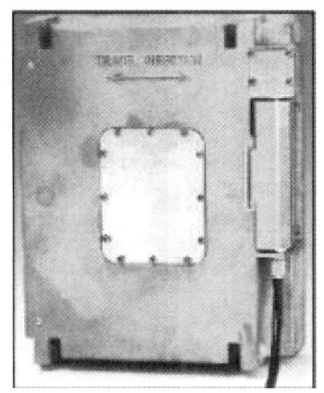

图 4-3-18 应答器传输模块及天线

BTM 单元实现对应答器信息的接收，并将接收到的 1 023 位应答器报文进行校验解码转换为 830 位的信息报文发送给主机单元。

紧凑型天线装置（CAU）采用的工作方式为电磁感应式信号调制方式（FSK），接收载波频率为 4.234 MHz±200 kHz，移频为 282.24 kHz，速率为 564.48 kb/s，功率载频为 27.095 MHz±5 kHz。

12）人机界面（DMI）

DMI 显示列车的当前速度、最大限速、目标速度、目标距离等驾驶信息和列车相关数据的输入。

13）冗余开关、隔离开关及 ATP 机柜内的断路器开关

如图 4-3-19 所示，左侧为冗余开关，冗余开关有三挡，用于选择系统 1、系统 2 和系统关闭电源。

冗余开关处在 1 位时选择系统 1 工作，冗余开关处在 2 位时选择系统 2 工作，冗余开关处在 0 位时，系统断电。

如图 4-3-19 所示，右侧为隔离开关，隔离开关有两挡。开关处在 1 位时，设备正常工作；开关处在 2 位时，设备断电，并切除 ATP 设备输出控制。

图 4-3-19　隔离开关

ATP 机柜内的断路器开关包括 ATP 主、ATPa、ATPb、BTMa、BTMb、TIF、TCR、GSM-a、GSM-b，部分开关如图 4-3-20 所示。

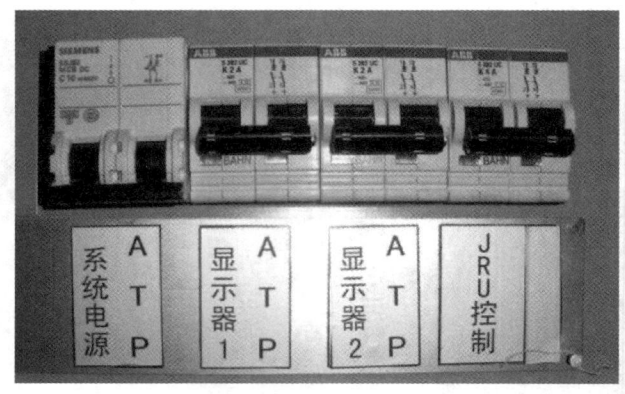

图 4-3-20　ATP 机柜内断路器

ATP 显示器 1 负责主显示 DMI 的上电；ATP 显示器 2 负责冗余 DMI 的上电；JRU 控制负责 ATP 柜内 JRU 的上电，并为其他一些设备提供电源。正常情况下，ATP 显示器 2 断开，其他三个断路器开关闭合。

2. 列控车载主机柜与列车之间的连接

列控车载主机柜与列车之间的连接如图 4-3-21 所示。

CTCS-300T 车载设备连接图

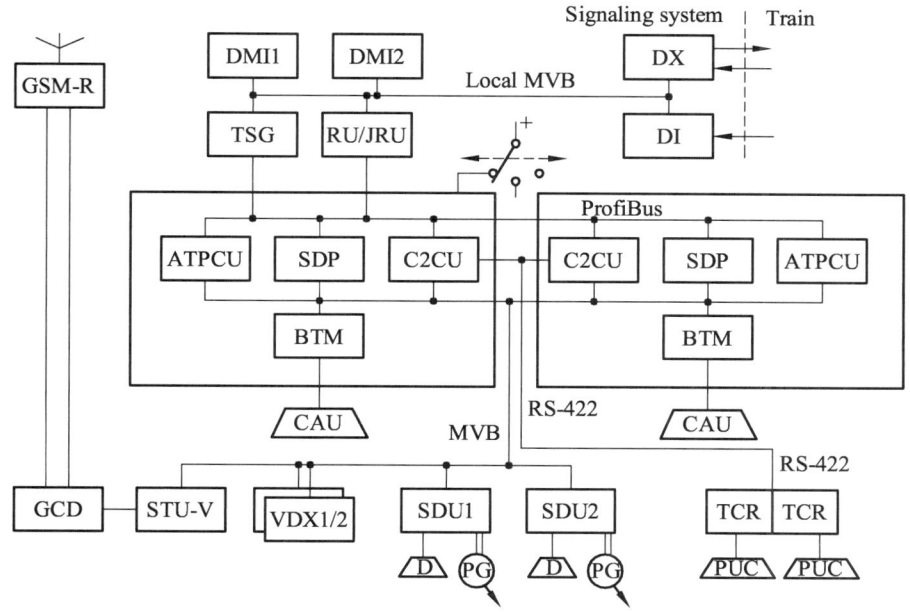

图 4-3-21　300T 车载主机柜与列车之间的连接示意图

（三）列控车载设备车辆安装接地要求

各个单元都通过绿/黄接地电缆与机车地连接。每个接地导体都应在其两端按以下准备：
（1）采用卷边 O 型电缆连接片及销切垫圈，销切金属使金属表面具有很低的电阻。
（2）用于接地目的的销切垫圈应被用于电缆连接片间及连接片和安装盘之间。
（3）每个电缆连接片、销切垫圈、安装孔都应被清洁并涂抹导电油脂，用凡士林或相似材料以避免氧化。

机柜接地要求：接地线应至少拥有 10 mm^2 的范围，长度不超过 1 000 mm。

BTM 接地要求：地线连接是通过一组独立的电缆，连接到标有接地标志的连接器来实现的。由于电磁兼容性，地线应尽量短些，不能超过 100 mm，交叉截面面积至少为 4 mm^2。

CAU 接地要求：参考接地的一个连接点位于 CAU 短的一端。如果安装装置未在 CAU 和机车底盘之间提供满意的电路连接，那么 CAU 应通过提供的连接点与机车底盘连接。接地线应至少拥有 10 mm^2 的范围，长度不超过 1 m。

雷达接地要求：接地柱头螺栓必须通过一个厚的编织电缆连接到列车地。接地线应至少拥有 10 mm^2 的范围，长度不超过 1 m。

GSM-R 天线接地要求：天线应安装于一个水平的并且具有良好导电性的表面中间，该表面的最小尺寸为 500 mm×500 mm。接地线应至少拥有 50 mm^2 的范围，长度不超过 300 mm。

DMI 接地要求：DMI 地线应连接到机车的底盘。地线连接是通过一组独立的电缆，连接到标有接地标志的连接器来实现的。由于电磁兼容性，地线应尽量短些，不能超过 100 mm，交叉截面面积至少为 4 mm^2。地线两端应用电缆接线头包起来，在两端都应使用 M6 螺丝和紧锁垫圈。

（四）ATP 与车辆接口

（1）制动与车辆接口。
（2）速度传感器与车辆接口。
（3）雷达与车辆接口。
（4）CAU 与车辆接口。
（5）GSM-R 与车辆接口。
（6）DMI 与车辆接口。
（7）BTM 与 ATP 机柜之间的接口。
（8）DMI 与 ATP 机柜之间的接口。
（9）隔离开关与冗余开关、ATP 机柜以及车辆之间的接口。

六、DMI 显示规范及简单操作

（一）概　述

DMI 显示规范及简单操作

人机界面单元（DMI）是车载设备的重要组成部分，也是列控系统提供的唯一人机操作界面。DMI 是车载设备的显示和操作装置，能根据车载主控单元的命令显示列车速度、距离、工作状态及线路条件等信息，并能实现声光报警、司机操作功能。

（1）能够为机车乘务员提供必要的开关、按钮、显示和有关数据输入装置。
（2）能够以字符、数字及图形等方式显示列车的运行速度、允许速度、目标速度和目标距离。
（3）能够实时给出列车超速、制动、允许缓解等表示以及设备故障状态的报警。
（4）具有标准的列车数据输入界面，可根据运营和安全控制要求对输入数据进行有效性检查。

（二）界面显示

CTCS-3 级列控系统 DMI 界面显示要求：
（1）显示内容清晰明确，便于司机按照显示信息驾驶列车运行。
（2）有效指导司机按提示操作。
（3）对于必要的输入信息，自动弹出相应的输入界面。
（4）对于重要的提示信息和故障警告信息，显示带闪烁边框的文本，提醒司机进行确认。
（5）对于重要的提示信息和故障警告信息，在文本提醒信息前加发生时的里程标。DMI 显示界面分区如图 4-3-22 所示。

DMI 显示器共设两块键盘，19 个按键。DMI 显示器右侧键盘为 8 个可扩展的功能键。DMI 显示器允许查询的数据包括司机号、车次号以及各种文本信息等。列车运行自动控制系统车载设备显示界面主要显示信息内容为速度及距离信息、地面信息、车载设备状态和日期时间等内容。

项目四 CTCS-3 级列车运行自动控制系统维护

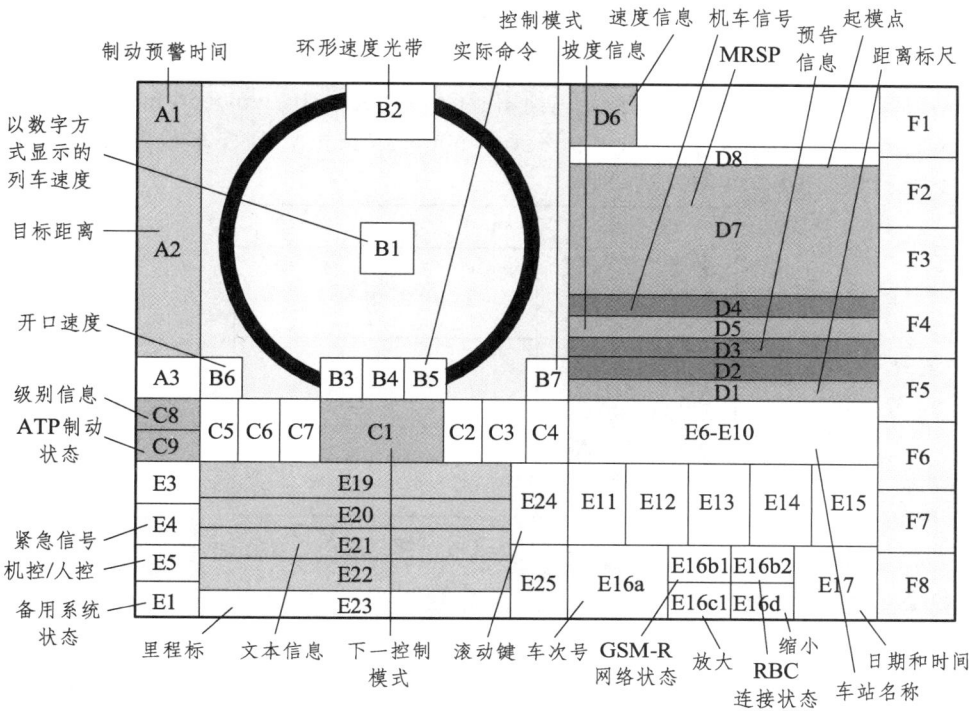

图 4-3-22 DMI 显示界面分区

1. A 区：距离监控信息

A 区显示的内容主要为距离监控信息，包括三个分区：A1 区，列控车载设备触发制动前的预警时间；A2 区，目标距离；A3 区，预留。

2. B 区：速度信息

B 区显示的主要内容为速度信息，包括 7 个分区：B1 区（50 mm×50 mm），数字方式显示的列车速度；B2 区（36 mm×36 mm），环形速度光带；B3/B4/B5 区（108 mm×36 mm），命令图标；B6 区（36 mm×36 mm），开口速度，如图 4-3-23 所示；B7 区（36 mm×36 mm），控制模式。

图 标	尺寸，颜色	含 义	图 标	尺寸，颜色	含 义
	36 mm×36 mm 灰色	桥梁		36 mm×36 mm 灰色	临时限速区
	36 mm×36 mm 灰色	车站		36 mm×36 mm 灰色	分相区
	36 mm×36 mm 灰色	隧道		36 mm×36 mm 黄色	分相区（预告）

图 4-3-23 B6 区速度信息

3. C 区：补充驾驶信息

C 区显示的主要内容为补充驾驶信息，包括 9 个分区：C1 区（70 mm×54 mm），下一控制模式；C2/3/4 区（105 mm×54 mm），预留；C5/6/7 区（105 mm×54 mm），预留；C8 区（54 mm×27 mm），设备运行等级；C9 区（54 mm×27 mm），列控车载设备制动状态，如图 4-3-24 所示。

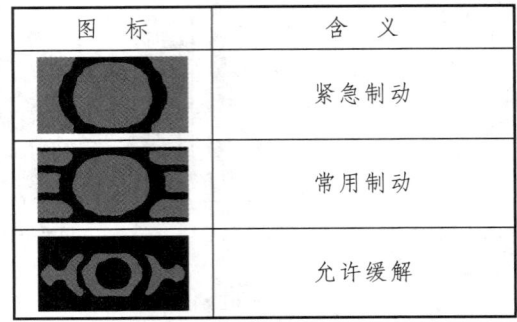

图 4-3-24 C9 区制动状态

4. D 区：运行计划信息

D 区显示的主要内容为运行计划信息，包括 8 个分区：D1 区（244 mm×20 mm），距离标尺；D2/D3 区（244 mm×40 mm），预告信息；D4 区（244 mm×20 mm），速度变化信息；D5 区（244 mm×15 mm），坡度信息；D6 区（244 mm×50 mm），机车信号；D7 区（244 mm×150 mm），最限制速度曲线；D8 区（244 mm×5 mm），起模点信息。

5. E 区：监控信息

E 区，包括 26 个分区：E1 区，备用系统状态；E3 区，监督司机动作信息；E4 区，紧急信号；E5 区，机控/人控表示；E6～E10 区，车站名称；E11～E15 区，预留；E16a 区，车次号；E16b1 区，GSM-R 网络状态；E16b2 区，与 RBC 的连接状态；E16c 区，放大键图标；E16d 区，缩小键图标；E17 区，日期和时间；E19～E22 区，文本信息；E23 区，里程标。

6. F 区：可扩展功能键区

功能键的可用与不可用状态。

（三）输入及输出信息

1. 输入数据

DMI 输入的数据有车次号、司机号和列车长度，需要进行选择确认的数据有运行等级、载频和模式。车次号编码方式为司机号编码方式。

DMI 输入或选择的数据信息如表 4-3-2 所示。

表 4-3-2 DMI 输入或选择的数据信息

命令名称	备注
上、下行选择	用于载频选择
运行等级	用于选择 CTCS-2 级、CTCS-3 级和 CTCS-3D 级

续表

命令名称	备注
模式切换	用于模式切换（调车模式、目视行车模式、机车信号模式）
数据输入	切换到数据输入界面
数据查看	查看文本信息
司机响应	用于提示司机保持"警惕"
制动缓解	设备提示允许缓解后，人工缓解制动
启动	启动列控车载设备转入正常工作状态

2. 输出信息

DMI 输出的信息包括声音信息和文本信息。

声音信息主要包括 S5 目标速度点变化、S6 新的文本信息、S7 提示错误或故障信息、速度告警提示、设备制动结束、需要司机应答的信息、按键提示音。

文本信息包括主要功能性文本和主要维护性文本。

主要功能性文本有进入待机模式、进入部分监控模式、进入目视行车模式、进入调车模式、进入引导模式、进入机车信号模式、进入完全监控模式。

主要维护性文本有紧急制动故障、常用制动故障、测速单元故障、无法启动制动测试、需要进行自动测试。

（四）DMI 基本操作

列控车载设备在启动和运行过程中，司机通过 DMI 来完成与列控车载设备的交互，观察列车的运行状态。司机通过 DMI 可以完成驾驶数据输入修改、列车数据输入修改、模式转换、载频切换、等级选择、消息应答等操作，如图 4-3-25 所示。

1. DMI 上电

DMI 上电后，自动启动，等待主机自检完成，与列控车载设备主机进行通信连接，准备接收并显示车载设备数据。

2. 驾驶数据输入

当列控车载设备自检完成后，DMI 进入启动过程。自动进入驾驶数据输入界面，要求输入司机号和车次号，司机号和车次号不能为空。

3. 制动测试

文本提示显示"执行制动测试"，按"确定"键（F6）开始制动测试，按"取消"键（F8）取消制动测试。

4. 级别选择

制动测试完成后，要求司机选择运行级别。

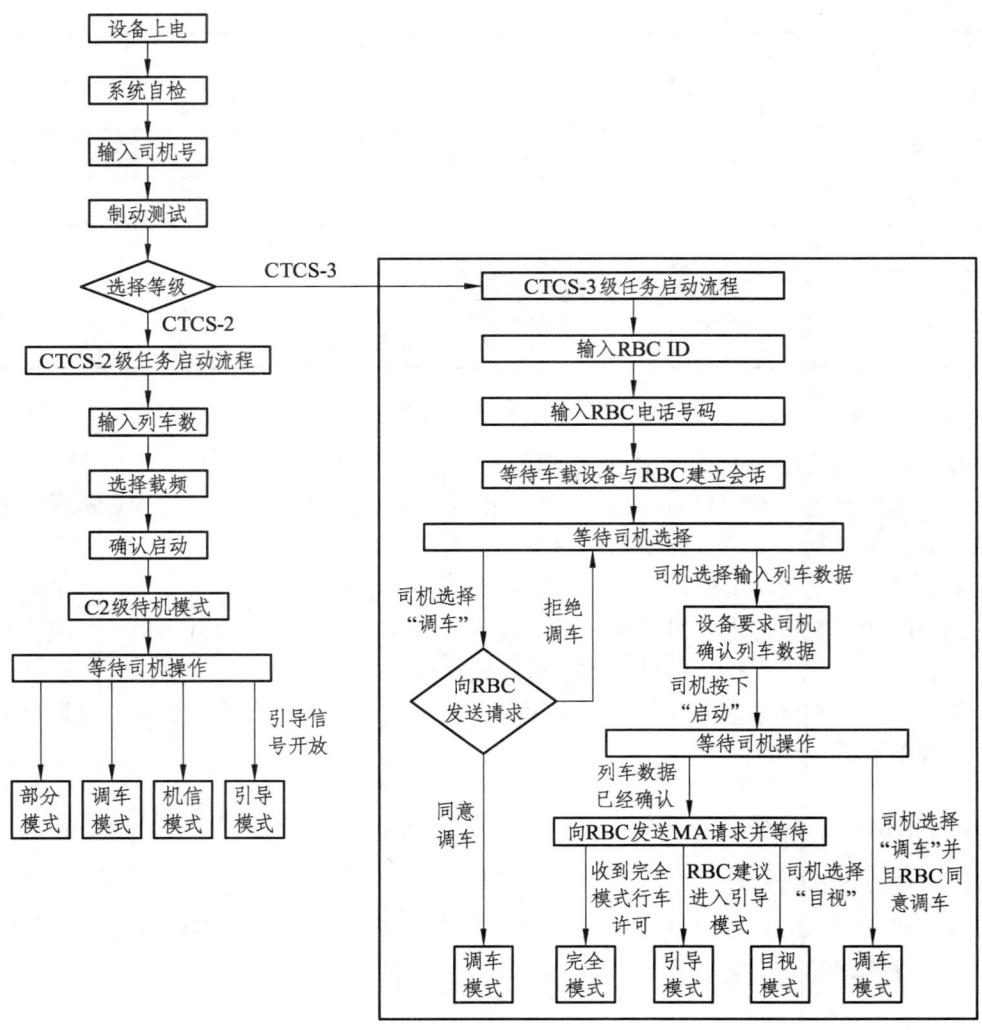

图 4-3-25　DMI 操作过程

5. 列车数据（列车长度）

列车数据是列控车载设备生成连续速度控车曲线并监控运行的重要依据。ATP 在启动过程中未按规定进行输入、确认列车数据时，列控车载设备会在车速达到 5 km/h 因数据不全而触发防止制动，此外输入不正确则会导致列车尾部超速的风险。

6. ATP 载频选择操作

正确选择载频是列控车载设备正常工作的基础，ATP 在启动过程中只有选择了正确的载频，列控车载设备才能正确地读取轨道电路信息。DMI 显示器载频键，用于选择列车上、下行载频。

7. ATP 启动确认操作

当 ATP 自检通过、制动测试成功、各种驾驶所需的数据均已输入后，ATP 完成上电，此时 DMI 会提示司机确认启动完成。

8. ATP 部分监控模式操作

部分监控模式只用于 CTCS-2 级。部分监控模式可由待机模式、完全监控模式、目视监控模式和引导模式进入。

9. 目视行车模式操作

在 CTCS-2 级，由完全监控模式、部分监控模式和引导模式进入，接收禁止信号，确保列车在停车状态。司机按压"模式"键，在模式选择页面选择目视并确认。

10. 引导模式的操作

在 CTCS-3 级，车载设备接收 RBC 引导模式转换信息，DMI 上显示带有闪烁框的"确认引导模式"文本，司机进行转换确认。若司机不进行模式转换确认，车载设备将在列车进入引导模式区域后，进入引导模式，并施加制动直到确认。在 CTCS-2 级，由部分监控模式和完全监控模式进入。在 CTCS-2 级，车载设备接收到引导模式转换信息（收到 HB 码且当前速度低于 40 km/h）运行模式为完全监控模式，DMI 上显示带闪烁框的"引导确认"文本，司机需按压"确定"键。如果为其他模式，车载设备自动进入引导模式。

11. 调车模式的操作

确保列车在停车状态，按压"模式"键，在模式选择页面按压"调车"键。

12. ATP 隔离运行

当设备故障或者其他原因需要将 ATP 系统隔离，司机以人控方式运行列车时，需先打开隔离开关保护罩，将隔离开关置于"隔离"位置。

13. 转冗余备系重启 ATP 的操作

（1）先将 ATP 电源关闭，将隔离开关置于隔离位。

（2）将 ATP 冗余转换开关置于中间位，停留不少于 10 s 后，转至备系。

（3）将 ATP 隔离开关置于运行位（隔离时间不少于 30 s），重新启动 ATP。

（4）ATP 制动测试（注意确认制动手柄状态，在 ATP 进行制动测试时，不得移动制动手柄）。

（5）输入列车数据，根据运行区段选择控车模式。

七、CTCS-3 级列控车载维护注意事项及故障处理

（一）维护人员要求

（1）维护人员应已参加车载系统相关的培训。

（2）维护人员应遵守程序以确保遵守电气相关的法律和规定，从而保证维护时不被电击。

（3）维护人员应学习与电气相关的法律和规定及电气相关工作的标准操作。

（4）在对任何设备进行任何维护或服务之前，维护人员应意识到与电路相关的危险并应熟悉标准操作，以防止事故发生。

（二）安全相关的要求

（1）电源警告：在连接和断开一个单元前应首先关闭电源。

（2）对静电敏感装置的预防。

在放置电子单元时，应遵守 ESD 原则以保护对静电敏感的单元。避免接触连接器的引脚，否则会损坏单元内的电子器件。

所有维护人员应接受关于处理静电敏感产品的程序培训。

（3）对无线频率辐射的预防维护。

人员在接近 CAU 的位置工作时，应首先关闭车载系统电源。

当车载系统激活时，CAU 开始发送频率为 27 MHz 的无线射频信号，如图 4-3-26 所示，图中表示了 CAU 周围位置的辐射，如虚线所示范围。

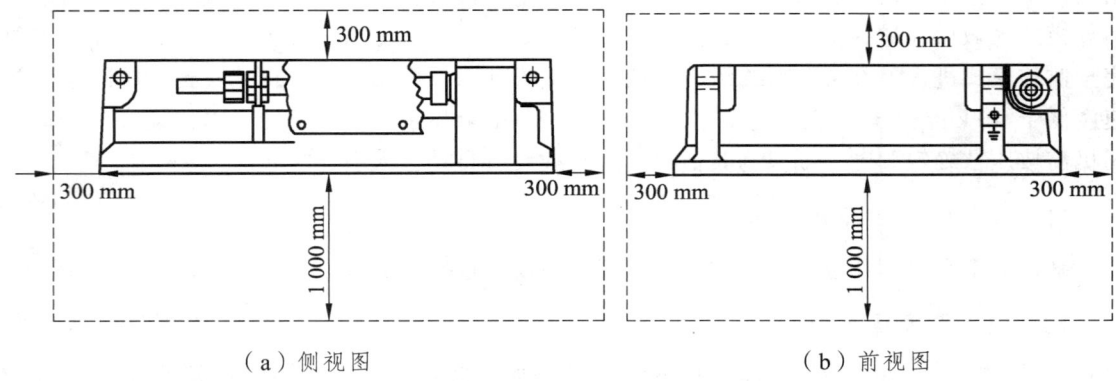

（a）侧视图　　　　　　　　　　　　（b）前视图

图 4-3-26　CPU 周围的辐射

（三）对单元和设备处理的预防措施

（1）不能在任何环境下打开单元，故障单元应用新单元替换。

（2）BTM 包含由铍氧化物 BeO 构成的发射晶体管。由于该物质可能导致严重的人身伤害，因此该单元不应进行任何机械处理或被打开。

（四）车载系统的安全

（1）当车辆在线路上运行或载客时，不可进行维护工作。

（2）当车辆在线路上运行或载客时，不可连接测试设备。

（五）运行测试

为了达到 ATP 车载系统安全运行，必须确保设备正确安装和测试。在维护结束后，应上电、激活驾驶室并进行传输测试。

在进行车载系统维护后，为确保司机制动不受到列车制动系统接口的影响，必须移动列车进行额外的制动测试。

（六）车载设备维护方法

1. 取决于时间的替换

不同的列车，车载系统单元和设备的替换具有不同的时间间隔。

（1）速度传感器的维护。

由于车轮磨损或更换车轮导致车轮尺寸发生变化时，检查 CAU 和多普勒雷达安装位置。

（2）怀疑有损坏时的维护如表 4-3-3 所示。

表 4-3-3　怀疑有损坏时的维护

事　件	方　法
如果怀疑存在损坏	检查 ATP 设备
如果怀疑 CAU 被移动	检查 CAU 安装位置
如果怀疑多普勒雷达被移动	检查多普勒雷达安装位置

（3）每 6 个月需进行的维护如表 4-3-4 所示。

表 4-3-4　每 6 个月需进行的维护

方　法
检查速度传感器（脉冲发生器）的固定螺栓及电缆接口
检查多普勒雷达的安装位置及其接口

（4）每年需进行的维护如表 4-3-5 所示。

表 4-3-5　每年需进行的维护

方　法	注　释
使用 BAVT 工具校准 CAU	整列车

（5）每两年需进行的维护如表 4-3-6 所示。

表 4-3-6　每两年需进行的维护

方　法	注　释
检查 ATP 电缆	检查连接到 MVB、现场总线的电缆和其他串行接口电缆的安装
检查 CAU 安装位置	
清洁 ATP 设备	擦除机柜上的尘土
替换 MOBAD 电池	仅对非定期运行的机车

（6）每 5 年需进行的维护如表 4-3-7 所示。

表 4-3-7　每 5 年需进行的维护

方　法	注　释
替换 MOBAD 电池	定期运行的列车，整列车
更换 GCD 电池	整列车

（7）每 10 年替换的设备如表 4-3-8 所示。

表 4-3-8 每 10 年替换的设备

单　元	车　辆
冗余开关	整列车
隔离开关	整列车

2．维护后的测试

1）何时执行测试

（1）在车辆投入运行之前，应执行对车载系统的测试。

（2）当出现以下情形时，应考虑执行该测试：

① CAU 位置发生变化时。

② 多普勒雷达位置发生变化时。

③ MOBAD 单元被替换时。

④ 设定车轮直径或车轮直径发生变化时。

⑤ 车载系统软件被更新时。

⑥ 单元模块被替换时。

注意：当对列车制动系统的接口进行维护后，在列车投入运行前，应执行对列车制动系统的测试。

2）维护行为的文件化

当进行维护时，维护工作应记录文件作为维护日志，且该日志应由授权负责维护程序的人员签署。

注意：该授权人员不应与执行维护的人员为同一个人。

3．维护原则和方法

1）通用原则

（1）如果是通过替换单元来完成校正工作，则测试顺序为上电测试→驾驶室激活测试→移动测试，且不能出现错误。

（2）如果进行了任何重新配线或其他安装程序，必须执行安装测试。验收后，上述提及的测试也必须执行。

（3）安全相关故障的一般反应都为进入系统故障模式。

2）掉电模式

（1）当对整个系统的供电中断时，系统自动进入该模式。导致某单元掉电的 ATP 系统内部故障不会导致系统进入掉电模式。ATP 确保给出安全反应，但具体的反应动作取决于故障发生的位置。

（2）BTM、TSG、DMI、DX/DI 或 SDU 掉电时，将导致停车故障反应。

（3）ATPCU 掉电时，将导致平台故障反应，这是由于该单元受 SDP 单元中的平台主控器的监督。

（4）SDP 掉电时，将导致平台故障反应，这是由于该单元受 VDX 单元中的平台实时"看门狗"的监督。

（5）STU-V 掉电时，将导致常用制动，并使实际列车速度降到 250 km/h 以下，自动切换到 CTCS-2 等级运行。

（6）VDX 掉电时，或内部或外部制动回路掉电时，将导致输出制动。

（7）当列车运行于 C3 级时，C2CU 掉电不会产生任何问题，但在 DMI 上会给出提示。

3）系统故障模式

在检测到一个影响安全运行的故障时，ATPCU 将主动使系统进入系统故障模式，施加制动，车载系统需重新启动。

（1）平台故障。

ATP 的运行可能由于处理器或相关电路的故障而失控，因此，ATPCU 无法进入系统故障模式，但根据系统配置，可输出紧急制动或常用制动。该命令被保持到 ATP 重新启动。

（2）停车故障。

为了提高 ATP 系统的可用性，停车故障反应可推迟进入系统故障模式的时间。当检测到故障，ATP 通知司机故障并输出常用制动命令。当前模式和所有正在进行的监控，包括制动监控，都将被保持。如果是 ATPCU 软件故障，列车停车后系统直接进入系统故障模式。

（3）提示故障。

提示故障通常由列车上故障的冗余硬件、VDX 和 SDU 引起。为了增加 ATP 系统的可用性，只要该单元不是必需的，冗余硬件单元的故障就可被忽略。一旦检测到提示故障，ATP 将给司机显示故障消息，司机对其确认。当故障得以解决后，ATP 将删除该消息，而无须司机动作。只要故障保持，则在每次输入司机数据后，该消息将再次显示并带有确认请求。

典型的提示故障有：

① DMI 故障。

② 雷达或速度传感器故障。

③ 非安全设备故障，如辅助串行通信设备。

④ 冗余列车接口组件故障，如制动继电器。

除了上述硬件相关的故障以外，提示故障同样用于以下情况：

① 制动测试超时。

② 传输测试超时。

③ DMI 通信测试。

4）错误提示

（1）启动时的错误提示。

在上电测试和正常运行过程中检测到的故障可通过以下两种不同的方式表示：

① 在 DMI 显示一条有关错误的文本。

② VCU、COMC、STU-V 和 BTM 等的运行状态指示灯。

（2）DMI 上的错误和消息提示。

① DMI 上的错误信息被显示在文本区。

② 错误信息按时间顺序显示。

5）故障追踪

（1）上电测试。

必须对两端驾驶室都执行该程序，每个驾驶室内都有两套 ATP 系统（ATPa 和 ATPb），且必须都进行测试。

上电测试流程：

① 关闭驾驶室。

② 通过将选择开关从"0"位拨到"ATPa"位给系统上电。在对 ATPa 执行完所有测试后，要对 ATPb 进行测试。

③ 系统上电成功启动后，"驾驶室未激活"文本消息显示在 DMI 上。

故障追踪流程：

① 检查驾驶室是处于关闭状态的，给整个系统上电。当启动并运行后，"驾驶室未激活"文本消息显示在 DMI 上。

② 如果没有，使用便携式车载检测设备确定故障模块。

③ 检查系统单元状态指示灯，进一步确定故障模块。

④ 如果一个或多个单元未处于运行状态，则尝试重新上电，或用新单元替换。

⑤ 检查系统单元的软件版本。

（2）驾驶室激活测试。

① 系统上电后未检测到故障，进行下一步骤，激活驾驶室。然后检查以下内容：

a. DMI 显示待机模式，显示速度表盘。

b. 司机数据输入菜单出现在 DMI 上。

c. 系统提示是否进行制动测试。在制定测试期间，列车必须位于制动缓解后不会引起列车移动的位置。

d. 如果制动测试成功，选择进入目视行车模式。

② 故障追踪流程：

a. 如果系统不能正常工作，检查在 DMI 上是否显示"ATPCU 故障"消息。系统将施加常用制动，然后系统等待约 5 s 的"系统恢复"时间。如果系统故障仍存在，则系统将进入"平台故障"状态，且 SB（CRH2）或 EB（CRH3）将被施加。

b. 进入平台故障状态后，系统将尝试重新自启。

c. 查看 AElog，确定故障原因。

（3）移动测试。

ATP 上电，驾驶室激活，且 ATP 制动测试中未出现任何故障，将驾驶模式切换为目视模式，并执行以下测试：

① 将方向控制手柄设置在前进位，向前驾驶约 20 m。检查 DMI 上显示的列车速度是否正确，且 ATP 不应给出制动命令。

② 在线路上放置含有 MA 和限速信息的应答器，进行移动测试的下一步测试，并注意进行该测试地点的安全事宜。

③ 将方向控制手柄设置在前进位，并加速到速度参数值。ATP 输出常用制动命令。不要在 DMI 上缓解制动。让 ATP 以常用制动停止列车。检查在 DMI 上无故障报告，列车停车后，在 DMI 上缓解常用制动。

④ 继续测试，加速到设置的紧急制动的速度参数值。ATP 输出紧急制动命令。检查在 DMI 上无故障报告。列车停车后，在 DMI 上缓解紧急制动。

（4）临时故障。

如果故障是临时的且由很难再现的特定条件引起，如接触不良、电缆损坏或瞬间干扰（EMC 等），则其可能需要对引脚/插座、触点和电缆进行手动检查。如果检查后一切正常，则根据安装指导中的说明替换引脚/触点和电缆。

（七）车载系统设备的组成及基本功能描述

300T 车载设备维护工具有两种：便携式车载检测设备和车载综合测试平台。

1. 便携式车载检测设备

便携式车载检测设备主要用于对车载设备的日常维护和检测，通过对采集的车载系统运行状态数据进行分析，判断车载系统和各模块运行是否正常，并具有设置车载设备运行参数的功能。

1）便携式车载检测设备的主要功能

① 数据采集功能，可采集 ATPCU、C2CU、TSG、SDP 和 TCR 等模块的运行数据。
② 对采集到的数据进行实时分析和存储。
③ 对照分析各模块数据，准确故障定位。
④ 下载主要模块的 AElog 数据。
⑤ JRU 数据分析。
⑥ TCR 数据分析。
⑦ 设置车载设备系统时间。
⑧ 修改轮径参数。

2）便携式车载检测设备的主要特点

① 体积小，质量轻，便于携带上车。
② 采用通用串行通信方式采集数据，对设备运行影响较小。
③ 多点并行采集运行数据，能够更准确定位故障。
④ 故障诊断使用简单，故障定位时间短。
⑤ 集成了既有分析诊断工具，如 JRU 分析工具、TCR 分析工具等，具有更强大的功能。

2. 车载综合测试平台

车载综合测试平台主要用于车载设备大修或对故障模块进行深入检测，可对系统进行检测，也可以对单个模块进行检测，可以输入模拟数据，检测被测模块的反馈。

1）车载综合测试平台的主要功能

① 对系统进行整体测试。
② 车载内部各单元状态测试。
③ 无线传输接口测试。
④ 应答器接收功能测试。
⑤ 轨道电路接收功能测试。
⑥ 列车接口，包括制动接口、过分相接口等各种列车接口（同时支持 CRH2 和 CRH3 型动车组）测试。

⑦ 测速测距系统测试，包括雷达接口和速度传感器接口。
⑧ 模拟输入测试数据，检测被测模块的反馈。

2）车载综合测试平台的主要特点

① 数据采集方式多，可以通过 MVB 端口、Profibus 端口、串口等多种方式采集数据。
② 可以对单个模块进行离线测试。
③ 可以输入模拟测试数据进行主动测试。
④ 测试数据综合分析能力更强，可对采集的原始数据分析结果与车载自身诊断结果进行比较。
⑤ 对车载自身诊断依赖性降低，具有更高的灵活性和自主性。
⑥ 测试功能更完善，故障定位精度更高。

八、CTCS-3 级列控车载设备主要工作模式

列控速度容限按高于允许速度 2 km/h 报警，5 km/h 常用制动、10 km/h 或 15 km/h 紧急制动设置。对于道岔侧向限速和临时限速，达到允许速度报警。列控系统在不同运行条件下的速度限值如表 4-3-9 所示。

表 4-3-9　列控速度限值

运行条件		限制因素	速度限值
完全监控	区间和站内正线		线路允许速度
	道岔侧向进路		道岔侧向允许速度
	反向运行		线路允许速度降一级
	降级 C2 运行	C2 模式	C3 段 300 km/h，C2 段 250 km/h
机车信号		C0/C1 区段	80 km/h
引导接车			顶棚 40 km/h
目视行车			顶棚 40 km/h
调车			顶棚 40 km/h

（一）按 CTCS-3 级控车时

CTCS-3 级车载设备按 CTCS-3 级控车时，应包括下列工作模式：
（1）待机模式（SB）；
（2）完全监控模式（FS）；
（3）引导模式（CO）；
（4）目视行车模式（OS）；
（5）调车模式（SH）；
（6）休眠模式（SL）；
（7）隔离模式（IS）；

（8）冒进模式（TR）；
（9）冒后模式（PT）。

1. 待机模式（SB）

待机模式是车载设备上电后的默认模式。

车载设备自检成功后，自动处于待机模式。

该模式下车载设备应能接收应答器信息并与 RBC 建立通信会话。

该模式下车载设备应执行停车防护。

2. 完全监控模式（FS）

完全监控模式是列车的正常运行模式。列控车载设备根据控车数据自动生成目标距离模式曲线，司机依据人机界面显示的列车运行速度、允许速度、目标速度和目标距离等信息控制列车运行，如图 4-3-27 所示。

当车载设备具备列控所需的全部基本数据（包括列车数据、行车许可和线路数据等）时，车载设备自动进入 FS 模式。

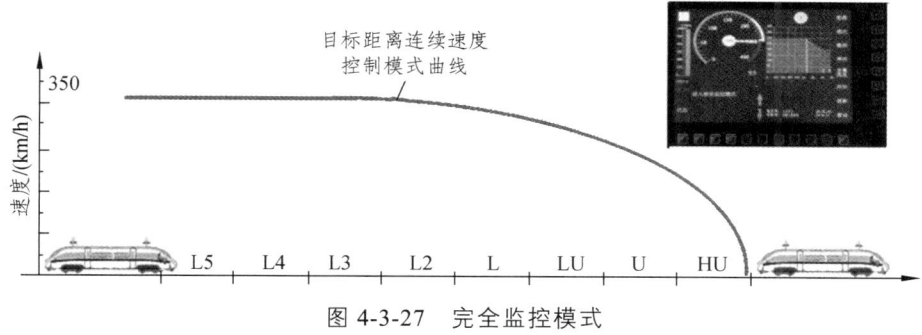

图 4-3-27　完全监控模式

3. 引导模式（CO）

引导模式是在进站或出站建立引导进路后，列控车载设备按照最高限速 40 km/h 控车的模式。当开放引导信号时，列控车载设备进入 CO 模式。

在 CO 模式下，列控车载设备生成目标距离连续速度控制模式曲线，并通过 DMI 显示列车的运行速度、允许速度、目标速度和目标距离等，车载设备按固定限制速度 40 km/h 监控列车运行，司机负责在列车运行时检查轨道占用情况，如图 4-3-28 所示。

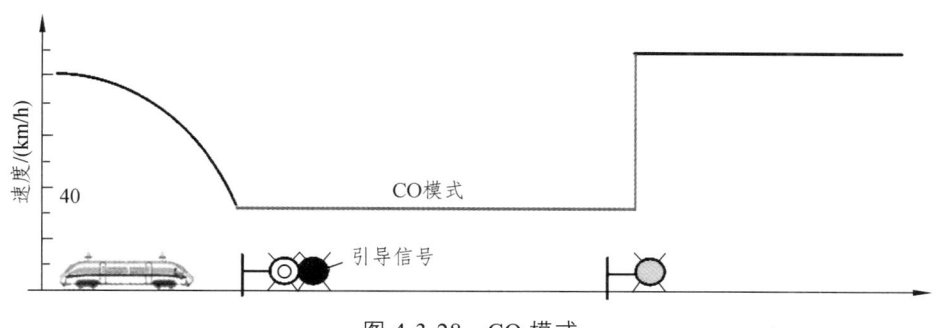

图 4-3-28　CO 模式

4. 目视行车模式（OS）

目视行车模式是司机控车的固定限速模式，限速值为 40 km/h。列控车载设备显示停车信号或位置不确定时，在停车状态下司机按规定操作转入目视行车模式。

当地面设备故障、列控车载设备显示禁止信号（或者无信号），列车停车后需继续运行时，根据行车管理办法（含调度命令），经司机操作（如按压专用按钮），列控车载设备生成固定限制速度 40 km/h，列车在列控车载设备监控下运行，司机对安全负责，如图 4-3-29 所示。

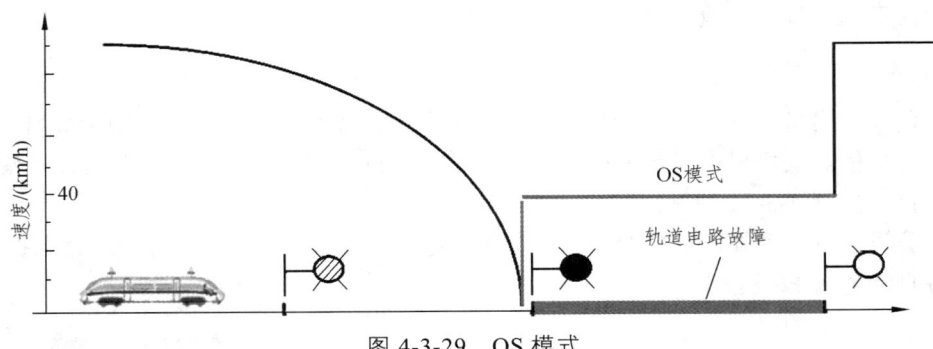

图 4-3-29　OS 模式

在 OS 模式下，列控车载设备按固定限制速度 40 km/h 监控列车运行，列车每运行一定距离（300 m）或一定时间（60 s）司机需确认一次。

5. 调车模式（SH）

调车模式是动车组进行调车作业的固定限速模式，限速值为 40 km/h。司机按压专用按钮使列控车载设备转入调车模式。只有在列车停车时，司机才可以选择进入或退出调车模式，CTCS-3 级控车时，只能在车站内转入调车模式。

当进行调车作业时，司机按压调车按钮，列控车载设备进入 SH 模式。

当工作在 CTCS-3 级时，需经 RBC 同意，列控车载设备转入调车模式（SH）后与 RBC 断开连接，退出调车模式（SH）后再重新与 RBC 连接。

在 SH 模式下，列控车载设备按固定限制速度 40 km/h（顶棚）监控车列前进或折返运行。

6. 休眠模式（SL）

休眠模式用于非本务端列控车载设备。

车载设备转入休眠模式后不再监控列车运行。

该模式下车载设备仍执行列车定位、测速测距和记录等级转换及 RBC 切换信息等功能。

7. 隔离模式（IS）

隔离模式是车载设备控制功能停用的模式，当隔离车载设备的制动功能后，车载设备应处于隔离模式。

列车停车后，人工操作隔离装置使车载设备转入隔离模式。车载设备转入隔离模式后不再监控列车运行。

8. 冒进模式（TR）

当列车执行冒进防护时，车载设备进入冒进模式。该模式下车载设备应持续输出紧急制动命令。

列车停车后，车载设备应提示司机确认列车冒进防护。

9. 冒后模式（PT）

冒后模式为执行冒进防护停车且司机确认后的模式。

该模式下车载设备应缓解冒进模式时所输出的紧急制动。

（二）按 CTCS-2 级控车时

CTCS-3 级车载设备按 CTCS-2 级控车时，应包括完全监控、部分监控、引导、目视行车、调车、休眠、隔离、待机和机车信号等模式。其中，部分监控模式和机车信号模式仅用于 CTCS-2 级控车。

1. 部分监控模式（PS）

部分监控模式是列控车载设备接收到轨道电路允许行车信息，而缺少应答器提供的线路数据或限速数据时使用的模式。

该模式仅用于 CTCS-2 级控车。在 CTCS-2 级，当车载设备接收到轨道电路允许行车信息，而缺少应答器提供的线路数据时，列控车载设备进入 PS 模式。

在 PS 模式下，列控车载设备产生一定范围内的固定限制速度，监控列车运行。

2. 机车信号模式（CS）

机车信号模式是装备 CTCS-3 级列控车载设备的动车组在 CTCS-0/1 级区段运行时使用的模式。经司机操作后，列控车载设备转为最高限速 80 km/h 控车模式。在机车信号模式下，按地面信号显示运行。该模式仅用于 CTCS-2 级控车。

当列车运行到地面设备配置未装备 CTCS-3/CTCS-2 级列控系统的区段时，根据行车管理办法（含调度命令），经司机操作后，列控车载设备进入 CS 模式。该模式下列车的限制速度如表 4-3-10 所示。

在 CS 模式下：列控车载设备按最大限制速度 80 km/h 监控列车运行，并显示机车信号。当列车越过禁止信号时触发紧急制动。

表 4-3-10　CS 模式下列车的限制速度

轨道电路信号	允许速度	备　注
L5、L4、L3、L2、L、LU、U2、U、U2S、UUS	80 km/h	
UU	45 km/h	进入 UU 码区段，车载触发常用制动至 45 km/h
HU	20 km/h	进入 HU 码区段，车载触发常用制动至 20 km/h。从列车速度降为 20 km/h 后，每运行 60 s 或走行 200 m，司机必须按压警惕按钮确认，否则紧急制动停车。每运行 50 s 或走行 150 m，DMI 报警提示机信确认
HB	20 km/h	进入 HB 码区段，车载触发常用制动到 20 km/h，保持 20 km/h 的顶棚速度监控

续表

轨道电路信号	允许速度	备注
无码	0 km/h	当列车运行时，如接收有码变为无码，启动常用制动。特殊如下：如由 HU 变无码，启动紧急制动；UU 或 UUS 后的无码保持原有允许速度最多 1 500 m；HB 码转无码，每运行 60 s 或走行 200 m，司机必须按压警惕按钮确认，否则紧急制动停车；每运行 50 s 或走行 150 m，DMI 报警提示机信确认
H	0 km/h	紧急制动停车

任务四 CTCS-3 级列车运行自动控制系统数据通信

CTCS-3 级列控系统基于 GSM-R 无线通信实现车-地信息双向传输，无线闭塞中心（RBC）生成行车许可，同时具备 CTCS-2 级功能，系统架构如图 4-4-1 所示。

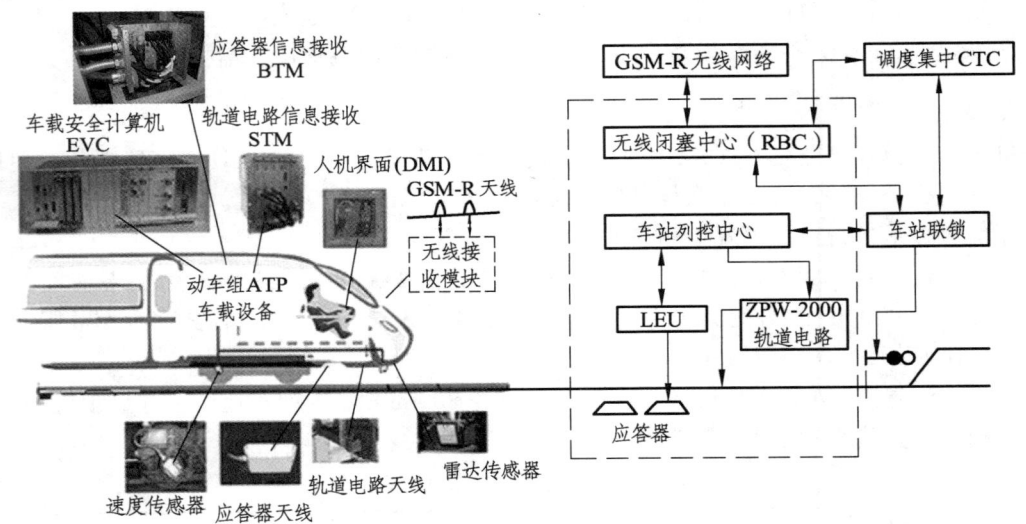

图 4-4-1 CTCS-3 列控系统架构

从通信的角度看，信号系统架构大同小异，传递的数据主要包括控制命令和状态信息。信号系统对通信的要求需要满足：

1. 实时性要求

信号系统各设备之间（包括车-地之间）所传输的控制信息和状态信息都有严格的时效性，过时的信息不但毫无作用，而且会威胁行车安全。

2. 可靠性要求

通信作为信号系统之间的传输通道，必须满足高可靠性要求，以保证铁路信号系统不间断使用。

3. 安全性要求

信号系统中传递的控制信息和状态信息关系到列车运行安全，铁路信号系统采用的通信技术必须能保证信息数量的一致、内容的正确和信息包的顺序，并抵御外部设备的恶意攻击。信息传输造成的任何差错都不能产生危及行车安全的信息。

4. 优先级要求

信号系统中的控制信息有不同的优先级，紧急命令具有最高优先级，应优先发送。铁路信号系统采用的通信技术应能优先发送高优先级信息。

信号系统的通信网络主要包含地面通信网络、车-地移动通信网络、车载通信网络。

信号系统地面设备尽管也还在使用串行通信技术和现场总线技术，但计算机网络技术的使用日益广泛，信息传输的 IP 化趋势非常明显。信号系统地面设备使用的计算机网络主要是基于光纤和双绞线的局域网和广域网。计算机网络的广泛使用必然带来网络信息安全问题。

车-地移动通信系统是实现地面设备对列车运行自动控制的关键，是信号系统中所有功能完成的信息基础和保障。列控系统的车载设备完全依靠地对车传输通道从地面控制中心接收行车控制命令进行行车，实时监督列车的实际速度和地面允许的速度指令，当列车速度超过地面行车限速，车载设备将实施制动，保证列车的运行安全。地面控制中心也需要通过车对地传输通道实时了解列车的位置信息，从而实现对进路的准确安全控制。

目前，车地移动通信技术主要有：

（1）基于应答器的点式地对车单向传输方式（铁路、城轨）。

（2）基于轨道电路的连续式地对车单向传输方式（铁路、城轨）。

（3）基于 GSM-R 的连续式地-车双向传输方式（高铁）。

（4）基于 Wi-Fi 的连续式地-车双向传输方式（城轨 CBTC）。

（5）基于 38G 毫米波的连续式地-车双向传输方式（高速磁浮）。

目前，车载设备采用的通信技术主要有异步串行通信、现场总线、列车通信网络三种。

（1）异步串行通信技术常用的物理层接口有 RS-422、RS-485、RS-232C，数据链路层多采用面向字符的数据链路控制协议，以简化异步串行通信实现的复杂性。

（2）现场总线技术主要使用 ProfiBus 总线通信技术。

（3）目前，国内列控车载设备使用的列车通信网络一般仅局限于 MVB 总线通信技术。

一、CTCS-3 地面通信网络

信号安全数据网应实现接入安全数据网的信号设备间的安全信息可靠传输。接入信号安全数据网的主要应用设备有：TCC、CBI、TSRS、RBC 和 CCS。信号安全数据网应设置网络管理系统，实现网络连接状态、设备运行状态以及设备性能参数的监测、记录、故障报警和设备维护等功能。CTCS-3 地面网络结构如图 4-4-2 所示。

信号安全数据网

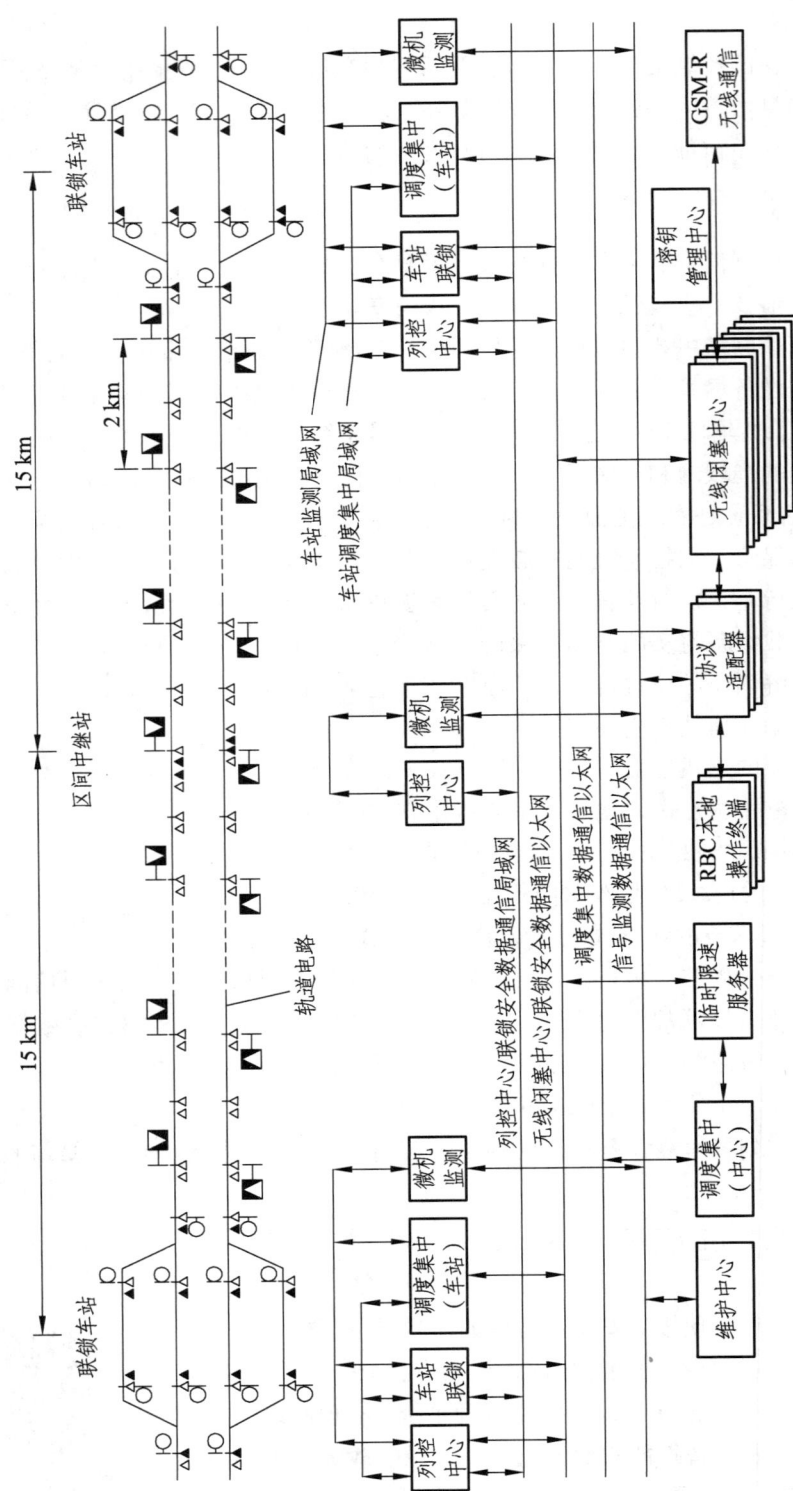

图 4-4-2 CTCS-3 地面网络结构

（一）客运专线信号安全数据网的要求

1. 组网要求

（1）信号安全数据网应采用以太网交换机构成冗余双环网，双环网间物理隔离，交换机间应采用专用单模光纤连接。

（2）信号安全数据网中双环网的互联光纤（设备端-设备端）应采用不同的物理路径；同一环网中交换机设备间互联光纤与迂回通道使用的光纤应采用不同的物理路径。

（3）单网络（子网）内数据通信自愈时间不应大于 50 ms。网络间数据通信自愈时间不应大于 500 ms。

（4）信号安全数据网应采用 2 条光缆，每条光缆至少 6 芯。

（5）根据通信业务类型的不同，整个网络应划分为不同的 VLAN：

①业务 VLAN：只用于承载信号系统应用设备之间的安全数据；

②管理 VLAN：只用于承载网络管理数据，不应跨越 EMS 的管辖范围。

（6）环网冗余管理宜固定设置在中继器上。

2. 网络管理总体要求

（1）信号安全数据网应设置综合网管系统，用于信号安全数据网的管理。

（2）综合网管系统分为 EMS 网管和 NMS 网管。

（3）EMS 网管负责监控所属线路信号安全数据网设备和网络安全设备的在线运行状态（包括相邻线路互联设备的在线运行状态）和 EMS 网管服务器的运行状态，以及 EMS 与信号安全数据网之间设备的运行状态。

（4）NMS 网管负责监控属地辖区内所有线路信号安全数据网设备的运行状态和 NMS 网管服务器的运行状态，以及 EMS 与 NMS 之间的交换机和网络安全设备的运行状态。

（5）网管系统不应影响信号安全数据网的安全和通信业务，不应降低原有系统的封闭性。

（6）综合网管系统具备对不同品牌交换机和网络安全设备的监测功能。

（7）综合网管系统应支持新网元扩展及升级。

（8）综合网管系统应提供图形化全中文界面。

（9）综合网管系统 NMS 服务器需从 CTC 获得时钟同步信号，实现网管系统时钟同步。EMS 应与 NMS 时钟同步，交换机应与 EMS 时钟同步。

（10）综合网管系统接入信号安全数据网应加防火墙或网闸等隔离设备。

（二）地面信号数据通信网的构成

CTCS-3 级列控系统地面信号数据通信网络由信号安全数据网、调度集中数据网、信号集中监测数据网构成，实现联锁、列控、CTC、监测系统及系统间的安全数据通信和非安全数据通信。

1. 信号安全数据网

1）信号安全数据网组网基本结构

信号安全数据网的基本网络应按图 4-4-3 所示方案组网。

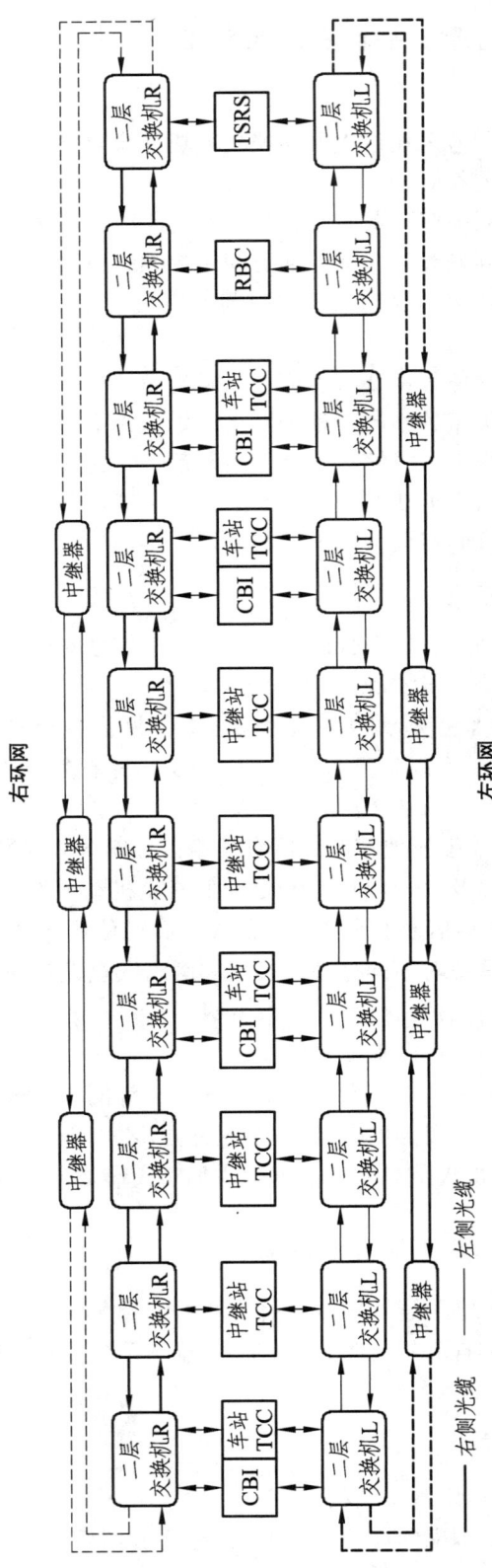

图 4-4-3 信号安全数据网基本组网结构示意

每一独立环网中（左环网或右环网）用于交换机串接的光纤和用于迂回通道中继器（交换机）连接的光纤应采用两条不同路径的干线光缆，干线光缆与交换机连接的尾缆或尾纤应采用不同的引入路径。

用于两个独立环网迂回通道（中继器、交换机）串接的光纤应采用两条不同路径的干线光缆。

连接相邻交换机设备的光纤长度不宜超过 10 km，大于 70 km 时，应增加中继器。

两个独立环网中迂回通道使用的中继器（交换机）应交错设置，不应设置于同一站点处。

2）划分子网网络结构

单个子网络接入的网络设备（交换机和中继器）容量不应超过 60 台。网络中接入通信设备所需配置的 IP 地址数量不应超过一个网段的容量，即 254 个 IP 地址，可根据用户需求划分子网。

子网间的通信应采用三层交换机实现，三层交换机间采用双冗余光缆进行链路聚合连接，双通道冗余光缆应采用不同的径路。

子网划分有两种方式，如图 4-4-4 和图 4-4-5 所示。

信号安全数据网在跨子网通信时，不宜超过 3 次路由，通信端到端延迟时间不应大于 50 ms。

3）网络分支结构

环网与单个独立节点连接时，应在独立节点处设置交换机，通过交换机与环网直接连接，如图 4-4-6 所示。

线路分支间采用双冗余光缆进行链路聚合连接，双通道冗余光缆应采用不同的径路。

4）网络地址分配管理

IP 地址应采用统一规划原则，充分考虑地址空间的合理利用，满足网络发展的需要。

信号安全数据网设备 IP 地址和网管系统 IP 地址统一分配和管理。

信号安全数据网设备 IP 地址分配包括应用设备地址、交换机设备地址和网间互联地址，其中交换机设备地址含交换机管理地址以及 EMS 与信号安全数据网交换机的接口地址。

网管系统 IP 地址分配包括 EMS 服务器对 NMS 的接口地址、EMS 网管终端地址、NMS 服务器和 NMS 网管终端地址、网络管理交换机与安全设备地址。

信号安全数据网设备 IP 地址和网管系统 IP 地址应固定分配。

不同子网间应用设备应划分为不同的网段。

左环网（应用设备接口 1）IP 地址采用奇数网段，右环网（应用设备接口 2）IP 地址采用偶数网段，信号安全数据网中的网段应连续分配。

每个网段中的 IP 地址 $\times.\times.\times.1 \sim \times.\times.\times.14$ 预留给网关使用，应用设备 IP 地址从 $\times.\times.\times.15$ 开始分配缺省网关为 $\times.\times.\times.1$，子网掩码为 255.255.255.0。

TCC、CBI、RBC、TSRS 和 CCS 的 IP 地址分配范围为 $\times.\times.\times.15 \sim \times.\times.\times.234$，IP 地址分配顺序为：每个站内设备按照先 TCC 设备后 CBI 设备的次序分配 IP 地址，车站间按照下行方向依次分配，RBC 设备、TSRS 设备和 CCS 设备最后分配。

车站、线路所、中继站均按接入信号安全数据网设备的需求分配 IP 地址，并预留；对于安装 RBC 和 TSRS 设备的车站，按照实际应用设备数量分配 IP 地址。

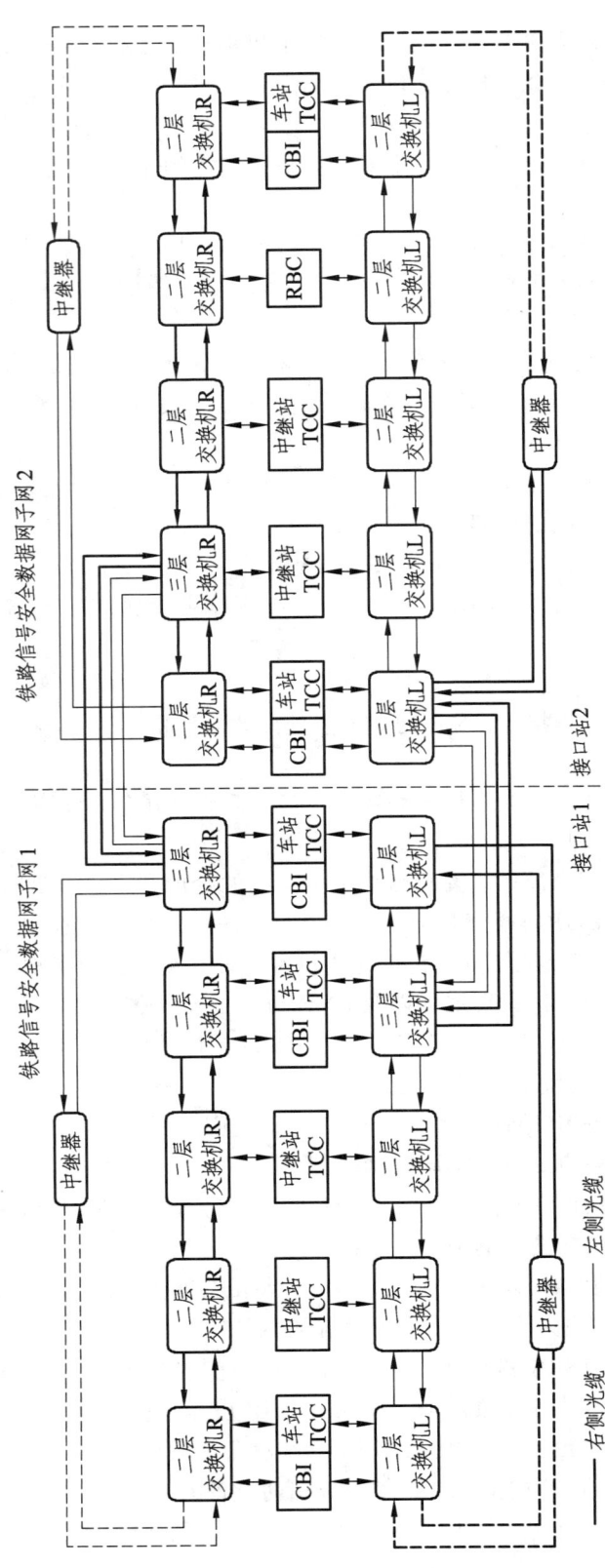

图 4-4-4 信号安全数据网子网结构 1 示意

项目四 CTCS-3 级列车运行自动控制系统维护

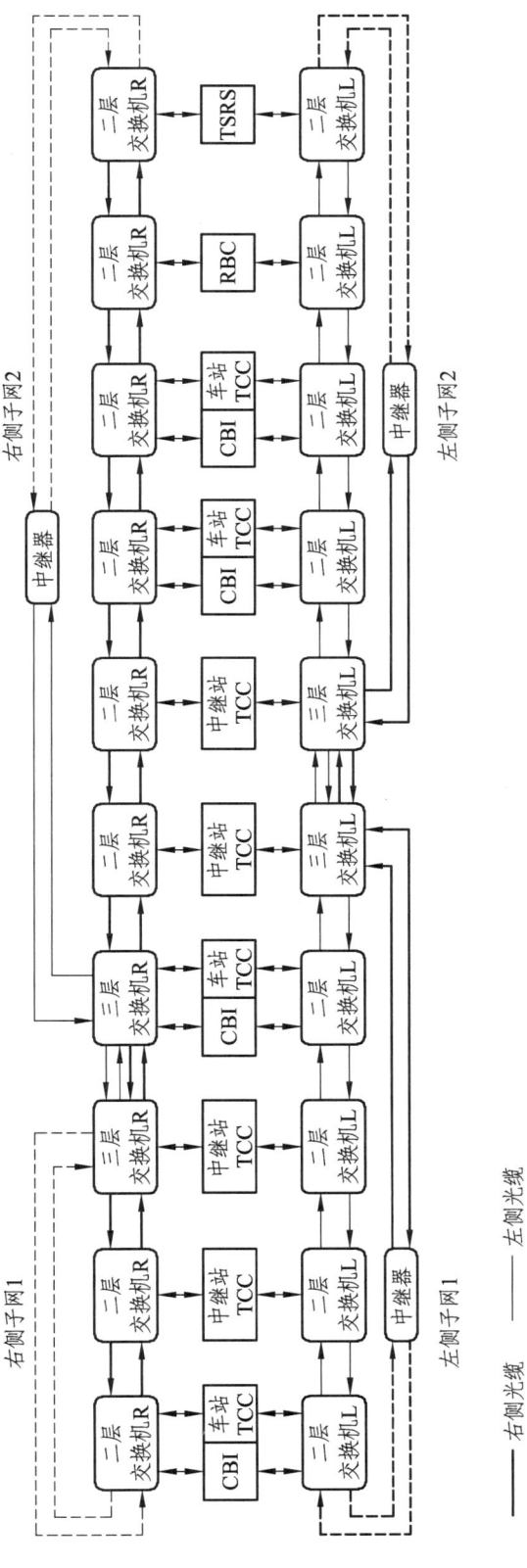

图 4-4-5 信号安全数据网子网结构 2 示意

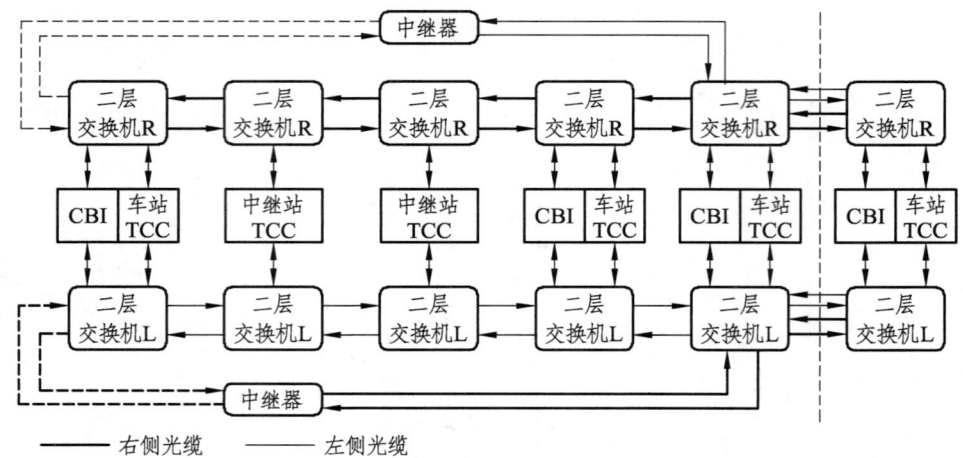

图 4-4-6 环网与独立节点连接示意

对于大型枢纽站,应预留必要的 IP 地址,满足计划内准备实施的项目。

预留 IP 地址范围为 ×.×.×.235～×.×.×.244。

EMS 服务器与信号安全数据网组网交换机相连接的 IP 地址范围为 ×.×.×.245～×.×.×.254。

用于应用设备接入的交换机 IP 地址第四段采用奇数,用于中继的交换机 IP 地址第四段采用偶数,左右环网中的交换机应配置在不同的网段中,每个站预留左右中继交换机的 IP 地址,车站或中继站的交换机设备或用于中继的交换机 IP 地址应连续分配。

应用设备 IP 地址应按照先干线、后支线(联络线)的原则分配。

5)网络安全

(1)身份认证和权限控制。

网管系统应进行网管终端权限控制,防止非法网管终端接入。

通过身份认证的设备才能接入网管服务器和网管终端访问数据。

(2)安全基线配置核查。

应启用路由限制策略,没有业务通信的路由路径实施禁用。

应利用设备的端口安全策略,除留出适当数量的端口作为备用外,其他闲置端口应关闭,备用端口可以连接假接口,避免误插。网络端口应与固定 IP 地址绑定。应使用交换机本身的密码保护机制对交换机进行设置。

应采取有效措施防止非授权用户通过网络、Web、串口等方式对设备进行配置修改、安全设定修改。

2. 调度集中数据网

CTC 系统独立组网,分别采用通信数据网提供的站间光纤和 2M 专用数字通道,用于 CTC 调度中心与车站分机之间的信息传输。组网方案如图 4-4-7 所示。

CTC 系统独立组网,设计为双网,包括调度中心的双局域网、车站的双局域网、车站之间的双光纤通道网络、调度中心与抽头站间的双 2M 数字通道网络、车站与相关段所间的双 2M 数字通道网络等。

每个车站配置双交换机和光纤接入设备,连接站间光纤。

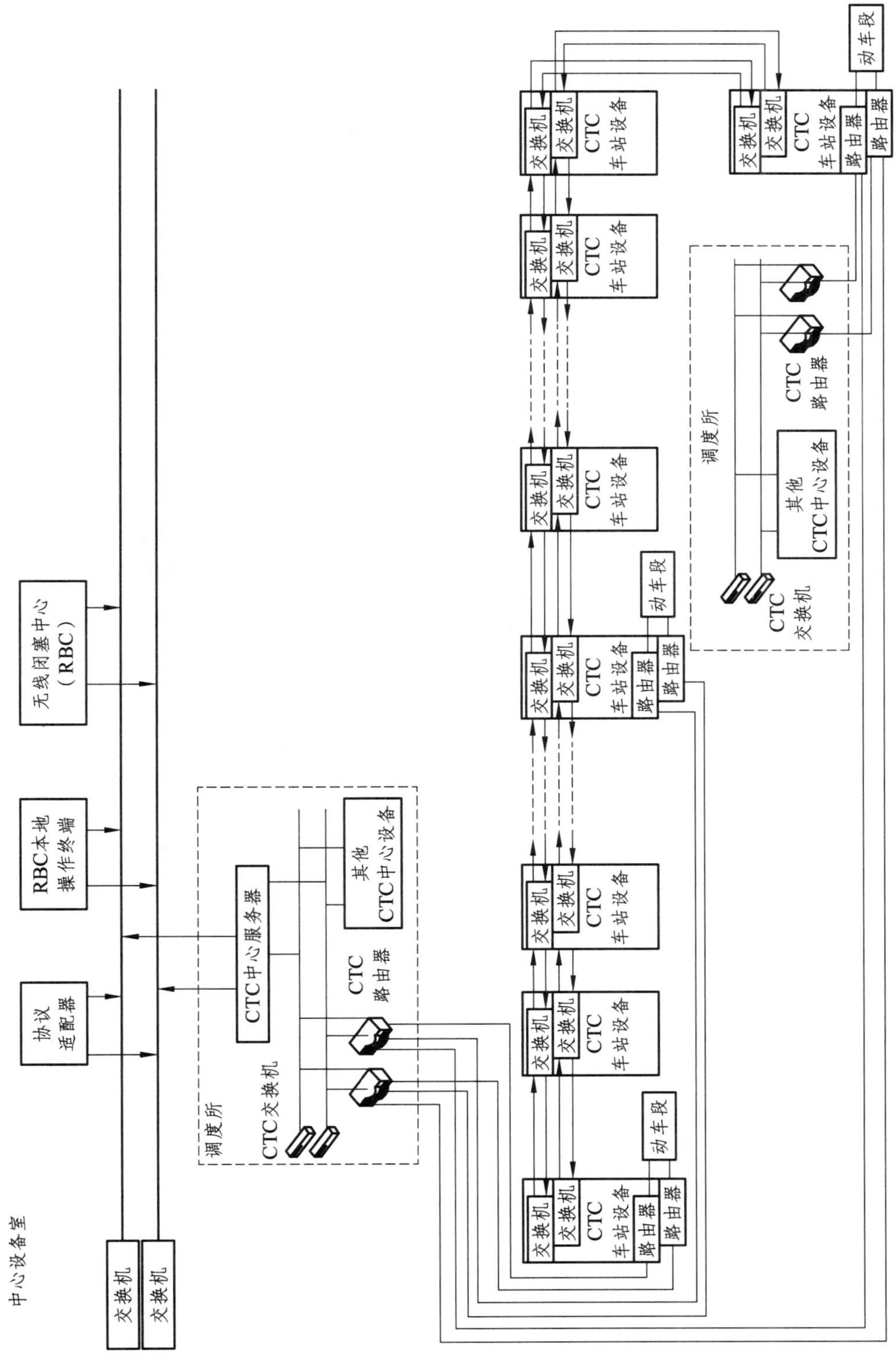

项目四 CTCS-3 级列车运行自动控制系统维护

图 4-4-7 CTC 数据通信以太网

抽头站配置路由器和协议转换器，连接去调度中心（和相关段所）的数字通道。

调度中心配置路由器和协议转换器，连接去车站的数字通道。

相关动车段所配置路由器和协议转换器，连接去相关车站的数字通道。

3. 信号集中监测数据网

信号监测数据通信以太网采用通信数据网提供的 2M 专用数字通道，用于微机监测系统的信息传输。组网方案如图 4-4-8 所示。

信号集中监测系统独立组网，设计为单网，包括综合维修段的局域网、车站的局域网、综合维修工区和调度所的监测终端局域网、车站间的 2M 数字通道网络、综合维修段与抽头站间的 2M 数字通道网络、终端与车站间的 2M 数字通道网络等。

每个车站配置路由器和协议转换器，构成车站间以太网。

综合维修段配置路由器和协议转换器，构成综合维修段与抽头车站间的以太网。

终端系统配置路由器和协议转换器，构成终端与相关车站或综合维修段间的以太网。

采用 TCP/IP 技术组网，IP 地址和域名统一分配。

二、车-地通信网络 GSM-R

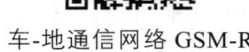

车-地通信网络 GSM-R

我国铁路无线通信系统主要实现无线列车调度、铁路站场调车通信、铁路区间移动通信等话音通信功能，以及列车运行自动控制、车次号传输、列车尾部风压数据传输、道口预（报）警等数据的无线传输功能。具体包括：

（1）无线列车调度电话：主要有 A、B、C 三种制式，频率为 450 MHz 或 150 MHz 的单工或双工通信系统。

（2）站场无线通信：在铁路的区段站、编组站使用平面调车等站场无线通信系统。

（3）各种独立的单工通信系统：在站场内及铁路沿线由公务、公安、电力、电务维修、列检、施工等部门或单位自行投资建设的各种独立的单工通信系统。

（4）集群移动通信系统：早期为模拟集群系统，目前为数字集群系统，如 iDEN、TETRA、FHMA 等系统。

（5）GSM-R（GSM for Railway）：工作在 900 MHz 和 1 800 MHz 频段，GSM-R 是在 GSM 蜂窝系统的基础上增加了调度通信功能和适合高速环境下使用的要素，能满足国际铁路联盟提出的铁路专用调度通信的要求。

（一）基本原理

GSM-R 以 GSM 技术为基础，除具有 GSM 的性能外，还融合了集群通信的特点。通过标准的 GSM 承载业务来进行从固定的自动控制端到移动自动控制端的数据传输，为地面控制中心和车载控制中心之间的数据传输提供透明的无线传输通道。

GSM-R 可以连接 GSM、PSTN、PDN、IP、TETEA 和卫星等系统，为铁路提供综合数字化移动和多媒体的信息服务平台，具有完善的互联接口。它具有 GSM 全部的业务和功能，频率管理与 GSM 相兼容，能满足所有语音与数据通信的需要。

项目四 CTCS-3 级列车运行自动控制系统维护

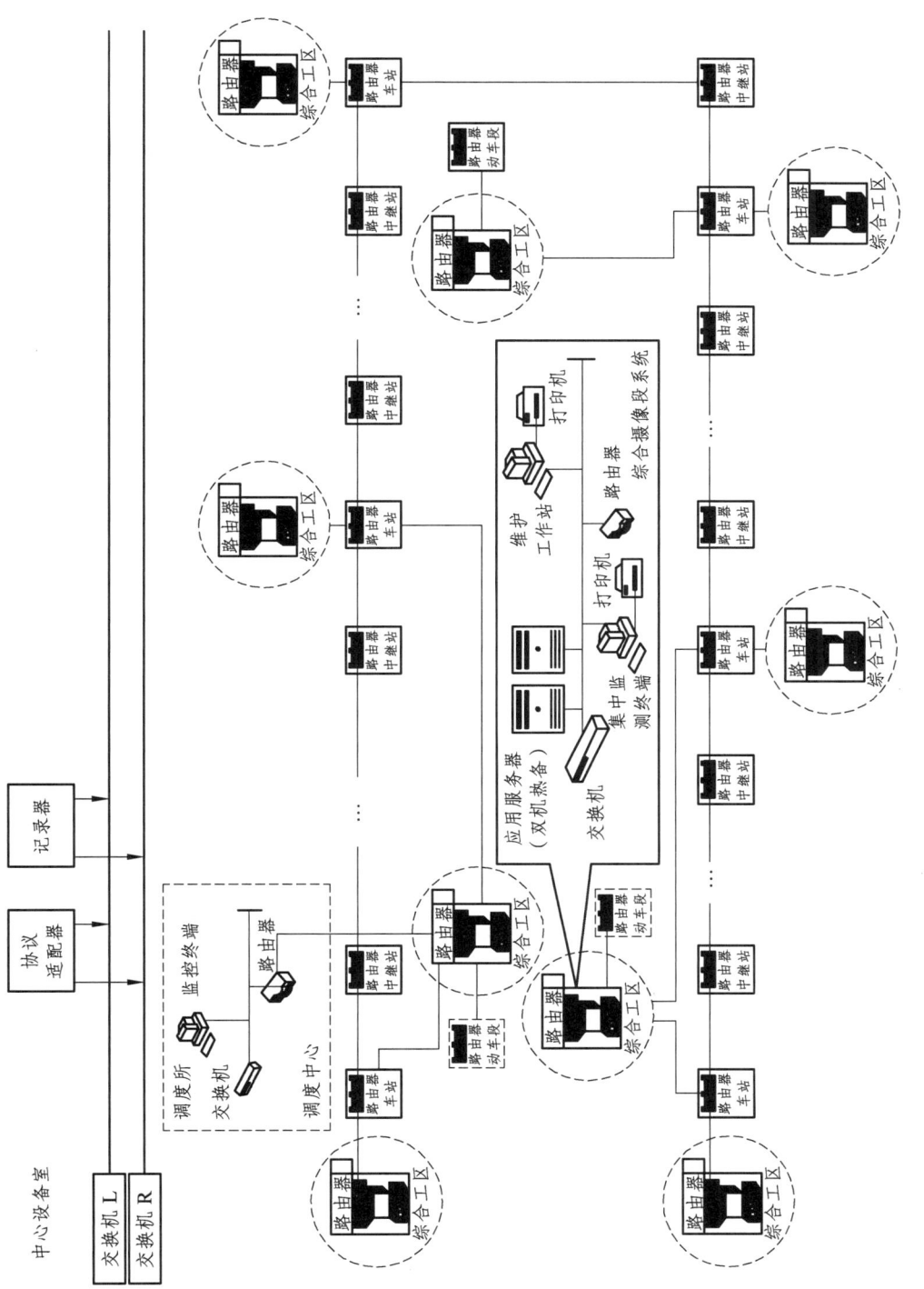

图 4-4-8 信号监测数据通信以太网

GSM-R 支持分组数据传输方式 GPRS，可按需分配带宽，提供列车自动控制信息与安全系统，并可提供新的业务和特殊功能，是具有智能功能的网络，并可以向第 3 代移动通信平稳过渡。

GSM-R 与 GSM 的主要区别在于引入了语音组呼话音广播增强优先级与强占的功能，以及在 GSM 基础上增加了满足铁路运行需要的特殊功能。

欧洲 GSM-R 使用专用的 R-GSM 频段，即 876～880 MHz。由于支持该频段的移动终端种类较少，而且在我国该段频率另有其用，因此我国 GSM-R 使用 E-GSM 频段。

原信息产业部分配给 GSM-R 的频率范围为 885～889 MHz（上行）、930～934 MHz（下行），带宽 4 MHz，共 19 个频点可用，该频段在沿铁路线周围 2 km 范围内属铁路专用。频率资源的获得为 GSM-R 的发展注入了生机。GSM-R 具有更适应铁路运输特点的功能优势和更成熟的技术优势，满足列车控制的需要，符合通信信号一体化技术发展的趋势。

2000 年年底，铁道部正式确定将 GSM-R 作为我国铁路移动通信的发展方向。随着青藏铁路、大秦铁路和客运专线的建设，GSM-R 技术成为铁路装备发展的一项重要技术手段。

中国列车控制系统 CTCS-3 级参考欧洲规范，结合中国铁路实际情况，采用 GSM-R 作为数据传输平台，目前已经制定了一系列相应的技术规范。

基于 GSM-R 的列控系统包括地面设备和车载设备。GSM-R 网络是列车控制系统安全数据的透明承载平台，提供车-地双向高可靠性的数据传输通道。列控系统与 GSM-R 网络间的接口为 I_{GSM-R} 接口、I_{FIX} 接口，如图 4-4-9 所示。

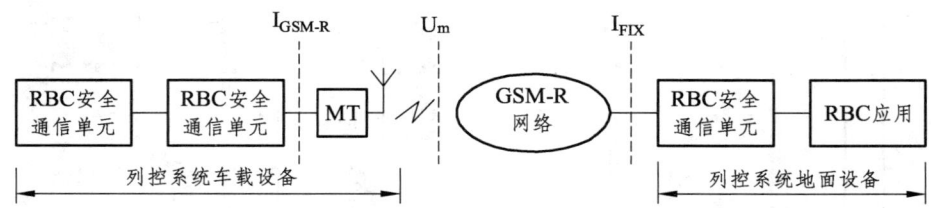

图 4-4-9 列控系统与 GSM-R 网络间的接口

（二）GSM-R 承载业务

1. 基本承载业务

（1）数据承载业务是指在 GSM-R 网络中，从移动侧（如列车）的终端设备到固定侧（如 RBC）进行数据接入和传输。

（2）车载设备和地面控制中心之间的信息传输要使用 GSM-R 网络提供的数据承载业务。

（3）列控数据传输需要 GSM-R 网络提供满足下述要求的承载业务：

① 电路交换模式的数据传输。
② 非限制数字信息。
③ 全速率无线信道。
④ 仅传输数据，非语音/数据交替。
⑤ 异步透明传输模式。

2. 补充业务

（1）GSM-R 补充业务主要目的是保证列控数据链路的可靠性。

（2）基于 GSM-R 的列控数据呼叫的优先级为 1 级，而普通的调度通信呼叫为 3 级。

（3）当网络资源拥塞时，列控数据呼叫的优先级高于普通话音呼叫，具备强拆能力，能够将低优先级的话音呼叫拆除，腾出信道资源供列控数据呼叫使用。

（三）GSM-R 组网方案

GSM-R 系统由基站（BSS）、移动交换中心（MSC）和移动台（MS）组成，如图 4-4-10 所示。

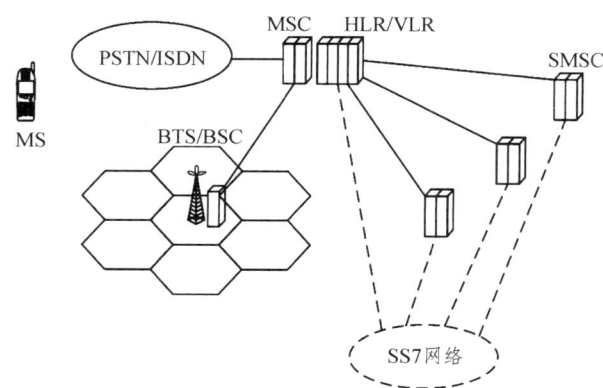

MS—移动台；BSC—基站控制器；BTS—基站收发信台；MSC—移动业务交换中心；HLR—归属用户位置寄存器；VLR—来方用户位置寄存器；SMSC—短消息中心；PSTN—公用电话网；ISDN—综合业务数字网。

图 4-4-10　GSM-R 组网方案

1. 单 MSC，单层无线覆盖

全线配置单套核心网设备（包括 MSC、IN、SGSN 等）和单套无线网络设备（包括 BSC、BTS 等），基站覆盖重叠区域较少，基站采用环形连接，如图 4-4-11 所示。

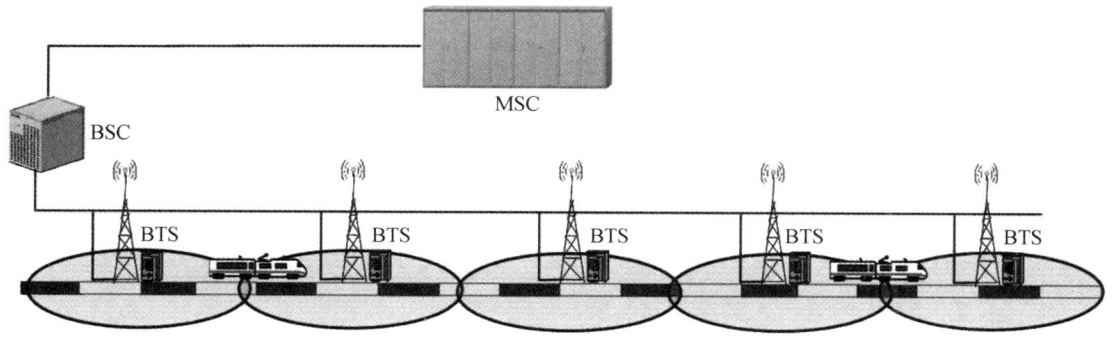

图 4-4-11　单层无线覆盖

2. 单 MSC，交织站址单层无线覆盖

全线配置单套核心网设备（包括 MSC、IN、SGSN 等）和单套无线网络设备（包括 BSC、BTS 等），基站采用环形连接，基站的重叠区域较深，有一定的基站冗余且互为冗余的基站不分层，如图 4-4-12 所示。某一基站故障时，网络仍能正常工作，但 BSC 出现故障时，网络不提供冗余。

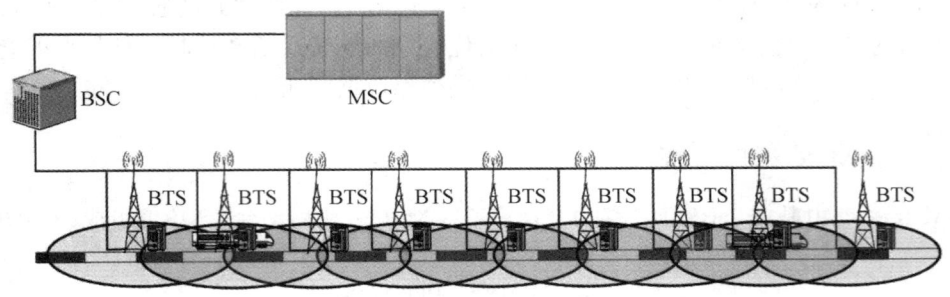

图 4-4-12　交织站址单层无线覆盖

3. 单 MSC，同站址双层无线覆盖

全线配置单套核心网设备（包括 MSC、IN、SGSN 等）和双套无线网络设备（包括 BSC、BTS 等），两层无线网络的基站按同站址设置，基站采用环形连接，某一套无线子系统故障时，网络仍能正常工作，但核心网设备出现故障或某一站址故障时，网络不提供冗余，如图 4-4-13 所示。

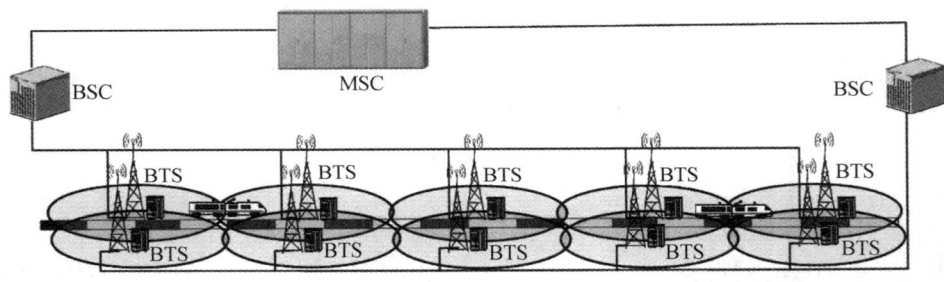

图 4-4-13　同站址双层无线覆盖

4. 单 MSC，异站址交织双层无线覆盖

全线配置单套核心网设备（包括 MSC、IN、SGSN 等）和双套无线网络设备（包括 BSC、BTS 等），两层无线网络基站按异站址交织设置，基站采用环形连接，某一套无线子系统故障时，或某一站址故障时，网络仍能正常工作，但核心网设备出现故障时网络不提供冗余，如图 4-4-14 所示。

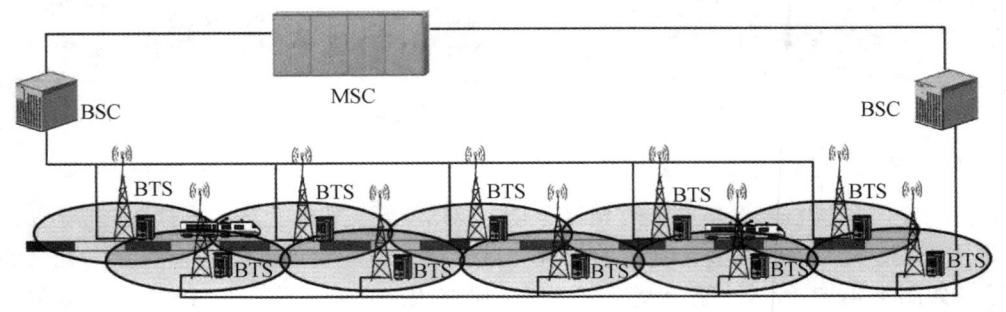

图 4-4-14　异站址交织双层无线覆盖

5. 双 MSC，同站址双层无线覆盖

全线配置双套核心网设备（包括 MSC、IN、SGSN 等）和双套无线网络设备（包括 BSC、BTS 等），两套基站采用同站址双层网络覆盖，基站采用环形连接，全面系统冗余，但如果某一站址故障，同样会发生服务中断，如图 4-4-15 所示。

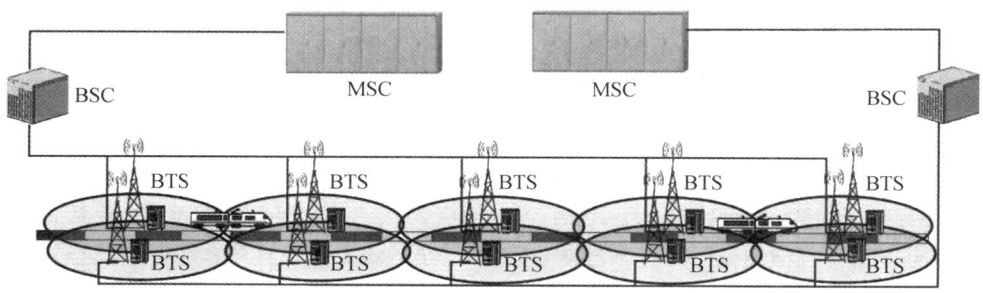

图 4-4-15　同站址双层无线覆盖

6. 双 MSC，异站址交织双层无线覆盖

全线配置双套核心网设备（包括 MSC、IN、SGSN 等）和双套无线网络设备（包括 BSC、BTS 等），两套基站采用异站址交织双层网络覆盖，基站采用环形连接，全面系统冗余，且某一站址故障时，不会中断服务，如图 4-4-16 所示。

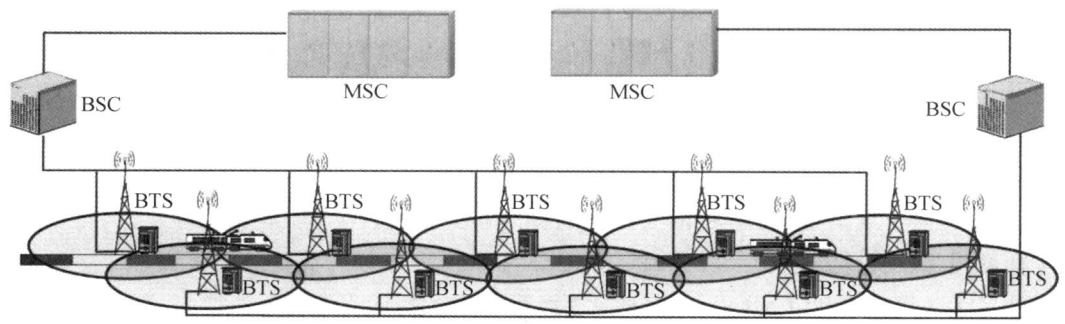

图 4-4-16　异站址交织双层无线覆盖

GSM-R 六种组网方式的优缺点如表 4-4-1 所示。

表 4-4-1　GSM-R 组网方式优缺点比较

方　案	单 MSC，单层无线覆盖	单 MSC，交织站址单层无线覆盖	单 MSC，同站址双层无线覆盖	单 MSC，异站址交织双层无线覆盖	双 MSC，同站址双层无线覆盖	双 MSC，异站址交织双层无线覆盖
无线参数设置及工作实施难易程度	最易	易	中等	较难	难	难
频率利用率	最高	高	低	中等	低	中等
所需站址数目	少	多	少	多	少	多

续表

方案	单MSC,单层无线覆盖	单MSC,交织站址单层无线覆盖	单MSC,同站址双层无线覆盖	单MSC,异站址交织双层无线覆盖	双MSC,同站址双无线覆盖	双MSC,异站址交织双层无线覆盖
冗余可靠性	某一BTS故障,其服务区域将不提供业务	BTS冗余,但BSS其他设备出现故障时,网络不提供冗余	BSS设备冗余,但核心网设备出现故障或某一站址故障时,网络不提供冗余	BSS全面冗余,且某一站址故障时,不会中断业务,但核心网设备出现故障时网络不提供冗余	全面系统冗余,但如果某一站址故障,同样会发生服务中断	全面系统冗余,某一站址故障时,不会中断业务
容灾能力	最差	差	差	好	中等	最好
抗干扰能力	差	最好	好	最好	好	最好
应用实例	德国（柏林—莱比锡）	我国CTCS-3级列控系统	—	意大利罗马至那不勒斯	青藏线	西班牙高速铁路线

（四）CTCS-3级对GSM-R网络的业务需求

（1）CTCS-3级列控系统需要GSM-R网络提供的数据承载业务特性：

① 信息传输模式：电路交换异步透明数据传输。

② 信息传输速率：GSM-R网络应支持多种速率数据传输，包括2.4 kb/s、4.8 kb/s、9.6 kb/s，其中4.8 kb/s异步透明数据传输是承载CTCS-3级列控业务的首选方式。

③ 非限制数字信息。

④ 全速率无线信道。

⑤ 只支持数据传输，不支持话音/数据交替传输。

（2）CTCS-3级需要GSM-R网络提供的补充业务：

① 增强多优先级与强拆（eMLPP），CTCS-3级列控业务的优先级为1级。

② 多优先级与强拆（MLPP），CTCS-3级列控业务的优先级为1级。

③ 主叫号码识别显示（CLIP）（可选）。

④ 被叫号码识别显示（COLP）（可选）。

⑤ 用户到用户信令1（UUS1）（可选）。

（3）CTCS-3级需要GSM-R网络提供的铁路特殊业务：

① 基于短号码和小区路由的位置寻址，用于将呼叫路由到对应的RBC（可选）。

② 精确位置寻址（可选）。

（五）CTCS-3级中的GSM-R网络结构

在CTCS-3级中，GSM-R采用单网交织的冗余覆盖方案，由移动交换中心（MSC）、基站控制器（BSC）、基站（BTS）、光传输设备（OTE）、移动终端（MT）、码型转换和速率适配单元（TRAU）等组成，如图4-4-17所示。

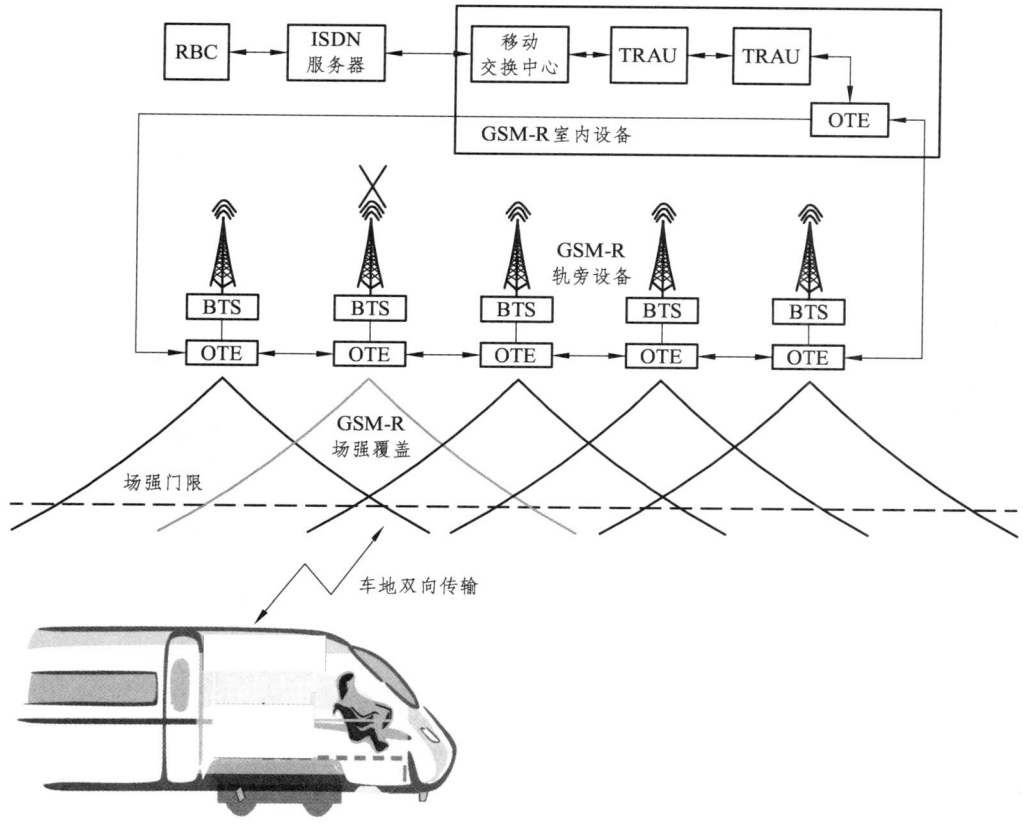

图 4-4-17　CTCS-3 级中的 GSM-R 网络结构

该网络结构的特点：车载设备设置两个独立的 GSM-R 通信电台；当两部 GSM-R 通信电台都正常时，列车距 RBC 切换边界还有一定距离，在 RBC1 控制下通过另一部电台开始呼叫 RBC2 并进行连接注册；当其中一部 GSM-R 通信电台故障时，车载设备仍能用正常电台进行 RBC 切换。

1. I_{FIX} 接口

ISDN 服务器硬件包括 IBM 通用服务器和 ISDN 卡，ISDN 卡采用的是德国 Gerdes CORP 公司的 PrimuX（1-30）卡。I_{FIX} 接口如图 4-4-18 所示。

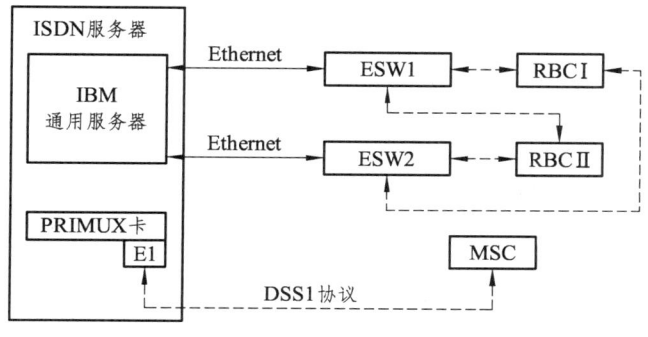

图 4-4-18　I_{FIX} 接口

2. I_{GSM-R} 接口（300T）

STU-V 是无线传输系统，由一个 COMC 和一个 GCD 组成。STU-V 软件负责对无线数据进行加密和安全传输。其中，COMC 负责数据的安全传输，GCD 负责对数据进行加密解密。

无线通信电台（GSM-R）用于将接收到的 RBC 信息进行解调处理，通过 RS-422 通信接口和车载 ATP 中的 GCD 单元连接，再通过 STU-V 实现与车载 ATP 之间的数据交互，如图 4-4-19 所示。

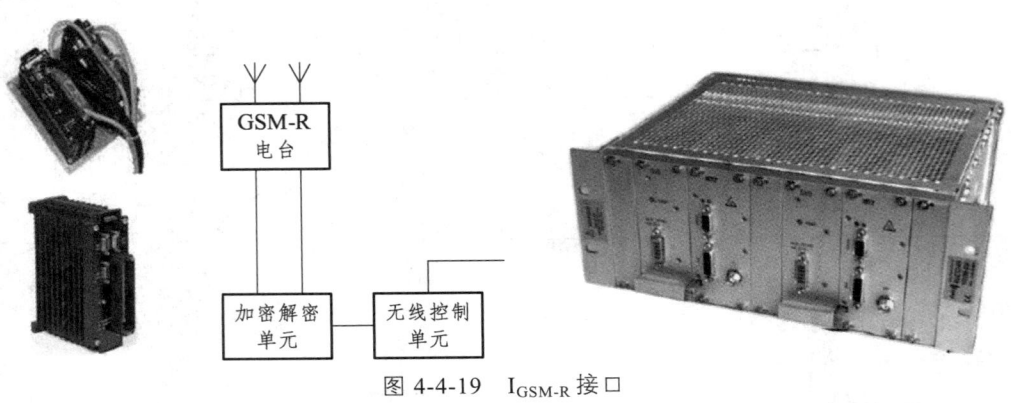

图 4-4-19 I_{GSM-R} 接口

3. 机车综合通信设备（CIR）及其应用

机车综合通信设备（CIR）满足 GSM-R 网络列车无线调度通信的需要，同时兼容既有线路 450 MHz 环境下传统列车无线调度通信的使用要求。

CIR 基于模块化设计，各功能模块可根据实际应用要求进行配置，如图 4-4-20 所示。其中，450 MHz 无线调度通信业务包括语音调度通信、FFSK 调度命令信息、无线车次号校核信息、列车尾部风压信息无线传输等；GSM-R 无线调度通信业务包括 GSM-R 语音调度通信、GPRS 方式的调度命令信息、无线车次号校核信息、列车尾部风压信息无线传输；800 MHz 机车电台可实现列车安全防护报警信息和客车列尾信息无线传输。

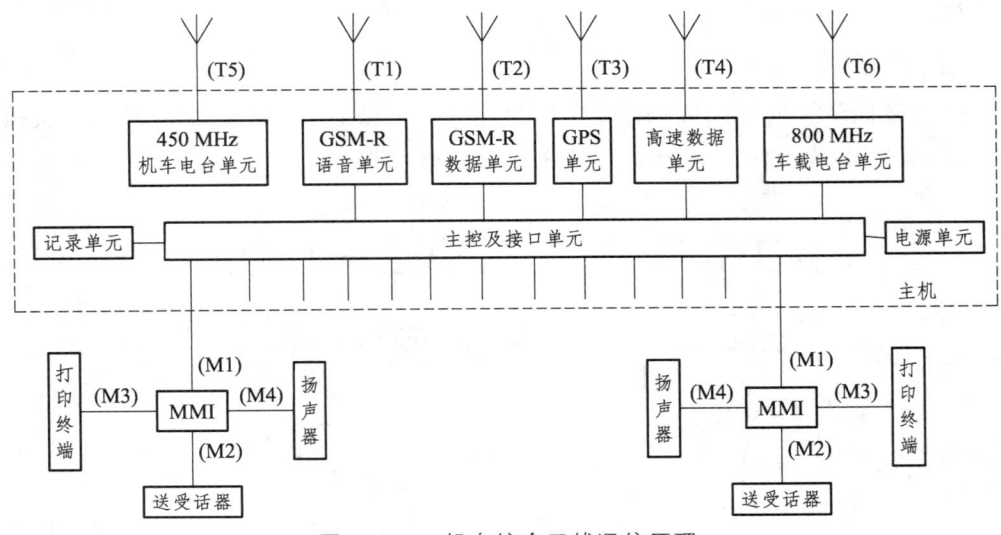

图 4-4-20 机车综合无线通信原理

当装备 CTCS-2 级和 CTCS-3 级列控系统时，CIR 主要通过 GSM-R 数据单元，在主控单元的控制下，基于 GPRS 方式的调度命令信息、无线车次号校核信息、列车尾部风压信息无线传输。CIR 设备外形如图 4-4-21 所示。

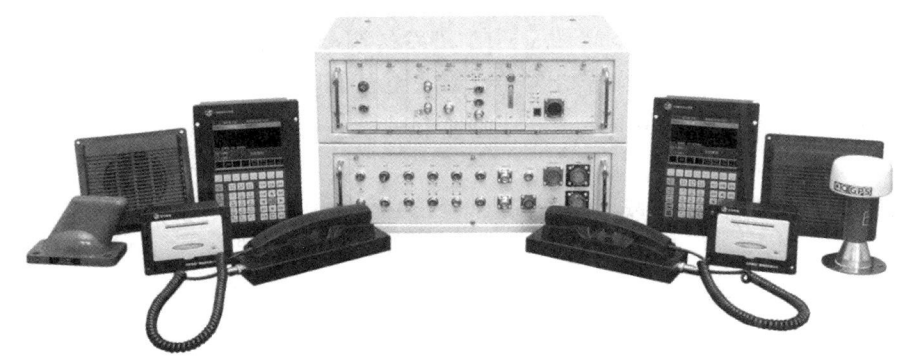

图 4-4-21　机车综合无线通信设备（CIR）

4. 基于 GSM-R 的无线车次号传输

在 GSM-R 工作模式下，系统由 GSM-R 数字移动通信网络（简称 GSM-R 网络）、CTC/TDCS 设备（含 CTC/TDCS 中心设备、CTC/TDCS 车站设备）、CIR、GRIS、HGS、机车数据采集编码器、机车安全信息综合监测装置（简称监测装置）等组成。CTC/TDCS 中心设备由 CTC/TDCS 通信服务器、CTC/TDCS 列车调度台、GSM-R 通信服务器等组成。

（1）机车数据采集编码器采集监测装置的数据，每 200 ms 将采集到的数据编码发送一次，CIR 按规定条件发送车次号信息。

（2）实现车次号信息传送的目的 IP 地址及时更新。

（3）支持 CTC/TDCS 查询指定列车的车次号信息。

（4）对发送的车次号信息、列车停稳和列车启动信息进行存储。

（5）机车数据采集编码器具有发送车次号测试信息的功能。

（6）CTC/TDCS 根据接收到的无线车次号信息进行车次校核和追踪。

（7）CTC/TDCS 具有按车站和按机车自动统计车次号信息传送成功率的功能。

5. 基于 GSM-R 的调度命令传输

在 GSM-R 模式下，系统由 GSM-R 网络、CTC/TDCS 设备（含 CTC/TDCS 中心设备、CTC/TDCS 车站设备）、机车综合无线通信（CIR）、GRIS、HGS、机车数据采集编码器、监测装置等组成。CTC/TDCS 中心设备由 CTC/TDCS 通信服务器、CTC/TDCS 列车调度台、GSM-R 通信服务器等组成。

（1）调度员能通过本系统向辖区内的运行列车发送调度命令、行车凭证、调车作业通知单等信息。

（2）车站值班员能通过本系统向辖区内的运行列车发送行车凭证、调车作业通知单等信息。

（3）CTC/TDCS 能自动向辖区内的运行列车发送列车进路预告信息。

（4）调度命令机车装置能向发送方终端发送自动确认信息。
（5）司机能通过调度命令机车装置向发送方终端发送手动签收信息。
（6）系统支持跨区段发送调度命令信息。
（7）在规定时间内 CTC/TDCS 系统未收到签收信息，能向调度命令信息发送方给出提示。
（8）司机利用操作显示终端（简称 MMI）可发送调车请求信息。
（9）CTC/TDCS 设备和调度命令机车装置能完整存储所有调度命令信息和操作过程。
（10）系统中各终端具有文字提示功能，列车调度台和调度命令机车装置还应具有语音提示功能。
（11）CTC/TDCS 具备分别按车站和按机车自动统计调度命令信息传送成功率的功能。

三、车载通信网络

列控系统车载系统常使用的主要有 TCN 列车通信网络、ProfiBus 总线技术和 RS-422 串行通信技术。

（一）TCN 的体系结构

现代列车正朝着高速化、自动化和舒适化的方向发展。与传统的列车相比，越来越多的信息（如状态、控制、故障诊断、旅客服务等信息）由此而产生，并且迫切需要在机车车辆各计算机之间互相传输与交换。因此，列车通信网络（Train Control Network，TCN）应运而生。

德国的 ICE、法国的 TGV、日本的新干线等高速列车都装有完整的通信网络。近年来，随着国内交流传动高速列车、电动车组、城市轨道交通车辆研究工作的开展，列车网络控制技术已成为高速列车、动车组的必备技术之一。

对于列车运行自动控制系统而言，其输入/输出信息很大部分与列车本身有关。随着 TCN 在高速列车、动车组的广泛使用，列车运行自动控制系统通过 TCN 与列车控制系统通信是大势所趋。

列车通信网采用分层结构，根据列车控制系统的特点，分为上、下两级层次：车厢局域网连接一个车厢或固定车组内部各种可编程终端装置；较高一级的列车主干网连接各个车厢的网络节点。

列车主干网称为列车总线（Train Bus），车厢局域网称为车厢总线（Vehicle Bus）。

列车总线和车厢总线是两个独立的通信子网，可采用不同的网络和协议。这是因为：列车总线能对列车总线节点命名和确定方位，这需要相当复杂的硬件和初始化过程，而对于设备固定的车厢总线来说是多余的。

1. 列车通信网信息类型

列车通信网在列车控制系统中的主要功能是作为沟通各个控制系统单元的信息通道，进行可靠的数据传输，实现信息交流，从而达到控制统一和资源共享。

列车通信网在列车运行时传输的信息主要有以下六种：
（1）列车运行的控制命令。
（2）运行中的各车厢（包括有动力装置的机车和无动力装置的旅客车辆）的状态信息。
（3）故障诊断所需的信息及结果。
（4）显示单元所需要显示和提示的各种信息。
（5）通信网的管理信息。
（6）其他与列车运行、安全及服务有关的需要在列车内互相传递的信息。

列车正常运行时，通信网上传送的只有过程数据和消息数据。为保证过程数据的确定、及时地发送，可将总线时间分为周期相（Periodic Phases）和偶发相（Sporadic Phase）。

周期相占用总线通信的固定部分，用于传送只带源地址的广播数据。

两个周期相之间的偶发相允许设备进行由事件驱动的通信，即传送消息数据。

周期性和偶发性数据通信虽共享同一总线，但在传输上是完全分开的，在各设备中被分别处理。对周期相和偶发相的访问由专用的总线管理器（Media Access Control，MAC）子层执行，从而保证了确定性的介质访问。

2．传输原理

MVB 应用于车厢或固定车组这一特定范围内的局域网，如图 4-4-22 所示。在 TCN 中，"总线"和"局域网"是相同的概念。MVB 将一个车厢内或一个车组内的可编程设备互联，并可直接连接简单的传感器和执行机构。

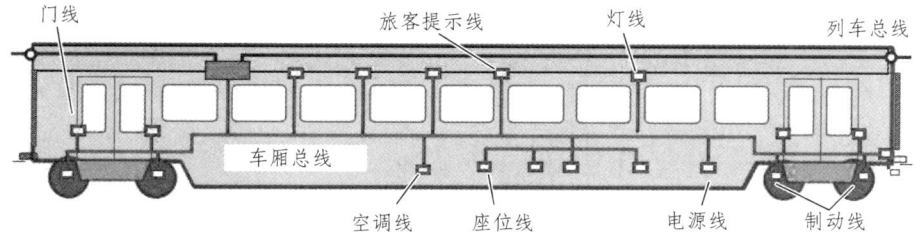

图 4-4-22　多功能车厢总线

MVB 控制器（MVBC）是一个 MVB 电路和实际的物理设备之间的接口控制器，它的主要功能是实现 MVB 总线信号与数据帧的编解码、纠错等功能，是实现 MVB 产品的关键硬件模块。

随着电子器件和技术的发展，可以在一片 FPGA 上，采用 32 位高性能多核处理器、ROM、RAM 及 Traffic Memory，再集成 MVB 总线访问 IP 核，基于 SOPC 技术便可构成 MVB 网卡。

3．MVB 总线在车载设备中的应用

在我国制造的 CRH3 型高速动车组中，列控系统车载设备与动车组之间采用 MVB 通信方式。CRH2 与 CRH3 型列车车载设备连接图分别如图 4-4-23 与图 4-4-24 所示。

列控车载设备与动车组之间的通信内容如表 4-4-2 所示。

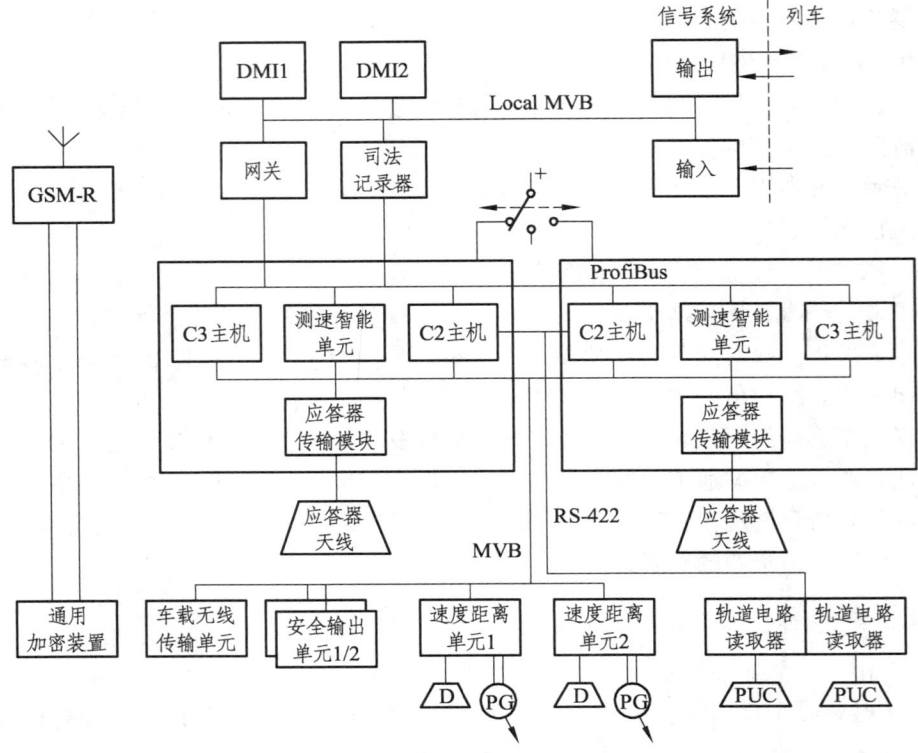

图 4-4-23　CRH2 型列车车载设备连接图

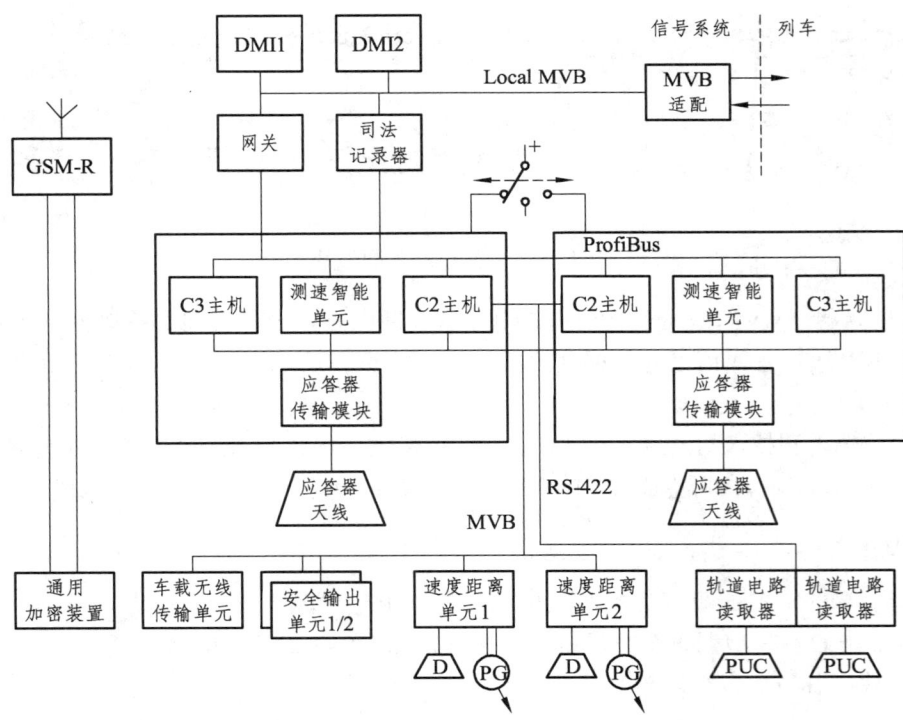

图 4-4-24　CRH3 型列车车载设备连接图

表 4-4-2　列控车载设备与动车组之间的通信

信息传输方向	信息类别	信息内容	说　明
动车组 ↓ 车载设备	牵引/制动接口	牵引	输入高电平或逻辑1表示"牵引状态"
		零位	输入高电平或逻辑1表示"零位状态"
		制动	输入高电平或逻辑1表示"制动状态"
	方向接口	向前	输入高电平或逻辑1为"向前状态"
		空挡	输入高电平或逻辑1为"空挡状态"
		向后	输入高电平或逻辑1为"向后状态"
	主控/休眠接口	驾驶台控制信号	本端驾驶台开启为高电平或逻辑1，本端驾驶台关闭，为低电平或逻辑0
		主控信号	本端驾驶台开启为高电平或逻辑1，本端驾驶台关闭，为低电平或逻辑0
		非主控信号	它端驾驶台开启为高电平或逻辑1，它端驾驶台关闭，为低电平或逻辑0
	反馈信号接口	紧急制动反馈	车体收到"紧急"制动指令后，逻辑有效为输入低电平或逻辑0
		制动B7反馈	车体收到"B7"制动指令后，逻辑有效为输入高电平或逻辑1
		切除牵引反馈	车体收到"切除牵引"指令后，逻辑有效为输入高电平或逻辑1
		过分相反馈	车体收到"过分相"指令后，逻辑有效为输入高电平或逻辑1
车载设备 ↓ 动车组	隔离接口	隔离接口	当隔离开关处于"正常"位时，逻辑有效为输出高电平或逻辑1。当隔离开关处于"隔离"位时，逻辑有效为输出低电平或逻辑0
	过分相接口	过分相指令	判断进入分相区时，逻辑有效为高电平或输出为逻辑1，通过分相区之后的一定安全距离后，输出低电平或逻辑0
		分相有效信号	判断提供过分相功能时，逻辑有效为输入高电平或逻辑1
	制动接口	制动B1	B1制动时，逻辑有效为输出高电平或逻辑1
		制动B4	B4制动时，逻辑有效为输出高电平或逻辑1
		制动B7	B7制动时，逻辑有效为输出低电平或逻辑0
		紧急制动	紧急制动时，逻辑有效为输出低电平或逻辑0
		切除牵引	切除牵引时，逻辑有效为输出高电平或逻辑1

（二）ProfiBus 总线技术

1. 技术原理

ProfiBus 是一种具有广泛应用范围、开放的数字通信系统，特别适用于工厂自动化和过程自动化领域。ProfiBus 适合于快速、时间要求严格的应用和复杂的通信任务。

在物理层上，ProfiBus 使用 RS-485、RS-485-IS、MBP 和光纤等传输技术。

列控车载设备主要使用 RS-485 和光纤传输技术。

RS-485 是最常用的传输技术。它使用屏蔽双绞电缆，传输速率可达到 12 Mb/s。

光纤（Fiber-optic）传输技术适用于有高电磁干扰或要求更大的网络距离的区域。

RS-485 传输技术是一种简单、低成本的传输技术，主要用于需要高传输速率的任务。它使用有一对导体的屏蔽双绞铜质电缆。

RS-485 传输技术容易使用，安装电缆无须专门知识。总线结构允许随时增加、拆除本站或逐步投运系统而不影响其他站。后来的扩展（在定义的限制内）也不影响已经投入运行的站。

RS-485 可以在 9.6 kb/s 到 12 Mb/s 之间选择各种传输速率。在总线上的所有站应选择相同的传输速度。最多可以连接 32 个站（每个总线段），可允许的最大总线长度取决于传输速率。

RS-485 的所有设备都连接在总线结构（线）中，在一个总线段中最多可连接 32 个站（主站或从站）。每个总线段的开头和结尾均有一个有源的总线终端器。两个总线终端器都有永久的供电电源，以确保无出错运行。总线终端器通常在设备或连接器中切换。如果在实现中大于 32 个站或需要扩大网络区域，则必须使用中继器（Repeater）来连接各个总线段。

2. 典型应用

（1）使用完整的 ProfiBus 接口模块，对于实现低/中数量的产品是理想的。接口模块实现了全部总线协议，作为一种附加的模块安装在设备的主板上；也可以市场上商品化的 ProfiBus 协议芯片为基础，实现需要的包含 ProfiBus 的产品。此时可使用的芯片有：

① 单芯片。所有协议功能都集成在此芯片上，不需要附加的控制器。

② 通信芯片。在此芯片上实现了或多或少的部分协议，还需要一个附加的控制器。

③ 协议芯片。此芯片带有集成的微控制器。

（2）从站的应用。

① 简单从站的实现。

单芯片 ASIC 的实现对于简单的 I/O 设备是理想的，所有协议功能都已经集成到 ASIC 上，不需要任何微处理器或软件，而只需要总线接口驱动器、石英和电源电子设备作为外部组件。

② 智能从站的实现。

一方面，ProfiBus 协议第二层的基础部分由协议芯片实现，而余下的协议部分则在一个微控制器上用软件来实现；另一方面，使用具有解释控制器的协议芯片，可以实现时间要求不苛刻的数据传输的协议部分。这些 ASIC 提供了一个通用的接口，并且能够与普通的微控制器共同运行；具有一个集成的 ProfiBus 核的微处理器，将提供更多的选项。

③ 复杂主站的实现。

此时 ProfiBus 协议中对时间要求苛刻的部分也是由协议芯片实现的，而余下的协议部分则作为软件在一个微控制器上实现。不同制造商的各种 ASIC 芯片现在均可用于实现复杂的主站设备，它们可以和很多通用微处理器结合在一起运行。

④ ProfiBus 栈。

芯片和相应的协议软件（ProfiBus 栈）可以来自不同的供应商，增加了市场上可供使用的解决方案。纯软件解决方案很少，因为其性价比不高，仅用于特殊的应用。

（3）ProfiBus 在 300T 型车载设备中的应用。

在 300T 型车载设备中，主机和备机的 C3 控车单元、C2 控车单元、测速智能单元，以及司法记录器、网关通过 Profibus 总线连接，如图 4-4-25 所示。

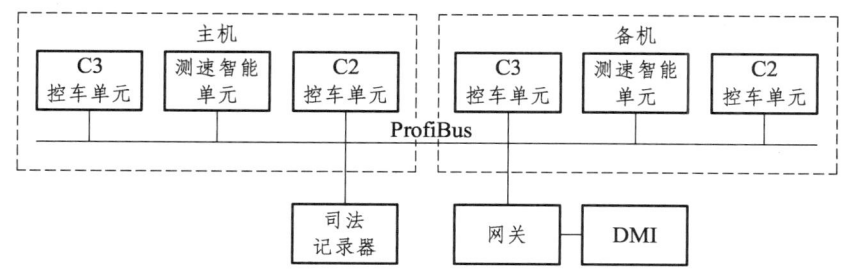

图 4-4-25 ProfiBus 在 300T 型车载设备中的应用

（4）ProfiBus 在 300S 型车载设备中的应用。

TMM 模块实现与列车的功能接口，EVC 模块完成 C3 控车逻辑，RIM 模块实现无线信号处理，ALM 模块完成 C2 控车逻辑，BTM 模块用于获取非连续式信号数据，DMI 单元负责人机接口，如图 4-4-26 所示。

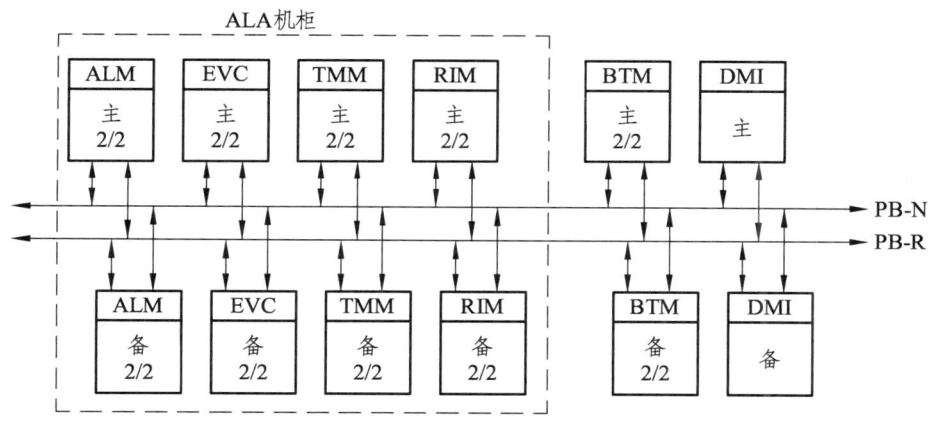

图 4-4-26 ProfiBus 在 300S 型车载设备中的应用

（5）冗余 Profibus 总线方式：PB-N 总线和 PB-R 总线均可进行数据传输。

（6）无缝切换机制：假设 ALM 主和 EVC 主使用 PB-N 总线进行数据通信（所有站点均采用该机制），某一时刻 PB-N 总线受到干扰导致 ALM 主与 EVC 主通信中断，则 ALM 主会在 PB-R 总线发起数据请求，EVC 主收到后立即将数据从 PB-R 总线上重新进行传输。

（7）完整的协议栈：使用协议栈的验证和重发功能保证数据的安全性和稳定性。

（三）串行通信技术

1. RS-422 串口原理

EIA/TIA-422 定义了平衡电压型数字接口电路电气特性。该标准经常称作 RS-422。它规定了上述接口电路中的双绞线和平衡线路驱动器以及接收器。RS-422 由 RS-232 发展而来，改进了 RS-232 的通信距离短、速度低等缺点。RS-422 定义了一种平衡通信接口，即数据信号使用一对双绞线采用差分传输方式，其中一线定义为 A，另一线定义为 B。

发送驱动器 A、B 之间的正电平在 +2 ~ +6 V，是一个逻辑状态；负电平在 −6 ~ −2 V，是另一个逻辑状态。当然还需要一个信号地 C。另外，还设置了"使能"端，用于控制发送驱动器与传输线的切断与连接。当"使能"端起作用时,发送驱动器处于高阻状态,称作"第三态",即它是有别于逻辑"1"与"0"的第三态。这一特性能用于多点通信。当在接收端 AB 之间有大于 +200 mV 的电平时,输出正逻辑电平,小于 −200 mV 时,输出负逻辑电平。接收器接收平衡线上的电平范围通常为 200 mV ~ 6 V,如图 4-4-27 所示。

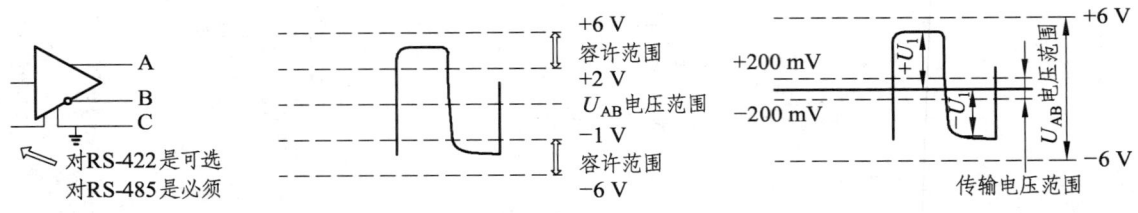

图 4-4-27　RS-422 接口及发送、接收器电平

由于差分接收器可以分辨 0.2 V 以上的电位差,因此可大大减弱地线干扰和电磁干扰的影响,有利于抑制共模干扰,将传输速率提高到 10 Mb/s,传输距离可达 1 200 m。其平衡双绞线的长度与传输速率成反比,在 100 kb/s 速率以下,才可能达到最大传输距离。只有在很短的距离下才能获得最高速率传输。一般 100 m 长的双绞线上所能获得的最大传输速率仅为 1 Mb/s。

与 RS-232 接口一样,为了数字逻辑电路(包括 CPU)能够使用 RS-422 接口进行数据通信,必须在一般的 TTL、CMOS 等数字逻辑信号与 RS-422 接口信号之间进行电平变换。

2. RS-422 在列控车载设备中的应用

在铁路信号控制设备中使用串行通信技术时,应主要完成如下三方面的工作:

(1)根据系统需求选定合适的总线,确定数据通信网络的具体结构。

(2)选定相关元器件、接插件和线缆,并设计相应的电路。

(3)设计数据通信协议,编写相应的软件程序。

如:车载 ATP 与 BTM、STM 通信使用的即是 RS-422 串行通信,如图 4-4-28 所示。

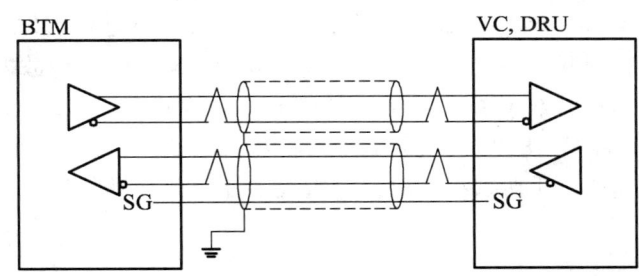

图 4-4-28　ATP 与 BTM、STM 通信

电气特性:RS-422;

线路:5 线系统(双向);

线缆:双绞线电缆。

附录　常用缩写词解释

ATP：列车超速防护系统（Automatic Train Protection）
BTM：应答器传输模块（Balise Transmission Module）
CBI：计算机联锁（Computer Based Interlocking）
CTC：调度集中（Centralized Traffic Control）
CTCS：中国列车运行控制系统（Chinese Train Control System）
CS：机车信号模式（Cab Signal mode）
CSM：顶棚速度监控（Ceiling Speed Monitor）
CSMS：信号集中监测系统（Centralized Signal Monitoring System）
CO：引导模式（Call On mode）
DMIS：铁路运输调度指挥管理信息系统（Dispatching Management Information System）
DMI：司机-车载设备接口（Driver Machine Interface）
EB：紧急制动（Emergency Braking）
EIJ：电气绝缘节（Electrical Insulation Joint）
EMU：电动车组（Electrical Multiple Unit）
EOA：行车许可终点（End of Movement Authority）
ETCS：欧洲列车运行控制系统（European Train Control System）
FIS：功能接口规范（Functional Interface Specification）
FS：完全监控模式（Full Supervision Mode）
FZ-CTC：分散自律调度集中系统
GSM-R：铁路综合数字移动通信系统（Global System for Mobile Communication for Railway）
IRJ：钢轨绝缘（Insulated Rail Joint）
IS：隔离模式（Isolation Mode）
ISDN：综合业务数字网（Integrated Service Digital Network）
LEU：地面电子单元（Line-side Electronic Unit）
MA：行车许可（Movement Authority）
MAR：行车许可请求（Movement Authority Request）
MMI：人机接口（Man Machine Interface）
MMIU：人机接口单元（Man Machine Interface Unit）

MTBF：平均无故障时间（Mean Time Between Failures）
NL：补机模式（非本务车机）（Non Leading mode）
OS：目视行车模式（On Sight mode）
PS：部分监控模式（Partial Supervision mode）
PT：冒进后防护模式（Post Trip mode）
RBC：无限闭塞中心（Radio Block Center）
RS：开口速度（Release Speed）
RTM：无线传输模块（Radio Transmission Module）
RIM：无线接口模式（Radio Interface Module）
RU：记录设置（Record Unit）
SB：待机模式（Standby-By Mode）
SH：调车模式（Shunt Mode）
SL：休眠模式（Sleeping Mode）
STM：专用传输模块（Specific Transmission Module）
STU-V：车载安全传输单元（Safe Transmission Unit-Vehicle）
TC：轨道电路（Track Circuit）
TCC：列控中心（Train Control Center）
TCR：轨道电路信息读取器（Track Circuit Reader）
TDCS：列车调度指挥系统（Train Dispatching Command System）
TIU：列车接口单元（Train Interface Unit）
TSR：临时限速（Temporary Speed Restriction）
TSRS：临时限速服务器（Temporary Speed Restriction Server）
TSRT：临时限速操作终端（Temporary Speed Restriction-operation Terminal）
TOU：时间及测速单元（Time and Odometer Unit）
TMIS：铁路运输信息管理系统（Transportation Management Information System）
VC：安全计算机（Vital Computer）
V&V：验证和确认（Verification and Validation）
VB：虚拟闭塞（Virtual Block）

参考文献

[1] 国家铁路局. 机车信号信息定义及分配：TB/T 3060—2016[S]. 北京：中国铁道出版社，2016.

[2] 国家铁路局. 铁路车站电码化设备：TB/T 3112—2017[S]. 北京：中国铁道出版社，2018.

[3] 国家铁路局. ZPW-2000 轨道电路技术条件：TB/T 3206—2017[S]. 北京：中国铁道出版社，2018.

[4] 国家铁路局. CTCS-2 级列控系统总体技术要求：TB/T 3516—2018[S]. 北京：中国铁道出版社，2018.

[5] 国家铁路局. 列控中心接口规范：TB/T 3510—2018[S]. 北京：中国铁道出版社，2018.

[6] 国家铁路局. 列控系统应答器应用原则：TB/T 3484—2017[S]. 北京：中国铁道出版社，2018.

[7] 国家铁路局. CTCS-2 级列控车载设备技术条件：TB/T 3529—2018[S]. 北京：中国铁道出版社，2019.

[8] 国家铁路局. 列控车载设备人机界面（DMI）显示规范：TB/T 3569—2021[S]. 北京：中国铁道出版社，2021.

[9] 国家铁路局. CTCS-3 级列控系统总体技术条件：TB/T 3581—2022[S]. 北京：中国铁道出版社，2023.

[10] 国家铁路局. 无线闭塞中心技术规范：TB/T 3330—2015[S]. 北京：中国铁道出版社，2015.

[11] 国家铁路局. 临时限速服务器技术条件：TB/T 3531—2018[S]. 北京：中国铁道出版社，2019.

[12] 国家铁路局. CTCS-3 级列控车载设备技术条件：TB/T 3483—2017[S]. 北京：中国铁道出版社，2018.

[13] 国家铁路局. 铁路信号安全数据网：TB/T 3547—2019[S]. 北京：中国铁道出版社，2019.

[14] 国家铁路局. 铁路信号系统内部接口：TB/T 3546—2019[S]. 北京：中国铁道出版社，2019.

[15] 李凯. 高速铁路列车运行控制技术：CTCS-2 级列车运行控制系统[M]. 北京：中国铁道出版社，2017.

[16] 莫志松，郑升. 高速铁路列车运行控制技术：CTCS-3 级列车运行控制系[M]. 北京：中国铁道出版社，2016.